人民日报 号外
1964年10月16日

加强国防建设的重大成就，对保卫世界和平的重大贡献

我国第一颗原子弹爆炸成功

我国政府发表声明，郑重建议召开世界各国首脑会议，讨论全面禁止和彻底销毁核武器问题。

新华社北京十六日电 新闻公报

一九六四年十月十六日十五时（北京时间），中国在本国西部地区爆炸了一颗原子弹，成功地实行了第一次核试验。

中国核试验成功，是中国人民加强国防、保卫祖国的重大成就，也是中国人民对于保卫世界和平事业的重大贡献。

中国工人、工程技术人员、科学工作者和从事国防建设的一切工作人员，以及全国各地区各部门，在党的领导下，发扬自力更生、奋发图强的精神，辛勤劳动，大力协同，使这次试验获得了成功。

中共中央和国务院向他们致以热烈的祝贺。

新华社北京十六日电 中华人民共和国政府声明

一九六四年十月十六日十五时……

人民日报
1970年4月26日

毛主席提出"我们也要搞人造卫星"的伟大号召

我国第一颗人造地球卫星

中国共产党人的精神谱系
"两弹一星"精神

热爱祖国　无私奉献

自力更生　艰苦奋斗

大力协同　勇于登攀

以身许国

"两弹一星"元勋中的清华人

葛能全　冯立昇　范宝龙　主编

清华大学出版社
北京

本书封面贴有清华大学出版社防伪标签，无标签者不得销售。
版权所有，侵权必究。举报：010-62782989，beiqinquan@tup.tsinghua.edu.cn。

图书在版编目（CIP）数据

以身许国："两弹一星"元勋中的清华人 / 葛能全，冯立昇，范宝龙主编. -- 北京：清华大学出版社，2024.10(2025.5重印). -- ISBN 978-7-302-67451-1

Ⅰ. K826.16

中国国家版本馆CIP数据核字第2024KF2330号

责任编辑：周　菁　严曼一
封面设计：彩奇风
责任校对：王荣静
责任印制：曹婉颖

出版发行：清华大学出版社
　　　　　网　　址：https://www.tup.com.cn，https://www.wqxuetang.com
　　　　　地　　址：北京清华大学学研大厦A座　　邮　　编：100084
　　　　　社 总 机：010-83470000　　　　　　　　邮　　购：010-62786544
　　　　　投稿与读者服务：010-62776969，c-service@tup.tsinghua.edu.cn
　　　　　质 量 反 馈：010-62772015，zhiliang@tup.tsinghua.edu.cn
印 装 者：三河市君旺印务有限公司
经　　销：全国新华书店
开　　本：175mm×250mm　　印　张：30　　插　页：2　　字　数：501千字
版　　次：2024年10月第1版　　　　　　　　印　次：2025年5月第3次印刷
定　　价：128.00元

产品编号：106830-02

清华大学校史编辑委员会

主　任： 邱　勇

副主任： 向波涛　方惠坚　贺美英　张再兴　庄丽君　胡显章　叶宏开
　　　　　孙道祥　胡东成　韩景阳　史宗恺　姜胜耀　吉俊民　李一兵
　　　　　范宝龙　刘涛雄

委　员（按姓名笔画为序）：
　　　　　马　赛　马栩泉　王　岩　王　睿　王孙禺　王赞基　方惠坚
　　　　　邓丽曼　邓景康　卢小兵　叶宏开　叶富贵　田　芊　史宗恺
　　　　　白本锋　白永毅　吉俊民　朱育和　朱俊鹏　向波涛　庄丽君
　　　　　刘桂生　刘涛雄　关兆东　孙道祥　杜鹏飞　李　越　李一兵
　　　　　杨殿阁　邱　勇　邱显清　余潇潇　张再兴　陈　刚　陈克金
　　　　　范宝龙　欧阳军喜　金兼斌　金富军　赵　伟　赵　岑　赵　鑫
　　　　　赵庆刚　胡东成　胡显章　闻星火　姜胜耀　贺美英　袁　桅
　　　　　顾良飞　钱锡康　徐振明　唐　杰　曹海翔　梁君健　韩景阳
　　　　　覃　川　解　峰　裴兆宏

前　言

在中华人民共和国75年的光辉历程中，"两弹一星"是足以令中华民族自豪的科技成就。"两弹一星"，即核弹（包括原子弹和氢弹）、导弹和人造地球卫星，是以毛泽东同志为核心的第一代党中央领导集体在20世纪50年代至70年代，为了保卫国家安全、维护世界和平，高瞻远瞩，决策进行研制的重大科学工程。

1964年10月16日，我国第一颗原子弹爆炸成功；1967年6月17日，我国第一颗氢弹空爆试验成功。1964年6月29日，中国自行研制的第一枚中近程导弹发射成功；1966年10月27日，我国第一颗装有核弹头的地地导弹飞行爆炸成功。1970年4月24日，我国第一颗人造卫星"东方红一号"由自行研制的"长征一号"运载火箭发射成功。

"两弹一星"的研制，增强了我国的国防实力，推动了国家工业建设，促进了我国科学技术的发展。围绕"两弹一星"，我国建立了一批科研基础设施，相继建成反应堆、加速器、地面环境模拟装置和风洞等大科学装置，为后续一系列大科学工程建设奠定了基础。"两弹一星"的研制成功，培养造就了一大批能吃苦、能攻关、能创新、能奉献的科技骨干，为我国高新技术及相关产业的发展打下坚实基础。

习近平总书记多次高度评价"两弹一星"成就的伟大意义，强调"两弹一星"等重大成果的研制成功"为我国成为一个有世界影响的大国奠定了重要基础"，并就学习、弘扬"两弹一星"精神作出了一系列重要指示。"热爱祖国、无私奉献，自力更生、艰苦奋斗，大力协同、勇于登攀"的"两弹一星"精神，是在中国共产党领导下，由中国人民创造的，是中国共产党人的精神谱系之一，更是中华民族奋斗不竭的力量源泉。

春风化雨，行健不息。清华大学为"两弹一星"的研制成功作出了重要贡献。新中国成立后，清华大学在发展原有理工科专业的基础上，创办了原子能、无线电等一批国家急需的新技术专业，积极参与"两弹一星"等国家重大工程建设。一大批优秀的清华毕业生，特别是不少在国外已取得突出成就却毅然放弃优厚条件回国的清华校友，怀着对祖国的满腔热爱，响应国家和民族的召唤，义无反顾地投身到了伟大祖国的国防工业与尖端科技事业中来。他们和其他科研人员、干部群众、人民子弟兵一起，在当时国家经济和技术基础薄弱、工作和生活条件十分艰苦的情况下，依靠自己的力量，突破了一系列关键核心技术，创造了攀登世界科技高峰的非凡奇迹。

1999年9月18日，在中华人民共和国成立50周年前夕，党中央、国务院、中央军委隆重表彰为"两弹一星"事业作出突出贡献的23位科技专家，授予他们"两弹一星功勋奖章"。这23位"两弹一星"元勋中，有14位是清华校友，他们是：王淦昌（1929年毕业于物理系）、赵九章（1933年毕业于物理系并留校任教）、彭桓武（1935年毕业于物理系后考取研究生）、钱三强（1936年毕业于物理系后受聘任教）、钱学森（1934年考取清华公费留美生）、王大珩（1936年毕业于物理系后受聘任教）、陈芳允（1938年毕业于西南联大物理系）、郭永怀（1939—1940年为西南联大物理系研究生）、屠守锷（1940年毕业于西南联大航空系）、杨嘉墀（1941—1942年任西南联大助教）、王希季（1942年毕业于西南联大机械系）、邓稼先（1945年毕业于西南联大物理系）、朱光亚（1945年毕业于西南联大物理系）、周光召（1951年毕业于清华物理系，同年考取清华理论物理专业研究生）。

清华大学档案馆、校史馆收藏和展示了"两弹一星功勋奖章"获得者中清华校友的许多档案史料，通过展览、报刊和公众号文章等向广大青年学生和社会公众宣传。清华大学科学技术史暨古文献研究所的研究人员，长期从事科技史的研究工作，其中清华科技史及相关人物是该所的重要研究方向。清华大学出版社也非常重视重大主题项目图书的出版，在2001年清华大学90周年校庆时就曾推出由宋健主编、葛能全等副主编的图书《"两弹一星"元勋传》，记载了23位"两弹一星功勋奖章"获得者的生平传略。在清华大学组织的"名家绘清华"活动中，中央美院教师毕建勋以王淦昌名言"愿以身许国"为主题创作的巨幅国画长

前 言

卷《以身许国图》，以万里长城和祖国河山为背景，生动刻画了"两弹一星"元勋"以身许国壮河山"的豪情风貌，由清华大学档案馆收藏，并曾常年在清华大学校史馆展出，激励着一代代清华人。

为庆祝中华人民共和国成立75周年、中国第一颗原子弹爆炸成功60周年，在清华大学校史编辑委员会的支持下，清华大学科学技术史暨古文献研究所、清华大学校史研究室、清华大学档案馆、清华大学出版社共同组织编写本书，并邀请中国科学院、上海交通大学、北京航空航天大学等单位的专家学者参与编写工作，以"两弹一星"元勋中的14位清华人为叙述对象，通过大量翔实的史料和具体生动的叙述，还原他们发奋求学、献身祖国、艰苦奋斗、建功立业的成长历程，特别是在"两弹一星"研制过程中的感人故事和精彩瞬间。

除此书叙述的对象之外，长期从事"两弹一星"相关工作、奋斗在国防科技事业中的清华人更是不计其数。他们都是"两弹一星"精神和科学家精神的践行者，他们以身许国的事迹和精神，激励着一代又一代青年学子踔厉奋发，报效祖国。

器识为先，泱泱大风。习近平总书记指出：实现"两个一百年"的奋斗目标，实现中华民族伟大复兴的中国梦，必须推动我国科技事业加快发展。为此，我们要赓续传承老一辈科技工作者的优良传统，大力发扬"两弹一星"精神和科学家精神，以更加自信的心态和更加坚定的步伐，加快实现高水平科技自立自强，为实现以中国式现代化建设全面推进中华民族伟大复兴而团结奋斗！

目 录

王淦昌　1
- 少年时代　3
- 跨入科学殿堂　4
- 科研创新的巨擘　9
- 以身许国铸长剑　11
- 开拓激光聚变研究新领域　29
- 心系核电　情牵高科技　32

赵九章　37
- 求学之路　39
- 开拓气象科学研究领域　43
- 执教清华大学气象学系　47
- 规划和推动我国地球物理科学的发展　51
- 开创我国空间物理学研究　55
- 研制中国的人造卫星　57
- 主持卫星研制与卫星系列规划制订　64

彭桓武　67
- 早年经历　69
- 水木长青　自强不息　71
- 乱世驱人全气节　天殷瞩我重斯文　75
- 集体集体集集体　日新日新日日新　81
- 重返基础理论研究　88
- 好春光，谁与共？莫思量，防泪涌！　93
- 淡泊名利　提携后进　95

钱三强

- 少年三强   101
- 开启科学生涯   102
- 发现裂变之光 报效祖国不违初心   105
- 为新中国原子核科学奠基创业   108
- 亲历中南海最高决策   112
- 攻关路上无歇时   117
- 肝胆相照 众志成城   122
- 氢弹奇迹   128
- 忍辱负重 不怠不弃   133

王大珩   137

- 自强不息求学路   139
- 光学基地,"两弹一星"   148
- 战略科学家 责任在心   156

钱学森   165

- 系统地接受新式教育   167
- 考取清华大学留美公费生   171
- 师从冯·卡门   175
- 参与制订"十二年科学规划"   179
- 建设中国技术科学教学与科研体系   182
- 创建中国导弹与火箭科技事业   184
- 创建中国卫星与空间科技事业   188
- 发展系统工程理论 提出新思想、新战略   193

陈芳允

- 家世与少年时代　199
- 在清华大学求学与工作　200
- 赴英留学深造　204
- 入职生理生化研究所　205
- 筹建电子学研究所　207
- 飞天之梦　210
- 逆境中坚持搞科研　212
- 挺进太空　212
- 让卫星"回家"　214
- 为通信卫星建立测控网　215
- 为"远望号"排除电磁干扰　217
- 首创"双星定位通信系统"　219
- "863"计划的倡议者　222
- 生命不息　奋斗不止　225

屠守锷

- 攻读航空工程　立志报国　231
- 光彩的起步　233
- 初识导弹　235
- 强化总体作用　236
- 做一个有骨气的中国人　238
- 瞄准中国导弹研制发展的方向　239
- 研制远程导弹　241
- 飞向太平洋　244
- 金牌火箭——长征二号丙　246

中国航天技术的腾飞　249
走向世界的捆绑火箭　252
作风、品质、气魄与情怀　254

王希季

艰苦求索之路　263
投身祖国的空间事业　268
火箭探空领域耕耘结硕果　272
运载火箭领域做出重大贡献　278
在返回式遥感卫星领域功绩卓著　281

郭永怀

青少年时代　297
南开求学之路　298
北大首届物理研究生　299
联大读研　考取留英公费生　300
留学多伦多大学　303
师从航空大师冯·卡门　305
在康奈尔大学的出色成就　307
毅然决定返回祖国　308
开拓新中国力学事业　309
担任清华力学班主任和研究生兼职导师　312
初创我国的导弹事业　315
奠基我国的航天事业　317
献身我国的核武器事业　319
光辉的一生　325

杨嘉墀

- 丝家学子　古镇启蒙 　329
- 勤奋踏实　蔚然成才 　331
- 投奔联大　初试锋芒 　332
- 留美深造　矢志报国 　334
- 科技绘蓝图 　336
- "两弹一星"控制攻难关 　340
- 卫星控制结硕果 　343
- 战略前沿　创新航天 　349
 　355

邓稼先

- 铁砚山房的活泼孩童 　363
- 民族屈辱　立志报国 　365
- 在西南联大和北京大学物理系 　366
- 到美国研读核物理 　367
- 原子能研究所的八年 　369
- 国家要放个"大炮仗" 　371
- 中国原子弹理论设计的总负责人 　372
- 出色的组织者，沉着的领导人 　376
- 中国西部上空的蘑菇云 　381
- 连续作战　攻克氢弹 　384
- 二代轻舟已过桥 　386
- 许身国威壮河山 　388
- 一份建议　十年辉煌 　390
 　393

目录

朱光亚 397
- 少年励志 399
- 在西南联大求学 400
- 赴美深造　矢志报国 404
- 攻读核物理专业 405
- 一封公开信 405
- 报效祖国　开拓核科学事业 407
- 肩负使命　铸造核盾 411
- 战略科学家的作用 422
- 老骥伏枥　担当重任 426
- 无私奉献的一生 427

周光召 429
- 早年经历 431
- 清华园——良师教导 432
- 蜚声杜布纳 435
- 主动请缨回国——参与核武器理论设计 440
- 重返理论物理学界 445
- 出访美国和欧洲又被急召回国 449
- 推动中国物理学的国际交流 451
- 出任中国科学院院长 454
- 理论物理研究成果 456
- 身先士卒的将帅 458
- 出任清华大学理学院院长 461

后记 463

王淦昌

王淦昌（1907—1998），江苏常熟县人。中共党员，核物理学家，1955年当选为首批中国科学院学部委员（院士）。

1925年考取清华学校大学部第一级，1929年毕业于清华大学物理系。1930年赴德国柏林大学留学，1934年获哲学博士学位，同年回国。曾任山东大学、浙江大学教授。1950年后，历任中国科学院近代物理研究所研究员、副所长，苏联杜布纳联合核子研究所副所长，二机部第九研究所副所长、第九研究院副院长，二机部副部长兼原子能研究所所长，核工业部科技委副主任，中国科协副主席，中国物理学会副理事长，中国核学会理事长等，第三至第六届全国人大常委会委员。

王淦昌是核武器研制的主要科学技术领导人之一，是核武器研究实验工作的开拓者。他早期提出通过轻原子核俘获K壳层电子释放中微子时所产生的反冲探测中微子的创造性实验方法，领导首次发现反西格马负超子。他指导并参加了中国原子弹、氢弹研制工作，作为原子弹冷试验技术委员会主任委员，指导中国第一次地下核试验，领导并具体组织中国第二、第三次地下核试验，主持指导的爆轰物理试验、炸药工艺、近区核爆炸探测、抗电磁干扰、抗核加固技术和激光模拟核爆炸试验等都取得重要成果。1964年他与苏联著名科学家尼古拉·根纳季耶维奇·巴索夫同时独立提出激光惯性约束核聚变的新概念，是中国惯性约束核聚变研究的奠基者。他还指导开展了电子束泵浦氟化氢激光器等研究。

1982年获国家自然科学一等奖，1985年获两项国家科技进步特等奖，1999年被追授"两弹一星功勋奖章"。2003年，由中国国家天文台1997年11月19日发现的国际永久编号为14558号的小行星，被命名为"王淦昌星"。

少 年 时 代

1907年5月28日（清光绪三十三年农历四月十七日），王淦昌出生于常熟县支塘镇枫塘湾的王家宅院。他的父亲王以仁，号似山，是当地很有名气的中医。王淦昌未满4岁那年，父亲不幸去世，大哥王舜昌担起家庭主要责任。

6岁那年，王淦昌入私塾读书。1915年，母亲听说太仓县沙溪镇有个新式的洋学堂。她模糊地意识到洋学堂比私塾要好，在与王淦昌的大哥王舜昌商量后，便亲自送王淦昌到沙溪小学上学。从此，王淦昌开始接受现代教育。

1920年暑假期间，王淦昌从沙溪小学毕业，也将17岁（虚岁）的吴月琴娶回了家。

吴月琴是典型的旧式乡下女子，她遵从父母之命、媒妁之言，带着丰厚的嫁妆嫁到王家；她心地善良，按照传统社会对妇女的要求，默默地承担着养育子女的责任，深受兄嫂喜爱。她以自己的勤劳和贤惠，把一生献给了丈夫、孩子和家庭，也使王淦昌能够全心全意地投入到教学和科研工作中。吴月琴和王淦昌在携手走过78个春秋后，先后于1998年7月和12月去世。

1920年8月，王淦昌进入上海浦东中学读书。他的远房表兄崔雁冰当时在浦东中学担任教务主任，在这里读书得到了表兄的关照。

浦东中学的第一任校长是黄炎培先生，学校有着良好的校风和学风。在浦东中学，王淦昌打下了坚实的数学和英语基础。数学老师周培曾在国外留学，能够因材施教，鼓励学生自学。在周老师的指导下，王淦昌学习了大学一年级的微积分课程。英语老师严琬滋，教学经验丰富，采用互动式教学方式，使王淦昌英语进步很快。

此外，浦东中学十分重视体育，使他得益匪浅。通过体育锻炼，体质瘦弱的王淦昌，身体也逐渐强健起来。

1924年夏，王淦昌从浦东中学毕业。之后，他报考了清华学校大学部。

跨入科学殿堂

清华物理系第一届毕业生

1925年初秋，王淦昌踏进了清华校园。清华大学的前身，是1911年清政府用美国"退还"的部分"庚子赔款"的钱，在"清华园"的王府内设立的留美预备学堂。1912年南北议和后，清华学堂改名清华学校。学生先是在国内进行学习，然后"择学行兼优，资性聪颖的随时送往美国学习"。从1911年到1925年，共有1200名学生被派送留美。

1925年，清华学校设立大学部，开始招收四年制本科大学生。王淦昌正好有幸在这一年考取了清华学校，成为大学部的第一级学生。1928年，清华学校改名为国立清华大学。王淦昌等人后来就被称为清华大学的第一届本科生。

↑ 青年王淦昌（清华大学档案馆藏）

考取清华学校后，王淦昌起初想学化学。在第一年的普通课程学习中，最使他入迷的是化学课。那时，清华的化学实验室是校内条件最好、设备最全的一个实验室。进化学实验室，他就异常兴奋，不同的元素与化合物之间的反应，以及反应生成新的化合物的奇特现象，都会引起他的极大兴趣。他常常是做着实验就忘了时间，直到有人提醒或赶他离开时，他才感觉肚子饿了，赶快到食堂充饥。

但是，一个重要人物的出现，影响并改变王淦昌选择了物理学专业，他就是叶企孙。王淦昌进入清华学校时，叶企孙刚应聘担任清华学校的物理副教授。当时的物理教授只有梅贻琦，物理助教有赵忠尧、施汝为、何增禄。1926年物理系成立后，叶企孙担任系主任、教授。叶企孙是清华学校1918年毕业生，后去美国留学，先后在芝加哥大学、哈佛大学求学，并于1923年获哈佛大学博士学位。他在1921年测定的普朗克常数在国际上一直被沿用了16年之久。

王淦昌入学的第一年，普通物理中的力学课由叶企孙讲授。在一堂力学课上，叶企孙为同学们做了一个物理演示：把豌豆放在一个很小的带有管子的漏斗上（漏斗是将一根约 10 厘米长的麦秆一头破成数片做成的），从麦秆管子那头微微吹气，豌豆就会飘浮在漏斗中间，既不掉下去，也不会被吹气冲走。做完演示，他请同学们解释这是怎么回事。开始没有人回答，课堂上沉默了一会儿后，王淦昌站起来回答说："这可以用流体的伯努利原理解释——豌豆下面的气体流速大，压强小，而上面的气体流速小，压强大。"叶企孙听了后非常高兴，赞扬他理解问题清晰准确。从此，叶企孙对王淦昌格外重视，常在课后找他谈一些物理问题，并告诉王淦昌在学习上有什么困难和问题时，可以随时去找他。在叶企孙的影响下，王淦昌逐渐觉得实验物理更有意思，更具趣味。他决心叩开实验物理学的大门。于是，在升入二年级分科时，他便选择了物理系，与施士元、周同庆等成为物理系第一级学生。

↑ 1928 年王淦昌在清华大学校园（清华大学档案馆藏）

王淦昌上二年级时，叶企孙讲电磁学，到三年级时叶企孙又教光学。1928 年，叶企孙教授出国度假，但他聘请了吴有训教授到清华大学物理系主持近代物理教学。与叶企孙一样，吴有训也是中国近代物理的先驱之一，是一位实验物理学大师。他关于康普顿效应的实验研究，为进一步证实康普顿效应做出了重要贡献。

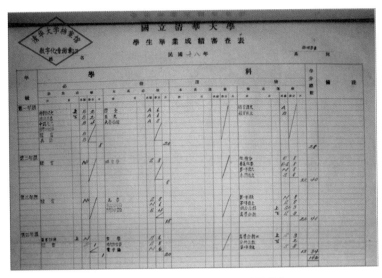

↑ 王淦昌成绩单（清华大学档案馆藏）

王淦昌等升入四年级后，吴有训就教他们近代物理。吴有训在教学中准备充分，选材精炼扼要，科学性和逻辑性强，对问题的剖析深入透彻。他讲课内容新颖，绝大部分是近代重要的物理实验以及这些实验结果的意义。如密立根（R. A. Millikan）的油滴实验，汤姆生（J. J. Thomson）的抛物线离子谱，汤生（J. S. E. Townsend）的气体放电研究，卢瑟福（E. Rutherford）的 α 粒子散射实验等。他在课堂上讲的并不多，而是要求学生通过自学或个人进行理论推导去掌握近代物理内容，通过自己动手实验去体会实验技巧和实验的精确性，从而加深对理论的理解。在开始授课后不久，他在课堂上给学生出了一道题："假定光是由称为'光子'的微粒组成，那么当一个光子入射到一个静止的电子而被散射到另一个方向时，它们的能量应如何变化？"那时，"光子"一词对学生来说是个新鲜词，但在吴有训的教导下，王淦昌和大部分学生都推导出了正确的答案。在后面一堂课上，吴有训告诉大家，光子被电子散射的问题，就是康普顿效应的内容。

吴有训经常身穿粗布工作服，时而用锯子、斧头加工木材，为 X 光装置做护栏；时而用煤气、氧气火焰拔制石英丝，安装康普顿静电计。这给王淦昌留下了深刻的印象——老师用自己的行动来带动学生锻炼动手实验的本领。吴有训常对学生说："实验物理的学习，要从使用螺丝刀开始。"后来，他又开了"实验技术"选修课，手把手地教学生们掌握烧玻璃的火候和吹玻璃的技术。他还要求物理系的学生，要选修制图、车钳工工艺、电工学、化学热力学等课程。在教学过程中，吴有训对王淦昌有了良好的印象，尤其是对他在实验中认真观察、一丝不苟地做记录、不放过任何一点细节的精神，很是欣赏。吴有训自己是通过实验工作接受近代物理学的，他希望以同样的方式培养、指导王淦昌。

1929年夏，王淦昌从清华大学物理系毕业，吴有训就让他留校做自己的研究和教学助手。在此期间，王淦昌在吴有训的指导下完成了一项令他终身难忘的实验工作。这个实验的题目是《测量清华园周围氡气的强度及每天的变化》。原来，德国物理学家埃尔斯特（J. Elster）和盖特尔（H. Geitel）在1902—1904年间发现了大气中的放射性气体，之后，人们在大气放射性与气象学条件的相互关系方面作了大量的研究，而且就这种关系形成一个明确的概念：需要在世界上尽可能多的地方进行这方面的实验。这项实验涉及气象知识和实验方法，当时国内还没有人做过，吴有训就让王淦昌来做。为了选择简便的实验方法，吴有训带领王淦昌一起查阅外文文献，建立实验装置。其中，最重要的是要有一台高压电源（约一两万伏）。一位实验员建议把一台闲置不用的静电发生器改造为高压电源。于是，他们修旧利废，用了不到一个月的时间，就把一切安排就绪，可以进行实验了。

从1929年11月到1930年4月，王淦昌花了半年多的时间，认真细致地做了这项实验。他收集了完整的数据，记录下了大气放射性的平均值与最高值的按月变化，写出了论文。文中指出，厚密的雨云比其他密度较小的云有更大的屏蔽放射性的效应，这表明即使不是全部至少也是部分放射性物质来自上空，当它们趋向地面时受到了云层的屏蔽。他综合分析实验数据，得出五点结论：（1）北平的大气放射性比欧洲所观测到的大，比印度观测到的小；（2）放射性随大气压的升降而升降；（3）云层总是降低大气放射性，厚密的雨云和积云更甚；（4）东风减少了大气放射性，其他风向的风则增加大气放射性；（5）云层对大气放射性的影响普遍地大大超过大气压的影响。

通过完成这个实验，王淦昌不但锻炼和培养了动手实验的技术和克服实验过程中遇到困难的毅力，也提高了对实验结果进行综合分析的能力。这些都是实验物理学家必须具备的素质。对王淦昌进行的这项实验研究工作，吴有训非常满意。他还亲自把论文题目改成《大气中的放射性和北平气候》并译成英文，发表于《国立清华大学理科报告》(Science Reports of National Tsinghua University, SeriesA, 1931—1932, 1) 上。论文发表时，王淦昌已在德国读研究生，得知吴有训亲自将论文译成英文发表，他非常感动。王淦昌后来在回忆文章中指出："吴教授对他的学生做的事就像他自己做的事那样认真，竟自己亲自翻译并送去发表。他是一股无形的动力，鼓励着我在柏林大学认真做研究。"

迈特纳唯一的中国学生

1930年，王淦昌考取了江苏省官费留学研究生，前往德国柏林大学学习。起初，他想做盖革（Geiger）的研究生，但不巧的是盖革已有四名研究生了，于是他改做迈特纳的研究生。迈特纳（L. Meitner）是柏林大学的第一位女教授，她与居里夫人、吴健雄一起被称为20世纪实验物理学的三大女杰。1938年底，由哈恩（O. Hahn）发现、迈特纳做出理论阐释的铀核裂变现象，是核科学发展史上划时代的发现。王淦昌是她唯一的中国学生。

20世纪30年代，正是现代物理学飞速发展的黄金时代。王淦昌来到柏林大学，感到非常幸运，但同时又觉得自己的理论水平跟不上实验工作的需要。征得导师的同意后，他到当时德国的理论物理研究中心哥廷根大学物理系选修了半年的课程。其中有玻恩（M. Born）的热力学、米西斯（R. von Mises）的概率论、海特勒（W. H. Heitler）的量子力学、诺特海姆的固体物理。他还听过几堂弗兰克（J. Franck）的课。

半年后，王淦昌跟随导师迈特纳在柏林大学威廉皇家化学研究所放射物理研究室做研究生。威廉皇家化学研究所位于柏林郊外的达列姆镇，环境幽静，是个求学的好地方。王淦昌是这里唯一的中国人。但他一点也不感到孤独和寂寞，他有学不完的知识，做不完的实验，总是在跟时间赛跑。在实验室，他经常为观测一个科学现象而工作到深夜，有时实验室的大门关闭了，他就只好翻墙回到自己宿舍。另外，他也不放过任何一次有关科学活动的机会，如到城内的柏林大学本部听课或听学术演讲，他就曾听过薛定谔的波动力学课和德拜的讲演。尤其令王淦昌感兴趣的是每周一次的讨论会。讨论会上，德国物理学界群英荟萃，各抒己见，王淦昌从中吸收了许多新思想、新方法，了解到物理学前沿的许多新发现。

1933年底，王淦昌顺利通过了博士论文答辩。答辩由著名的物理学家劳厄（M. von Laue）主持，委员有物理化学家博登斯坦（M. Bodenstein）、王淦昌的导师迈特纳和哲学心理学家克勒（W. Kohler）。

在学习了最新的物理学理论与实验技巧，获得柏林大学博士学位后，1934年4月，27岁的王淦昌回到了苦难深重的祖国。

科研创新的巨擘

探索中微子和宇宙线真谛

王淦昌满怀报国的志向回到祖国后，先是在山东大学物理系任教授，后又在1936年应竺可桢校长的邀请，到浙江大学任物理系教授，并担任过一段时间的物理系主任。在生活困难、教学科研条件极差的情况下，他仍然通过有限的科学文献紧紧追踪物理学的前沿，坚持教学与科研相结合，一方面培养了像李政道、胡济民、程开甲那样优秀的学生，另一方面还发表了十几篇科学论文。其中，《关于探测中微子的一个建议》是王淦昌最令人瞩目、最具科学影响的一项科研成果。

他的论文在《物理评论》发表后不过几个月，美国的物理学家阿伦就按照他的建议做了铍-7的K电子俘获实验，测量了锂-7的反冲能量，取得了肯定的结果。但由于所用的样品较厚以及孔径效应，他当时没能观察到单能的锂-7反冲。阿伦的这次早期中微子验证实验，于1942年11月发表，成为1942年国际上物理学重要成果之一。在论文中，阿伦称王淦昌的建议是"当时中微子验证实验最有价值的一种途径"。王淦昌《关于探测中微子的建议》对进行确认中微子存在的物理研究工作，做出了重要的贡献。1943年，美国《物理评论》杂志将其评为1942年的最佳论文之一。王淦昌首开二体反冲实验物理思想的先河，对日后的一系列反冲实验产生了重要的影响。

1947年9月，全国选派12名教授到美国进行科学研究，研究经费由美国联合对华资助的研究补助金支出。王淦昌被选派去了加利福尼亚大学伯克利分校。他的研究课题是海平面上介子的衰变。在国内，他已经进行过宇宙线中介子衰变的研究。μ介子（现称μ子）蜕变为电子与中微子的情形，曾引起他极大的关注。不到一年，研究工作取得初步成果。他和琼斯合作写的《关于介子的衰变》论文，发表于1948年《物理评论》第74卷。

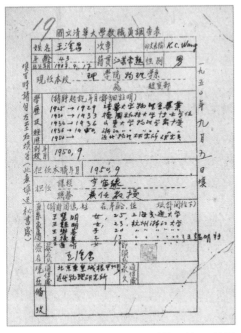

↑ 1948年，国立清华大学理学院物理学系王淦昌调查表（清华大学档案馆藏）

1949年1月，王淦昌返回浙江大学物理系任教，继续开展实验研究。第二年2月，他受郭沫若院长邀请北上担任中国科学院的研究员，参与中国科学院近代物理研究所的筹建工作。近代物理研究所成立后，在培养核物理人才和储备尖端科学技术方面发挥了重要作用，被誉为我国原子能事业的"摇篮"。而王淦昌主要承担了开创宇宙线研究的工作，使我国的宇宙线研究接近或达到了国际先进水平。

1950年，王淦昌接受清华大学的聘请，兼任清华物理系的教授，他还在物理系开了一门课"宇宙线物理"，给学生讲授前沿科学内容。在讲宇宙线实验时，他还讲到在地面和高空宇宙线的强度并不一样，探讨是否可以利用气球，甚至探空火箭载探测器进行实验等问题。何祚庥院士在回忆当时听课的情况时，深有感慨地说："当时，我作为一名年轻的大学生，听了王老师的讲课后，觉得很新鲜，思想活跃了许多。"

发现反西格马负超子

1956年，王淦昌来到苏联的杜布纳联合原子核研究所，担任高级研究员。王淦昌以其准确的科学判断力，根据当时各种前沿课题，结合联合所高能加速器的特点，提出了两个研究方向：寻找新粒子——包括发现各种超子反粒子；系统地研究高能核作用下各种基本粒子的产生规律。

王淦昌亲自担任高能实验物理研究组组长，经过大量工作，王淦昌研究组完成用动量8.3 GeV/c的π-介子束作为入射粒子照射丙烷气泡室的实验后，在扫描所得的四万张气泡室底片时，于1959年3月9日，发现了一个反西格马负超子（$\bar{\Sigma}^-$）产生和衰变的事例。

在发现反西格马负超子的同时，王淦昌研究组还发现了几个高能π-介子产生反质子及低能反质了在气泡室内湮没的图像。据丁大钊介绍，那是世界上第一次发现的反质子从"产生"到"死亡"的完整记录，而以前的发现似乎带有一些推断成分。

1960年3月24日，王淦昌正式将有关反西格马负超子发现的论议送交国内的《物理学报》发表，同年出版的苏联《实验与理论物理期刊》也发表了这一成果。

↑ 1957年王淦昌（左）与杜布纳联合原子核研究所所长布洛欣采夫（右）会见罗马尼亚科学院院长（中）

1982年，王淦昌、丁大钊、王祝翔的"关于反西格马负超子的发现"获得了国家自然科学奖一等奖。

以身许国铸长剑

更名"王京"，踏上秘密历程

如果一直从事高能物理和基本粒子的研究，王淦昌一定能取得更多科技创新的成果。

1960年8月，在中国工作的苏联专家全部撤走。中国年轻的核工业遇到了极大的困难。苏联专家撤走前夕，有人说，没有苏联人的帮助，中国人20年也造不出原子弹来；也有人认为，中国有不少有才干的科学家和工程技术人员，能够造出原子弹。在惜别之前，一位苏联专家怀着深深的留恋之情，对二机部部长刘杰说："没关系，我们走了，你们有王淦昌。"刘杰心里清楚："是的，我们有王淦昌，还有其他优秀的专家。"

自此，中国的核工业走上了全面自力更生的道路，调王淦昌回国参加核武器的研制和组织领导工作，就成为一种必然的决策了。

1960年9月30日，二机部党组在给聂荣臻副总理并周恩来总理的报告中，提出需要调王淦昌回国。10月7日，周恩来总理批示同意。11月9日，二机部党组在给国家科学技术委员会并周总理的报告中，还对调王淦昌回国一事做了几种设想。11月30日,杜布纳联合所成员国全权代表会议通过了改选副所长的方案,会议对任期届满的王淦昌副所长的工作给予了充分的肯定。12月22日,王淦昌离开联合所,并于12月24日回到北京。

回到原子能所后,王淦昌继续担任副所长,他依然沉浸在高能物理和基本粒子的研究中。他完全没有想到,自己的科研工作会突然转到研制核武器方面。

1961年4月3日,二机部部长刘杰和副部长兼原子能所所长钱三强约见了王淦昌。刘杰同志开门见山地说:"王先生,今天请你来,想让你做一件重要的事情。请你参加领导原子弹的研制工作。"随后,刘杰向王淦昌传达了中央关于研制核武器的决定,并坚定地说:"有人要卡我们,中国人要争这口气。"王淦昌郑重表示:"我愿以身许国!"对于刘杰同志提出的因涉及国家安全,必须要绝对保密,中断一切海外关系,要长期隐姓埋名,不得告诉任何人的要求,王淦昌回答:"可以做到。"

第二天,王淦昌更名"王京",来到了二机部第九研究所(核武器研究所)。与他差不多同时来到这里的还有理论物理学家彭桓武、力学专家郭永怀。九所的所长是李觉将军,他们三人都是副所长——王淦昌主管实验研究、彭桓武主管理论研究、郭永怀主管设计研究。

↑ 王淦昌使用的署名王京的笔记本(清华大学档案馆藏)

领导原子弹爆轰实验研究

要使原子弹发生核爆炸,首先必须想办法使其中的核裂变材料受到猛烈的压缩，由次临界状态进入临界状态，从而发生链式核裂变反应，在瞬间释放出威力强大的裂变能。用什么方法压缩核裂变材料呢？这就要靠由炸药驱动的向心爆轰。

要解开原子弹之谜，炸药爆轰实验须先行。

↑ 王淦昌（左）、朱光亚（右）陪同聂荣臻（中）在核试验基地

爆轰实验的靶场位于河北省怀来县的工程兵试验场，又称"十七号工地"。

为了给装有核材料的热试验提供可靠的依据，掌握原子弹的内爆规律，就要先做未装核材料的炸药爆轰实验。

在十七号工地上，参加炸药加工、爆轰实验和测试的人员，冒着塞外的严寒和风沙，有步骤地开展着高能炸药注装工艺的研究、雷管结构和性能的探索，以及起爆元件和测试技术的研究和设备的研制。在熔药炉还未到货的情况下，炸药加工人员用牛皮纸代替金属作药模，用溶药桶熔化炸药，浇注成型后再用手工仔细雕刻，及时提供了实验件。到了夜间，他们又不顾白天工作的疲劳，聚集在狭小的营房中紧张地判读、整理和分析实验数据，逐步摸清了爆轰物理的实验方法。

为了摸清爆轰物理的规律，掌握爆轰实验技术，培养和锻炼队伍，为做好爆轰实验打好基础，王淦昌给参加爆轰实验工作的青年们开设了基础实验课。他在有针对性地讲解数学、物理知识的同时，重点讲了实验分析课，如"数学分析和实验误差分析理论""实验结果处理和误差分析"等。在讲课之前，他强调大家一定要认真做好笔记；课堂上他常常叫人到前面的黑板上给大家示范，做数据分析；课后，他还要对大家所记的笔记一一检查，发现有不合要求的，就毫不留情地当众批评。

与此同时，他又特别注重结合实际问题开发青年人思考问题、分析问题、解决问题的智慧。他曾举广岛、长崎在遭受原子弹轰炸后，房子全倒了，而有的烟囱还完好地竖立着的事例，详尽地解释那是因为所受的力不一样所致。他告诫青年人，在解决实际问题时，要会用数学方法进行逻辑推导，用物理概念进行效应分析。

为了督促、检查大家的业务学习，王淦昌每周都要安排一次学术讨论会，要求每个人踊跃发言，提出自己的见解。讨论会上，如果谁不爱发言，他就把谁叫上讲台。为避免难堪，不被问倒，每个人都像准备考试那样，认真钻研有关资料。

王淦昌领导着爆轰实验的全面工作。他不仅抓厂房建设、炸药的研制、炸药成型研究、队伍培训，而且参加爆轰原理实验和测试工作。

理论研究人员确定我国第一颗原子弹采用"内爆法"后，爆轰实验的关键就落在了能否获得符合"内爆"所需的波形。围绕这个问题，王淦昌、陈能宽带领技术人员在特种起爆元件的设计和波形会聚流体力学过程研究方面耗费了很大的精力。

王淦昌学识渊博，站得高，看得远，学术思想活跃，常常提出别具特色的好想法。有的想法和思路，虽然因为当时的条件限制没有被采纳，但在后来的核武器研制中却派上了用场。

在爆轰实验攻关阶段，王淦昌还与彭桓武、邓稼先、胡思得等一起讨论特种材料的高压状态方程，尔后又回到十七号工地与工作人员一起研究实验方案，制备材料，使理论研究与实验工作紧密地结合起来。

根据当时的需要和条件，在王淦昌、郭永怀等专家的组织领导下，经过认真的论证，决定爆轰物理的实验采用陈能宽等研究的方案。之后，王淦昌又和陈能宽一起，指导青年同志设计第一个特种形状的起爆元件，开展爆轰实验。最后，使科研成果用于原子弹的设计和生产。

在十七号工地，王淦昌与青年们一起检查脉冲示波器、高速照相测试仪器，一起堆沙丘，插雷管，扯电线，接电源。隆隆的轰鸣声在塞外山谷回响。一个试验元件爆炸了。爆破的结果被示波器和高速照相测试仪记录了下来。未等硝烟散尽，王淦昌就迅速地抱着第二个试验元件冲到百十米以外的沙丘上。转瞬间，第二个元件又炸响了……随后，王淦昌又与大家一起共同审查测试结果，分析波形和数据。

在一年多的时间内，爆轰实验队伍研究、设计、制作了多个不同类型的部件，打了大大小小上千发炮，研制出了直径为100毫米与200毫米的炸药平面透镜，在爆轰波传播规律和高压状态方程的实验研究等方面都取得了重要的成果。

与此同时，在王淦昌的指导下，光学测试、电子学测试工作也突破了一个又一个技术难关，掌握了平面波的电测技术、某种过程中点速度的测试技术、动压缩过程中的电探技术，学会了网络、传输、记录系统的设计，为我国的现代爆轰物理学和动高压物理实验研究工作奠定了良好的基础。

十七号工地上隆隆的炮声，那是中国人民研制原子弹征途上激越的进军号。

金银滩上苦战斗

到了1962年底，十七号工地已经满足不了大型爆轰实验技术发展的要求。李觉任总指挥的"先遣部队"经过艰苦努力，很快就使青海草原的试验基地初步具备了"大部队"前来工作的条件。实验方面的大队人马和设备，需要尽快地向新的基地转移。

1963年3月，中国人民解放军副总参谋长张爱萍上将在当时的铁道部干校礼堂，做了一次激动人心的动员报告。"草原大会战"的号角吹响了。王淦昌在与青年们促膝谈心时，真诚地说："应该到大草原去呀。我们这些搞核武器的人，需要全身心地投入到工作中去。在生活上可以简单一点，能够过得去就行。""不要过多地考虑个人生活，必要时，就需要作出牺牲。"王淦昌对祖国的赤诚，感动着一颗颗年轻的心。

青年们义无反顾，打好背包，挎上行囊，豪情满怀地奔赴征程。56岁的王淦昌，也谎称"去西安工作"，与妻子、儿女告别。

就这样，在行政领导、专家们带领下，实验、设计、生产等各方面的工作人员和经中央专委[①]批准增调的又一批技术骨干，陆续进入了大西北核武器研制基

[①] 中央专委，即中央专门委员会，是在中共中央直接领导下，具有高度权威的行政权力机构，成立于1962年11月，是当时领导中国尖端武器研制的部门。

地。我国第一颗原子弹的研制工作，进入了总攻阶段。

位于青海湖东面的海晏县，自然条件十分恶劣。广袤的金银滩平均海拔在3200米以上，年均气温在零下0.4摄氏度。这里风沙很大，高寒缺氧，霜冻期长。科技人员在这样的自然环境下工作，要忍受头晕、目眩、心悸等高原反应，克服水土不服等重重困难，而且，那里的食品、蔬菜等生活必需品奇缺，一般情况下只能吃青稞面和蒸不熟的馒头。王淦昌是青海草原上最年长的科学家，在那样艰苦的条件下，与大家一起生活，一起工作，毫不特殊。他常常是一顿饭一个馒头、一杯清茶。

在核武器研制的试验基地，凡是有爆轰装置的地方，他都经常去。雷管的质量怎么样，安装得是否全部到位，部件加工的质量如何，王淦昌都十分关心，对工作人员一一查问，逐项落实。同时，他谆谆告诫大家："雷管一定要保证质量，必须安装到位，不能有一丝一毫的马虎。如果有一个质量不好，或者有一个插不到位，得到的波形就不好，最后就达不到理想的目的。"

一次，新研制的雷管突然莫名其妙地爆炸了。因为在以后的工作中还需要很多这样的雷管，必须尽快查明爆炸的原因。王淦昌判断：是静电积累所致。他立即组织技术人员进行验证和实验。最后证实，的确是由于静电积累引起了雷管爆炸。为了防止类似的情况再次发生，他特别要求设法加强对静电的检测和消除工作。

为了加强对原子弹装置和机载航弹的设计试验工作的技术指导，核武器研究所成立了四个技术委员会。王淦昌、陈能宽担任了冷试验技术委员会的正、副主任委员。

所谓"冷试验"，是指用其他材料代替核材料进行的试验。因为其不产生核辐射和放射性，因而被称为"冷试验"。在每一次试验之前，技术人员都要根据理论设计要求，提出实验方案，然后进行实验设计和专用探测器的研制，最后再在测试场地安装探测器阵列，进行实验测量。试验之后，又要进行数据资料的收集整理和研究分析。接着，又进行下一次试验的准备工作。王淦昌就是"冷试验"的总指挥。

"冷试验"先从做缩小尺寸的化学炸药爆轰实验开始，目的是看看试验中爆轰实验过程的数据是否满足理论设计的要求。

在金银滩上，爆轰实验在几个相距很远的实验基地进行。王淦昌常冒着寒风，乘着颠簸的吉普车，奔波于车间、工号和实验现场，和大家一起讨论，一起就相关问题大声争论。每一次进行试验，他都要亲临现场。在他和陈能宽的具体指导下，1963年，实验人员做了一系列缩小尺寸的局部聚合爆轰实验。

就这样，为了早日研制出中国的第一颗原子弹，实验人员在青海草原打了许多小炮，做了很多次冷试验，对爆轰实验有了较为完整的认识。同时，实验工作也带动了炸药加工工艺、试验部件的装配检验等各种测试技术的研究。

"冷试验"一步步接近真实的原子弹爆炸试验。1963年11月20日，缩小尺寸的整体模型爆轰实验在基地进行。这是一次关键性试验，目的是对理论设计和此前进行的一系列试验结果进行综合性论证。

青海高原的11月，天气已是出奇的冷。为了保证试验一次成功，王淦昌连续几天开会，对试验方案进行再审查，对可能发生的问题进行再排查。会后，他又匆匆忙忙地奔走在研究室、车间和试验现场。由于过度劳累，他患了感冒，发烧、不断地咳嗽，血压也升高了。即使这样，他还是拼命，晚上常常工作到深夜，连药都顾不上吃。在正式试验之前，他与技术人员们早早就来到现场，再次严格检查验收每项工作。"记录信号的工作准备好了吗？""输出调试准备得如何？"尽管这些问题已经得到一次又一次的肯定性答复，但他还要再次询问。"各部门再仔细检查、检查。""我们一定要一丝不苟，精益求精，做到总理要求的'万无一失''一次成功'。"他又进一步要求。

试验马上就要进行了，参试人员按照要求早已退到现场几百米之外。这时，王淦昌又想到了什么问题，带着几名技术人员，进入了工号……

这次试验进行得非常顺利。测试人员一看测试结果，仪器记录的信号完整，输出的波形很理想，内爆波和引爆器均达到了理论设计的要求。为了测量脉冲中子，唐孝威等青年研究人员在王淦昌等的指导下，完成了探测系统的研制，满足了这次试验的需要。

试验成功了！王淦昌与大家一起，沉浸在艰苦创业成功后的幸福之中。当天晚上，他又参加了对试验的分析讨论会。讨论会在总结工作的同时，对下一步的工作作出了部署。

这次试验的成功，解决了原子弹研制的关键技术问题，为我国第一颗原子弹的成功爆炸和核试验测试等工作打下了可靠的基础。

草原戈壁凯歌奏

1. 第一颗原子弹爆炸成功

1964年2月,九所改名为九院,王淦昌成为九院副院长,继续主管实验和生产工作。

原子弹的爆炸,要靠中子源来"点火"。王淦昌、彭桓武、朱光亚等都非常关心这项工作。为了尽早研制出点火装置,在他们指导下,先后拟定了几种设计方案。每实施一个方案,他们都亲临现场,指导青年人工作。负责研制原子弹点火中子源的一个小组是王方定小组。有一天,王淦昌听完王方定汇报实验情况后,又详细查看了实验记录。他语重心长地说:"你们要反复实验,不要被一些表面现象所迷惑。我相信,你们这些年轻人,一定能解开点火中子源的秘密。"在原子能所简陋的实验工棚,王方定小组牢记老科学家的嘱托,连续奋战几个月,终于合成了合格的点火中子源材料,为研制第一颗原子弹攻克了一道难关。

1964年4月11日,周恩来总理主持召开的第八次中央专委会议决定:第一颗原子弹采取塔爆方式,9月10日前做好试验前的一切准备工作,要"保响、保测、保安全,一次成功"。这意味着我国第一颗原子弹的研制工作进入了关键时刻,正式国家试验前的准备工作必须全面铺开。

核爆炸试验是涉及千军万马、庞大而复杂的系统工程。生产和实验工作的方方面面,都会遇到许多意想不到的困难,但无论如何,都要做到周总理要求的"严格认真,周到细致,稳妥可靠,万无一失"。王淦昌感到肩上的担子沉甸甸的。

组合件的制造与装配,是一项十分重要的关键性技术工作,王淦昌对此非常关心。由于结构复杂、设备条件不完善,曾经发生过一次切屑燃烧事故。从那以后,他安排采取了有效措施,成立了安全小组,还专门组织力量,进行了有关实验。如今,更要做到保质、保安全。王淦昌来到现场,一面叮嘱大家"要严肃、认真,把工作做好、做细",一面称赞"三结合攻关小组工作干得漂亮"。有王淦昌在场,大家感到"心里特别踏实""工作起来心情很好"。

1964年6月初,第一颗原子弹研制的各个环节的工作,都进入了需要严格把关的"临战"阶段。王淦昌往返奔波于研制基地的各个单位、工号和实验场地。有时,天不亮他就叫醒警卫起程,一到目的地就下车间、进工号,详细询问技术工作,对有关细节严格检查,发现问题马上组织人员进行论证或想办法解决。

"老邓,请你推导一下这个数据。"王淦昌对理论部主任邓稼先说。

"王院长,我现在没有时间,晚上再交给您,行不行?"邓稼先了解王淦昌的脾气,他要的东西,一刻也不能耽误,但他此刻实在没有时间算那个数据。看着邓稼先忙碌的样子,王淦昌破了例:"可以,到时一定要给我呀!"人们羡慕地对邓稼先说:"老邓啊,只有你在王老跟前可以特殊!"

1964年6月6日,第一颗原子弹正式试验之前的全尺寸爆轰模拟试验在实验基地进行。这次试验,除不用核装料外,其他部件全部采用原子弹装置核爆炸试验时要用的材料和结构。引爆系统也是采用与核爆炸试验相同的系统。这次试验,是原子弹爆炸试验之前的一次综合预演。

王淦昌深知,这次试验的成功与否,直接影响到第一颗原子弹装置能否按预定计划爆炸。他强调,在这次试验中,测试工作要做到"一次成功,多方收效"。在试验之前,他要求测试工作人员"尽最大努力拿到最多的测试结果,该拿到、能够拿到的,一定要千方百计拿到"。他还让唐孝威领导的测试小组反复逐件检查每台仪器,每个接点,每条电缆线;检查任何不正常现象,多次进行整体操作演练,做到准确、熟练地操作仪器设备。

这次试验的效果非常好。当唐孝威、胡仁宇拿着照相底片来到会议室,兴奋地报告"测试信号理想,试验圆满成功"时,全场响起了热烈的掌声。王淦昌暗自判断:离"真玩意儿"正式爆炸成功的日子不远了!

1964年8月,生产人员开始紧张地装配第一颗原子弹装置。

炸药部件的装配,是十分关键的一个环节。一天深夜,在一种紧迫感、责任感强烈地袭扰下,王淦昌怎么也睡不着。他翻身起床,叫醒警卫员驱车赶到装配车间。来到车间,他一面了解加工全过程的工作进展情况,一面聚精会神地守候在机床旁,看着工人操作。王淦昌的行动,深深地感动了装配工人,工人们干劲倍增。同时,他们也都关心王淦昌的身体健康,劝他放心地回去休息。"没事,没事",王淦昌嘴里说着,眼睛仍然盯着炸药部件。技术人员了解王淦昌的脾气,知道在那种时候,谁也劝不走他,于是,就为他找来一张行军床和两条毛毯。实在累了,他就靠在床上,继续看着大家工作。凌晨三点多,主要的配件装配完备后,王淦昌才疲惫地回到宿舍。

1964年9月,王淦昌与吴际霖和其他参试人员,乘坐载有第一批原子弹部件的"一级专列",出征罗布泊核试验基地。几天之后,原子弹的核心部件用飞机运到了核试验基地。

零时还没有到来。茫茫戈壁滩上,一座一百多米高,即将放置第一颗原子弹装置的铁塔,威风凛凛,直刺蓝天。

为了确保试验成功,测试人员对每台仪器、每个接点、千余条电源线和指令线都做了仔细的检查。为保证正式吊运原子弹的绝对安全,王淦昌和李觉、吴际霖等都亲自坐着吊篮上到塔顶,进行细致的查看。

全部测试准备工作就绪,并通过严格的检查验收后,工程技术人员在铁塔上的工作间执行最后一道工序——插雷管。插完雷管后,他们又进行了自查、互查、小组查。随后,57岁的王淦昌和李觉等人也坐着吊车,到塔顶对装置进行验收。"雷管要插到位,要牢靠。""探头安装要保险。""电源是否全接通了?"王淦昌一边验收,一边提出问题……

最后从塔上下来的是李觉和有关技术人员。

1964年10月16日15时,原子弹装置按预定时间准时起爆。一道强烈的闪光之后,便是惊天动地的巨响,接着是巨大的火球转为蘑菇云冲天升腾。第一颗原子弹爆炸成功了!王淦昌、彭桓武、郭永怀等都流下了激动的眼泪。

第一颗原子弹爆炸试验的现场总指挥是张爱萍副总参谋长。他在观察所里看着升腾的蘑菇云,激动地拿起话筒对在北京的刘杰说:"请报告周总理和毛主席,我们的第一颗原子弹爆炸了!"在得到毛主席、周总理"一定要搞清楚是不是核爆炸"的指示后,张爱萍向旁边的王淦昌询问:"能肯定是核爆炸吗?""没问题,肯定是核爆炸!不是化学爆炸!"王淦昌坚定地回答。随即,张爱萍又向北京发出报告:"我是张爱萍,根据多方面证实,原子弹确实爆炸了,很理想,很成功!"

试验结果表明,我国第一颗原子弹的理论、结构设计,各种零部件、组件和引爆系统的设计和制造,以及各种测试方法和设备,都达到了相当高的水平。

2. 第一颗氢弹爆炸成功

第一颗原子弹爆炸成功后,周恩来下令:尽快研制氢弹,把氢弹的理论研究放在首位。1965年1月,毛泽东又明确指出:"原子弹要有,氢弹也要快。"接着,周恩来亲自主持召开中央专委会，审议了二机部的报告，并要求通过1965年和1967年的核试验，尽快完成原子弹的武器化工作，并力争于1968年进行首次氢弹试验。

九院在进行原子弹武器化研制工作的同时，朱光亚、彭桓武等院领导又指导理论部着手制订突破氢弹的理论研究计划。

如火如荼的突破氢弹原理的攻坚战在理论部展开了。邓稼先、周光召、黄祖洽、于敏等几位部主任，纷纷讲课、做报告，内容各具特色，观点新颖、独特，整个理论部的学术思想极为活跃。

1965年9月27日，于敏带领一批青年人来到上海华东计算技术研究所，对氢弹原理进行研究和计算。经过紧张而艰苦的计算，他们终于找到了成功的线索。氢弹理论设计取得了决定性的突破！

经过专家们反复论证，1965年底，理论部拿出了用原子弹引爆氢弹的理论方案。

氢弹的理论方案确定后，王淦昌的工作重点又转移到了氢弹原理的试验上。

研制氢弹是一个极为复杂的系统工程。氢弹不仅在理论上比原子弹的难度大，而且核装置本身的核部件系统、非核部件系统以及核测试系统也更为复杂。这不仅对组织管理工作提出了更严格的要求，而且对技术也提出了更高的要求。

为了使试验与理论研究密切结合，以最快的速度研制出中国的氢弹来，王淦昌进行着苦苦的思索："原理上讲，只有利用装有真实核材料的装置，进行热试验，才能对氢弹原理进行考核性检验。但是，我们的国家还不富裕，还不能像西方国家那样花费大量的人力、物力和财力进行一次又一次的热试验。总理要求我们必须要'选好试验路线'，那么，如何才能选好试验路线呢？""能用不带核反应的冷试验解决的问题，都用冷试验来解决。提高热试验的成功率，尽可能地减少热试验次数。"

1966年1月，在王淦昌等的指导下，实验部制订了爆轰模拟实验方案。为了探索模拟方法，使模拟实验更接近实际情况，实验人员采用不同的代用材料，设计了几种缩小比例的实验方案，开展了一系列的小型爆轰实验。在一次又一次进行冷试验的过程中，引爆弹设计中的关键技术很快就被攻克了。

1966年3月，理论设计人员和测试人员共同就"用什么实测数据来检验氢弹原理，用什么方法来测量这些数据"的问题进行了讨论，并根据试验目的，拟定了测试项目。在王淦昌和实验部副主任胡仁宇的指导下，测试人员认真制订了测试方案，利用实验室的条件，对探测器、传输系统和记录仪器进行反复的调试、校核和标定。5月9日，实验部进行了一次含有热核材料的加强型原子弹试验。试验的测试结果表明，核反应的物理过程与理论预计基本吻合，试验结果为氢弹的理论设计提供了重要的数据。而且，这次核试验的理论设计方案既简便，又巧妙，切实可行。

1966年12月，在核试验基地，一座一百多米高的铁塔威武地矗立着，塔顶上放置的就是进行氢弹原理试验的装置。围绕在铁塔周围的，是许多地堡式的测试工号，各种记录仪器和电子测试设备都安装在其中。密如蛛网的各种测量导线都与塔顶装置外部的探头相连。

59岁的王淦昌，与青年科学工作者一样，冒着零下40摄氏度的严寒，住进了军绿色的野营帐篷。他谆谆告诫测试人员，一定要充分利用这次热试验的测试机会，尽最大努力，尽可能多地拿到测试数据。"爆炸区物理测试的特点是单次脉冲信号，它瞬间即逝，必须抓住时机，要百分之百地成功。""被测信息有很强的电磁干扰，覆盖量程较大，绝对不能出差错。"为了保证测试圆满成功，王淦昌在帐篷内、工号里，与测试人员和其他工作人员一起，仔细查对仪器导线，检查每个焊点，以确保没有虚焊点……

当爆心的探头洞回填成7米高的一段竖井后，王淦昌决定要上去看看。他刚吃力地爬上去不久，忽然间又想起什么，转身就要下去。年轻人急忙拉住他："王老，您有什么事吗？""有一处接头，我不放心，得去看看。""王老，都安好了，我亲自检查的。"一位技术人员认真地对他说。但他仍坚持要下去，一定要亲眼看看。没办法，大家只好随他下到底。当他确认安装牢靠无疑后，才高兴地对大家说："值得！值得！虽然累点，但今晚我可以睡一个安稳觉了。"

在各项准备工作做好之后，进行了一次全场联合调试，结果显示，所有仪器工作正常。

1966年12月28日，我国成功地进行了氢弹原理塔爆试验。聂荣臻副总理在现场主持了这次核试验。他抑制不住内心的喜悦，紧紧握住王淦昌的手说："王院长，怎么样？"王淦昌注视着蘑菇云腾起的地方，轻轻地摇了摇头："不轻松。"当时处于"文化大革命"期间，要做好科研生产的组织管理工作，面临的困难是很大的。何况，全当量的、威力为百万吨级的氢弹试验又迫在眉睫。因为，赶在法国之前于1967年爆炸第一颗氢弹，是党中央的希望，其政治意义是不言而喻的。

1967年2月，氢弹的理论设计和部件设计完成，第一生产部立即组织加工生产。4月，空投氢弹的轰炸机改装完毕。5月，氢弹所有部件制造安装完毕。

1967年6月17日8时20分，我国西北大漠腹地的上空划过一道强烈的闪光，一个巨大的火球托起一朵硕大的蘑菇状烟云。接着，便是一阵雷霆般的轰鸣声。

我国成功地爆炸了第一颗氢弹！

组织领导三次地下核试验

1963年，美、英、苏三国签订了《关于禁止在大气层、外层空间和水下进行核试验的条约》。同年7月，周恩来总理指示：研究地下核试验问题。12月，中央专委要求：将地下核试验作为科研项目安排。

突破氢弹技术之后，面对西方核大国的封锁、监视，我国的核武器研究工作必须抢时间，加紧武器化研制，同时要及时转入地下试验，以最快的速度通过地下核试验这一关，以便在减少地面污染的情况下，进一步进行核武器某些物理规律的理论分解研究，拿到更多、更准确、更有价值的测试结果，为实现武器化提供各种理想的数据。

1967年10月，王淦昌和他的学生、西北核技术研究所所长程开甲，组织召开了我国首次地下核试验讨论会，对地下核试验测试项目和工程进度做了安排。

同年12月，周恩来总理主持召开会议，就核试验转入地下进行研究。王淦昌和李觉、朱光亚、彭桓武、邓稼先等参加了会议。当周总理请他谈谈对地下核试验的看法时，王淦昌说："进行地下核试验不但可以保护大气层不受污染，而且还可以在技术上进行多方面的探索研究。比如，可以得到核反应过程中的重要参数、研究地下核试验的综合利用等。"周总理还问了进行地下核试验中的配套措施，如吃水、气象、安全等问题，问得十分仔细，想得非常周到。最后，周总理再次指示："核试验工作要转入地下。"

1969年初，党中央正式决定，我国要进行第一次地下核试验。一直是地下核试验积极倡导者的王淦昌，接受了组织领导第一次地下核试验的任务。

按照国家的部署，地下核试验的理论设计工作很快开展起来。理论部在于敏直接指导下，及时提供了原子弹装置的理论设计方案。进行地下核试验，是一个崭新的课题。为了保证试验获得成功，王淦昌频繁奔波在核武器研制基地和北京之间，与实验人员和理论设计人员一起对实验方案、测试原理等许多具体问题进行探讨、研究，最后确定了有关武器作用过程物理分解研究的大量实验项目。

1969年，正值"文化大革命"期间，青海核武器研制基地，出现了十分混乱的局面。在这危难之际，王淦昌毅然站了出来，组织领导科研生产。

他到基地科研室看望实验人员时，发现屋里只有稀稀拉拉的几个人，而且都不敢看专业书；他赶到车间时，看到偌大的厂房寂静无声，连个人影都没有。他找到了车间主任，动员他安排生产任务。但是，车间主任已被夺权，食堂也没有人做饭，怎么办？王淦昌沉思了一会，提出可以把家属组织起来为大家做饭。但怎么给他们开工资呢？情急之下，王淦昌不假思索地说："用我自己的钱！"然而，他哪能支付得起一二十人的工资呢？

王淦昌的"稚气"与"率真"，使车间主任深为感动。尽管满腹苦水，困难重重，但他还是答应尽快组织人员安排生产。

王淦昌还深入到两派组织中，亲自在他们的"司令部"做工作。"不能因为'文革'影响工作。""我们要顾全大局，以国家利益为重，团结起来，共同搞好地下核试验。""地下核试验可以进行近区物理测试，能够测到空爆所测不到的数据。我们必须抓紧时间，竭尽全力，千方百计尽快通过地下核试验这一关。否则，就会成为历史罪人！"

王淦昌又来到职工家中、集体宿舍里，动员那些业务骨干、技术人员、工人参加科研生产。他还一个一个地点将，叫那些"靠边站"了的技术干部重新出来工作，组织、安排科研和生产任务。其中，赖祖武担任了第一次地下核试验作业队队长，傅依备担任副队长。在北京出差期间，他亲自来到在北京探亲的人员家中，一一动员，劝说大家赶快回到基地参加地下核试验的工作。

在挨家挨户动员的过程中，由于过度疲劳，王淦昌有一次竟晕倒在楼梯上。技术人员和工人都十分理解王淦昌的拳拳报国之心，非常钦佩他的敬业精神。为了地下核试验，陆续返回了工作岗位。

"文革"中，王淦昌原来的警卫被撤掉了，生活要全部自理。由于高原缺氧，他经常背着氧气袋到处奔波。在艰难的工作环境中，王淦昌坚持深入实际，一件一件抓试验产品，一项一项抓测试任务。有一个重要测试项目的关键部件，因加工难度大，又具放射性，而且易变形，加工进度比较慢。王淦昌十分着急：万一交货晚了或者加工出来的产品不合格，那将影响整个工作进度。在他的鼓励和支持下，车间副主任亲自上机床加工，终于按时加工好部件，而且完全达到了精度要求。

研制和测试工作准备完成后，作为第一次地下核试验的总指挥，62岁的王淦昌亲自带队前往核试验基地。

到了乌鲁木齐后，通往核试验场的关口都被当地的"造反派"把住了。为了保证大家安全地赶到试验基地，保护国家机密材料，王淦昌连夜给有关部门打长途电话，要求派一架飞机支援。最后，一架军用飞机把王淦昌一行送到了马兰。他们又由马兰坐汽车匆匆赶到核试验场。一进试验场，王淦昌就立即了解产品和仪器设备的情况，生怕它们在经过长途运输后受到损坏。

地下核试验装置的装配工作在离地面1千米深的幽暗的山洞内进行。王淦昌和技术人员、战士，常常一起加班加点。山洞内既阴暗，又潮湿，空气混浊，后来又发现了剂量颇大的放射性物质。听着探测器发出"啪啪啪"的响声，王淦昌感到问题不简单。"这是怎么回事呢？是产品本身的放射性泄漏了，还是山洞里有贫铀矿？必须尽快查明原因。"

他组织人把产品从山洞里搬了出来，做进一步检测。分析结果表明，产品本身的放射性物质没有泄漏，洞内岩体中也不含贫铀矿。王淦昌穷追不舍，最终查明放射性物质来自洞内的氡气。

氡气，对人的呼吸系统，特别是肺部的影响很大。为了大家的健康，王淦昌一方面安排采取有效措施，加强通风，另一方面又安排对氡气进行监测和分析，看剂量有多大，需要采取怎样的防护措施。同时，他告诫战士："请不要在洞内吃饭、喝水！吃饭、喝水要到洞外边去！"

他要求技术人员："事先一定要把准备工作在洞外做好，在洞内工作的时间要尽量短。""防护口罩要一次一换。"

他虽然这样要求大家，而他自己一忙起来，就不顾一切。当人们劝他在洞内也要少待一些时间时，他说："我年纪大了，没关系。你们年轻人要注意。"

有技术人员指出，核装置爆炸时，在试验坑道内会有喷射问题。王淦昌在组织人员进行讨论、分析后，毅然拍板："喷射是肯定有的，但不可怕，影响不大。"

为了保证第一次地下核试验"不冒顶，不哑炮，不误爆，不放枪"，在一切验收都完毕后，王淦昌围着产品又检查了一遍。发现产品架上有一根地线，为做到"万无一失"，他又组织大家论证了一番，直到确认没有问题为止。

工程兵把洞口封好后，技术人员发现了新问题——控制台的电压几乎为零。为了弄清问题的根源，王淦昌又让把洞口打开，与大家一起爬进洞内，逐项查找原因。原来，是放在洞内的干燥剂把蓄电池里的水分吸干了，使酸变浓了。王淦昌他们即时解决了问题。

1969年9月23日，我国成功进行了首次地下核试验。

在高兴的同时，王淦昌、于敏等人的心中，又感到有一种深深的遗憾。这是因为，尽管在正式试验之前，大家做了很多工作，想了很多办法，安排的测试项目非常全，测试准备也很细致，但是由于当时对新情况下的电磁干扰认识不足，致使在试验之后，没有能够完全拿到预期的测试结果，仅仅拿到了一部分。

后来，王淦昌和程开甲分别组织工程技术人员在九院和核试验基地做了认真的总结，提出了要加强抗电磁干扰和抗核加固措施，为以后的地下核试验成功地抗干扰、获得重要的近区物理测试数据奠定了基础。

受"文化大革命"影响，我国的地下核试验中断了好几年。1974年3月，国防科委主持召开会议，讨论并拟订了地下核试验计划。

1975年10月，我国进行了第二次地下核试验。在这次核试验中，王淦昌是九院技术负责人，全面负责各项技术工作。他日夜坚持在工作第一线，哪里有困难，哪里有问题，他就深入哪里，和大家一道研究解决问题。在总结第一次地下核试验的经验教训的基础上，这次试验采取了抗电磁干扰等多种有效的技术措施。

所有的试验准备工作完成了。王淦昌在仔细地听取有关人员的汇报后，坚持要进洞作最后的现场检查。但当时洞内的回填工作已进行到相当的程度，再进去有许多地方需要爬行，而且洞内光线极差。大家劝他不要再进洞里检查，并向他保证准备工作没有问题。但他一定要进去亲自检查一遍。无奈，技术人员只好陪同他钻入山洞，像穿"猫耳洞"一样行进。王淦昌仔细检查了每一个试验装置的结尾准备情况，查看了每一个部件，还详细地询问了他认为不够放心的环节。直至最后，他才满意地说："我现在可以放心了。"

这次试验相当成功，拿到了许多预想的测试结果。

1976年10月，王淦昌又在大漠荒山中，组织进行了我国第三次地下核试验。

在准备工作之前,他仔细审阅了试验方案,并对各项准备工作作了周密的部署。总的联合试验时,王淦昌在主控站指挥车上遥控着各工作点、测试站。"示波器灵敏不灵敏?""相机过卷灵不灵?"……

最后,王淦昌乘着一架像蜻蜓一样的直升机,降落在一座小山上,与全体参试人员一起,等候着零时的到来。

随着一声沉闷的巨响,我国第三次地下核试验获得了成功。

这次试验的结果非常理想,不仅彻底解决了抗电磁干扰问题,而且几十个记录系统都有收获,测到了中子、X射线和γ射线的时间谱、能谱、强度等几百个预想的数据,获得了"大丰收"。

就这样,仅仅经过三次地下核试验,我国就顺利通过了地下核试验技术关,为核武器的改进和发展创造了良好的条件。

核武器的研制与发展,离不开核物理的实验诊断。在我国核试验的测试工作中,王淦昌想出了许多绝妙的"点子",并指导青年科学技术工作者具体实施。他们用新发展的诊断技术测量了核爆炸过程的各种物理量和爆炸威力。在九院的核试验测试队伍中,唐孝威、胡仁宇、王乃彦、王世绩等人先后当选为中国科学院院士。

由于技术路线正确,设计技术精湛,测试手段巧妙,科研组织管理得力,理论设计与实验配合默契,我国核武器研制工作做到了少量试验,多方收效。与西方国家和苏联相比,我国的热核试验次数最少,为国家节省了大量的人力、物力和财力,却取得了很大的成绩。这是我国核科学家和工程技术人员的骄傲。

"一定要研制出大型 X 光机来!"

作为核武器科研工作的主要组织者和指导者之一,王淦昌考虑的问题深刻而具根本性。

在领导爆轰实验的初期,王淦昌就在思考这样的问题:研制核武器,必须了解包括爆轰压缩在内的物理作用的全过程。但如何知道某一瞬间的速度、温度、压力和其他物理参数呢?如何知道能量、密度的分布情况呢?他认为,要解决这些问题,必须有能实现闪光照相的设备,以便看到清晰的物理图像。

为了实现这个目标,王淦昌曾做了不少尝试,想了不少办法。首先用云雾室检验 X 光照相的效果,后来又用火花室探测 X 光。他还想到了像增强器。但因为当时急于着手开展爆轰实验工作，有些部件因国内条件所限又达不到要求，这项工作暂时被放下了。然而，实现理想的闪光 X 光照相，看到核武器在内爆压缩过程中的物质变化的物理图像，一直是王淦昌梦寐以求的心愿。

后来，不论在怎样艰苦、困难的条件下，王淦昌都念念不忘研制大型 X 光机。为了实现闪光照相，早在 1962 年，他与朱光亚就主张建造加速器。他们不仅指导研究设计方案，而且仔细修改"任务书"，最后，九所制定了"电子直线加速器方案"和"电子感应加速器方案"，并确定分别与原子能所和一机部电器科学研究院协作。

1962 年，第一台高能闪光 X 光机建成，并于 1963 年投入使用。

1963 年，在制成一套闪光机的基础上，又研制了四套。在国外，四套闪光机要用四个碉堡。经过调研，王淦昌带领科研人员，通过对抗干扰技术的研究，大胆地采用了四套闪光机共用一个碉堡的方案。这种方法，后来在突破氢弹原理的工作中发挥了重要作用。

1964 年，研制出了更大的闪光 X 光机，用小发生器作代用品，进行联合充电、放电的实验和制作延时控制计时装置。

1965 年，新冲击电压发生器和新工号投入使用，在工号里继续调试考核设备。

1966 年，进行了对一些复杂结构体系的实验观测研究。又用了三年时间，调试出我国第一台大间隙强流电子感应加速器，但它仍然满足不了我国核武器发展对闪光照相技术的要求。

1969 年，测量压缩度的任务被提上了议程，又制订了利用像增强器的测试方案，以便在实验室进行预研工作。然而，林彪的一号搬迁命令，却使实验中止了下来……

"一定要研制出大型 X 光机来！"王淦昌指导一批各有专长的青年科技工作者，锲而不舍地努力着。

从 1976 年开始设计，到 1981 年，强流脉冲电子束加速器终于建成。该加速器于 1982 年投入运行，1983 年顺利通过了国家鉴定。这台加速器为我国的核武器事业做出了重要贡献。

王淦昌非常高兴："我们终于有了自己研制的大型 X 光机。"

王淦昌

开拓激光聚变研究新领域

奠基激光惯性约束聚变

激光惯性约束聚变研究是王淦昌晚年的主要奋斗领域。

核聚变与核裂变是获得核能的两个重要途径。受控核聚变，是指将氘氚混合体加热到很高的温度，使之足以克服原子核之间的库仑排斥力，在可以控制的条件下，发生大量的聚变反应而释放出能量的一种反应过程。实现核聚变的条件是非常苛刻的。人类研究受控核聚变的工作是从研究磁约束聚变开始的。

激光是基于爱因斯坦的受激辐射放大原理而产生的一种相干辐射。1960年，美国科学家梅曼（T. H. Maiman）研制成了世界上第一台激光器——红宝石激光器。激光技术由此诞生了。

当时，王淦昌正在苏联杜布纳原子核联合所从事高能粒子物理研究。1961年回国后，又踏上了研制原子弹的"秘密历程"。在这段时间内，激光的问世并没有引起他很大的兴趣。1964年，诺贝尔物理奖授予了汤斯（C. H. Townes）、普洛霍罗夫（A. M. Prokhorov）和巴索夫（N. G. Basov）等人，以表彰他们在激光的发现过程中做出的贡献。于是，激光成了科学家议论的热门话题。王淦昌在全身心地投入原子弹研制工作的同时，也逐渐关注和学习了激光的知识，了解了激光的四个特点，即它的强度特别大，有方向性，单色性和相干性好。王淦昌对激光所拥有的强度大和方向性强特点尤感兴趣。他想，如果把激光与核物理二者结合起来，应该可以发现新的有趣的现象。当时，我国第一颗原子弹已爆炸成功，核武器的下一步工作将进入氢弹研制阶段。结合氢弹问题，王淦昌对这个问题进行了深入的思考，不久想出可以考虑用激光击射氘冰，看是否有中子产生。

他据此撰写了《利用大能量大功率的光激射（即激光）器产生中子的建议》。他在文章中提出了用光激射方法产生中子的原理和具体建议，估计了入射光能 E 和聚焦范围 r 与中子产额 N 的关系，讨论了应该怎样制备氘化铀靶，如何验证是否有中子和 X 光的存在，并对如何深入定量的测量进行了讨论。最后，王淦昌还建议用化学药品代替电容器，使产生中子的装置轻小易携。由于历史的原因，他的这篇开创性论文没有在公开的刊物上发表，而是呈送给了国务院领导。

从理论上讲，利用激光打氘冰是可以产生中子的，但如何通过实验来证明这是可能的呢？王淦昌为此苦思冥想。1964年12月，王淦昌在北京参加第三届全国人民代表大会期间，恰遇中国科学院上海光学精密机械研究所的邓锡铭副研究员。邓锡铭当时正在从事高功率激光器的研制，他领导做成的钕玻璃激光器的输出功率已达到108瓦，在激光束的聚焦点上，空气被击穿，光轴上出现一连串火球。他们正试图解释这个令人激动的物理现象。听了王淦昌的设想后，邓锡铭非常高兴："这是实现激光应用的一条重要路子。"随后，王淦昌将自己近20页稿纸的论文寄给邓锡铭。

王淦昌指出的方向，给从事激光器研制的科技人员很大鼓舞。1964年底，邓锡铭把王淦昌的倡议向当时的中国科学院副院长、党组书记张劲夫作了汇报，立即得到了张劲夫的赞成和支持。这样，在王淦昌的领导下，我国激光惯性约束聚变领域的预研工作就开始向前迈步了，而当时的英国、法国、日本和联邦德国都还没有动手呢！

力促激光与核物理队伍的结合

"文化大革命"延缓了我国激光惯性约束聚变工作的进程，直到1973年才有进展。当时，上海光机所从事激光科学技术研究的同志和二机部九院从事等离子体物理理论研究和诊断、测试工作的同志之间缺乏合作。虽然双方都很努力，工作也有进展，但缺乏系统性。

1977年10月，王淦昌以二机部九院副院长的身份，带领一些从事等离子体物理理论和实验研究的科技人员，到上海光机所商谈两个单位合作开展激光惯性约束聚变的事宜。他的工作得到了中国科学院和二机部领导的大力支持。

↑ 1985年王淦昌（前右二）在九院检查激光器

上海光机所与二机部九院联合建立实验室，在发挥各自优势，形成强有力的科研集体的同时，王淦昌和光学专家王大珩这两位早期的清华大学物理系的毕业生，很自然地就会合到一起。他们不仅是激光惯性约束聚变这个新科学技术领域的学术带头人、深受大家爱戴的导师，而且是几个方面的科技队伍团结协作的象征，推动工作向前发展的后盾。

1980年，在王淦昌和王大珩的领导、推动下，科技人员提出了联合建造功率为1012瓦的激光装置的设想。经过两年的技术论证和预研，三年半的工程建造和调试，两年多的运行考核和打靶实验，该激光装置于1987年6月通过了国家级鉴定，并被命名为"神光"装置。

开拓国内氟化氪激光聚变研究新领域

1978年，王淦昌担任原子能所（现中国原子能科学研究院）所长，领导建立了惯性约束聚变研究室。实验室的工作人员经过两年多的努力，自主设计建成了一台国内首创、具有国际先进水平的强流脉冲电子加速器，之后，又利用这台加速器深入开展了强流电子束和物质相互作用的物理机制研究，获得了多项有国际影响的成果。

随着工作的深入，王淦昌发现电子束打靶温度上不去。他对电子束惯性约束聚变的前景产生了深切的忧虑。1983年前后，国际上同行的努力方向是对原有的电子束加速器进行改造，从事轻离子束聚变和内爆等离子体的研究。原子能所的工作该朝哪个方向努力呢？一个严肃而迫切的问题摆在了王淦昌的面前。

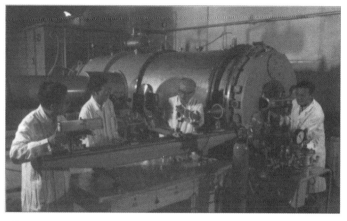

↑ 1989年王淦昌（左三）在原子能研究院氟化氪激光实验室指导工作

经过周密思考，王淦昌在 1984 年提出了开展强流电子束泵浦氟化氪激光聚变的研究工作。

他亲自参加百焦耳级氟化氪激光器的设计讨论，大量地查阅文献资料，探索、思考压缩激光脉冲宽度的方法。他为了考虑加速器的主开关如何与种子脉冲的关联问题，一个晚上几次起床翻阅材料，以致彻夜未眠。他还多次呼吁核工业的领导对准分子氟化氪激光的研究工作要给予支持。他常常对周围的同志说："我们应该要求自己站在世界科学发展的前列，只有这样，才能带领青年人去发展我们的科学事业。"

在王淦昌的领导和带动下，原子能院从事氟化氪激光研究的科技人员，一步步总结经验，找出各个环节影响激光输出能量的问题，并选择正确的技术路线进行改进，使激光输出能量不断提高，并在 1990 年底实现了"研制百焦耳级准分子（氟化氪）激光器"的目标。我国也成为继美国、英国、日本之后具有百焦耳级氟化氪激光器的国家。原子能院目前已成为我国氟化氪准分子激光技术及氟化氪激光惯性约束聚变研究的一个重要基地。

心系核电　情牵高科技

1978 年 9 月，王淦昌担任二机部副部长后不久，当时任二机部核电局副局长的连培生和其他几位长期在核科学与工程领域工作的专家，在一起谈论我国的核电发展时感到，由于缺乏长远规划，几个工业部门之间意见不一致，核电事业难以推进。他们把想法告诉了王淦昌，王淦昌主张向中央领导写信反映情况。几位专家将信稿写成后，送给谁呢？王淦昌想起了邓小平。10 月 2 日，由王淦昌等五人署名的给邓小平同志的信，从二机部大楼发了出去。

邓小平对他们的来信极为重视，批转有关部门，要求他们认真听取专家的意见。这封信对我国核电的发展起了积极的推动作用。

1979 年 3 月至 4 月，王淦昌率中国核能学会代表团到美国和加拿大访问，并参观了渥太华、多伦多的核电厂。回国后，他对发展我国的核电事业投入了更大的热情。1979 年，他在第五届全国人大第二次会议上提出了《积极开展原子能发电站及有关的研究工作》的提案。同时，他还在《自然》杂志 10 月号上发表《勇攀原子能科学技术的新高峰》一文，指出："从长远看，核能必然成为能源的主要来源……我们一定要把核电站建设起来，让原子能造福于人民。"

1980年，中央书记处邀请中国科学院的专家开设"科学技术知识讲座"，为中央书记处和国务院的领导同志讲课。王淦昌负责主讲"核能——当代重要能源之一"这一课，听课的有党中央、国务院的各有关部门的领导共135人。王淦昌从"什么是核能"讲到"核电站的安全性与经济性"，从"世界核能的发展概况"讲到"我国发展核电的必要和可能"。

1983年1月，在国家计委和国家科委联合召开的核能技术政策论证会上，有一位领导同志讲："我就是有意不讲'自力更生'，搞核电站与搞原子弹不一样。"王淦昌为此作了题为《在发展我国核电事业中正确处理引进和坚持自力更生原则的问题》的发言。他一针见血地指出："我们不能用钱从国外买来一个现代化，而必须靠自己艰苦奋斗，才能创造出来……我们的

↑ 1989年王淦昌第三次视察秦山核电站

头脑必须清醒，设备进口也好，技术引进也好，合作生产也好，这些统统是手段，目的则是增强自力更生的能力，促进民族经济的发展。"他结合自己在从事科学研究中研制设备的体会，多次讲过"百鸟在林，不如一鸟在手"的比喻，强调建设30万千瓦自行设计的秦山核电站的重大意义。后来，秦山核电站在1983年6月1日破土动工后不久，又传出了将停止建设的声音，这引起了很多热心人的关注。王淦昌参加了由当时的核工业部科技委主任姜圣阶召集的专家座谈会，陈述了自己的一贯立场，并在根据大家意见整理的信上签上了他的名字。

这封信辗转送到中央，最后得到领导的批示。秦山核电站工程最终没有下马，这封信是起了重要作用的。

王淦昌不仅关心我国核电事业的起步与发展，而且对核电站的建设和运行也十分重视。1984年6月，他到秦山核电站工地检查工作时，对工作人员说："秦山核电站是我国第一座主要靠自己的力量建设的。"凡是有机会，王淦昌都要到

秦山核电站工地看一看。

1989年，秦山、大亚湾两座核电站建设已全面铺开。但遗憾的是，王淦昌在10年前指出的缺陷尚未消除。面对这种情况，王淦昌与钱三强、李觉、姜圣阶四位核工业界的先驱于1990年2月28日联名写信给中央。他们在信中写道："……我们四人虽都已高龄，但作为第一代核武器的参与者，有一件事情一直放心不下，就是如何把发展我国核电事业纳入国民经济整体发展规划之中，切切实实地进行研究和落实，使它能为解决下一世纪中国能源问题做出积极贡献。"他们在信中就核电发展资金问题提出了具体的建议。

1986年3月2日，王淦昌和王大珩、杨嘉墀、陈芳允联名向中央提出了《关于跟踪研究外国战略性高技术发展的建议》。3月5日，邓小平同志在他们的建议上做了批示，"这个建议十分重要"。在邓小平同志的支持和推动下，中共中央、国务院于1986年11月批准了《高技术研究发展计划纲要》，简称"863"计划。计划选择了对我国未来经济和社会发展有重大影响的生物技术、航天技术、信息技术、激光技术、自动化技术、能源技术和新材料技术的一些领域作为突破重点，在几个重要的高技术领域跟踪世界水平。"863"计划的组织实施，使我国

↑ 向中央提出发展高技术"863"计划的四位科学家
右起：王淦昌、杨嘉墀、王大珩、陈芳允

的高技术领域的研究进入一个国家规模的有计划、有组织发展阶段。

北京正负电子对撞机工程,是国家"七五"重点工程建设项目。当时面临的现实是,国内工业技术水平和能力虽具有基本条件,但又有差距,很多关键技术需要突破,不少薄弱环节需要提高。在工程进展的关键时刻,对撞机工程领导小组组长谷羽到王淦昌家,请他为参加对撞机工程的同志作鼓舞士气的动员。次日下午,王淦昌来到高能所,他对大家说:"我国的高能加速器建设,历经波折。北京正负电子对撞机项目,来之不易。它的建设,是我国科学发展史上的一件大事。中央领导同志对此也十分关心,我们应该发扬'两弹'过关时的艰苦拼搏精神,把对撞机按期保质建好。"他分析了有利因素和不利因素,号召大家发挥有利条件,克服不利条件。他指出,在工程建设的过程中,一方面要充分利用高能物理领域良好的国际合作条件,有针对性地积极吸收、消化国外的先进技术;另一方面要以工程任务来带动、促进工业部门特别是国防工业部门的工作,使优势技术向项目上转移和发展。同时,要发扬团结协作的精神,联合攻关,提高水平,掌握新技术,保证对撞机的部件达到高指标、高要求。作了动员讲话后,王淦昌不顾疲劳,又参观了施工现场,对工程进展和质量表示赞扬,并鼓励工作人员再接再厉,把工作做得好上加好。

1988年10月24日,在北京正负电子对撞机宣告建成后,王淦昌和其他科研与工程技术人员,受到了邓小平等中央领导人的接见。邓小平同志在接见时发表了题为《中国必须在世界高科技领域占有一席之地》的重要讲话。

利用北京正负电子对撞机上的北京谱仪探测器,我国的科研人员于1992年精确测定了τ轻子的质量,引起了国际高能物理学界的重视。

北京正负电子对撞机同步辐射装置投入运行后,为自然科学研究、技术科学发展和工业应用提供了有效的手段,促进了各学科间的相互渗透和诸多领域学科的发展。

1998年12月10日,王淦昌因病在北京逝世,享年91岁。他一生治学严谨,开拓创新,正直坦诚,是中国现代物理学的一代宗师,爱国科学家的典范。他在科学事业中做出的非凡贡献和无私奉献的爱国精神,将永远激励后人,为实现科学强国梦而不懈奋斗。

参考文献

[1] 常甲辰. 王淦昌 [M]. 贵阳：贵州人民出版社，2005.

[2] 胡济民，等编. 王淦昌和他的科学贡献 [M]. 北京：科学出版社，1987.

[3] 李瑞芝，孙晓光，常甲辰. 核物理学家王淦昌 [M]. 北京：原子能出版社，1996.

[4] 王淦昌. 王淦昌全集 [M]. 石家庄：河北教育出版社，2002.

[5] 王淦昌著，本书编辑委员会编. 王淦昌论文选集 [M]. 北京：科学出版社，1987.

（本文作者：常甲辰　冯立昇）

赵九章

赵九章（1907—1968），浙江湖州市人，气象学、地球物理学、空间物理学家，1955年首批当选为中国科学院学部委员（院士）。

1933毕业于清华大学物理系，并留校任助教。1934年考取清华庚款留美公费生。1935年赴德国学习气象学专业。1938年获博士学位回国，任西南联大地质地理气象学系、航空工程学系副教授，清华大学航空研究所研究员，1939年任教授。1944年，任中央研究院气象研究所代理所长，1947年任所长。1946年受聘担任清华气象学系教授。中华人民共和国成立后，任中国科学院地球物理所所长、卫星设计院院长，中国气象学会理事长和中国地球物理学会理事长等职；先后当选为第二届全国人民代表大会代表、第三届全国人大常委会委员。

赵九章在我国率先把数学物理方法引入气象学领域，是我国动力气象学的创始人，他在气团分析、信风带热力学、数值预报、云雾物理等领域做了开拓性的工作。他积极倡导发展我国的人造卫星，领导开创了利用探空火箭和气象火箭进行高空探测的研究，开展卫星的科学探索和预研，筹建了环境模拟实验室并开展遥测、跟踪技术研究。他对我国第一颗人造地球卫星的研制、返回式侦察卫星总体方案的确定和关键技术的落实，以及对我国卫星系列发展规划的制定做出了重大贡献，是我国人造卫星事业的奠基人之一。他开拓了我国的空间物理学研究新领域，开创了我国磁暴层、辐射带、太阳风等课题的研究。在他的领导下，还完成了核爆炸试验的地震观测和冲击波传播规律以及有关弹头再入大气层时的物理现象等研究课题。

1985年获国家科技进步特等奖，1999年被追授"两弹一星功勋奖章"。2007年百年诞辰之际，由中科院紫金山天文台于1982年2月23日发现的国际编号为7811号的小行星，被命名为"赵九章星"。

求 学 之 路

1907年10月15日，赵九章出生于河南开封赵家老宅，其祖籍是浙江湖州。赵九章的父亲赵燮彦，字伯勤，号碧田，是有名气的中医，在京城太医院任大夫。赵燮彦一生行医，家庭清贫。

赵九章幼年就读于私塾，1918年进开封北仓小学读书，从小就打下了很好的传统文化基础。他将"天行健，君子自强不息"作为座右铭。这句出自《周易》中的话，正好也被用作清华校训。赵九章的号为"自强"，也与清华学人精神相契合。

赵九章在1921年14岁时高小毕业。在"五四"运动影响下，他立志科学救国。1922年9月，赵九章以第一名成绩考入河南留学欧美预备班，1925年考入浙江工业专科学校（1928年改为浙江大学工学院）预科。他在杭州读书期间加入了中国共产主义青年团，并参加浙大地下党的活动。1928年春，他被国民党政府逮捕入狱。不久，赵九章的姨父戴季陶以保外就医的名义将他保释出狱。他出狱后，被姑姑接到湖州养病（赵九章的祖母在湖州）。身体得到恢复后，他又被接到南京姨母家。当时任考试院院长的戴季陶很赏识赵九章的才华，安排他做随从秘书，并要他学书法、练字。而赵九章认为只有科学才能使中国发达富强，在南京终非长久之计，因此除了处理电函、抄写文件和练习书法外，他主要是埋头复习功课，准备考学。1929年8月他考取了清华大学，离开了南京。

进入清华大学物理系读书，他有幸遇到叶企孙、吴有训、萨本栋等我国物理学的第一代大师。1925年第一级学生入学时物理系仅梅贻琦和叶企孙两名教授。1928年吴有训、萨本栋两位年轻教授应聘来清华任教。1929年周培源学成回国，成为物理系最年轻的教授。1932年赵忠尧也回国到清华物理系任教。在这些名师指导下，赵九章如饥似渴，刻苦学习。

赵九章大学一年级的普通物理是吴有训讲授的，吴先生上课声音洪亮，选材精练扼要，科学性、逻辑性强，讲述深入浅出，深受学生欢迎。他一般先让学生做适当预习，难懂的地方会反复讲解，并将枯燥无味的概念和公式生动、形象地表述出来。他反复告诫同学们，学物理要掌握好基本概念。实验是清华物理教学中的重要环节，所有教授都重视实验室工作，吴先生也非常重视实验课教学。赵九章做实验认真,他常常会向吴先生提出一系列问题。吴先生总是一一回答,并常常举一反三地解释,使赵九章很快消除疑问、掌握要点。

清华大学图书馆馆藏图书资料十分丰富,教师和图书馆员们十分重视对国内外图书、期刊、报纸的搜集和利用。赵九章除了上课、做实验外,就在图书馆读书,在这里他获得了丰富的科学与文化知识,开阔了视野。

在清华读书时,赵九章最要好的同学是傅承义。两人非但在物理系同班,而且做试验也是同组,"四年同窗,情同手足"。那时许多同学称呼他们是"一号""二号"。他俩与考试成绩最好的王竹溪并称为物理系第五级中的"三杰",备受师长的赞赏。他们三人在毕业时均列入清华研究生院研究生名单之中。全校共录取26名研究生,物理系就占4名。赵九章在大学期间打下了扎实的物理学基础,获得了独立工作和进行科学实验的能力。1933年8月赵九章以优异的成绩毕业,并留校物理系任助教,专职管理物理实验。

↑ 1933年赵九章(中)与同班同学傅承义(右)、王竹溪(左)在清华园

毕业后不久,赵九章与女友吴岫霞在浙江杭州一家西餐厅举办了婚礼,随后到湖州拜见姑母赵静涵。吴岫霞出身富裕的乡绅家庭,开明善良。赵九章在浙江大学预科读书时,好友给他介绍了吴岫霞。但俩人还没有见面,赵九章就因参加学生运动入狱。当时吴岫霞以表妹的身份多次去监狱探望他,在精神上、物质上

都给赵九章很多帮助，给身陷囹圄、身体虚弱的赵九章很大的安慰，从那时起俩人就开始了患难之恋。俩人回到初恋之地举办结婚仪式，有情人终成眷属，姑妈也在老家湖州以家长的身份迎接这对新婚夫妇。

在清华读书期间，叶企孙、吴有训等先生对赵九章的成长产生了重要影响。叶先生的科学救国的思想，给赵九章留下了深刻的印象。叶先生常对同学们说："要想我们的国家不遭到外国人的凌辱，就只有靠科学！只有科学才能拯救我们的民族。"吴有训也常鼓励同学们要敢于向难题挑战，勇于向科学的高峰登攀。赵九章十分理解老师们的厚望，他决心毕生从事科学工作，走科学救国之路。1934 生 10 月，赵九章考取清华庚款留美生。这一年同时考取的有王竹溪、张光斗、钱学森、费青等 20 余人。他们虽然专业不同，但都是当时青年学子中的佼佼者。

叶企孙等清华教授很早就认识到地球物理学和气象学对国家建设和学科发展的重要性，在 1925 年，清华在教学楼清华学堂东端最高的一间房里设立了气象台，并配置有大气气压表、温度计、风速计、雨量计等仪器。1929 年，王淦昌在吴有训的指导下完成了测量清华园周围氡气强度每天变化的实验研究；之后物理系学

↑ 赵九章申请留美公费生志愿书和叶企孙签名的保证书（清华大学档案馆藏）

生还进行过大气电学的研究。1930 年清华大学也在地学系设立了气象组。1931 年，清华大学在体育馆西面一座小土山上建了气象台。叶企孙对气象学与物理学的紧密关系有深刻的认识，体现了其远见卓识。叶企孙说："气象是国家非常需要的学科，世界上气象学发展很快，要有学物理的人去学气象，我们清华今后要有气象学专业，还要有气象系。尤其从国防建设考虑，清华要建立航空工程系，航空离不开气象。"他建议赵九章选择气象学为专攻方向。赵九章遵循恩师的建议，他在气象组补习了气象课程，还去气象台查阅了气象资料。

赵九章报考留学公费生考试时选择了高空气象学专业。按照清华大学的规

定，考取公费留学生后，要在国内导师指导下学习一年。赵九章的指导教师是叶企孙和竺可桢。叶企孙将赵九章派去南京，到中央研究院气象研究所师从竺可桢所长学习气象学。在竺可桢指导下，赵九章利用在南京和北平搜集到的高空探测资料，写成《中国东部空气团之分析》一文，对东亚地区大气温度、湿度的垂直分布和天气情况作了深入分析，这是赵九章的第一篇学术论文，也是我国分析东亚气团的第一篇论文。

叶企孙和竺可桢都是在美国哈佛大学获博士学位，同为早期中国科学社社员，两人关系十分密切，都热心于我国气象学的发展。赵九章在南京学习期满后，与导师竺可桢商定，希望改赴气象学水平更高的德国留学。他把这一想法告诉了叶企孙。1930—1931年，叶企孙曾去德国进修一年，知道柏林大学气象学教学与研究水平很高，因此也很赞同赵九章改赴德国留学，他不顾"庚子赔款"留学必须去美国的规定，建议清华评议会通过了改派赵九章去德国学习的申请。

赵九章于1935年7月进入柏林大学，主修动力气象学、高空气象学和动力海洋学等课程，师从两位著名的气象学家费克尔（H. von Ficker）和德芬特（A. Defant）教授。

赵九章在费克尔教授的指导下攻读动力气象学和高空气象学，在德芬特教授的指导下学习动力海洋学。导师对这位勤奋好学的中国学生很欣赏，给予重点指导。德国人严格认真、一丝不苟的学风也影响了赵九章的一生。他很快完成了几篇论文，其中1937年的论文《信风带主流间的热力学研究》发表在德国的 *Veröffentlichungen des Meteorologischen Instituts*（Band Ⅱ, Heft, 6: 5–24）上。该文在系统地整理大西洋高空观测资料的基础上，利用求解数学物理方程的方法定量分析了从热带高压到赤道途中信风主流中得到的水汽和热量的多少，把数学、物理和流体力学的基本原理与方法引进到大气科学中，受到两位导师赞赏，也引起国际气象学界的重视。竺可桢高度评价该篇论文，认为这是新中国建国以前理论气象研究上最主要的收获，后来该文被收入中国近代科学论著丛刊《气象学》中。

1938年8月赵九章完成学位论文《关于湍流风落分布参量的确定》，获得博士学位，随即在同年9月就踏上了回国之路。

开拓气象科学研究领域

1938年10月，赵九章回到祖国，来到清华、北大、南开三校组成的西南联大工作。母校清华热情地欢迎他归来，当年10月，聘请他为西南联大理学院地质地理气象系和航空工程系的副教授，同时兼任国立清华大学航空工程研究所研究员，开展航空气象方面的研究；两年后聘他为教授，并兼任清华大学航空研究所高空气象台台长。

赵九章全身心投入到了教学、科研工作中，先后开设过理论气象学、大气物理学、高空气象学等课程；编写了我国第一部《动力气象学》讲义，还编写了《大气涡旋运动》《理论气象学》《大气物理学》《高空气象学》等著作或讲义。当时在西南联大学气象的学生有叶笃正、谢义炳、高仕功、朱和周、谢光道、王宪钊、宋励吾、徐淑英、程传颐、冯秉恬、何明经、孙毓华等，此外还有物理系的学生顾钧禧等，以及师从赵九章读研究生的顾震潮，他们都受过赵九章的直接指导，日后大多数成为中国著名的气象学家。

赵九章到任时，西南联大气象专业教授只有李宪之先生一人，他是1936年在德国获博士学位后到清华任教的。他们两人和衷共济，紧密合作，一起教学，并共同筹建高空气象台，促进气象学科的建设与发展。

赵九章还参与了清华航空工程研究所筹建工作，并负责高空气象台建设工作。高空气象台成立于1938年秋季，建在嵩明之西灵应山，借公地自建台舍八间。其中地面仪器大部分借自地质地理气象学系，故成立之始已开始进行地面观测，后又向中央空军军官学校借得测风仪，此后对于风速及风向有连续记录。当时所定购美国的高空气象仪及气压表图书等，因越南事变，欧战爆发，滞留海防，无法运到，赵九章只好自制相关仪器。他与同事们一起制作了观测高空气象风筝。后与中央研究院气象研究所协商得，该所高空气象部分研究工作，完全交于高空气象台进行，并将其原有无线电探定仪等运到高空气象台。因发报机电池自制遇到困难，以及探测仪器数量太少等原因，探测工作未能得到进一步推进。高空气象台与美国空军驻昆气象台进行了颇有成效的合作。美国空军十四航空队驻昆时，高空气象台除供给该队气象台气象记录外，还派人协助盟军举办无线电探空仪训练班，获得该队司令员陈纳德将军的肯定和赞扬。陈纳德将军协调美军有关部门，奉准给高空气象台调拨全套的无线电探空仪设备，但后被美国陆军取消了，几经磋商，未获成功，令人惋惜。为满足了抗战急需，赵九章和同事们还为中国空军训练了五批气象人员。

进行地面及高空观测，须有精确之水银气压表，因清华航空研究所定购之气压表无法运到，1940年夏，赵九章与张捷迁等同事一起自行设计制造了水银气压表。关于气压表的研制工作，赵九章进行了总结，他和高仕功写了《福丁式水银气压表制造报告》一文，发表在清华航空研究所汇刊《气象报告》第三号上。气压表研制成功后，受航空委员会之委托，清华航空研究所代制五十具，并另由中央气象局制造十具，供应战时需要，使各地气象台，得以继续工作，获得全国气象界的好评。

赵九章回国后，在理论气象学方面的工作对我国气象学科的发展起到了重要的促进作用。他不仅开拓了高空气象学的新领域，也开创了中国动力气象学的研究工作。

19世纪末，气象学与气候学为一门学科，不分彼此。当时的气象学是地理学的一个分支学科，侧重于气象记录之搜集与统计，以描述性工作为主，未尝以物理学的观点研究天气现象之规律。20世纪初期，以Exner、W. Schmidt、von Ficker、A. Defant等为代表的奥德学者，开始将热力学与动力学理论应用于天气各种现象的研究，但工作仍显零散。第一次世界大战发生后，挪威物理学家V. Bjerknes采用流体力学中波动原理从事天气预告研究，奠定了理论气象学的基础，一时间欧洲气象学人才辈出，以物理学方法研究天气现象逐渐成为气象学主流。

1928年，竺可桢在当时的中央研究院创建了气象研究所，开拓了我国气象学研究。但在30年代中期以前，我国气象学基本上属于地理学范畴，真正把数学和物理学方法引入气象学，解决气象学问题的第一篇文章，就是赵九章的1937年发表的《信风带主流间的热力学研究》。1937年他还在中国的《气象杂志》（第13卷第10期）发表题为"理论气象学与天气预报"的论文，指出："今日物理天文等科学进展之速，更令人有望尘莫及之感，吾人于此，诚不得不对旧日气象学研讨之方法，加以重新之估价，对于现代物理已经应用有成绩之方法，在气象学理论之研究中试以应用也。"他提出："今吾人当进而理论气象研究之新途径矣，新的方法为何，即利用数理方法，切合气象观测事实，同时尚须顾及应用时之方便，所求出之预报计算方法也。"回国后，赵九章不断将数学和物理学方法引入到气象学研究中来，并在大学中开设相关课程，培养高水平的新一代的气象学人才。

赵九章在赴渝与竺可桢商谈合办高空气象台时,就讨论过清华派遣专习气象学生赴美留学问题。1943 年,当赵九章得知清华大学已决定选派习气象学学生一名留学时,专门给梅贻琦校长写了一封长信,就近年气象学界之研究趋势与国内之需要,对于该门之应考科目意见提出了建议。他在信中指出:

我国过去气象界同仁大部皆出源于地理系,此者只能为中国气候学之整理与无气象材料之统计,欲追踪欧美,以与世界气象学者相争衡,则恐未能。九章窃以为,我国此时派选学生,必需注重数理,庶在美国求学期内可即得名师之教,盖将来归国后亦可继续研究,继世界研究趋势而迈进也。兹拟定下列应考科目。

(一)大学普通物理,(二)微积分及微分方程,(三)热学及力学,(四)普通气象学,(五)理论气象学

如何之处,敬请参酌裁决。专此敬请钧安。

学生赵九章敬上。

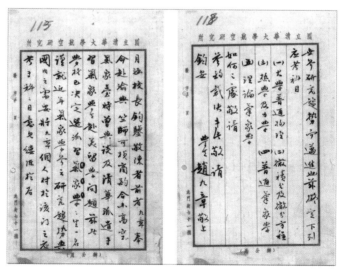

↑ 赵九章致函梅贻琦对清华选派气象学专业留学生考试科目提出建议(清华大学档案馆藏)

国立清华大学在 1939 年开始恢复派遣留美公费生,在第六届招考中在专业门类里设置了气象学 1 名。《国立清华大学考选留美公费生规程》(1943 年)确定的考试科目为:一、微积分及微分方程;二、理论力学;三、热力学;四、普通气象学;五、理论气象学。可以说,基本上采纳了赵九章的建议。理论气象学也是由他命题的。经考核,1944 年清华录取气象学专业考生一名,就是日后成

为国际著名气象学家的郭晓岚。郭晓岚1945年赴芝加哥大学留学，1948年获得博士学位。

赵九章于1944年出任气象研究所研究员和代所长，也为他推动理论气象学研究提供了进一步发挥作用的机会。他把中国气象学进一步引上了数理化的道路。1944年5月5日，经中央研究院学术审议会审议，赵九章论文《东亚之大气涡旋》荣获中央研究院自然科学类第二奖。同年9月，他又发表论文《非恒态吹流之理论》，改进了埃克曼（Ekman）的恒态吹流理论。1945年4月5日，竺可桢在中央研究院气象研究所召开的谈话会上，以赞赏的语气说："九章到所十月（自去年5月来），对于所行政大事改进……研究指导有方，且物理为气象之基本训练，日后进步非从物理着手不行，故赵代所长主持，将来希望自无限量。"

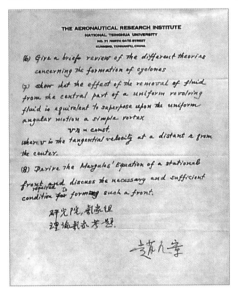

↑ 赵九章出的理论气象学考题（清华大学档案馆藏）

赵九章十分关注气象科学国际前沿发展的情况。20世纪30年代末，国际气象学界划时代的大事是，美籍瑞典气象和海洋学家罗斯贝（C. G. Rossby）在1939年提出了现代气象学基础性的长波理论。但这一理论尚不能解释大气长波产生和发展的原因。赵九章针对这些问题进行了深入的研究，首先发现大气长波中存在着不稳定现象，提出了长波（又称行星波）的不稳定性概念，受到了国际气象界的重视。1946年，赵九章在 The Journal of Meteorology 上发表论文指出：由于实际大气是斜压的，长波在斜压大气的状态下可以是不稳定的，即振幅将随时间增长而形成天气图上观测到的气压场的槽、脊分布和发展。这是现代天气预报的理论基础之一。1946年，赵九章访问芝加哥大学时，做了相关问题的学术报告时，引起国际气象学家们高度重视。1946年，气象研究所迁回南京北极阁，成为我国现代气象学研究的一个重要基地。很多著名的气象学家如叶笃正、陶诗言、顾震潮、黄士松和郭晓岚等都在该所从事过研究。

解放战争后期，国民党撤退时，曾令中央研究院气象研究所和历史语言研究所一并迁往台湾，并已备好船只。历史语言研究所迁走后，赵九章顶住压力，借故拖延，在1948年12月将图书资料和仪器设备搬运到上海，研究人员也疏散到上海。但气象台观测仪器仍留在南京，并留5人在维持日常气象观测。赵九章动员气象研究所的科学家们留在了大陆，为新中国保存了一支优秀的科研队伍。他们迎来了上海的解放，又一起迎接新中国的诞生，为新中国气象事业的发展做好了准备。

执教清华大学气象学系

1946年4月，教育部电令西南联大三校恢复原校。5月4日，梅贻琦在昆明宣布西南联合大学结束。清华大学计划在复员后重新组建气象学科，并在原地质系气象组基础上建立独立的气象学系。1946年7月25日，梅贻琦致函赵九章，聘请他为清华大学理学院气象学系主任。1947年1月1日，赵九章正式接任中央研究院气象研究所所长。此后不久，李宪之和王竹溪也先后写信给赵九章，希望他早日到清华任职。1947年，清华大学正式成立了气象学系。赵九章虽未正式到清华气象学系就任系主任，但接受了担任气象学系教授的聘请，并在1947年11月至1948年1月到气象学系任教。他在离开西南联大后一直都非常关注清华大学的发展，并对母校气象学学科建设给予支持。

↑ 梅贻琦校长致函赵九章 聘请他担任清华大学理学院气象学系主任（清华大学档案馆藏）

《学生报》在1947年11月8日的"学人往来"栏目中报道他到清华任教的消息："国立清华大学理学院气象学系教授赵九章，去年一月并代表我国赴英参加国际气象学会议，于昨（七日）午搭机由京飞抵北平西郊机场，即日到校任教。"

《申报》在1947年11月9日以"中研院气象所长赵九章赴平执教"对此做了报道。内容如下：

（本报北平七日电）中央研究院气象研究所所长赵九章，应清华聘，今日飞平，将在清华气象学系任教一学期，期满仍返中研院工作。赵为我国气象学专家，胜利后曾代表我国出席国际气象学会。

1946年清华气象系建立初期，师资极度缺乏，处境十分艰难。在气象学系教师队伍中，除代理系主任李宪之教授和专任讲师高仕功外，还有另一位兼职讲师和两位教员。而高仕功还在出国修假。因此，赵九章在接受聘任后，不得不暂时放下手中的事务，支援母校的学科建设，前往清华给学生授课。在1947年7月编印的民国三十五年度《国立清华大学一览》教职员员名录中，气象学系只有7人，其中教师6人，赵九章之下标注"本学年请假"，高仕功之下标注"本学年休假"。可见当年教师严重不足。但在1948年3月编印的民国三十五年度《国立清华大学一览》教职员名录中，教师增加到了8人。在"教授兼主任赵九章"之下标注了"上学期在校"。

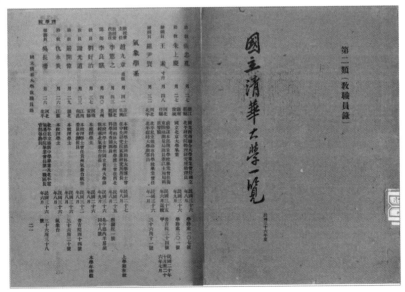

↑ 1948年3月编印的民国三十六年度《国立清华大学一览》教员名录（清华大学档案馆藏）

梅贻琦校长在1947年12月27日接受《学生报》记者采访时介绍了当时气象学系的情况：

本校气象学系教授赵九章先生，本学期课程结束后，仍须复返南京中央研究院，主持气象研究所事务；此系因限于人才及设备，除应谋扩充实外，过渡期间，即与南方各气象机构，如中大气象学系，中研院气象研究所，及中央气象台合作，派送学生前往学习，详细办法，尚待研究后决定，明年暑期实现。我国气象学研究机构甚少，但国家所需是项人材甚为迫切，亟待积极培植。以应此需要。

赵九章到中央研究院气象研究所后，除了主持所务工作和开展课题研究外，还兼任中央大学气象学系的教授，给学生讲授动力气象学等课程。清华急聘赵九章到清华任教，一方面是因课程教学急需，另一方面也是出于加强与中研院气象研究所和中央大学气象学系合作的需要。

由赵九章在1947年12月在清华大学填写的《国立清华大学教职员调查表》可知，他在清华气象学系担任的课程名称是"理论气象学"，按照民国三十六年（1947年）清华大学理学院气象学系本科必修学程规定，四年级本科生必修课中有理论气象课程。因此次可以确定，赵九章在清华气象学系讲授的课程是"理论气象学"。

↑ 1948年在清华大学气象系执教时与师生们一起合影
前排左1-4：赵九章、李宪之、唐知愚，严开伟（清华大学档案馆藏）

1949年8月赵九章再次接受了清华大学的聘请,续任气象学系教授一年。根据他在1949年填写的另一份《国立清华大学教职员调查表》,他承担的课程包括"理论气象""大气物理""海洋学"和"高空气象",共计4门。赵九章计划在1949年10月返校授课。可以说,他一直关注着并支持清华大学气象学系及其学科的发展。

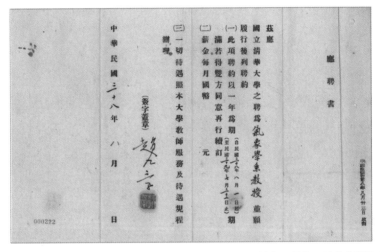

↑ 赵九章接受清华大学聘请为气象学系教授的应聘书(有亲笔签名和钤印,清华大学档案馆藏)

但赵九章返校在清华授课一事,此时却难以排上日程。他安排清华气象系四年级的学生到中央大学气象系借读理论气象学等课程一年。赵九章急需处理的事情是将气象研究所由上海迁回南京,使研究所的业务正常运行。1949年9月下旬,在赵九章主持下,气象研究所完成搬迁,在原址南京鸡鸣寺1号恢复了正常工作。

在南京市人民政府的支持下,赵九章很快领导研究人员在年底绘出了我国自己分析的第一张北半球天气图。当时研究人员只能采用我国几十个气象台站报告的东亚天气图进行天气分析,为了更深入地研究我国的天气和天气过程,急需收集和分析具有整个北半球范围内上千个气象台站资料的北半球天气图。此项工作的完成,使我国的天气演变与遥远地区的信息联系了起来,从此我国真正开始了高空气象的研究。

1949年11月1日,中国科学院成立,整合组建新的研究所。很快赵九章被委以重任,肩负起了新的使命。

规划和推动我国地球物理科学的发展

1950年1月26日，赵九章参加了由中国科学院副院长竺可桢主持召开的关于调整气象研究所组建新研究所的会议。会议决定，以原中央研究院气象研究所为基础，将原中央研究院物理研究所地磁部分、原地质调查所的地震部分、北平研究院物理研究所物理探矿部分，整合在一起，成立一个新的研究所。4月6日，中国科学院地球物理研究所成立，赵九章被中央人民政府任命为中国科学院地球物理研究所所长。5月19日，周恩来总理签发任命通知书，正式任命赵九章为地球物理研究所所长。中国科学院任命陈宗器、顾功叙为副所长。当时研究所人员共57人。

早在1948年，赵九章就同陈宗器、顾功叙、傅承义、李善邦等老科学家发起成立了地球物理学会，并担任学会理事长，他把学会活动范围界定为海、陆、空范围内的地球物理。新成立的地球物理研究所设立气象组、地震组、地磁组、物探组，1952年增加了海浪组，这符合他要建成综合性地球物理研究机构的理念。赵九章界定的地球物理学的范畴为综合地球物理，包括大地物理学、海洋学和气象学或大气物理学等领域。他曾引用一句古诗"上穷碧落下黄泉，两处茫茫皆不见"形象地描述地球物理学的研究范畴，涉及空间、大气、海洋、陆地直到地球内部。在他的主持下，地球物理研究所很快发展成一个出成果、出人才的重要科研研究机构。

赵九章作为地球物理研究所所长，在20世纪50年代中期，参加了国家的科学发展规划的制定工作，并主持全国气象领域和地球物理学、海洋学等学科领域的规划工作。1956年2月11日，赵九章在中国科学院本年度第七次常务会上报告地球物理研究所远景计划。2月17日，他参加了生物学地学小组讨论国家《十二年科学技术发展远景规划》编制工作，后被聘为国务院科学规划委员会气象组组长，主持制定全国气象领域和地球物理部分的规划。1957年2月25日至3月2日，他以国际地球物理年中国委员会副主任委员、中国代表团团长身份出席在日本东京召开的国际地球物理年的西太平洋区域会议，会议协商调整西太平洋地区各国际地球物理年参加国的科学计划。7月24日，他被聘请为国务院科学规划委员会海洋组组长，主持海洋科技发展规划。

20世纪50年代中期，赵九章提出在地球物理学研究中推行"三化"，即数理化、工程化、新技术化。他认为只有加强物理与数学的基础研究，并在观测与探测系统中应用新技术，加以工程化，才能提高地球物理学各学科领域的研究水平，并能更紧密地服务于国民经济建设与国防建设。赵九章在中国科学院地球物理研究所内推行"三化"，使大气物理、海浪、地震、地磁、电离层等方面的研究都取得了突出的成就。

拓展大气物理学 推动气象业务的现代化

新中国成立初期，百废待兴，气象部门的技术力量薄弱，远不能适应经济建设和国防的需要。当时国内气象专家和专业人员最多的单位是地球物理研究所，赵九章急国家之所急，他主动与时任军委气象局局长涂长望商量合作开展工作，共同组建了联合天气预报中心（简称"联心"）和联合资料中心（简称"联资"），并选送一批优秀的气象专家参加这两个中心的领导和实际工作。如著名气象学家顾震潮、陶诗言、朱岗昆、杨鉴初等都曾在两个机构中担任业务领导。

"联心"承担对全国天气预报工作的指导，经过五年多时间的努力，在建立我国天气预报业务，特别是在寒潮、大风、台风警报等灾害性天气预报业务上发挥了重要作用，在服务抗美援朝、收复沿海岛屿、巩固国防、经济建设和防灾抗灾方面做出了重要贡献。"联资"利用气象研究所20多年积累的气象资料，经过整理分析，编制出版了中华人民共和国第一部多种气象要素的气候图集，还建立了全国52个大城市的单站资料，并完成了新中国第一个区域规划——黄河流域规划。这两个中心分别为后来我国的天气预报发展和建立完整的气候资料库奠定了基础，同时也培养了一批优秀的气象科研人才。

20世纪50年代初，赵九章派人到广东等地进行实地小气候观测研究，以种植防风林带等方式改变局部小气候，为橡胶移植到亚热带地区创建了条件。1954年，中国科学院、农业部、林业部、中央气象局达成协议，进行华南橡胶防护林气象效应的试验，赵九章和吕炯亲自主持了这项工作，试验结果冲破了北纬17°"植胶禁区"的认识，是国际天然橡胶生产的重大突破，相关成果后来被评为国家技术发明奖一等奖。

20世纪50年代中期，国际上开始进行人工降水研究，赵九章认为对于农业大国的中国来说，这应该是农业气象的重要研究方向，于是人工降水实验和云雾研究列入地球物理研究所的规划，他还亲自到黄山、衡山建立云雾观测台，并在西北以及其他各地进行人工降水实验。在他的推动下，我国的云雾物理研究从此开展起来。之后，地球物理研究所还组织开展了雷电物理研究和各种大气物理观测试验研究，将研究领域从传统的气象学拓展为大气科学。

赵九章关注大气科学的前沿，注重现代科技新方法、新手段在气象学中的应用，积极推动气象业务的现代化。20世纪40年代后期，电子计算机的问世，为天气预报从定性向定量化的发展创造了条件，即可以应用计算机从解释描述天气动力学的流体力学方程出发，进行数值模拟。50年代初，一些西方国家开始利用计算机做数值天气预报。当时国内还没有电子计算机，但赵九章看准了这一发展趋势，认为这是今后天气预报的方向。他主张先行一步，1955年就鼓励和支持顾震潮开展这方面的研究，开始用手算图解法解微分方程，进行数值天气预报的尝试，并开办训练班，培养出一批能胜任这方面工作的科研人员，逐渐使我国的数值预报发育成长起来。

1956年赵九章在《地球物理学中的几个科学问题》一书中专门讨论了计算机应用于天气预报的前景："用数理方程来推算天气过程，不但繁杂，而且计算数量也很大，要实现数值天气预报的理想，只有在近代高速度电子计算技术发明之后才有可能。因为要计算中国地区的24小时天气预告，就必须解算4000个联立方程式，这绝不是人力所能办到的。但电子算机，以每秒钟运算15000次的速度来进行庞大的天气预告的计算工作，便不成问题了。所以在近几年来苏联、美国、瑞典等国都已采用了电子计算机，进行天气预报工作。目前虽然还没有到完善的地步，但是这是一个巨大的技术革新，从此我们便有希望以客观的定量预报来代替经验性的天气预报了。"1959年我国第一台计算机研制出来时，地球物理所已充分做好准备，成为该计算机的第一家用户，为我国在20世纪60年代正式发布数值天气预报奠定了基础。

赵九章十分重视各种新技术在大气科学中的应用。20世纪50年代中期，他支持应用风洞和先进的测试仪器开展大气湍流的研究。60年代初期，他支持把激光技术应用于发展大气激光雷达，并从观测开始推动我国的臭氧研究。60年代中期，他带领一批年轻人开展了对大气遥感理论的研究。在赵九章的支持下，赵燕曾等8人在地球物理研究所研制出我国第一台脉冲红宝石激光雷达，并开展了测云、烟、大气消光等激光探测大气要素的实验工作。

开拓我国海浪研究

赵九章对海洋学也非常重视,他认为中国是个海岸线很长的国家,海洋研究对国家经济发展和国防建设都十分重要。1953年,他在为管秉贤翻译的俄文著作《海浪预报》一书写的序中指出:"中国是一个拥有一万里以上海岸线的国家,为了祖国的国防和经济建设,海浪的研究是刻不容缓的巨大工作。"他首先选定海浪观测作为海洋学研究的突破口,并在1952年就在地球物理研究所组建了海浪组,与海军部门合作,开展海浪研究工作。

赵九章领导建立了海浪仪制作和标定实验室,与中科院的有关所合作,研制出观测设备和一整套观测分析仪器;他和海军多次协商,在青岛地区小麦岛上合作建立了海浪观测台,进行海底和海面的波浪观测,测量未受阻碍的由西太平洋台风引发并传到本海区的涌浪先头波;他还筹划在浙江舟山群岛朱家尖建立了海浪台;指导中国沿海海浪折射图绘制等多方面的工作。到1958年,实验室已获得多方面的科研成果,为认识我国海域的波浪特征,开展物理海洋研究做出了奠基性的贡献。

推动我国地震科学研究

20世纪50年代开始,中国进入大规模经济建设时期,工程建设项目需要以地震资料作为设计依据。地震烈度相差一度,投资费用会相差很大。地震工作及其研究成为国家亟待发展的部门和研究领域。赵九章对地震学研究十分重视,提出多学科开展综合性地震研究工作的建议,得到中国科学院的批准。在中国科学院的领导下,以李四光、竺可桢为首的中国科学院地震工作委员会成立,赵九章担任委员兼秘书,负责委员会的日常工作。委员会下设三个组:一是以张文佑为首的地质组,二是以范文澜为首的历史组,三是以李善邦为首的综合组。赵九章依靠专家和科技人员开展工作,充分发挥专家的聪明才智,经过集体的共同努力,取得了突出的成绩。1956年《中国地震目录》出版,1957年《中国地震烈度表》完成,使中国有了划分宏观地震烈度的依据,推动了地震科学事业的发展。

赵九章还努力推动地震台网的建设,地球物理所在20世纪五六十年代,先后建设了若干区域的地震台网,如1955年建成由9个台站组成的黄河流域区域地震台网，几年后又建成长江三峡区域地震台网；同时也培养了大批地震科技人才，为日后的地震工作发展奠定了基础。

1956年国家要求制定《十二年科学规划》，赵九章亲自主持制定了固体地球物理的发展规划，做了许多说明和争取工作，最后将"中国地震活动性及其灾害防御的研究"列为全国科学技术重点发展的57项重要科技任务中的第33项任务。地震科学能作为重点被纳入国家科技发展长远规划，无疑是中国地震学史上的重要事件，具有深远的历史意义。

1957—1958年正值国际地球物理年，地球物理所又不失时机地开展了中苏合作，进一步推进工程地震、地震地质、仪器研制和全国标准台站与区域台网的建设，以及地震危险区域划分和地震预测、预报研究。

1959年，赵九章对地震学的研究方向和任务作了明确的表述："利用近代物理科学的成就和现代化的新技术，更好地了解地震的微观过程，并阐明地壳和地球内部的情况，为地震预报和工程地震打下更坚实的基础。"他这在60多年前的认识，至今仍不过时。

开创我国空间物理学研究

早在20世纪50年代初，国际上酝酿"国际地球物理年"（IGY1957—1958）计划时，科学家们就提出了发射人造地球卫星进行空间探测的设想。1957年10月4日，苏联成功地发射了世界第一颗人造卫星，人类开始进入"空间时代"。赵九章以战略科学家的敏锐洞察力意识到，人造卫星上天必将对宇宙空间研究、大气物理学，以及国防和经济建设产生重大影响。他接连应邀发表谈话、作报告、写文章，积极宣传人造卫星的意义、重要性。如他当年在《科学通报》上发表题为"苏联的人造卫星是在宇宙空间升起的一颗福星"的文章，介绍利用人造地球卫星可以进行的有关地球物理的科学工作。他指出："利用人造地球卫星，我们可以在高空大气层及星际空间观测从地面看不到的自然现象，进行地面无法做的实验工作，从而充分地揭露在大气上层，在星际空间，在太阳和行星上所发生的过程。"地球物理学以往主要通过地面观测仪器或者通过气球、飞机的观测取得资料来推测高层大气及大气层外的空间环境变化，人造地球卫星能够冲破大气层的遮拦直接到外层空间去探测，地球物理学已开始向空间扩展，一门全新的空间物理学应运而生。1958年，我国领导人提出要搞自己的人造卫星。于是，年过半百的赵九章开启了新的征程，亲自组织一个研究集体开拓学科领域，创建我国的空间物理学。

1959年，赵九章在地球物理研究所地磁研究室磁暴骚扰预报组的基础上，新建了以开展空间物理研究为目的的磁暴组。随后他又从地磁研究室仪器组调人筹建了等离子体模拟实验室。虽然地磁与空间现象有一定的联系，但大部分人包括他自己对空间物理学都比较生疏。为了开辟新领域，赵九章亲自举办讨论班，既当老师又当学生，布置主要成员讲授一部分和自己工作有关的基础理论，而他则主讲刚自学的宇宙电动力学。等离子体实验室设在地球物理研究所大楼前面，是由一个自行车棚改建的简陋房里，而就在这一简陋的实验室中，开展以国际著名科学家阿尔文（Hannes Olof Gösta Alfvén）的等离子体模拟实验工作为基础，利用气体放电方法开展了磁扰动期地球辐射带变化的等离子体模拟实验这样的国际前沿研究。

1958年1月31日，美国第一颗人造地球卫星探险者1号升空，当升至800千米高空时，星上所载盖革计数器读数突然下降至0，之后探险者3号升空时，又发生了同样的情况。美国科学家范·艾伦（James Van Allen）认为，这是因为存在极大量的辐射导致计数器达到饱和而失灵造成的。他提出：地球近层空间存在着包围着地球的高能辐射带。7月26日发射探险者4号时，他在计数器前端加入一小片薄铅以阻挡部分辐射，从而证实了他的猜想，辐射带被命名为"范·艾伦带"。关于辐射带的研究很快成为当时空间物理的一个最新的研究领域。磁暴组在赵九章指导下很快投入这一新领域的研究。

当时国际上认为，为被捕获在地球周围的大量带电粒子所形成的电流环，可在地面上产生磁暴。但带电粒子是如何进入捕获区的，捕获区能否打开使粒子自由进出，这在当时是一个重要问题，也是长期未解决的重要问题。于是，赵九章带领大家研究解决这个问题的途径。在调研大量文献的过程中，他和年轻人一起看文献、推导公式。他每搞清楚一个新概念，总打电话叫同事们到办公室或家中讨论，他家的小黑板也成了学习和讨论的重要工具。赵九章不顾有病的身体经常讨论到深夜，有时他的心绞痛发作，就从口袋里拿出几粒药片应付。就这样年过半百又有病的赵九章和二十多岁的年轻人一起忘我工作。通过辛勤的工作，在短短一年内，完成了《磁暴期间史笃姆捕获区的变化》一文，文章提出了在磁扰期问引起的地球磁场的变化可以使地球周围的捕获区打开，使大量带电的粒子进入地球附近而被地磁场捕获。接着进一步以这个结果为依据，开展了磁扰动期粒子运动区变化的模拟实验，其结果与理论计算非常一致。1962 年赵九章参加国际空间研究会议时，向国际同行介绍这些结果并进行讨论，得到学者们的好评。后来，在赵九章带领下，磁暴组的工作蓬勃发展，利用理论计算，地面资料分析，模拟实验以及使用电子计算机，从不同角度分析了外来粒子进入磁层形成辐射带的过程，并开展模拟实验，取得许多可喜成果。

研制中国的人造卫星

1957 年 10 月 14 日，苏联成功把第一颗人造地球卫星"斯普特尼克 1 号"送上天，震惊了全世界。我国科学家也为之欢欣鼓舞。在中国科学院 1957 年 10 月 13 日的座谈会上，赵九章提出我国应考虑研制卫星的规划设想。同时他也开始做前期调研工作，酝酿我国的卫星研究计划。

应当时的苏联科学院要求，从 1957 年 10 月起，中国科学院地球物理所地球物理国家委员会，在全国范围内组织对苏联卫星观测，并成立了人造卫星光学观测组和射电观测组。先后在北京、南京、上海、昆明等地设立观测站，1958 年发展到 12 处。1958 年 5 月 17 日，毛泽东主席在党的八大二次会议上提出："我们也要搞一点人造卫星。"中央决定，以中国科学院为主要负责机构，开展人造卫星研制工作。随后，主管科技工作的聂荣臻副总理责成中国科学院张劲夫、国防部第五研究院王诤组织有关专家拟定卫星研制规划设想。当时中国科学院计划分三步走：先发射探空火箭，再发射小卫星，最后发射大卫星。任务的分工是：运载火箭以国防部五院为主，中科院配合；探空和卫星观测及控制工作以科学院为主，五院配合。1958 年夏秋之际，中国科学院成立了"581 组"，专门研究卫星问题，组长是钱学森，副组长是赵九章和地球物理研究所党委书记卫一清。下设技术组，由钱学森和赵九章主持。从此，赵九章将主要精力转到开创我国空间科学和人造卫星研制上，为我国卫星科技事业的发展做了奠基性的工作。

火箭探空与卫星预研

1958 年 8 月，张劲夫召集钱学森、赵九章、郭永怀等专家制订我国人造卫星发展规划草案，决定把这项任务定为1958年中科院"头号"重点任务，代号"581"。随后中科院成立了"581组"，其下设的技术组，具体工作由赵九章主持，成员包括陆元九、杨嘉墀、陈芳允、马大猷、贝时璋等十多位科学家。技术组定期召开会议，讨论卫星技术问题，科学院领导张劲夫、裴丽生、杜润生亲自过问并多次参加会议。会议大多在地球物理所召开，专家根据各自专业所长，提出科学建议和实施技术途径。由赵九章技术汇总、综合，提出总的方案，确定先从火箭探空搞起，方案确定后大家分头工作。

与此同时，中国科学院成立了三个设计院：第一设计院负责卫星总体设计和火箭研制，由郭永怀、杨南生任正、副院长，为便于与上海市合作，11月迁往上海，改名为上海机电设计院；第二设计院负责研制控制系统，分三个研究室，方向分别是姿态控制系统仿真、遥控遥测和运动物体控制；第三设计院负责探空仪器研制与空间环境的研究，由赵九章、钱骥担任科技领导。计划用三年时间实现中国第一颗卫星上天。

"581组"经过两个多月的日夜拼搏、苦干，完成了运载火箭的初步设计和两种箭头模型的研制，向国庆献礼。1958年10月，中国科学院跃进成果展览会保密馆展出了卫星和火箭的设计图和模型，包括载有科学探测仪器和小狗的两个探空火箭头部模型。党和国家领导人毛泽东等都来参观，产生了很大影响。

通过这一段工作，赵九章认识到，卫星技术是尖端技术，要把卫星做出来送上天，绝非易事。作为展览模型已费了很大的劲，要能真正做出来，工作还差得很远。许多关键技术还未掌握，有待解决问题还很多。

当时首先想到的是积极争取外援，主要考虑争取得到苏联的援助。1958年10月中旬，中国科学院组织了大气物理代表团去苏联考察，团长是赵九章，成员有卫一清、钱骥、杨嘉墀等。他们于1958年10月16日启程，主要目的是考察卫星工作。在苏联期间，他们参观了天文台、空间电子研究所、应用地球物理研究所等单位，看到一些高空探测仪器及科技展览馆展出的卫星模型，考察了一些天文、电离层、地面观测站等。通过考察苏联先进的工业和科技，他们开拓了眼界，在研制探测仪器方面有一些收获。但由于保密原因，代表团想要看的较为重要的项目均未如愿看到。行期70天，他们感到不满足。1959年初代表团回国，在总结中对比了苏联和我国情况，进行了冷静的分析，认为我国尚未具备发射人造地球卫星条件，应根据我们的实际情况，走自力更生的道路，先从火箭探空搞起。

↑ 1958 年，赵九章（右一）率中国科学院高空大气物理代表团访苏，钱骥（右二）、卫一清（右三）、杨嘉墀（左一）、杨树智（右四）等同往

1958 年，国家曾给中国科学院拨款搞卫星工程，但到了年底，因遭遇经济困难，国家决定放缓推进卫星工程。代表团的建议正符合当时中央关于卫星工作的指示精神。邓小平在 1958 年底说"卫星明年不放，与国力不相称"，并指出卫星还是会搞，"但要往后推一点"。中国科学院也调整部署，提出"大腿变小腿，卫星变探空"的任务。赵九章也重新调整了科研任务。他提出"以火箭探空练兵，高空物理探测打基础，不断探索卫星发展方向，筹建空间环境模拟实验室，研究地面跟踪接收设备"。之后，这成为中国科学院研究卫星的基本途径。

进入 1959 年，在钱骥的协助下，赵九章着手落实火箭探空计划。他们组建了箭头总体和遥测、雷达跟踪等各分系统及环境模拟设备等探空技术的研制队伍，同时开展了探空仪器的研制。这期间，国防部五院王诤院长对赵九章说："我们当务之急是运载工具，尚无力发展探空。"因此，火箭探空的实施是由中国科学院内几个研究所完成的。经过一年多的努力，大家研制成了探空火箭箭头。1960 年 9 月 13 日，在上海机电设计研究院杨南生、王希季领导下研制成功的 T–7 型液体探空火箭发射升空。

经过多次探测试验，探测项目不断增加，探空高度不断增高，探空技术逐步成熟。在遥测系统研制和运行，雷达应答机定位技术、超短波色散干涉仪电波传播研究、多种空间探测仪器研制和箭头总体技术等方面都取得了重要进展和宝贵的经验。

火箭探空取得重要进展后，赵九章、钱骥等接着又组织队伍开展了人造卫星的预研工作。特别是指定专人着手卫星总体工作。卫星总体组密切注意苏联、美国人造卫星发展动态，结合我国实情，提出了我国应着重发展各类应用卫星的建议。他们根据这一方向，就气象卫星、返回式对地观测卫星、通信卫星等各类应用卫星进行了广泛的调研，并逐步形成了发展我国卫星规划的设想，提交到由张劲夫、裴丽生、赵九章等组织的中国科学院院内专家研讨会上进一步深入讨论、修改，最后提交到"651"会议上论证。

赵九章对气象卫星预先研究工作的安排具有前瞻性。1959年8月7日美国探险者6号卫星首次传回地球云层电视图像。1960年4月1日，首颗气象卫星发射成功。赵九章很快安排了气象卫星预研工作，从热敏电阻、硫化铅等元件测试，光电管扫描探测试验等入手，同时开展了气象卫星方案的初步研究。1964年他就决策开始红外干涉光谱仪的原理样机研制，这种仪器在国际上也是刚刚出现。正是由于他和空间光辐射室以及总体组同志们4年多的工作，才能在1965年的"651"会议上提出"气象卫星及其探测仪器"的报告。

自1959年到1964年底，"581"组由几十人发展到了400余人，先后组成和完善了6个研究室，在火箭探空、卫星总体及各分系统、空间探测器、空间环境试验技术等方面的预研取得了重要进展，并开始酝酿第一颗人造卫星的技术方案。1964年底，空间环境模拟实验室已具相当规模，不仅满足了火箭探空的环境试验要求，也为卫星上马打下了坚实基础。当时，郭沫若、张劲夫等中国科学院领导参观了这个实验室，高度赞扬了这项工作，认为这是为我国卫星上天做了实实在在的准备。

上书总理，建议立项

1964年10月下旬，赵九章和钱骥、方俊等专家应邀去酒泉基地参观导弹发射试验，除参观东风2号导弹发射外，还与火箭方面的技术专家进行了座谈。在充分了解情况之后，赵九章认为当时从运载火箭的技术来看，已可以把研制卫星提上日程了。他认为发射卫星不仅有重大的政治意义和科学意义，也是我国发展远程火箭的需要。回到北京后，赵九章邀请钱学森先生商讨卫星研制一事。他表示我国再经过4～5年时间可完成卫星研制，想请钱学森帮助向高层领导建言，将卫星研制在国家立项。钱学森比较慎重，认为卫星主要是做科学研究，恐怕七机部顾不上，但他建议赵先生要多做宣传。

↑ 赵九章写给周恩来总理的信（建议报告）

我国第一颗原子弹爆炸在10月16日成功，赵九章深受鼓舞，他认为研制和发射中国自己人造卫星已经指日可待。出于一个战略科学家的使命感和对国家的高度责任感，他认为应尽早向国家领导人讲清楚我国发展人造卫星的重要性和可行性。他决心提出建议报告，直接上书国家领导人。他请钱骥先起草初稿，然后他逐字逐句修改，经过20多天，几易其稿才定稿。他对同事们说：报告中过多强调人造卫星的科学意义，不会引起各方关注；报告要说明卫星的国防用途，说清楚卫星与发展新技术、现代工业的密切关系，特别是要说清楚发射卫星与发展洲际导弹的关系。他知道，周恩来总理主持中央专门委员会的工作，因此决定直接将报告呈送总理。送总理的报告，字要大一些，他让办公室的工作人员抄写，自己签上了名字。赵九章是全国人大代表，1964年12月全国人大会议期间，他将建议报告呈送周恩来总理，建议国家尽快制订发射卫星计划。周总理阅信后，很快批准转聂荣臻副总理组织有关人员研究论证。

这份建议报告高瞻远瞩，论证有力且富有感染力。

总理：

在最高国务会议和人民代表大会上，听到您的说明和报告，感到无比的兴奋，在全国开始出现社会主义革命和社会主义建设新高潮以及全世界出现一片大好形势的今天，我国人民面临着更加光荣重大的任务。作为一个科学工作者，愿尽我一切力量，响应党的号召："我们必须打破常规，尽量采用现代世界先进技术，向60年代和将要到的70年代赶上去。"

我国第一颗原子弹的爆炸成功，标志着我国科学技术开始飞速前进的新阶段。今后为了建立我国核武装完整系统，必须加速我国洲际导弹的研制。配合国家这一重大任务，我谨愿就发射我国人造卫星问题，向您陈述我的一些看法和建议，请您参考：

一、发射卫星和发射洲际导弹的关系

根据几年来苏、美两国发展洲际导弹的过程看来，苏联在卫星成功发射以后一年多，才以洲际导弹向太平洋打靶；美国在1958年发射卫星时，他们的远程导弹还没有过关。这不仅是试验运载工具的推力，还有较深刻的原因。远程导弹和人造卫星进入轨道之前的无线电导航设备基本上是一样的，由控制卫星进入轨道的精确度，就可以衡量洲际导弹打靶时落弹点的精确度。卫星进入轨道的一些偏差，并不妨碍卫星的运转，但它既可以为改进洲际导弹控制系统提供试验数据，又可以避免在地面试射洲际导弹的一些暂时的困难。由于远程导弹射程较远，一般都要超出一个国家范围，落弹点的偏差必须有可靠的把握才能进行试射。以我国幅员来说，即使把发射阵地设在国境的最西端，到东北边境或西沙群岛的距离都不过4000公里。如果采取东北弹道，就要经过蒙古人民共和国；而向西沙群岛发射，要经过人烟稠密地区的上空，且着弹点的观测还有许多不便之处。即使这些问题可以解决，也不可能解决洲际导弹全程打靶的问题。因为洲际导弹打靶，还有两个复杂问题：一个是向远离我国的太平洋海区打靶，要有强大的海军配合行动；另一个要解决导弹重返大气问题。当然这两个问题，我们必须解决。无论这两个问题是否解决，都可以发射卫星，并可以先走一步，把无线电导航、轨道试测及计算地面跟踪等科学技术系统建立起来。这并不妨碍我洲际导弹进展，相反两者是相辅相成的。

二、人造卫星是直接用于国防或服务于国防的

从美国和苏联已发射的卫星的情况来看，人造卫星是直接用于国防或服务于国防的。有些探测项目，一时还不能直接用于国防，只是附带做做而已。苏联发射的人造卫星，在1962年以前，似乎对在国防上的应用，注意不够。1962年以后，就大力发展人造卫星在国防上的应用，自宇宙卫星系列起，他们就没有发表探测的项目，但从这些人造卫星的轨道情况看来，大部分是适合于侦察地面情况的。从他们发表卫星气象学论文来看，他们在这方面的水平并不落后于美国。就美国发射的卫星来说，至今年11月份为止，据不完全统计（因有些秘密卫星没有公布），共计发射了288个，成功的228个。直接用于国防的，在发射成功

的228个中为174个。……不属于上述一类的卫星，也还是与国防有关的，如太阳观测卫星（OSO）、地球物理观测卫星（OGO），看来好像是为了纯科学目的，其实这些人造卫星都需要高度精确的姿态控制技术，作定向无线电发射及特殊照相，也可以应用于国防。此外，这些卫星中也可能载有未公布的仪器，从事秘密工作。有些卫星，如探险者系列（共发射了34个，成功24个），表面上看来，也好像是为了纯科学目的，探测高空辐射带，高空磁场等等，其实探测辐射带的仪器和探测核爆炸后产生的放射性粒子的仪器，原理是一样的。由此可以说，所有的人造卫星，几乎都是与国防有关的。

三、人造卫星的工作规模和尖端科学及工业的关系

人造卫星的工作规模是非常大的，综合性是非常强的。配合原子能、导弹事业发展，可以更全面地推动各种尖端科学和工作的发展。首先是地面观测设备，除了和导弹有相同的要求外，还需发展灵敏度更高、距离更远的雷达设备，高速的电子计算机，各种特殊的讯号收发技术，如气象卫星中的图片收发技术。这就推动无线电、自动控制等尖端科学和工业的发展。其次是卫星制造本身，对半导体（太阳能电池等）、超小型无线电部件、防护辐射的材料，以及地面对高空环境的模拟（进而可以供研究反导弹之用）、红外部件和各种特殊探测（大都可用于国防）仪器等尖端科学研究都提出了较高的要求。……从战备的观点来看，我国亟须进一步准备发射侦察卫星、通讯卫星、气象卫星等工作。这是我国科学上继原子弹之后的一个重大任务，由于您在最高国务会议上，曾提到要尽快解决运载工具问题，由于人造卫星和洲际导弹有密切关系，它的发射可以配合洲际导弹的发展，本身又可以为国防服务，并带动我国尖端科学技术。我特向中央领导提出这个建议。如果中央领导决定了发射卫星的计划，在国防科委及国家科委的领导下，军民合作，大力协同，像21号任务那样，把科学院、有关院校及工业部门的力量组织起来，相信一定可以提前完成国家这一项重大科学任务，争取在建国20周年前放出第一个人造卫星。并把我国尖端科学技术带动起来。

以上所陈，是否得当，敬请批示。

此致

敬礼

赵九章敬启

十二月二十七日

周总理在1965年1月批示科学院提出具体方案,因此,后来就在"581"的基础上,将"651"定为卫星任务的代号。1965年1月8日,钱学森也向聂荣臻副总理写了报告,提出卫星研制问题。1965年,受周总理委托,中国科学院组织各方面专家进行一系列研究讨论,并着手组织专家研讨卫星发射计划。1965年4月10日,国防科委开会讨论卫星研制工作,以便向中央专委写报告。在会议上,赵九章提出了卫星方案设想,他估计最迟在1970年发射我国第一颗卫星是可能的。钱学森说现在已具备条件把卫星提上工作日程,张劲夫认为只要中央专委批准卫星计划,中国科学院有基础、有信心承担研制任务。

1965年4月22日,赵九章找数学家关肇直先生等人布置轨道设计与计算工作,要求把卫星运行规律、轨道设计、轨道计算方法、测轨定轨手段、地面跟踪台站布设等都搞清楚。中国科学院数学研究所、紫金山天文台和"581"组卫星总体组人员先行一步,成立了"651"任务组,专攻卫星轨道计算关键问题,对后来制订卫星规划、第一颗卫星方案以及地面跟踪系统的布局和配置、发射场地的选择有重要作用。

1965年4月29日,国防科委提出在1970年至1971年间发射我国第一颗人造地球卫星的报告,明确中国科学院负责研制卫星本体等分工事项。5月,中央专委批准了该报告。

主持卫星研制与卫星系列规划制订

中央专委批准报告后,中国科学院成立了卫星领导机构。赵九章担任卫星领导小组副组长,同时任总体设计组组长。1965年10月,中国科学院裴丽生副院长主持我国第一颗人造地球卫星方案论证会,赵九章、钱骥分别报告了我国卫星研制的总体方案(草案)和我国第一颗卫星的本体方案(草案)。经过40多天的论证,会议最后确定1970年发射卫星,并肯定了卫星的"东方红一号"命名、主要技术指标、外形结构以及播放《东方红》乐曲等事项。会后,中国科学院立即组建了"651"设计院,赵九章任院长,钱骥为技术负责人。在赵九章的主持下,"651"设计院全面开展"东方红一号"卫星的正式设计研究,拟定各分系统的设计指标,提出和落实约500项专题研究课题,组织协调分系统的设计和研制,抓卫星跟踪定轨方案和研究、卫星本体研制、环境模拟设备研制、加工工厂建设等。从此，我国进入了卫星研制的新时期。

从1966年1月开始，赵九章组织人力研究侦察卫星的关键技术，派设计院人员访问国内潜在的卫星用户，4月下旬至5月上旬，中国科学院和陆、海、空三军二十多个单位开会，对军事卫星的目的、用途、发展次序等要求进行交流。1966年5月19日，中国科学召开了卫星系列规划论证会。赵九章在会上做了《对我国卫星系列规划的设想》的报告，内容有：科学试验卫星打基础；以侦察卫星为重点，全面发展军事应用卫星（如电子侦察、通信、气象、核爆炸侦察、导弹预警、测地、导航等卫星）；发展载人飞船；卫星的防御措施。钱骥在会上做了《发展侦查卫星的设想》的报告，经过讨论，最后会议商定卫星系列的重点和排队是：侦察测地、通信、气象、载人飞船、导航。

↑ 赵九章先生铜像

赵九章主持制订了人造卫星研制规划和我国第一颗人造卫星的总体方案，到1968年初，"东方红一号"的"模样星、电装星、结构星、温控星"等原型星研制全部完成，为我国人造卫星按时发射奠定了很好的基础。

正当卫星研制基本成功并研制出初样卫星时，由于"文革"的发生，中国科学院党组被夺权，赵九章先生遭迫害，"651"设计院后并入国防部门。1970年4月24日"东方红一号"卫星发射上天，发射的正样卫星和"651"设计院完成的初样卫星基本相同，没有大的改变。我国第一颗人造地球卫星发射成功，极大地鼓舞了全国人民，为以后应用卫星系列的发展奠定了坚实基础，赵九章做出了重大的、不可磨灭的贡献。

1968年10月26日，赵九章在"文革"中被迫害致死。非常遗憾，他未能看见自己主持研制的中国第一颗人造地球卫星发射成功和卫星系列规划后来的发展和成就。但是，历史不会忘记他在开创、规划和领导推进我国卫星研究中的卓越贡献。1985年，由中国科学院上报的"'东方红一号'及卫星事业的开创奠基工作"重大成果，被评为国家科学技术进步奖特等奖，在获奖者名单中赵九章名列首位。

1997年是赵九章诞辰90周年，为了缅怀他在我国科学事业中所做出的贡献，钱伟长等44位科学家（其中42位是两院院士）签名倡议为赵九章树立铜像，这一倡议得到中央的批准。

倡议书对赵九章的科学成就进行了概括和总结。其中也特别强调了他在教书育人方面的贡献和无私奉献的高尚品德："现在赵先生的学生遍布于各个学科领域，桃李满天下，很多人已是院士或学科带头人。为纪念赵先生非凡的业绩和爱国主义精神，教育后人，学习他治学严谨、不断开拓、无私奉献的崇高品德，激励后人，以他为榜样，走科教兴国的道路，为此，我们倡议为赵九章先生树铜像。"

1997年12月17日铜像落成，树立于中国科学院国家空间科学中心。铜像的建造费用全部由赵九章的同事、好友、学生以及有关人士自愿捐款筹集。此事也从一个侧面反映了诸多科技专家对赵九章的钦佩与尊敬。

1999年9月18日，中共中央、国务院、中央军委表彰为"两弹一星"做出突出贡献的科学家，追授他"两弹一星功勋奖章"。赵九章先生的卓越科学贡献和不朽功勋将永载共和国的史册。

参考文献

[1]《赵九章》编写组. 赵九章 [M]. 贵阳：贵州人民出版社，2005.

[2]《赵九章传》编写组. 赵九章传 [M]. 北京：科学出版社，2020.

[3] 樊洪业主编. 竺可桢全集（第9卷）[M]. 上海：上海科技教育出版社，2006.

[4] 宋健主编. "两弹一星"元勋传 [M]. 北京：清华大学出版社，2001.

[5] 杨文俊. 赵九章是我国卫星之父 [N]. 科学时报，2007-10-16.

[6] 叶笃正主编. 赵九章纪念文集 [M]. 北京：科学出版社，1997.

[7] 张志会. 开创者　赵九章学术轨迹 [M]. 北京：团结出版社，2021.

[8] 赵九章. 地球物理学中的几个科学问题 [M]. 北京：科学普及出版社，1956.

[9] 赵九章. 苏联的人造卫星是在宇宙空间升起的一颗福星 [J]. 科学通报，1957（21）.

[10] 赵九章铜像筹委会联络组编. 赵九章纪念册 [C]. 1997.

（本文作者：冯立昇）

彭桓武

彭桓武（1915—2007），湖北麻城市人，理论物理学家，中国科学院院士。

1935年毕业于清华大学物理系。1938年至1947年，先后在英国爱丁堡大学、爱尔兰都柏林高等研究院理论物理研究所从事固体物理、量子场论和介子理论等研究，分别于1940年和1945年获哲学博士学位和科学博士学位。1945年与N.玻恩共同获得英国爱丁堡皇家学会的麦克杜噶-布里斯本奖。1948年被选为爱尔兰皇家科学院院士。1947年底回国，历任云南大学、清华大学教授，中国科学院近代物理研究所研究员、副所长，二机部第九研究院副院长、中国科学院高能物理研究所副所长、中国科学院理论物理研究所所长、名誉所长等职。

领导并参加核潜艇、原子弹和氢弹原理突破和战略核武器的理论研究和设计工作并做出突出贡献。在核物理与粒子物理理论、中子物理、辐射流体力学、爆轰物理、凝聚态物理等多种学科领域取得了多项重要成果，为中国核事业与理论物理学科培养了一批优秀人才。

1982年获国家自然科学奖一等奖，1985年获两项国家科技进步奖特等奖，1995年获何梁何利基金"科学与技术成就奖"，1999年被授予"两弹一星功勋奖章"。2006年由中国科学院国家天文台兴隆观测站1996年10月6日发现的国际编号为48798号的小行星被命名为"彭桓武星"。

20世纪30年代末至40年代中后期，一位中国青年曾求学英国爱丁堡大学，师从于世界著名物理学家、量子力学的主要奠基者玻恩，在固体物理和量子场论领域做出有国际影响力的工作。期间，他还在量子力学的另一位奠基者薛定谔任所长的爱尔兰都柏林高等研究院理论物理研究所工作，同合作者深入研究介子理论，提出著名的HHP理论。他的出色表现，赢得了玻恩和薛定谔的赞誉。1947年底，他秉持"建设祖国必然需要知识和人才"而毅然回到战乱中的祖国，为中国尖端武器的理论设计和理论物理发展做出重要贡献并培养一批优秀人才。他便是默默地做了许多重要工作，但鲜为人知的彭桓武。

早 年 经 历

1915年10月6日，彭桓武（原名彭兆熊、彭飞）生于吉林省长春市，籍贯湖北省麻城市。其父彭树棠（1873—1941），字华清，湖北麻城王岗乡蔡家田垸人。彭树棠系前清举人，曾肄业于由湖广总督张之洞于1890年创办的两湖书院。1897—1899年间，彭树棠被选派公费留学日本学习法政。1900年回国后，彭树棠先在武昌从事法政教育。"日俄战争"爆发后，因东北三省边务工作紧迫，"娴熟日语、精通法学"的彭树棠奉调任延吉边公署参事官兼延吉开埠局坐办，掌管涉外事宜。随后，他还担任珲春厅同知、长春县知事等官职。彭树棠1920年辞任，随后一直寓居长春直至1941年辞世。

彭桓武的母亲陈思敬（1875—1930）是湖北麻城陈太二垸人，生了三个女孩（即彭桓武的三姐、四姐和五姐，其大姐和二姐为彭树棠前妻肖氏所生）和两个男孩。彭桓武是家中最小的孩子。他幼时体弱多病且脾气古怪，比如当房间里只有他一个人时便会因害怕而大喊大叫，直到有人答应为止。在家中，彭桓武和母亲接触最多，备受母亲宠爱也受其影响最大。母亲常常教导孩子们省吃俭用，平时像东北当地人一样吃高粱米饭、粥和玉米面大饼等，只有和父亲同桌或有南方客人来访时才吃大米饭。此外，母亲也反感此前在湖北乡下大家庭生活时家中亲戚的重男轻女思想。因此，彭桓武的姐姐们大多受过高等教育，其中三姐和四姐都毕业于天津的女子师范学院。

彭桓武在幼时表现出了很强的自学能力。他先后在吉林长春的教会小学和商埠小学读书，尤其喜欢算术和珠算。在教会小学读书时，算数课是在一个大教室里有两个班背对背地同时上，老师经常叫彭桓武转过身去听高年级的课。小学毕业后，由于在长春没有中学可读，彭桓武不得不在家学习。彭树棠注重子女教育，特意请家教在晚饭后到家中教彭桓武和大哥、三姐学习英文。此外，彭桓武白天还到私塾读《孟子》和《东莱博议》。他当时对骈文产生了浓厚兴趣，所作的骈文还受到塾师赞赏。1927年，彭桓武得了一次急性肾炎，经过几星期治疗后才得以好转。家人因此更加不准他到外地上学。

1928年2月，位于长春的自强中学开始招生。彭桓武在自强中学读了一年半初中，不过这段求学经历在彭桓武印象中是"不愉快"的。他虽然主课学得尚可，但尤其不擅长体操、音乐、图画和手工，因此平均成绩在班级排名靠后，有时还因做不好手工而被打手板。这期间，彭桓武还常受到同学无端诬告和欺辱，有一次终于在忍无可忍后还手同学几记耳光。

1929年暑假，他随哥哥彭梦佛转入"开明的"吉林毓文中学，经过暑假补习后插班入初中三年级。毓文中学教数学的高老师毕业于南开大学，教学逻辑严谨，推理清楚，而且对上课时间把握很好。每堂课前后几分钟强调上堂课和本堂课的学习要点，中间几十分钟讲新课。高老师的每次数学考试都会出五道20分的题和两道60分的难题，彭桓武总是做那两道难题。解出难题带给彭桓武巨大的乐趣，进而又增强了他探索自然的动力。有一次在物理课上，老师讲透镜焦距公式。彭桓武当时很难理解如何从实验数据凑出这样复杂的公式，便向物理老师求教。物理老师借他一本英文大学物理教科书并告他书里有解释。彭桓武仔细阅读后弄清楚该公式是以折射定律的实验结果为基础，结合平面几何、三角和代数运算而得出。他从此便对理论物理产生了兴趣。

1930年6月初中毕业后，彭桓武随父亲、哥哥和五姐一起赴北平读高中，考取了师大附中（即国立北平师范大学附属中学）高一和汇文中学高二。进入汇文中学一个月后便由于母亲病重而随父亲返回长春。母亲最疼爱彭桓武，在弥留之际一直喊他的名字。丧事过后，彭桓武再次回到汇文中学上学，但因心情不愉快在上课时看窗外留神而遭受老师讥讽，不得已又回长春休学。在家休学的几个月内，他在家自学英文的物理学和微积分教材，情绪渐渐恢复稳定，学习进步很快。当年寒假，彭桓武又回北平考入大同中学高三下学期。大同中学的数学、物理和国文老师水平很高，其中教数学的崔老师毕业于北京大学，在课程最后讲授了其他中学很少教的立体解析几何入门，教物理的张老师还是北京大学的预科老师。

在大同中学读书期间，彭桓武受一位从四川来北平的新同学的诱导和鼓动，同他一起拜访他的一位清华大学同乡后决定参加高考。为此，彭桓武制订了四个月的备考计划，其中数学、物理和化学各占一个月，其他学科合占一个月。当时各个大学独立招考，彭桓武报考了北京大学和清华大学。因考试前彭桓武患肠炎和痢疾而放弃了考北京大学，只参加了清华大学的考试。当年清华大学数学考试中的六道考题中有两道是立体解析几何题，由于彭桓武在考试前曾自学过这方面知识，因此考了满分。

水木长青　自强不息

1931年9月，彭桓武进入清华大学学习。美丽的校园，完善的设施，大礼堂前的草坪、图书馆和书库、体育馆和网球场、食堂和医院等都给他留下了深刻的印象。在清华大学求学的六年时间内（四年大学、两年研究院），彭桓武正处于追求认识世界和身心成长的关键期。他"享水木之栽培，发青春之乐趣"，尽情地在清华大学这片阔海中做各种姿势的"鱼跃"。

为理解自然奥秘，彭桓武进入清华大学理学院物理学系。当时叶企孙担任理学院院长兼物理学系主任（1934年吴有训继任物理学系主任）。在大学期间，彭桓武受到叶企孙、吴有训、杨武之和周培源等教师的指导和鼓励。吴有训、叶企孙等人均曾留学国外，跟随国际一流物理学家做研究并取得重要成果。这一批物理学家在20世纪20年代末相继回国，为科学研究相对落后的中国带回国际先进的物理学知识和方法。

彭桓武除主修物理专业外，还选修化学课并做化学实验，同时旁听数学课，即主修物理、选修化学、旁听数学。他在大学一年级上过的必修课有国文、第一年英文、微积分、大学普通物理和普通化学，选修了军事训练和体育；第二年级的必修课有微分方程、中级热学、中级力学、中级光学、中级电磁学和中级物理实验，选修了军事训练、体育、第一年德文、社会学原理和定量分析；第三年级的必修课有电磁学、力学、光学、分子运动之物质论、热力学，选修了体育、物理化学演讲、物理化学实验、第二年德文和高等分析；第四年级的必修课有近代物理学、无线电原理、光之电磁波说、理论物理学引论和学业论文，选修了党义、体育和微分几何。彭桓武大学四年的体育课学习的都是国术（即武术），原因是他在1931年进入大学后三周军事训练的第一次早操便因心脏问题而入医院治疗。必修的物理学课程均由有留学欧美并做研究经历的物理学家讲授，其中大学普通物理由萨本栋讲授，中级热学、中级力学、中级光学、中级电磁学分别由叶企孙、周培源、赵忠尧、霍秉权讲授。

↑ 清华大学物理系部分师生在礼堂前合影（摄于1935年）
（1排左起：戴中扆（黄葳）、周培源、赵忠尧、叶企孙、萨本栋、任之恭、傅承义、王遵明；
2排左起：杨龙生、彭桓武、钱三强、钱伟长、李鼎初、池钟瀛、秦馨菱、王大珩）

彭桓武对吴有训讲授的"普通物理"（大一）和"近代物理学"（大四）等课程印象深刻。吴有训擅长实验演示，并且强调学生对概念的正确理解，特别是他常说的"物理学终究是一门实验科学"令彭桓武牢记在心。叶企孙讲授的热学课上注重引导学生查资料，他对彭桓武能讲出某有机化合物的构造式表示赞许。彭桓武旁听的近世代数课程由杨武之讲授，考虑到彭桓武年龄较小，为避免其课业压力过大，杨武之免了他的习题作业。四年级时，周培源指导彭桓武做毕业论文，他建议彭桓武选读研究生的广义相对论课程，还鼓励他毕业后继续研究广义相对论。

除了学习自然科学知识外，彭桓武还经常利用课余时间到清华大学图书馆借阅生理和心理、营养卫生、西方和中国古代哲学方面的经典著作。图书馆宽敞整洁的阅览室、玻璃地板的书库，楼下分立的各个报纸架和办理借书还书的干练职员们都给他留下了深刻的印象。通过借阅《家庭医生》(*Home Doctor*)等营养类的书籍，彭桓武治好了自己的消化不良和神经衰弱问题。他还经高年级同学介绍了解到心理学上的"三派"（即内省派、行为主义派和格式塔派），于是到图书馆借阅心理学领域的相关书籍。在清华大学图书馆博览群书为彭桓武留下了美好而难忘的经历，以至于他后来求学欧洲时也格外注重利用爱丁堡、都柏林和伯明翰等地的图书馆。多年以后，当彭桓武回忆起在清华大学图书馆读书时的经历写道："总之，清华大学图书馆好比一个阔海，任凭青年之我在其中作各式的鱼跃。如鱼得水，是幸福，是享受，也是养育。这种经历是一生难忘而乐求再现的。"

1935年秋，彭桓武进入清华大学研究院理科研究所物理学部，在周培源指导下研究广义相对论。周培源曾在美国芝加哥大学数理系深造，随后在加利福尼亚理工学院研究广义相对论并获得博士学位。1928年至1929年，周培源还曾在德国莱比锡大学和瑞士苏黎世高等工业学校受到海森堡（W. K. Heisenberg）和泡利（W. Pauli）的指导开展量子力学的相关研究。1929年，周培源回国任教于清华大学物理系。他自20世纪30年代起便是清华大学物理系理论物理方面的主要教授，讲授力学、理论力学、位势理论、热传导理论、流体力学、电动力学、量

① 彭桓武在清华大学读研究生时的成绩单（清华大学档案馆藏）

子力学和广义相对论等课程。彭桓武在清华大学求学期间听了周培源主讲的上述大部分课程，且他的本科毕业论文指导教师就是周培源，内容是听他所讲的广义相对论课程并据此计算单摆的周期。

彭桓武进入研究院时，周培源即将学术休假而启程赴美。在向彭桓武交代了研究方向和硕士论文内容后，周培源于次年春赴美国普林斯顿高等研究院做访问研究，并参加了爱因斯坦（A. Einstein）领导的广义相对论讨论班。彭桓武计划先听研究院其他老师的物理课，最后一年做论文。他在第一学年所学课程包括统计力学、光谱学、电力学、辐射与量子论和实用无线电，第二学年所学课程包括量子力学、溶液论、原子核物理学和X射线。他的各门课程成绩优良，其中辐射与量子论成绩是95分。从当时课程设置来看，清华大学研究院注重吸收国际物理学领域的前沿知识，补充了物理系本科生不曾设置的量子力学、辐射与量子论、光谱学、原子核物理学等课程。

然而，随着日本侵华活动日趋激烈，彭桓武在清华大学的学业被迫中断。他在1937年"七七事变"爆发之前离开清华大学，先到泰山避暑，逐渐养好在离开清华大学时所患的轻度肺炎。得知"七七事变"爆发后，彭桓武便写信给云南大学新任校长熊庆来亟谋去云南大学教书。熊庆来欣然应许并聘他为云南大学理化系教员。辗转到达昆明后，彭桓武开始在云南大学工学院和理学院教授普通物理课程。他精心备课，选用萨本栋所著的《普通物理学》作为教材，对学生学习进度要求与清华大学看齐。其间，彭桓武还为医学院学生讲授普通物理。鉴于医学院学生学习进度相对落后，便结合他们以后实际工作需要（如血压和X射线等），彭桓武重新制定了一份适合医学院的物理教材，讲授内容涉及力学、波动、物性、热学、电磁学和光学知识。

1938年4月，随着日军侵略深入，由清华大学、北京大学和南开大学在长沙合办的国立长沙临时大学西迁至昆明，改称国立西南联合大学。吴有训和周培源相继来到昆明。在他们的鼓励下，彭桓武于1938年夏考取中英庚款第六届留英公费生。这一届留英公费生名额共20名（报考439人/实际应考338人），其中物理2名，分别是注重理论物理的彭桓武和注重应用光学的王大珩。考虑到王竹溪、张宗燧和马仕俊已经在剑桥大学学习，周培源推荐彭桓武师从爱丁堡大学的玻恩（M. Born）教授。同年9月17日，彭桓武等人自香港乘芝特路号（Chitral）邮轮启程赴英。约一个月后，抵达英国。

彭桓武

乱世驱人全气节　天殷嘱我重斯文

1938年11月，彭桓武顺利成为英国爱丁堡大学著名物理学家玻恩的学生。玻恩是20世纪杰出的理论物理学家之一。他于1882年出生在德国布雷斯劳，父亲是一位解剖学和生理学教授。1904年，玻恩进入哥廷根大学学习，曾受教于著名数学家克莱因（F. Klein）、希尔伯特（D. Hilbert）和闵科夫斯基（H. Minkowski）。1907年，玻恩获哥廷根大学哲学博士学位。在布雷斯劳大学、柏林大学和法兰克福大学执教后回到哥廷根大学（1921—1933）担任教授。

20世纪20年代的哥廷根大学，是世界闻名的数学物理研究中心。在玻恩领导下，哥廷根大学的理论物理学派成绩斐然。1933年，玻恩被迫流亡英国，担任剑桥大学斯托克斯物理讲师和爱丁堡大学自然哲学泰特教授。玻恩早期的工作集中在点阵动力学（或晶体物理学）和量子理论。他是量子力学奠基人之一，与海森堡、约当（P. Jordan）等人合作创立量子力学的矩阵力学。1954年因对量子力学的基础性研究获得诺贝尔物理学奖。

玻恩的研究生来自美国、法国、英格兰、阿根廷、印度、埃及等多个国家。为了便于师生之间以及学生之间的交流、讨论，玻恩与其研究生共享一间大办公室并允许学生自由利用其藏书。彭桓武是玻恩指导的第一位中国学生。在玻恩印象中，他是位矮小而强壮的小伙子，"天赋出众"。由于清华大学研究院学分有效，彭桓武在爱丁堡大学免掉包括外语在内的所有考试，专注学习玻恩开设的"量子论"和"量子力学"课程。在选择研究方向时，考虑到自己之前的研究"皆偏于数学，只对技巧有所提高，而对理论物理尚未入门"，彭桓武在与玻恩初次见面时便提出"想要研究具体的物理问题，不想再搞广义相对论等难以捉摸的东西"。

玻恩采纳其助手福克斯（K. Fuchs）建议，让彭桓武尝试将维格纳（E. Wigner）与赛兹（F. Seitz）提出的金属结合能的量子理论与玻恩开拓的晶格动力学结合起来，计算金属原子的热振动频率。1940年5月，福克斯因第二次世界大战爆发而被囚禁，彭桓武只好独自开展研究。此时，他发现福克斯原来建议的弗勒利赫（H. Froehlich）界面微扰方法在一阶近似下简单，但计算金属原子振动频率则需做到二阶近似，使得计算困难。为简化计算，彭桓武发展了自洽场的微扰方法。他将微扰论应用到处理量子力学中n电子问题的Fock-Dirac方程组。

↑ 彭桓武荣获爱丁堡大学哲学博士学位（1940年）

随后，彭桓武在自洽场论框架下建立金属周期晶格中电子的近似运动方程，将离子位移看作电子运动的微扰。按玻恩计划，彭桓武博士论文需计算金属原子的热振动频率。考虑到非均匀变形部分需要推广 Wigner-Seitz 关于关联能的计算才能完整，否则精确度不够，因此彭桓武发表的论文中未包含这部分内容。基于上述工作，彭桓武在 1940 年 12 月以 "Application of quantum theory of electrons to the mechanical and thermal properties of metals（电子的量子理论对金属的力学及热学性质之应用）"为题申请爱丁堡大学哲学博士学位。不过，他认为自己当时只完成玻恩布置博士论文的一半工作。

彭桓武回国后在一次访谈中称自己临近毕业时才开始做毕业论文。在集中精力做论文之前，他常自选题目进行探索，并请玻恩评阅其手稿。例如彭桓武关于伦敦空战的数学分析选题曾引起玻恩注意。彭桓武写道：

> 根据报上数据：德国掉了多少架飞机，英国多少架，推出英国飞机是从美国去的。美国飞机产量大于德国，德国存量大于英国，德国损失大于英国，后来才知道，英国有雷达，算出了衰减曲线，最后德国飞机被压下。后来才知道，这就是运筹学，英国发展的一门科学。

在玻恩处，彭桓武还打下了量子力学的坚实基础。他清晰、完整地记录玻恩在爱丁堡大学讲授的"量子论"和"量子力学"课程内容，并把这些笔记一直珍藏在身边。从课程内容设置看，玻恩在 1938 年秋讲授的"量子论"以专题的形式不仅总结了量子论的发展过程，还涵盖了理论最新发展。而玻恩在 1939 年讲授的"量子力学"课程则包括粒子的相对论力学和塞曼效应等内容。

中英庚款公费为期三年，彭桓武计划利用最后半年时间访问美国后返回中国，后因旅行不安全而作罢。1941 年春，彭桓武向玻恩表达在中英庚款终止后继续做研究工作的愿望。经玻恩和惠塔克（E. T. Whittaker）推荐，彭桓武前往爱尔兰都柏林研究院，在量子力学另一创始人薛定谔（E. Schrodinger）担任所长的理论物理研究所做博士后研究。薛定谔因创立量子力学的波动力学形式以及发现波动力学和矩阵力学在数学上是等价的而闻名，是1933年诺贝尔物理学奖获得者。

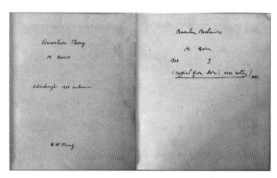

↑ 彭桓武留学爱丁堡期间记录的玻恩"量子论"和"量子力学"课程笔记（彭桓武遗物）

爱尔兰都柏林高等研究院正式成立于1940年6月，选址在与圣三一大学毗邻的梅瑞恩广场（Merrion Square）65号。这个研究院的创立与爱尔兰总理德·瓦莱拉（Eamon de Valera）的积极推动密切相关。1932年，德·瓦莱拉出任爱尔兰自由邦（1937年改为共和国）首任总理。他对数学感兴趣，敏锐地意识到爱尔兰最著名的数学家哈密顿（W. R. Hamilton）曾工作过的敦辛克天文台（Dunsink Observatory）地位正在退化。在与圣三一大学校长思里夫特教授（W. E. Thrift）以及爱丁堡大学惠特克教授讨论后，德·瓦莱拉决心重新振兴敦辛克天文台并以美国普林斯顿高等研究院为榜样在爱尔兰筹建一个高等研究院。

在都柏林工作期间，彭桓武的研究兴趣转入介子理论。他与理论物理研究所的助理教授海特勒（W. Heitler）、博士后同学哈密顿（J. Hamilton）合作，应用"阻尼的量子理论"研究宇宙线介子。研究发现，新理论能够解释主要与介子相关的宇宙线现象，包括其产生、在大气层中的扩散、介子簇射和转换为中性介子。理论得到的介子密度随能量、高度、地磁纬度等变化与实验测量相一致。这便是著名的HHP理论，即以Hamilton、Heitler和Peng三位作者姓氏首字母命名的理论。这项工作的最初动机是为辐射阻尼寻找证据，但在当时却因对宇宙线现象提供了连贯的图像和解释，引起著名理论物理学家丘（G. Chew）、汤川秀树（H. Yukawa）以及实验物理学家巴巴（H. J. Bhabha）、鲍威尔（C. F. Powell）、罗彻斯特（G. D. Rochester）等人的注意。

↑ 1943年彭桓武（13）与都柏林高等研究院同事们合影，薛定谔3，海特勒1，玻恩6

1943年初，爱丁堡大学数学物理系获得一个卡耐基研究员（Carnegie fellowship）的资助名额，玻恩邀请彭桓武担任这一职位。当年7月，彭桓武回到爱丁堡。随后的两年间，他同玻恩合作，深入研究场的量子力学，系统分析了量子场论的性质，并在处理量子场论发散问题方面投入了很多精力。量子场论发散问题是指在利用微扰论计算各种物理量时，在考虑高阶贡献时总是得到无穷大结果。当时大多数理论物理学家试图构造形式不同的场论解决发散问题，但都没有成功。这期间，玻恩在写给爱因斯坦的信中两次提到他与彭桓武的工作，对他们解决量子场论发散问题充满自信：

我和我的一个中国学生彭（一个杰出的人）一道试图改进量子场论，我认为我们的路是正确的。（1944年7月15日）

但我认为我们（即我的中国合作者彭和我）已经相当大地改进了它，而且我们也相当肯定，我们能够摆脱一切不令人满意的东西（发散积分，等等）。我相信它至少会像任何可尊敬的经典理论一样漂亮。（1944年10月10日）

1945年，彭桓武获爱丁堡大学科学博士学位，论文题目为"On the divergence difficulty of quantized field theories and the rigorous treatment of radiation reaction, with related additional papers"（量子场论的发散困难及辐射反作用的严格论述，和相关附加论文）。按照爱丁堡大学的规定，在获得哲学博士学位至少五年以上才能申请科学博士学位,而且要具备独立完成科研工作的能力。在知名留英中国物理学家中,彭桓武很可能是唯一一位荣获了科学博士学位。同年,彭桓武与玻恩共同分享爱丁堡皇家学会的麦克杜噶－布里斯本奖(MakDougall Brisbane)。1944年,玻恩著《原子物理》(*Atomic Physics*)第三版出版,玻恩在该书中引用了HHP理论,同时感谢彭桓武的帮助和核对附录证明部分,并赠送彭桓武一本亲笔签名的专著。彭桓武对这部专著非常珍视,异地几处一直保存完好。

由于彭桓武自1938年到达欧洲后几乎从未休假,而1940—1944年间研究工作量又很大,导致他用脑过度,以至于大脑开始罢工。于是,他计划休养身体并转行从事技术研究。为此,彭桓武甚至专门花一个月时间在英国工业城市伯明翰图书馆浏览图书,拟撰写一套《技术大全》。玻恩在《我的一生》中有类似记述:

> 记得有一次他在一个理论问题上出了一个错,错误找出来以后,他非常沮丧,以至于决定放弃科学研究,代之以为中国人民撰写一部大《科学百科全书》,包括西方所有重要的发现和技术方法。我说到我以为这对单个人来说是个太大的任务时,他回答道,一个中国人能做10个欧洲人的工作。

不过,彭桓武未能实现撰写这套《技术大全》的计划。1945年7月,海特勒升任都柏林研究院理论物理研究所高级教授,彭桓武接替海特勒任助理教授。回到都柏林后,彭桓武需要每周在研讨会上做一次报告。他的报告主要涉及场的量子化相关的连续谱微扰理论,包括补充条件的处理、电动力学中的

↑ 1945年彭桓武(右)在薛定谔(左)家中(彭桓武遗物)

标量微扰实际上很小、求解自能的四阶近似值及核势能的初步处理。此外,他还尝试利用生成泛函方法探讨量子场波函数的表示。

1945—1946年,都柏林高等研究院的人员逐渐扩充。1946年1月底,中国人胡宁抵达都柏林。一个月后,法国留学生摩勒特(C. Morette)也来了。她出生在法国诺曼底,1943年进入巴黎大学攻读硕士学位。1944年10月,摩勒特到法国国家科学研究中心弗雷德里克·约里奥－居里(Frédéric Joliot-Curie)实验室工作,协助约里奥－居里准备慢中子扩散的讲座。随后,约里奥－居里推荐摩

勒特到都柏林高等研究院做研究。彭桓武和胡宁接待摩勒特并带她拜访海特勒。海特勒建议她利用辐射阻尼理论计算核子—核子碰撞产生介子的过程。

在彭桓武指导下，摩勒特很快能处理具体物理问题。他们合作应用辐射阻尼理论计算了核子—核子、光子—核子碰撞产生介子的截面，尝试为即将在加速器上人工产生介子提供理论支撑。结果表明在 2.5～3.5eV 能级下两种碰撞过程产生的介子相当。低能时，光子—核子碰撞占主导；而高能时，核子—核子碰撞占主导。随后，他们又计算了入射核子速度小于光速时与静止核子碰撞的介子产生过程。此时，物理学家通常假设负责传递核力的粒子与宇宙线中观测到的新粒子（重电子）是同一个粒子。1947 年，鲍威尔利用新研发的高灵敏乳胶板显示了宇宙线粒子衰变后的径迹，即在某一点一个介子衰变到另一个较轻的介子（即 $\pi \to \mu$ 衰变事例）。此后，物理学家逐渐认清 μ 子和 π 介子的本质。

在研究过程中，彭桓武为摩勒特澄清疑惑，不仅擅于提出新方法，还检查她的计算结果。1947 年 3 月，摩勒特基于上述工作获巴黎大学博士学位。在摩勒特看来，DIAS 的学习经历是美好的，彭桓武激发了她对物理学终生的兴趣。研究之余，彭桓武还邀请摩勒特打网球。这是他幼时在长春家里生活时便学会的一项体育技能，他用左手打球以适应摩勒特的初学者水平。彭桓武的绅士和体贴引起了摩勒特的爱慕，二人在此期间收获了真挚的感情。

彭桓武初抵爱丁堡时便写下诗句"乱世驱人全气节，天殷瞩我重斯文"，这出自于他对颠沛流离求学和留学生涯的万千感慨。当然，他深知建设祖国必然需要知识和人才这一颠扑不破的真理。所以，当彭桓武再次返回都柏林时，他认为自己已经具备独立研究的能力，便想争取早日回国。为此，他上夜校学俄语，计划从西伯利亚回国。为了得到回国船票，彭桓武请求英国著名物理学家狄拉克和布莱克特帮忙，但未能如愿。1947 年 11 月初，彭桓武终于得到由伦敦到香港的船票，辗转回国。而摩勒特出于担心在当时的中国自己会成为彭桓武的负担和没机会再回法国而没有选择和彭桓武一起来中国。事实上，早在 1941 年留英庚款三年资助期结束时，彭桓武便有意回国，甚至还学习游泳以备在大西洋中自救，但后来因太平洋战争爆发而搁置。

彭桓武在留学欧洲期间共发表 18 篇论文，其中 3 篇发表于英国《自然》（Nature）杂志，其余各篇均发表于世界著名期刊。在同国际一流物理学家们的合作中，彭桓武兼容并蓄，集各学派之所长进而形成了自己的风格。在爱丁堡大学，他学习玻恩的矩阵力学方法和严格的数学推演能力；在爱尔兰都柏林研究院薛定谔处则掌握波动力学方法及薛定谔的缜密思维能力；而与海特勒关于介子理论的合作使他掌握如何系统研究某一主题的方法。

凭借杰出的理论物理研究能力，彭桓武获得玻恩和薛定谔的高度赞誉。在玻恩眼里，彭桓武是一位"天赋出众"、具有"神秘才干""单纯"又"杰出"的人。而薛定谔在与爱因斯坦的通信中则写道："简直不敢相信，这个年轻人学了这么多，知道那么多，理解这么快……。"尽管彭桓武在学术上没有同薛定谔有过合作，但薛定谔对他的影响却很大。1985年，《薛定谔传》作者穆尔（Walter J. Moore）写信向彭桓武询问薛定谔对他的影响，彭桓武在回信中写道：

> 我同薛定谔教授曾在1941—1943年和1945—1947年两次共事。我非常感激同他友好且亲密的接触。……大家公认听薛定谔教授的报告是一种享受，因为他报告时逻辑清晰同时具有很强的艺术感。……薛定谔见解多样，同时是一位深刻的思想家，这不得不让人钦佩。

集体集体集集体　日新日新日日新

彭桓武回国时正值内战时期，国内通货膨胀严重。抵达香港后，他将大部分积蓄以英镑存入汇丰银行作为将来访问英国的旅费，余下部分换为中国钱币作为国内旅费。到上海姐姐家短暂停留后，他又访问中央研究院（南京）和清华大学，原因是他在离开都柏林回国前曾收到中央研究院和清华大学的聘书。因留欧多年不说汉语，恢复需要一段时间，彭桓武在南京还只能用英语作学术报告，到北平时则可用汉语。彭桓武向师友说明自己决定暂时先去云南大学工作，一方面既可以躲避内战，同时也算作报答云南大学1937年对自己的收留之恩。

1948年2月，彭桓武到达昆明。云南大学在凤凰山天文台为他举行了隆重的欢迎会。理学院物理系当时的系主任是张其濬（字文渊），教授有张永立、王明贞和彭桓武；副教授为顾建中和杨桂宫。由于通货膨胀，大学教授每月工资已不够伙食费。彭桓武每月领到纸币工资后，要抓紧换成半开小银元。在云南大学，彭桓武除了为学生讲授物性论和高等电磁学课程外，还同教师讨论量子力学。同时，他组织每两周一次的科学演讲。时任云南大学校长熊庆来儿子熊秉衡后来回忆他听过彭桓武在会泽院的一次讲演：

教室不很大,坐满了老师和学生。讲题记不清了,只记得内容大都涉及当代物理前沿问题,还记得他讲到低温下一些奇异的物理现象:当接近绝对零度时,出现"超导"现象,电阻趋于零;……在同学的心目中,彭桓武是一个非凡的、学识渊博的学者。

1949年5月底,彭桓武决定北上清华大学任教。他由昆明飞往香港,随后乘船到天津后到北京。很快,他便受钱三强邀请参与中国科学院近代物理研究所(1955年和1958年先后更名为物理研究所和原子能研究所)的筹建工作。全国解放以后,党中央和政府重视原子核的科学研究与应用。中国科学院成立之初,在接收和调整已有科研机构基础上,逐渐有计划、有组织地发展有利于服务国家建设的学科方向;为此,决定在北平研究院原子学研究所和中央研究院物理研究所的原子核物理学实验室基础上于1950年5月19日成立以原子核研究为主的中国科学院近代物理研究所,由吴有训和钱三强分别担任所长和副所长(一年后钱三强继任所长)。

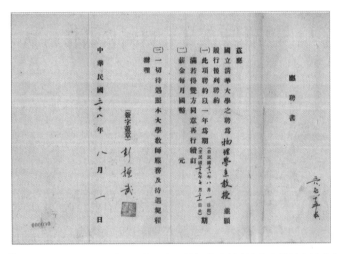

↑ 1949年彭桓武亲笔签名的物理学系教授应聘书(清华大学档案馆藏)

钱三强与彭桓武是清华大学只差一级的校友,1939年暑假结识于欧洲。彭桓武1947年回国前曾去巴黎看望钱三强、何泽慧夫妇。二人约定待钱三强回国后"一块好好干"。彭桓武在清华大学任教之初暂住在叶企孙家里,钱三强也有一张床在叶企孙家里。当时钱三强担任北平研究院原子学研究所所长,因此安家在城里。那时彭桓武有时需要帮钱三强代课,也知道他正在参与筹备成立科学院。事实上，中国科学院在近代物理研究所成立前，即在1950年1月17日召开的临时聘任委员会首次会议上为原子学研究所聘任清华大学的彭桓武（兼职）；随后还从浙江大学选聘了王淦昌、忻贤杰等参与近代物理所筹建工作。1950年8月，彭桓武改为近代物理研究所专任研究员。但是为了清华大学物理系教学需要，彭桓武仍旧在清华大学每周授课三小时。

近代物理研究所成立初期确定实验原子核物理、宇宙线、理论物理和放射化学四个研究方向。其中理论研究由彭桓武领导，吸收了当时国内优秀的研究生黄祖洽和于敏，还争取了回国的金星南、邓稼先和朱洪元。按照研究所发展规划，理论物理研究需要配合实验发展，逐渐展开原子核物理及宇宙线的理论研究，也注意反应堆、同位素分离和受控热核反应等应用性理论。因此彭桓武的研究方向也由原来的固体物理、量子场论和介子理论转移到原子核理论。理论物理方向全组人员曾集中一年调研学习核物理理论。为快速培养年轻人，彭桓武讲授原子核物理、量子力学等课程，还组织人员系统调研核物理理论和实验发展概况，确定理论研究的关键是弄清原子核组份粒子间的相互作用，进而理解原子核结构和性质。他与合作者尝试修改 Moller-Rosenfeld 核子作用势能公式并计算氢原子核、^6Li 和 ^7Li 的结合能。

↑ 1950年代初，中国科学院近代物理研究所部分人员合影，
前排左4彭桓武　左3邓稼先　左5赵忠尧　右4钱三强　右3何泽慧
（中国科学院高能物理研究所张闯研究员提供图片）

1951年至1954年，彭桓武指导清华大学研究生周光召（1952年院系调整到北京大学）研究原子核能级问题相关，涉及双力程核子力问题。周光召后来被北京大学选派到位于俄罗斯杜布纳的联合核子研究所工作，在粒子物理基本理论，特别是证明赝矢量流部分守恒定律方面做出有国际影响力的工作。这一时期，彭桓武还积极在国内普及量子力学，除1952年至1955年在北京大学物理系讲授量子力学外，还于1954年暑假在青岛由教育部举办的讲习班中为各大学培训了一批量子力学师资。

彭桓武擅于将他的物理知识应用于与国计民生密切相关的实际问题。在他看来"理论物理是有用的"，其中发展成熟的、作为工程设计原理的那部分理论物理不言而喻，而在开展理论、实验与工程技术相结合的工作时，理论预研先行一步则常可以减少实验和工程的工作量。

1953年，彭桓武以北京大学教授身份与王竹溪教授一同参加了重工业部钢铁局组织的钢锭高温加热协作，包括在工厂和钢铁研究所做实验和在学校做实验。当时鞍钢拟采用快速加热钢锭的新工艺，以提高生产效率，但又遇到裂缝的问题。彭桓武针对这一生产上的需要，探讨高温加热中钢锭的安全直径问题。他巧妙估算出的安全直径理论值和实验结果一致，钢铁局据此规定对某些钢锭推行而对另些钢锭不推行高温快速加热工艺的标准。

1955年1月中旬，中共中央做出研制原子弹的重大决策。恰好当时苏联有意在促进原子能和平利用方面予以其他国家帮助。苏联发展原子能的经验是要掌握原子能科学技术，首先要有近代化的实验设备并利用其开展实验研究。最终经过谈判，苏联决定援建中国一座热功率7000千瓦实验性原子反应堆和一台直径1.2米回旋加速器（简称"一堆一器"）。"一堆一器"最终选址在北京房山坨里的原子能科学研究新基地。苏联援建加速了中国核事业发展进程。苏联选派专家到中国进行现场指导，还同意接收一批高水平中国科学家赴苏参观实习、调研学习核科技新成果。

1955年10月，由钱三强、彭桓武、力一、何泽慧等率领实习团到苏联实习反应堆运行、加速器运行和在堆上做实验以及反应堆理论设计，等等。其中，彭桓武和黄祖洽等考察学习反应堆理论。他们实习的研究所是苏联热工研究所，中国订购的重水反应堆就是由该所设计的。在实习期间，黄祖洽和彭桓武发现他们对我国订购的堆的临界质量计算有误，并得到设计者的确认。随后黄、彭二人重新做了计算,并确认工程设计足以容纳上述计算错误。彭桓武于1956年4月提前完成实习任务回国。当年秋天,他和金星南、黄祖洽在原子能所举办反应堆物理理论培训班,培养了中国第一代反应堆理论工作者。此外,彭桓武还依照钱三强送他的美国通用教科书《核反应堆工程原理》,给二机部新招的各工科大学不同专业的毕业生补习核工原理等专业基础课。他与北京大学技术物理系胡济民、朱光亚将核工原理按物理理论、实验技术和化学化工三部分课程,其中化学化工部分由彭桓武讲授。

经过前期大发展,原子能研究所全面转入为建设核工业、研制核武器服务的轨道。1958年下半年,"一堆一器"先后运行。为使名称与研究内容和发展方向一致,物理研究所被更名为原子能研究所(二机部和中国科学院共同领导,二机部为主)。钱三强担任所长,王淦昌、彭桓武、汪德熙、张文裕、何泽慧等担任副所长。原子能研究所分为一部(中关村)和二部(坨里,重水反应堆和回旋加速器等大部分单位集中在二部)。此后一年,彭桓武协助所长具体指导各研究室明确研究方向、制订计划并从事学术组织工作。

重水反应堆达到临界,标志着我国第一个核反应堆正式运转。如何利用其开展原子能的和平利用和原子能动力利用于国防是当时关注的重点。其中在原子能和平利用方面国家部署充分,而在将原子能动力利用于国防方面则从研制核潜艇入手。为此,核工业部将核潜艇用反应堆任务下达给原子能所。彭桓武充分发挥原子能所苏联顾问和基建处的作用,设计并建成零功率实验室和热工水力实验室。黄祖洽领导反应堆理论组选型并作理论设计。建造堆所用的元件则通过中国科学院原子能研究所、金属研究所(沈阳)、矿冶研究所(长沙)、应用化学研究所(长春)和机械研究所(长春)的大协作,并由机械所联系上海异形钢管厂试制。为了能够独立设计制造反应堆,需要建造工程试验堆以辐照检验元件。因受当时条件限制,于1960年基建破土准备先建一个小型工程试验堆。可惜此项任务因苏联专家全面撤退,停止供给材料设备而中断。

1958年7月,在北京组建了专门负责研制原子弹的二机部第九研究所(简称二机部九所;1963年改称二机部九院,简称九院;中国工程物理研究院前身),接受和消化当时苏联专家提供的原子弹资料。当年夏天,邓稼先从原子能所调入九所担任一室(即理论室,1963年改称二机部九院理论部,简称理论部;1970年后改称九院九所,简称九所)主任。1959年6月,苏联暂缓提供原子弹的教学模型和图纸,还决定一年后撤走援华专家并停止供应设备及相关资料。于是,九所开始自主探索研制中国第一颗原子弹。

为充实研究队伍,朱光亚、唐孝威、程开甲、陈能宽、郭永怀先后调入九所。1960年11月,钱三强利用到杜布纳联合所开会的机会向部分中国学者介绍国家研制原子弹的决策和技术攻关情况。周光召、何祚庥、吕敏主动申请回国参与原子弹研制。当年底,联合所副所长任期届满的王淦昌也放弃利用那里的高能加速器发现更多新粒子的机会,回国工作。王淦昌后来受二机部部长刘杰约请加入九所,主管爆轰物理实验。彭桓武也于同期(1961年4月)加入,负责组织和领导理论预研。此前,郭永怀也加入九所,负责原子弹的力学设计部分。这些经验丰富的中国科学家很好地"顶替"了苏联专家。

在彭桓武看来,参加与原子能研究相关的工作,使得他的个人研究与国家命运密切联系起来。苏联撤走专家后,国家的安全、荣辱化成了他内心自我激励的驱动力,这种动力远远超过此前求生存或追求自然奥秘所带来的动力。

作为一位有极高素养的理论物理学家,彭桓武始终坚持把核武器的理论设计当成是一项科学研究工作来做,即要理解、弄清原子弹的内在物理规律,要"知其然而且知其所以然"。他亲自剖析、展现原子弹的运动过程和规律。原子弹运动过程需要由一组复杂的非线性偏微分方程描述,解这组方程需要利用电子计算机。不过,当时还没有一套完整可靠的数学方法能在电子计算机上实现这项工作。此外,彭桓武认为光有计算机得出的结果还不够,还须了解这些结果是如何形成的,各物理量间是如何互相作用、相互影响的。因此,他在九所大力提倡"粗估"的工作,即亲自动手用最普通的计算尺,把整个原子弹的动作过程粗略地一步一步算出来,从而在头脑里形成一幅完整的图像。彭桓武以其坚实的物理基础和深厚的数学功力,把这组非线性偏微分方程简化成一套常微分方程组,在几位青年研究人员协助下,用计算尺粗线条地描绘出了原子弹运动的整个过程。他将原子弹运动过程划分为几个阶段,还对其中几个关键时刻加以命名。这些命名被沿用至今。

对于苏联方面此前提供的数据或相关资料,彭桓武和其他科学家都没有采取全盘接受的态度,特别是当计算结果与苏联方面留下的数据不一致时。事实上,就在彭桓武加入九所时,中国的原子弹研制曾一度陷入困境。理论计算表明,炸药爆炸后在内爆过程中产生的压力总是小于在原子弹设计初期苏联专家留下的教学模型框图。中国科学家历时一年多，经历9次繁琐计算后还是得不到与苏联专家一致的数据。彭桓武请刚从杜布纳回国的周光召复查之前的计算数据。周光召仔细地检查9次计算结果后认为计算没有问题，怀疑苏联专家数据的可靠性。他从炸药能量利用率着手，求出炸药所做出的最大功，从理论上证明用特征线法所做计算结果的正确性，从而证明苏联专家数据是不正确的，结束了近一年的争论，使得中国原子弹研制继续向前推进。1964年10月16日，中国成功爆炸第一颗原子弹。

彭桓武、周光召等理论物理学家强调原子弹研制不只是工程问题，也是科学问题，需要从原理上加深理解，同时还强调理论联系实际。在原子弹理论设计方案即将完成之际，邓稼先、周光召抽调各室部分技术骨干，组建"理论联系实际专门小组"，密切关注实验，对理论进行修正。同时，他们着手先行探索氢弹原理。事实上，钱三强于1960年底便部署原子能所提前对氢弹进行理论预研，先后抽调黄祖洽（1961年底调九所）、何祚庥、于敏等理论物理和数学骨干组成轻核反应装置理论探索组，对氢弹中各种物理过程、氢弹作用原理和可能结构进行预研。这一小组于1965年1月被并入九所，以集中力量突破氢弹技术。

从1964年底开始，在彭桓武等主持下，邓稼先、周光召组织科技人员制定了关于突破氢弹原理的工作大纲。彭桓武还设计了三套氢弹研制方案，分别由周光召、黄祖洽和于敏负责。彭桓武曾回忆说，原则上三套氢弹研制方案在原理上都是合理可行的，黄祖洽负责的方案实际上是一个保底的方案。最后，于敏带领的研究小组率先实现了其中的一个氢弹设计原理。在明确氢弹设计原理之后，理论部科研人员很快地融合一起，完善氢弹理论模型并进行细致的物理设计。1967年6月17日，中国第一颗氢弹空投试验成功。

彭桓武后来对这一过程做过如下描述：

> 九院理论部根据调研和我国发展需要，提出××××奋斗目标，进行多路探索。首战于敏出马，有基础，又灵活，发现可能突破的线索。经院会议决定，迅速进行原理实验。我请于敏就此分解为若干课题，原理关键处似可行。1966年底，原理实验肯定后，从此他实际掌握理论部研究方向。鉴于进一步发展要求细致，要掌握好"度"。他比我更合适，我便告退了，由于当时行政瘫痪，我直等到1972年11月才回到原子能研究所一部。

原子弹和氢弹的成功研制，对新中国的发展具有重要的战略意义，既推进了国防现代化建设进程，带动了国民经济的发展，又巩固和提升了新中国的国际地位。彭桓武在理论设计和人才培养过程中发挥了不可替代的作用。周光召曾经说过彭桓武是中国"核物理理论、中子物理理论以及核爆炸各层理论的奠基人，差不多所有这方面后来的工作者，都是他直接或间接的学生"。世界著名物理学家、1957年诺贝尔物理学奖获得者杨振宁在2001年写给彭桓武的信中这样写道："中国今日国力鼎盛与原子武器之发展有密切关系。先生在此方面之贡献我虽不知细节，但早知其重要性。神州末日的春光中将永远映耀着先生的鸿爪。"

然而，对于个人贡献，彭桓武一直保持谦虚、低调。第一颗原子弹爆炸后，在现场观看爆炸实况的他难掩激动，在罗布泊曾写下"亭亭铁塔矗秋空，六亿人民愿望同。不是工农兵协力，焉能数理化成功"的诗句。1982年，凭借对原子弹、氢弹理论设计的杰出贡献，彭桓武与周光召、邓稼先、于敏、周毓麟、黄祖洽、秦元勋、江泽培、何桂莲等获得国家自然科学一等奖（原子弹氢弹设计原理中的物理力学数学理论问题），其中彭桓武是第一获奖人。当九所的同志将唯一一枚奖章送给彭桓武时，他最初拒绝接受。在拗不过九所同志的坚持后，彭桓武说："这奖章我收下了，就是我的了。我就有权处理它。我把它送给九所全体同志。"他还随即为九所题字"集体集体集集体　日新日新日日新"，表达核武器事业是个集体事业，他也是这个集体事业的一份子。1999年9月18日，在中华人民共和国成立50周年前夕，党中央国务院中央军委做出决定，隆重表彰为我国"两弹一星"事业做出突出贡献的23位科技专家，并授予他们"两弹一星功勋奖章"。彭桓武是23位"两弹一星"功勋之一。

重返基础理论研究

在完成原子弹和氢弹研制后，彭桓武迫切地想回到他所喜爱的基础理论研究。"文化大革命"初期，理论研究受到强烈冲击。1970年至1971年，彭桓武曾多次起草给国防科委党委和九院党委的报告，请求回到401所工作。其中一份草稿（时间大概为1971年10月）的主要内容如下：

1961年4月二机部把我从401所借到九所（原九院前身）参加科研攻关工作。近年来，根据毛主席的"中国人民有志气有能力一定要在不远的将来赶上和超过世界先进水平"的伟大号召，考虑过（1）九院产品研制（2）特殊材料生产

(3)原子能发电(4)受控热核反应(5)基本粒子几方面理论工作赶超的需要。感到第(1)方面理论设计的技术干部已大批成长,力量相当雄厚,而后几方面则相对薄弱些,特别是第(4)方面理论队伍更为薄弱。联系到自己的年龄和工作能力的局限性,希望能调回二机部,参加后几方面的工作,将会更适应些。因为自己一贯不胜任科研组织工作,到九院以来一直也没有插手院或所的这方面工作。参加的具体科研工作,也是限于理论部前期的,对于理论部后期的工作发展也感到有些跟不上。所以认为现在调离九院,对九院和一所的工作不会有什么影响。调回二机部后,能在力量薄弱的方面作些具体科研工作。请组织上不必在行政职务方面多考虑……

在彭桓武的遗物中有很多份申请回到二机部工作的草稿。他精心修改申请书的内容,挑选放在信头的毛主席语录以及申请调动工作单位的原因,可见其想回到基础研究领域的决心和态度。不过,调动工作一事等到1972年下半年才出现转机。

1971年至1972年,随着中美关系改善,杨振宁、李政道等一批华裔知名科学家相继访问大陆。杨振宁在1972年6—7月的那次访华过程中随着对中国当时国情了解的深入,直接向周恩来总理建议应加强基础理论研究和学术交流。而这正与周总理此时有意恢复基础研究产生共鸣。周恩来当即表示赞同杨振宁的建议,希望大家要认真听取,不要当"耳边风"。13天后,周恩来在会见任之恭、林家翘带领的美籍华人学者参观团时特别指示北京大学校长周培源要办好北京大学理科教育,提高基础理论水平。当月23日,周总理还给国务院科教组和科学院负责人写信,要求对提高基础理论水平问题要认真讨论,负责实施,"不要如浮云一样,过去就忘了"。

得知周恩来关心中国基础研究发展,原子能所一部的科研人员立即意识到应该抓住这一重要机会。他们认为"高等学校重视理科,我们科学院就更应该重视基础研究,重视基础研究第一就是搞高能物理"。于是,张文裕、朱洪元、汪容、何祚庥等18位物理学家联名于1972年8月18日给周恩来写信,强调高能物理既是现代物理学和基础理论学科的前沿,其发展突破必将引起生产技术突破,还能有效促进国际交流等。呼吁除研究基本粒子内部结构和宇宙线外,还需预研高能加速器和探测器技术,以便掌握技术、培养人才并缩小与国际差距。因此希望脱离以研究核燃料为主的二机部,尽快成立高能物理研究所,划归基础理论研究的主管部门（即科学院）领导。

  周恩来在 9 月 11 日做出明确指示："这件事不能再延迟了。科学院必须把基础研究和理论研究抓起来，同时又要把理论研究和科学实验结合起来，高能物理研究和高能加速器的预制研究，应该成为科学院要抓的主要项目之一。"很快，中国科学院高能物理研究所于 1973 年 2 月 1 日正式成立。彭桓武于 1972 年 11 月调回原子能所一部，在高能物理研究所成立后，担任副所长。

  1973 年至 1974 年，彭桓武多次作为中国科学家代表陪同国家领导人和中国科学院领导会见国际友人和国际知名科学家。其中包括 1973 年 4 月访华的日本物理学家坂田昌一夫人坂田信子和有山兼孝夫妇等日本友人。坂田昌一是一位对华友好的日本左派理论物理学家，提倡将自然辩证法运用于自然科学研究。他于 1956 年提出的坂田模型（即基本粒子还有内部结构）曾在 1963 年受到毛泽东主席的赞赏，并与毛主席的物质无限可分哲学思想产生共鸣，随后在 1964 年北京科学讨论会召开期间他作为日本代表团团长受到毛泽东主席接见。这促使了中国物理学家于 1965 年至 1966 年构建了强子结构的层子模型。因此，坂田昌一在中国科学界具有很强的影响力。坂田昌一在 1970 年 10 月因病去世。1972 年底，坂田昌一夫人为了向在坂田昌一患病期间提供帮助的中国朋友致谢，主动提出于第二年春天访华。在她访华期间，彭桓武参加了部分接待活动。此外，他还于当年 7 月陪同迎接和宴请了以美国普林斯顿大学物理系主任戈德伯格（M. Goldberger）为首的美国高能物理学者代表团。此外，他还参加了杨振宁、李政道访华时的部分座谈活动。

  "文化大革命"结束后，科技界终于迎来春天，国家加强对基础研究的重视。钱三强考虑到粒子物理研究在此前有一定基础，曾在 1965—1966 年提出层子模型，具有一定的人员基础且不需要花费很多经费盖楼买设备，因此提出希望将其作为中国科学界先起步的基础研究方向并起带头作用。于是，在钱三强、周培源和彭桓武的组织下，召开多次粒子物理专题会议。例如，1977 年春在北京召开高能物理计划会议期间举行了粒子物理理论讨论会。同年夏，在安徽黄山召开基本粒子座谈会。借助于这些会议，国内的理论物理学界人才又凝聚起来，开始面向国际前沿开展研究。

  在 1978 年召开的全国科学大会期间，参会的一批理论物理学家提出应该重新提倡杨振宁 1972 年回国时向周恩来总理建议注重理论研究的意见。特别是鉴于理论物理在"基础研究和应用研究方面做了一些重要成绩,如层子模型理论和原子弹、氢弹的理论,培养了一批有才能的年轻理论物理工作者",且在物理研究所十三室有一只十余人队伍,他们提议立即成立一个新的理论物理研究所。中国科学院随后(4月29日)报送国务院《关于建立理论物理研究所的请示报告》,明确研究所的任务是:(一)发展理论物理研究;(二)把理论物理成果推广应用到各有关领域;(三)大力培养青年研究人员,开拓新的研究方向,支援其他学科领域完成重大任务。后经时任国务院副总理邓小平等中央领导批准,中国科学院理论物理研究所于1978年6月9日正式成立,由彭桓武担任首任所长,何祚庥担任业务副所长。彭桓武主持制定并实施了理论物理研究所关于加强理论物理研究、实现科学技术现代化、赶超世界先进水平的战略措施。

1978年10月6—13日,中国科学院学术委员会筹备组和《自然辩证法通讯》编辑部联合在桂林主持召开了"微观物理学思想史讨论会",邀请包括彭桓武、胡宁、朱洪元、周光召、戴元本、何祚庥等在内的老、中、青三代从事基本粒子理论研究的物理学工作者和自然辩证法工作者参加讨论会,探讨粒子物理理论未来发展方向并总结过去的经验教训。

↑ 1978年10月,参加"微观物理学思想史讨论会"
左起:林万和、胡宁、周光召、钱三强、卢鹤绂、彭桓武、朱洪元

此外,为推动粒子物理理论发展,由中国科学院高能物理研究所、理论物理研究所、北京大学、中山大学、复旦大学、中国科技大学、西北大学和兰州大学的理论物理学家于1979年2月中旬联合成立了全国性的"基本粒子理论组",彭

桓武是理论物理研究所的四位代表之一（其余三位为何祚庥、戴元本和郭汉英）。随后，于1980年1月5—12日在广东省从化县召开了广州粒子物理理论讨论会。这次会议被视为"粒子物理理论研究在中国恢复工作的一个大检阅"。钱三强担任会议筹备委员会主任。杨振宁和李政道欣然出席会议，还积极推荐和联系吴大俊、郑洪、颜东茂、姚若鹏、陈匡武、徐一鸿、华家照、李灵峰、郑大培、潘国驹等知名华裔物理学家参加会议。彭桓武在此次会议上做了题为"阻尼谐振子的量子力学处理"报告。他在这项工作中假设量子力学中也允许引入阻尼力的描述，给出对与速度成正比的阻尼系统用正则化变换的处理方法，并以一维谐振子为例作了具体计算。

↑ 彭桓武（右）与学生周光召（左）合影
（中国科学院理论物理研究所提供图片）

除了对基本粒子理论研究方向的支持和推动，彭桓武还提倡发展交叉学科。在他看来，交叉学科兼具普遍性与特殊性，且他个人在理与工方面都有比较广的知识面。为此，他选择研究生物物理作为自己进入交叉学科的入门砖，特地到上海访问生物方面的研究所请教什么是生物物理。可惜未得到明确答复后转向研究化学物理。彭桓武的这些努力都旨在弄清交叉学科的真正含义以及如何进行交叉学科研究，同时也能加深他对生物物理的理解。此外，彭桓武还亲自推动中国的统计物理和凝聚态理论研究，促成了每两年召开一次的全国统计物理和凝聚态理论的系列会议。

到了晚年，彭桓武一直记得自己要还两个"债"。其一是还硕士导师周培源的"债"，即他在清华大学研究院读书时尚未完成的有关广义相对论的硕士论文。当时周培源给他布置的研究内容是"用广义相对论的电磁波方程求光强，再依反平方律定义光学距离，因而求出河外星云的红移分数与光谱距离间的关系，看与直线有多大差别，准备与美国那时计划要造的大天文望远镜将来的观测结果比较"。由于周培源随后赴美，彭桓武在研究院前两年以听课为主，在硕士论文题目上他只做了一些数学方面的研究，但因学业中断而未能发表。因此，他在返回基础研究后仍旧在思考广义相对论相关的问题。1998年，彭桓武与北京大学徐锡申教授合著的《理论物理基础》出版。他特别在书中增写第十四章"广义相对论引力理论",将其视为自己在追求理解周培源在广义相对论方面观点的结果。此外,年近九旬的彭桓武相继于 2004 年和 2005 年在《理论物理通讯》(*Communications in Theoretical Physics*)上发表了两篇关于狄拉克大数论假设与广义相对论统一的学术论文,思考着物理学中的基本问题。2005 年 6 月 3 日,在彭桓武学术思想研讨会上,他又作了《广义相对论——一个富于刺激性的理论》的学术报告,介绍自己最新的前沿研究成果。

彭桓武要还的另一个"债"是尚未全部完成的博士导师玻恩布置的固体物理方面的哲学博士论文。按玻恩计划,彭桓武的博士论文需计算金属原子的热振动频率。彭桓武和福克斯当时利用该微扰方法计算由于均匀形变引起的晶格的势能变化以及金属的弹性模量,计算结果与实验观测结果相符,他们较好地完成了论文。然而,考虑到非均匀变形部分需要推广 Wigner-Seitz 关于关联能的计算才能完整,否则精确度不够,因此彭桓武当时发表的论文中未包含这部分内容。1945 年 10 月,玻恩还写信催促在都柏林工作的彭桓武完成金属动力学方面的研究。可惜彭桓武当时因大脑罢工而不能完成这一挑战性的工作。因此,彭桓武到晚年也一直在思考这方面的问题。

除了还两个毕业论文"债",彭桓武还一直思考国家的能源问题。2006 年 2 月 28 日,91 岁高龄的彭桓武在理论物理研究所做题为"关于冷聚变机制"的学术报告。"冷聚变"是指在接近常温常压和相对简单的设备条件下实现的核聚变反应。若实现这类反应则可解决困扰人类多年的能源问题。除理论物理所科研人员外,他特别邀请了九院(中国工程物理研究院)、九所(北京计算物理与应用数学研究所)的前同事们参加讨论。他希望像当年搞核武器那样,将研究理论物理的人员组织起来协作攻关,相互启发,从原理和机制上突破这一极其复杂的问题。

好春光,谁与共?莫思量,防泪涌!

对于中国科学事业的发展,彭桓武一直保持初心。而对于爱情,彭桓武也同样保持着真诚。当彭桓武第二次到达都柏林时,与当时指导的研究生摩勒特发展了真挚的爱情。不过,两个年轻人最终并没有选择在一起,而是为各自祖国科学的发展贡献一生。摩勒特积极推动恢复和提高战后法国的物理学研究水平,与丈夫德西特（Bryce Seligman DeWitt）共同创立 Les Houches 暑期学校，成为法国乃至欧洲的重要学术交流阵地。为表彰摩勒特为法国科学发展所作的特殊贡献，1981年法国政府授予她国家功勋骑士勋章。

↑ 彭桓武与夫人刘秉娴和儿子彭征宇合影（1972年）

彭桓武回国后单身多年，直到43岁时才经人介绍认识国务院机关幼儿园医生刘秉娴（1924—1977）。刘秉娴父母很早去世，从小与姐姐相依为命。她曾在烟台、青岛和上海的医院担任护士、护士长和医生。刘秉娴工作积极，1958年修十三陵水库时被评为劳动模范，还因出色工作被评为北京市优秀保育工作者。彭桓武被这位温婉大方、踏实肯干的山东姑娘吸引。二人于1958年底结婚。婚后刘秉娴勤俭持家，解除了彭桓武科研工作外的后顾之忧。

1972年，刘秉娴因患血栓闭塞性脉管炎在家休养。1977年，她又被诊断肺癌晚期。临终前，刘秉娴为彭桓武父子赶做棉衣、单衣和短褂袖，还给丈夫写了一封"最后通牒"，实际是对彭桓武以及儿子彭征宇生活习惯、待人接物等各方面的嘱托。1977年8月14日，刘秉娴辞世。彭桓武将这一天的日历页撕下珍藏起来。夫人追悼会结束当晚，彭桓武陷入昏迷，七天七夜之后才苏醒。他特别自责自己之前将全部精力投入在工作上，在与夫人共同生活的十九年里，他很少关爱她。夫人去世后，彭桓武常通过作诗来表达哀思。在彭桓武1996年所作的一首诗中可以看出他对夫人的无尽思念和歉疚："对影如痴诉断肠，别时已等聚时长。生前慢待因忙乱，去后勤思怎补偿。"

到晚年，彭桓武还经常一个人乘公交车去香山，那里是他和夫人曾携手同游的地方，有着他们美好的回忆。刘秉娴去世后，彭桓武一直保留着她的骨灰和那封"最后通牒"。直到他2007年去世后，两人的骨灰共同撒在了北京植物园樱桃沟的一棵树下。至今，中国科学院理论物理研究所一直保留着清明节前后到植物园缅怀彭桓武先生的传统活动，激励职工、青年学生传承弘扬彭桓武等老一辈科学家严谨求实、爱国奉献的精神。

彭桓武

淡泊名利　提携后进

彭桓武一生生活俭朴，淡泊名利。留学欧洲时，他将节约下来的大部分奖学金用于购买与物理、化学相关的英文原版书籍。回国前，他又特意买新木箱将这些书籍打包，辗转香港、上海、昆明，最后到达北京。彭桓武去世后，亲属将他的所有书籍（共九个书架，其中大部分是英文原版的理论著作）捐赠给中国科学院理论物理研究所。夫人刘秉娴去世后，彭桓武经常独自一人买菜做饭，来不及做饭时就直接吃冰箱里的冷食。到晚年，不得已才请了位保姆帮忙做饭。

1995年，彭桓武获得何梁何利基金的"科学与技术成就奖"。在答谢致辞中，他回顾了个人科教生涯，感谢亲友、老师、领导、同事和学生们的帮助，特别对自己经历中许多良好的机遇感到庆幸。彭桓武总结这些特别显著的经历有：

（1）在1937年七七事变后我逃难时，承蒙当时云南大学新任校长熊庆来教授聘我为云大理化系教员。（2）1949年5月我从昆明回北平清华大学后，承蒙钱三强教授邀请我参与一年后成为中国科学院近代物理所的组建，并任我为理论组组长。（3）在中国抗日与世界反法西斯战争的整个时间内，我有幸在英国爱丁堡大学玻恩教授处和爱尔兰都柏林高等研究院薛定谔教授处与名家接触密切而弦歌不辍。（4）在苏方撕毁协定中国决定自力更生地研制核武器的初期我能参与并和新老同事一起为国尽力。

彭桓武决定利用何梁何利的100万港币奖金设立"彭桓武纪念赠款"，全部分给那些曾经为尖端科学做出贡献，但后来因年龄和伤病没能获得足够重视和荣誉的30余位同事，以表达他的敬意。中央电视台《大家》栏目主持人曾在一次访谈中提道这100万港币奖金对于普通人来说可以过上舒适的生活。但彭桓武立即回答：

↑ 彭桓武（右一）在获何梁何利基金"科学与技术成就奖"上讲话

对我来说没用,我生活足够了,加这一百万或不加这一百万(都一样),这一百万等于白搭。因为你一个人只能用那么多钱,你像我现在吃,大夫给我限制的,我只许吃这么多东西,一天只许吃一个鸡蛋,吃两个鸡蛋都不行,那个钱有什么用?

对于名誉和职务,彭桓武也很淡然。他曾担任第一、二、三届全国人大代表和第五届全国政协委员,但因从未提过案和从未发过言而给自己"革职"。在完成核武器理论研制后,彭桓武认为自己已经完成中国年轻一代的核物理工作者的培养任务和使命,便主动申请返回基础科学研究领域。1972年11月,他先回到中国科学院原子能研究所,随后又担任新成立的高能物理研究所副所长。1978年6月,中国科学院理论物理研究所成立后,彭桓武担任首任所长。五年任期一结束,他便向院领导写信请辞所长一职,推荐更加年轻和有领导能力的周光召担任所长。对于研究所有同事建议他担任理论物理研究所名誉所长职务,他认为:

不要这样为好,我也很不愿意这样,挂名的"名誉"。近年来我在担任理论物理所所长期间,主要工作均委托青年同志去办,已经担任过了名誉所长。但我对这种状况早已厌烦。长此下去对工作不利。且我所是一个新所,建立时院领导即指示我所要有一个新的作风。由于历史较短,在我所尚未形成长期一贯的所长制。所以我建议理论物理所从一开始即根本不设名誉所长职称。如在追述历史有需要时,只表明某某所长(起讫年月)即可。

彭桓武就这样不断地开辟新的方向,坚持工作在科研第一线,培养了一批又一批学生,为了发展我国的理论物理,不惜花费精力进行了许多组织和研究工作,而在工作有了基础后,总是悄然引退,把领导职务逐个地移交给更年轻的科学家。

2005年6月,彭桓武立下了一份遗嘱(遗嘱执行人为李凡和欧阳钟灿),其中除了对家中的动产、不动产、家具和电脑等物品做了安排外,还要求在他去世后丧仪从简,不举行任何会,骨灰与夫人刘秉娴骨灰合并,由遗嘱执行人按遗愿归返自然;"两弹一星功勋奖章"赠给军事博物馆;个人所藏的图书赠给中国科学院理论物理研究所图书馆,并提醒注意其中玻恩赠予他个人签名的那本 *Atomic Physics* 有纪念意义。

2006年9月25日,中国科学院、中国科学技术协会共同主办的彭桓武院士科技思想座谈会暨"彭桓武星"命名仪式在中国科技会堂隆重举行。中国科学院国家天文台台长艾国祥宣读了国际天文学联合会小天体命名委员会关于1997年

↑ 2008年10月，为彭桓武铜像揭幕　右起：周光召、何泽慧、徐冠华、于敏

10月6日由我国国家天文台发现的国际编号为48798号的小行星命名为"彭桓武星"的决定。时任中国科学技术协会党组书记、常务副主席邓楠向彭桓武颁发了"彭桓武星"命名证书和"彭桓武星"图片，并宣读了时任中国科学技术协会名誉主席周光召的贺信。

2007年2月28日，彭桓武因病辞世。2008年6月27日，根据彭桓武遗嘱，中国科学院理论物理研究所、中国人民革命军事博物馆、中国科学院数学与物理学部、北京应用物理与计算数学研究所、中国原子能科学研究院等单位在中国人民革命军事博物馆联合举办了彭桓武先生"两弹一星功勋奖章"捐赠仪式。周光召亲手将这枚奖章交给了中国人民革命军事博物馆，了却了老师最后的心愿。2008年10月12日上午，彭桓武铜像揭幕仪式在中国科学院理论物理研究所举行，周光召、何泽慧、徐冠华和于敏一起为铜像揭幕。

国家自然基金理论物理专款资助的以彭桓武名字命名的"彭桓武理论物理论坛"自2005年设立以来，已经连续举办20届。此外，为增进中国理论物理学界青年人才的学术交流，促进理论物理学科的全面发展和人才培养，自2020年又增设"彭桓武理论物理青年物理学家论坛"。彭桓武先生热爱祖国、无私奉献、性真求实的科学精神将持续激励着中国青年物理学工作者将中国的理论物理学研究推向国际前沿。

参考文献

[1] Born M, A. Einstein. 玻恩－爱因斯坦书信集（1916—1955）：动荡时代的友谊、政治和物理学 [M]. 范岱年，译. 上海：世纪出版集团，2010.

[2] 李德元. 怀念彭桓武先生 [J]. 现代物理知识，2014，26（4）：15-18.

[3] 刘金岩. 彭桓武留欧期间的科学贡献 [J]. 自然科学史研究，2018，37（1）：87-103.

[4] Max Born. 陆浩等译. 我的一生 马克斯·玻恩自述 [M]. 上海：东方出版中心，1998.

[5] Moore W. Schrodinger: life and Thought [M]. Cambridge University Press, 1992.

[6] 彭桓武. 物理天工总是鲜 彭桓武诗文集 [M]. 北京：北京大学出版社，2001.

[7] 彭桓武. 钱三强和我 [J]. 中国科学院院刊，1992（4）：343.

[8] 彭桓武. 八十自述：治学与为人之道 [J]. 科学，1996，48（1）：4-6.

[9] 彭桓武. 宁静而致远的一流科学家 [J]. 物理，2006（9）：750.

[10] 彭桓武先生在"彭桓武星"命名仪式上所作的书面答词. 2006年9月25日.

[11] 熊秉衡，熊秉群. 父亲熊庆来 [M]. 昆明：云南教育出版社，2015：369.

（本文作者：刘金岩）

钱三强

钱三强（1913—1992），浙江湖州市人，中共党员，核物理学家，1955年首批当选为中国科学院学部委员（院士）。

1932年考入清华大学物理系，1936年毕业。1937年赴法国巴黎大学居里实验室和法兰西学院原子核化学实验室从事原子核物理研究，获法国国家博士学位，后任法国国家研究中心研究员和研究导师，1946年获法国科学院亨利·德巴微物理学奖金。1948年回国，任清华大学物理系教授，北平研究院原子能研究所所长，1949年任清华大学物理系主任。1950年后任中国科学院近代物理所（后改为原子能所）所长、计划局局长、副秘书长，二机部副部长，中国科学院副院长兼浙江大学校长，中国科协副主席，中国物理学会理事长、中国核学会名誉理事长等职。第一、六、七届全国政协常委。

钱三强是中国原子能事业的开拓者和奠基人之一。20世纪50年代，领导创建原子核科学研究基地，建成中国第一个重水型原子反应堆和第一台回旋加速器，并研制出一批重要的相关仪器设备，培养大批原子核科研人才。60年代初，在原子能所组织中子物理理论与实验两个研究组开展氢弹预研，为氢弹研制做了理论准备，促成中国在第一颗原子弹爆炸后仅两年零八个月，研制成功氢弹。

1999年，被追授"两弹一星功勋奖章"。2003年诞辰90周年之际，由中国国家天文台于1998年10月16日发现的国际编号为25240号的小行星，被命名为"钱三强星"。

少年三强

1964年10月16日,中国成功爆炸了第一颗原子弹。真是无巧不成书,被誉为中国原子弹元勋之一的钱三强,正好出生在51年前(即1913年)的这一天。他出生时,父亲钱玄同(著名文字学家)按"东"韵给他取名为"秉穹"。1925年,秉穹由小学部升入中学部,他与同班两位同学交情甚笃,学业上相互启发,遇到困难彼此照应。三人中,论年龄秉穹最小,论个头也最矮,但他爱运动,既是校乒乓球队的骨干,又是"山猫"篮球队的后卫,三人中秉穹身体最强壮,因此被戏称为"三强"。钱玄同认为"三强"寓意不错,可解释为德、智、体都进步,也符合新文化改革的方向。于是,在父子都同意后,"秉穹"从此改为"三强"。

家庭环境培养了钱三强从小喜欢读书的习惯,同时也为他提供了广泛阅读的条件。

钱三强青年时特别富有激情,这一特点往往也表现在他读书过程中。1929年,16岁的钱三强于孔德学校毕业前夕,读了孙中山的《三民主义》《建国方略》,特别是《建国方略》中孙先生所拟订的"实业计划",如:在渤海湾建设北方大港;在杭州湾建设东方大港;在广州建设南方大港;修建10万英里铁路;发展衣食住行工业;开采铁、煤、石油、铜等矿藏……一幅美好的

↑ 1937年夏,钱三强赴法留学前夕同父母在北平家中合影

现代中国蓝图,深深地激发了钱三强的向往。激情之下,他决意报考南洋公学(现上海交通大学)学电机工程,为建设中华大工业效力。为了适应南洋公学使用英文课本的情况(孔德学校用法文教学),他宁愿多花两年时间先入北京大学理科预科,待英文能力提高后再考南洋公学。

在北大预科一个学期过后,钱三强的认识发生了变化,他开始凭着兴趣和好奇心扩大知识范围。他在后来写的回忆文章中说:"我那时有好奇心,物理系高年级的课也去旁听,课外讲演也去听,总之凡是能扩大知识范围的,我总是积极地去参加。我还记得当时清华大学物理系教授吴有训和萨本栋,都在北大兼课,他们都是实验物理学家,把近代物理和电磁学都讲得很清楚,并且在课堂上还有实验表演;李书华教授曾在课外讲过光的波动和粒子双重性。"

吴有训、萨本栋等清华教授讲授的内容或讲课方式,特别是广征博引介绍物理学的最新进展,都使钱三强眼界大开,对物理学产生浓厚兴趣;与此同时,有一本书对钱三强的兴趣转移发生了作用,这本书就是英国科学家B.A.W.罗素的《原子新论》。在这些因素影响下,他激情大发,在1932年改变学习电机工程的初衷,决心学习物理学。1931年,钱三强考入北大物理系。

钱三强考入北大物理系本科读了一年,在多次听了几位清华物理系教授到北大授课后,他又觉得"相比之下,北大物理系本科教授就教得比较逊色。加上'九一八'事变后,北大学生活动比较多,我那时政治觉悟又不高,书不好念下去,因此就产生了考清华大学物理系的念头"。1932年,19岁的钱三强考入清华大学物理系重读一年级。

开启科学生涯

对钱三强改变初衷选择物理学,父亲钱玄同表示支持,他于1933年10月10日喜而不露地书写了四字横条"从牛到爱"送给三强。他写这几个字的寓意有二:一是鼓励三强发扬属牛的那股子牛劲;二是在科学上不断进取,向牛顿、爱因斯坦学习。足见父亲对儿子期望之切。从此,钱三强把这四个字作为座右铭,相伴了整整60年。

钱三强考入清华物理系后,对科学知识和实验技术有着痴迷的喜爱,其中原因如他自己所说,"当时生活在反对帝国主义、封建主义压迫的时期,因此产生了爱国主义思想,要求祖国富强的愿望促使我走上工业救国、科学救国的道路"。同时,他还感受到清华有一种无形的鞭策力量,这里的教授多是从美国留学归来,上课介绍最新发展,讲解例题,注重培养学生提出问题、解决问题的能力。

他对叶企孙讲授热力学一直记忆犹新:

热力学是一门比较不好懂的课程，加之叶先生讲话又是上海口音，而且有点口吃，但这些都没有妨碍他把热力学这门课讲好，他把基本概念讲得非常清楚。在那些重要而关键的地方，他不厌其烦地重复讲解，直到学生完全记住弄懂为止。他的讲课特点使我过了四五十年之后，今天回忆起来还记忆犹新，并且非常钦佩。他上课时有参考用书，但从来不按书上内容宣读。他在两三年内给不同班次讲热力学，每年所举的例子几乎从不重复，因此有时叫我们看看上一班同学的笔记。后来我才知道，他备课是很用心的，几乎都是用热力学最新发展方面的例子来作讲课内容的。他教课的过程，就是他吸收国外最新研究成果的过程。

↑ 1936年夏，钱三强在清华大学用自制的真空管设备做毕业论文实验

清华物理系的教授除了授课以外，还亲自进行科学研究，重视培养学生手脑兼用的能力。钱三强学会吹制玻璃技术，就是吴有训开设的"实验技术"选修课的收获。他在回忆文章是这样描述的：

日本侵占我东北后，我国有不少爱国的知识分子到国外去学习能实用的技术。吴有训先生在1934年曾到美国去了一段时间，想为国家制造真空管做些工作。他从国外带回一些吹玻璃的设备、玻璃真空泵与各种口径的玻璃管等。1935年他就开了一堂"实验技术"选修课，我们班中有五六个人参加了，我也是其中之一。他手把手地教我们，让我们掌握烧玻璃的火候和吹玻璃的关键所在，并随时指出我们的缺点，我感到得益不少。

钱三强的毕业论文也是由时任系主任的吴有训指导，内容是研究金属钠对真空度的影响。为了实验需要，吴有训交给钱三强一只扩散真空泵和一些玻璃管材，要他自己设计制作一个真空系统。1936年春，真空系统制作完成。一天，钱三强刚开始抽真空准备做实验，突然"噜"的一声响，整个真空系统炸得粉碎，扩散真空泵中的水银流了一地。钱三强虽然没有在爆炸中受伤，但他吓慌了神，全然不知所措，急忙跑去报告吴有训。吴有训并没有责备，而是吩咐钱三强赶快把实验室的门窗打开，人先不要进去，防止摄入水银蒸气中毒。两天后，经过总结分析，找到了爆炸的原因，是玻璃制品的结构应力不均匀，而要克服这种情况发生，关键是吹制玻璃设备时要掌握退火和遵循退火的操作程序。接受吴有训的指点和鼓励后，钱三强重新做起，终于取得成功，毕业论文最后获得了90分。

通过这件事，钱三强获得了科学研究的初步经验，同时也懂得了对待科学研究中偶尔失败应采取的态度。他非常珍惜这些经历给自己的启迪，终生未忘吴有训的教诲。1982年他回忆写道：

> 结果，毕业论文的实验完成了。1937年，我到法国做原子核物理研究，由于在清华大学时学过吹玻璃技术和选修过"金工实习"课，所以对简单的实验设备和放射化学用的玻璃仪器，一般都能自己动手做，比什么都求人方便得多。1948年回国后，我也同样鼓励青年同志要敢于动手自己做仪器设备，这对他们后来成长大有好处。回忆这段经历，说明我在清华大学时受到的教育，特别是吴先生鼓励我们敢于动手的教育，是非常重要的，对我一生是有意义的。

① 钱三强成绩单（毕业论文成绩为90分，清华大学档案馆藏）

清华四年，是钱三强在物理学领域打基础的时期，也是他由激情向往进而开始钻研探索的新起点。在这个起始点上，为他指点迷津并给以力量的是清华物理系的一批良师，如吴有训、叶企孙、萨本栋、周培源、赵忠尧等。1985年9月9日首届教师节之际，钱三强应《中国教育报》之约发表文章，他在回顾清华学生生活时动情地写道："也许有的教师不曾意识到，在所有经历过求学生涯的人中，他的最美好、最难忘的回忆里，有重要一席是属于老师的，而且这种感情不以时间的流逝而淡薄，不以环境的改变而改变……岁月流逝，时过境迁，几十年的许多往事都已印象模糊了，唯有老师的指点和教诲，记忆犹新，如在眼前……"

1936年钱三强清华毕业时有两个去向：一是南京国防部军工署，二是北平研究院物理研究所。他毫不犹豫地选择了后者。

吴有训赞赏他的选择，亲自向时任北平研究院物理研究所所长的严济慈写了推荐信。严济慈是当时中国物理学界的大家，钱三强早闻其名只是未曾谋面，他很庆幸又投到了名家门下。到所后，根据严所长的安排，先从事分子光谱研究，第二年初发表了第一篇研究论文《铷分子的带光谱与离解能》。几个月后，在严济慈的鼓励和支持下，钱三强参加中法教育基金会组织的公费留法考试，结果考取了巴黎大学镭学研究所唯一的一个镭学名额。

发现裂变之光　报效祖国不违初心

1937年，钱三强登上了开往法国的轮船，也开启了自己探索裂变之光的旅程。在法国巴黎大学镭学研究所居里实验室攻读博士学位期间，在诺贝尔化学奖获得者约里奥–居里夫妇的指导下，钱三强很快完成了博士论文《α粒子与质子的碰撞》，获得了博士学位。

1946年春，钱三强与夫人何泽慧合作发现了铀核的三分裂和四分裂现象，并因此获法国科学院亨利·德巴微物理学奖。这一发现被认为是"二战"后核物理研究的重要成果，西方媒体用《中国的居里夫妇发现了原子核新分裂法》这样的标题予以报道。除了自己的论文研究工作，钱三强在实验室里总是主动承担各种额外工作，他的勤奋好学、善于钻研、乐于助人等优秀品质受到老师和同事的充分肯定。钱三强成为获得亨利·德巴微物理学奖金的第一位中国学者，并被聘为法国国家科学研究中心的研究导师。

↑ 1946年,钱三强与何泽慧在居里实验室的云雾室设备上做"三分裂"实验

由于在学习和科研工作中表现出突出的科研能力和杰出的组织能力,约里奥－居里夫妇在对钱三强的评语中写道:"他对科学事业满腔热忱,并且聪慧有创见。钱先生还是一位优秀的组织工作者,在精神科学与技术方面,他具备研究机构的领导者所拥有的各种品德。"那时,所有人都认定钱三强夫妇将会留在欧洲从事科学研究,但强烈的科学救国信念促使他们毅然放弃了国外优越的条件决定回国,报效祖国,为民族强盛贡献自己的力量。

1948年,钱三强找到了中共驻欧洲的负责人,提出要求回国的心愿。钱三强后来解释了回国的动因:"虽然科学没有国界,但科学家都是有祖国的。正因为祖国贫穷落后,才更需要科学工作者努力去改变她的面貌。"1948年5月,钱三强夫妇抱着刚半岁的女儿,回到战乱中的祖国,开始了他为中国原子能科学事业奋斗的历程。

钱三强回国后到哪里就职,出现了"几家相亲"的为难局面。一是北京大学邀聘：1946年初，北大以胡适校长名义发出聘书，同时汇给800美元路费，正式邀请钱三强任北大教授；二是清华大学邀聘，1946年7月下旬，钱三强和何泽慧到英国剑桥出席国际基本粒子与低温会议时，同时出席会议的周培源，曾以清华教务长的身份先作了口头邀请，同年11月梅贻琦校长先发电报邀请，随后又正式发出聘书，并汇了600美元路费；三是北平研究院邀聘，严济慈亲自写信到巴黎，说物理研究所随时欢迎钱三强回来，北平研究院主事的副院长李书华代表院方正式邀请；还有南京的中央研究院和中央大学也先后发聘函。

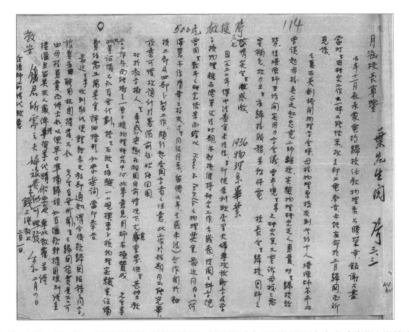

↑ 1947年2月1日，钱三强致函梅贻琦接受聘用，并建议成立原子物理研究中心（清华大学档案馆藏）

面对这种情况，钱三强在巴黎反复作过考虑，并听取过旅法中共负责人刘宁一的意见，总算拿定了主意，决定接受清华的邀请，北平研究院可采取兼职办法。至于胡适处，钱三强已写长长复信，不失礼貌地谢绝了。

钱三强回国后受聘清华大学物理系教授，并得到校方支持，准备在清华筹建"原子物理研究中心"（后因美国阻止作罢）。1949年12月兼任系主任（1952年辞去系主任之职）。何泽慧则受聘为北平研究院镭学研究所研究员。

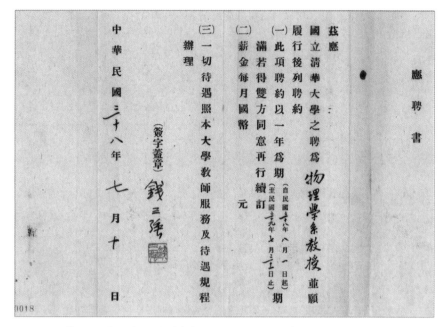

↑ 1949年，钱三强任清华物理学系教授应聘书（清华大学档案馆藏）

1954年2月7日，经张稼夫、于光远介绍，钱三强光荣地加入了中国共产党。他是回国高级知识分子中最早参加党组织者之一。

为新中国原子核科学奠基创业

1949年10月31日，中央人民政府主席毛泽东签署中央人民政府令，建立中国科学院，标志着中国科学事业进入新的历史时期。钱三强对筹建中国科学院、发展新中国科学事业无比热忱，并为之倾注了心血。

早在1949年5月，钱三强当选为自然科学工作者代表大会筹备委员会常务委员，他和其他委员一起拟定关于设立国家科学院（即后来的中国科学院）的提案，准备提交第一届全国政协会议审议；会后，根据中共中央宣传部部长陆定一的指示，他和丁瓒一起起草了建院草案。该草案在总结旧中国科学事业经验教训的基础上，勾画出科学院的基本蓝图，对于建院的基础，所包括的学科范围和科学院性质、任务、组织系统，以及调整、改组、设置科学机构等，作了详细说明，为后来形成的中国科学院初期工作的总方针和基本任务，作了奠基性工作。

建院伊始，各方面工作千头万绪。竺可桢和钱三强领导的计划局（钱三强先任副局长，1951年起任局长），工作任务尤其繁重：接收旧有的研究机构，提出新科学机构的设置方案，调查全国科技专家队伍状况，尽快地调动起来为新中国服务，等等。

为了改变以往科学机构重复、分散的局面，根据上级明确的关于接管和调整研究机构的三点原则（即性质重复的统一、强调计划性和集体性、突出重点），钱三强和竺可桢主持召开了一系列调查会，广泛听取各方面科学家的意见。在此基础上，共同协商提出科学机构的调整设置方案，并经院讨论批准，很快使工作顺利运转起来。

众多工作之中，钱三强没有忘记新中国原子科学的筹划——这是他自20世纪30年代与原子科学"结缘"以来，梦寐以求的事业。建院前，他就开始拜访物理学界许多同行和前辈，商讨包括原子物理学在内的新中国物理学的发展问题。建院后，他又特别邀请叶企孙、周培源、王竹溪、赵广增等进行讨论，分析物理学在中国面临的任务和学科基础及特点。达成的共识是：中国物理学的发展必须改变两种局面，一是改变力量分散、各自为政的局面；二是改变研究工作脱离实际的局面。主张第一步先组建两个物理学方面的研究机构，其中之一当以原子物理学和放射化学为主，发展原子核科学技术的基础，为原子能应用作准备。1950年5月正式批准建所，名称为近代物理研究所（1953年改称物理研究所，1958年又易名为原子能研究所），钱三强先被任命为副所长（吴有训任所长），1951年初起任所长。从此，钱三强真正有了实现抱负的机会和舞台。他服从需要，着眼全局，以只争朝夕的精神辛勤工作，为建设中国的原子核科学技术基地不懈努力。

重任在肩，成竹在胸。钱三强根据各国的经验和自己的体会，认识到中国原子核科学要起飞，必须有领飞的雁。他首先想到已在国内的两个合适人选：彭桓武和王淦昌。

彭桓武，清华物理系高一班的同学，在英国爱尔兰获得博士学位，是理论物理方面的佼佼者，善于用数学解决实际问题。在清华教授中，他以知识渊博、思路敏捷、民主作风好受到称赞。1947年他们曾在巴黎相约，回国后要好好为中国的科学效力，回国后一段时间又都寄居于叶企孙教授家中。钱三强当面邀请彭桓武到筹建中的近代物理所工作，彭欣然愿就。

王淦昌，清华物理系的老学长，1934年获德国博士学位，是浙江大学才学出众的教授。钱三强求贤若渴，亲自向王淦昌寄了邀请信。如果能够如愿，加上在美国获得博士学位、现在担任所长的吴有训，近代物理所简直就成了"国际"强强联合体了。

一切如愿。1950年2月和4月，彭桓武和王淦昌先后到筹建中的近代物理所报了到。一年后经钱三强推荐，王、彭被任命为副所长。从此，他们并肩战斗，艰苦创业，成为新中国原子核科学大军中具有凝聚力的核心。

钱三强遵循党中央、国务院的决策和中国科学院的统筹安排，在广泛吸引和培养人才方面，进行了一系列周密而有效的工作。采取的措施主要有以下几方面。

一是努力争取把分散在国内各机构、院校的科学家、教师和技术人员调到研究所来工作，或兼职做研究。

二是采取多种方式争取尚在国外的中国科学家和留学生回国工作，以发展新中国原子能事业这块大磁铁吸引四面八方的有志者。仅1950—1957年间，数十位有造诣、有理想、有奉献精神的科学技术专家，从美国、英国、法国、德国、苏联和东欧各国纷纷回国，并被争取到近代物理所。他们中有：赵忠尧、肖健、邓稼先、金星南、郭挺章、胡宁、朱洪元、杨澄中、陈奕爱、杨承宗、戴传曾、梅镇岳、张文裕、王承书、汪德昭、李整武、谢家麟、肖伦、张家骅、郑林生、冯锡璋、丁瑜等等。

三是积极选拔国内优秀大学生、研究生到所里和所外进行专业培训。几年间，仅从北京大学技术物理系、清华大学工程物理系和其他有关大专院校毕业生中，选拔到所里进行专业培训的学生有200余人，他们后来大多成为发展中国原子能事业的骨干力量。

根据中央的精神，钱三强还充分利用我国参加社会主义阵营11国联合原子核研究所（杜布纳）合作研究的机会，有计划地从中国科学院和其他有关单位，先后选派科学家和青年130余人（其中有王淦昌、张文裕、胡宁、朱洪元、周光召、何祚庥、吕敏、方守贤、丁大钊、王祝翔等）赴苏参加工作，培训人才。在此期间，不仅培养、锻炼了一批科研骨干，而且中国科学家取得了许多重要研究成果。其中突出的有：王淦昌领导的研究小组（其中有中国青年学者丁大钊、王祝翔）发现反西格玛负超子；周光召对盖尔曼等提出的部分赝矢流守恒定律给以较严密的理论上的说明，这一观念直接促进流代数理论的建立，并对弱相互作用理论起了重要促进作用。

许多青年学子为发展新中国的原子能事业，在毕业分配表上，填写了近代物理研究所。

青年人需要鼓励。钱三强鼓励他们独立思考，大胆提出自己的想法，哪怕一些想法是不成熟的，他也给以热情支持，一起探讨，促其完善。

青年人需要信任。工作中，钱三强放手让他们干，只在关键处给以指点，出了差错不浇冷水，认真总结提高。

青年人需要教育和引导。钱三强每年给新到所的大学生、研究生作报告，要求他们又红又专。他给青年们留下一部杰作——"红专矢量论"。他用物理学工作者熟悉的语言，对青年同志说："在迈向社会主义道路上，每一个人都要出一份力，大家都推他一把，这就是红。用物理学的语言来说，'红'是一个矢量，即有确定指向的矢量，而'专'则是这一矢量的长度。仅仅方向对头，而长度太小，那么就推力不大。如果长度很大，但方向不对头，甚至发生偏向，那就适得其反……"

有了人，人有了一种精神，就能"自己动手，丰衣足食"。几年时间里，许多重大的科学技术装置和仪器设备，从无到有，在钱三强领导的研究所中相继建成，并且顺利地运转了起来。

1958年，在苏联的援助下，中国第一个原子核反应堆建成并正式运行，它应用重水作为中子减速剂，实现原子核裂变的链式反应可控地持续进行，标志着我国开始跨入原子能时代。同年，第一台回旋加速器建成，正式移交生产。

两大件有了，钱三强由衷喜悦。他从进入原子核科学领域那天起，就朝思暮想在自己的国家建成这些设备，并为此做过艰辛努力。

1955年春，钱三强和刘杰、赵忠尧等赴苏谈判关于从苏联引进和平利用原子能的技术和设备，反应堆和加速器是争取的重点。

几年时间，中国不仅有了"堆"和"器"两大件，其他如静电加速器、中子谱仪、零功率装置、磁镜型绝热压缩等离子体实验装置等50多台件重要设备也先后建成并运行。原子能所研究工作随之广泛开展起来，涉及的领域包括：原子物理、中子物理、堆物理、堆工程技术、铀化学、放射化学、放射生物学、放射性同位素制备与应用、高能加速器技术、受控核聚变等。新中国第一个综合性的核科学技术基地开始形成。

在中国科学院和二机部的领导下，以钱三强为首组建和逐步发展起来的这个核科学技术基地，为独立自主地发展中国核工业，做了重要的技术储备和人才储备。后来，这个基地在全国起到"老母鸡"的作用，派生出多个核科学技术机构，如北京高能物理研究所、兰州近代物理研究所、上海原子核研究所、西南物理研究所等。同时，培养了一大批核科学领域和核工业战线的杰出人才。

亲历中南海最高决策

1955年1月14日下午，钱三强按通知的地点，来到满院海棠树还在冬眠的中南海西花厅，进门后才知道是到了周恩来总理的办公室。同时到达的，有地质学家李四光，还有薄一波和刘杰。

钱三强记不清见过多少次周恩来，听过多少次他的讲话，而坐到总理的办公室还是第一次。这里的一切简朴无华，宽大的办公桌上摆着几种颜色的电话机，淡绿色的台灯旁有一个大笔筒，笔筒里插着铅笔和钢笔。浅灰色的窗帘统统拉开着，阳光照射进来，室内暖融融的。

总理今天约谈什么事情呢？心里正在揣摩的时候，周总理说话了：

你们知道，朝鲜战争以来，美国一直在搞赤裸裸的原子讹诈。美军朝鲜战争的总司令麦克阿瑟曾叫嚣要把原子弹投到中国的空军基地和其他敏感地点，并且要沿鸭绿江设置一条放射性钴地带。美国参谋长联席会议，还就可能使用原子弹的数量、目标地区，以及使用时间和运输方式提出了建议方案；在朝鲜战争僵持阶段，他们又提议直接向中国采取空军和海军行动，包括使用原子武器。最近，美国又和蒋介石相勾结，搞什么共同防御条约，同时扬言，如果必须保卫金门沿海的话，他们有权力使用原子武器……

钱三强从总理的一席讲话中清楚意识到，核讹诈就像一片乌云，笼罩在中国人民和全世界爱好和平人民的头顶上。同时也大致猜测到了总理今天所要谈的内容。

周恩来把目光投向钱三强："三强，你清楚约里奥-居里先生带来的话'你们要反对原子弹，就必须掌握原子弹'，这是朋友的忠告。毛主席、党中央很重视他的意见。但是前些年，对这件事一时还顾不上，有些条件也不具备。比如铀的资源情况，总不能靠买外国的原料吧，再说，这样敏感的东西，谁会卖给我们呢。现在情况不同了，去年秋天，地质部在广西发现了铀矿。现在到了考虑发展原子能的时候了，这件事迟早要做。今天先小范围作点研究，听听有关情况，便于中央讨论决策。"

周恩来吩咐说："请三强先讲，尽可能讲得通俗易懂。"

钱三强介绍了几个国家的原子能发展状况，接着通俗地讲了原子弹的原理和关键技术、设备，以及争取苏联援助的建议；然后，汇报了中国科学技术工作者几年来已经做的工作。

周恩来全神贯注地听，一边做记录，一边不时提问、插话。他特别详细询问了开展这项工作的必要条件、科技力量情况、设备情况、所需经费情况等。

钱三强很理解，这是国家当家人的现实态度。他把自己掌握的情况如实向总理作了报告，并代表所内外科学家表了态：开展这项工作，就目前情况是有很多困难，但不是不能克服的。

铀资源是发展原子能的决定因素之一。1954年在广西发现的铀矿标本表明，那是一个开采价值不大的次生矿，但也说明有希望找到铀矿。地质部派出许多地质队，在全国继续抓紧勘探。

现在情况怎么样？周恩来甚为关切。他请李四光作介绍。李四光因牙痛只作了扼要情况说明，由副部长刘杰作详细汇报。

离开西花厅前，周恩来说："明天，毛主席和中央其他领导要听取这方面情况汇报，请做好准备，简明扼要，通俗易懂。还可以带点铀矿石和简单仪器，做一下现场演示。"

1月15日，钱三强，李四光按时到达中南海丰泽园。这是毛泽东当时办公和居住的地方。

中共中央书记处扩大会议在这里举行，主题是研究发展中国原子能事业。

毛泽东主持会议。他微笑着对钱三强、李四光说："今天，我们这些人当学生，就原子能的有关问题，请你们来上一课。"

周恩来说："先请他们做点现场演示，有点感性印象，再听情况汇报。"

会议桌上摆了一小块颜色像沥青一样的黑石头，石头发出黯淡的光泽。这是一块铀矿石。钱三强指着它先作说明：

"这是一块天然的石头，里边含有放射性很强的物质，是发展原子能必不可少的。但是，里边需要的物质含量极少，而且提纯它，要有很复杂的技术和设备，要经过溶解、蒸发、分离等复杂程序。当年法国居里夫妇花了近4年时间，从几十吨这样的铀矿废渣中，才提炼出十分之一克的纯镭。居里夫人因发现镭元素而第二次获得了诺贝尔奖。"

接着，钱三强用一个自制的盖革计数器，接通电源，慢慢靠近桌上的铀矿石，扬声器中开始发出"咯啦""咯啦"的响声，表示计数器收到了由铀矿石中放射出的射线；当把计数器移远了以后，响声便停止了。

几位领导人好奇地亲自上前做了试验，引得会场笑声不断。

活跃的气氛中，钱三强又作了一个试验，他本人朝着盖革计数器慢慢走过去，等到靠近后突然又有了响声。大家觉得奇怪，为什么仪器自己响呢？钱三强从自己的口袋里掏出一小点放射源，向领导人泄露天机："就是这点放射源，是我回国时，约里奥-居里夫人送的。"

国家领导人很关心各国发展原子能状况，为了简明易记，钱三强列出一个时间表：

1939年4月7日，约里奥-居里首先在实验中发现铀核裂变可能引起"链式反应"，产生极高的能量；3天后，即4月10日苏联的N.B.库尔恰托夫和4月17日移居美国的意大利物理学家E.费米也证实了这种"链式反应"，并于1942年在芝加哥建成了世界上第一个原子反应堆。

1945年7月16日，美国首先研制成第一颗原子弹，在新墨西哥州的阿尔马戈爆炸成功；此后不到一个月，先后在日本广岛、长崎投放了两颗原子弹。

1949年8月29日，苏联爆炸了第一颗原子弹。

1952年10月3日，英国第一颗原子弹爆炸成功。

1952年10月31日，美国进行了第一颗氢弹试验。

1953年8月12日，苏联进行了第一次氢弹试验。

法国的原子弹正在研制中。

领导人更关心中国自己的情况，问了不少问题。钱三强一一作了汇报和说明。他讲道：

中国的原子能科研工作，基本上是新中国成立后白手起家开始做，几年的努力，应该说是打下了一点基础，最可贵的是集中了一批人，水平并不弱于别的国家，还有些人正在争取回来。他们对发展中国的原子能事业很有积极性，充满信心。

在说到当前最紧迫的工作时，钱三强指出关键是要建原子反应堆和回旋加速器，并且详细解释了它们的关键作用，说明没有这些设备，有了铀矿资源也无济于事。

在李四光、刘杰汇报了铀矿资源调查勘探最新进展，并进行热烈讨论后，毛主席准备作总结发言。他点燃一支香烟开始讲话：

关于原子弹我过去讲过一些话，在延安时候就讲过，全世界都知道我的观点：原子弹是纸老虎。外国记者把它翻译成"Paper Tiger"。我第一次讲这话是1946年8月6日，美国记者斯特朗在延安杨家岭窑洞前采访我，马海德大夫和陆定一陪同。

那时候，美国大搞原子弹试验，搞心理战，报纸上把原子弹吹嘘得神乎其神。在此同时，蒋介石依仗着美国撑腰，以围攻中原解放区为起点，向各个解放区发动全面进攻，口出狂言，要在三个月消灭共产党军队。气焰嚣张得很嘞！

就在这种情况底下，斯特朗问我："如果美国使用原子弹呢？"我说："原子弹是美国反动派用来吓人的一只纸老虎，看样子可怕，实际上并不可怕。当然，原子弹是一种大规模屠杀的武器，但是决定战争胜败的是人民，而不是一两件新式武器。"我的话是一种形象比喻，是从战略上考虑的，是针对把原子弹吹得神乎其神，用它来吓唬善良的人们而说的。

从主观愿望说，我们不愿意搞原子弹。我们反对使用原子弹。但是，我们今天讨论的问题，是反对原子弹的另一个方面。正如一位法国朋友提示我们的，要反对原子弹，必须掌握原子弹。掌握了它，就能打掉嚣张气焰。

毛泽东继续说："今天听了好多情况。我们的国家，现在已经知道有铀矿，进一步勘探，一定会找出更多的铀矿来。解放以来，我们也训练了一些人，科学研究也有了一定的基础，创造了一定条件。过去几年，其他事情很多，还来不及抓这件事，这件事总是要抓的。现在到时候了，该抓了。只要排上日程，认真抓一下，一定可以搞起来。"

"你们看怎么样？"毛泽东看看在座的各位，然后说："现在苏联对我们援助，我们一定要搞好。我们自己干，也一定能干好！我们只要有人，又有资源，什么奇迹都可以创造出来！"

会上以热烈掌声表示一致赞成毛泽东的意见，领袖们对大力发展原子能事业，显示了极大的兴趣和决心。

会场刚一静下来，毛泽东突然话题一转，以哲学家的思辨同钱三强讨论起关于原子的内部结构问题。他首先问道：

"原子核是由质子和中子组成的吗？"

"是这样。"钱三强回答说。

"那质子、中子又是由什么组成的呢？"

毛泽东提的问题并不离奇，要回答准确却使钱三强作难。他想了想，便如实说："原子论起源于古希腊时期。'原子'（α-tomos）这个词，古希腊文的意思是'不可再分的东西'。根据目前的研究，质子、中子是构成原子核的基本粒子。所谓'基本粒子'，就是最小的，不可再分的。"

"是不可分的吗？"毛泽东以表示怀疑的口气提出问题。

"这个问题正在研究，能不能分，还没有被证实。"钱三强从实验物理学家的角度作了解释。

毛泽东抽着烟，用心思考。他进一步用探讨的语气说："我看不见得吧。从哲学的观点来看，物质是无限可分的。质子、中子、电子，也应该是可分的。一分为二，对立的统一嘛！不过，现在实验条件不具备，将来会证明是可分的。你们信不信？"

钱三强静静听着，大家也都静静听着。

"你们不信，反正我信。"毛泽东微笑着结束了讲话。

这是一个预言，是一位政治家的哲学预言。

事情很巧合。就在同一年的晚些时候，美国科学家 E. G. 塞格勒、C. 恰勃林等，用同步稳相加速器把高能质子加速到62亿电子伏，然后轰击铜靶，首先发现了反质子；同时，他们还发现一种不带电、自旋相反的中子，即反中子。二人因此获得1959年的诺贝尔物理学奖。哲学家和科学家殊途同归了。

书记处扩大会议结束后，毛泽东留大家共进晚餐。钱三强被安排与毛泽东同桌，坐在毛泽东的对面席位。李四光坐在毛泽东的右手位，他用湖北话同毛泽东交谈，无拘无束。

席间，坐在毛泽东左手位的彭真介绍说："三强的父亲钱玄同，曾是北大教授。主席那时也在北大，见过面没有？"

"知道，但是没见过面。"毛泽东对钱三强说，"最近，读过你父亲一篇文章《新学伪经考序》。"

"父亲写这篇文章时,我在读高中,曾经听他讲过,化了不少工夫写成的。"钱三强说。

毛泽东说:"钱先生在他的文章里,批评了他的老师章太炎。《新学伪经考》是康有为的著作,他说许多古书都是经过后人篡改过的。"

毛泽东说完环顾另外两桌后,举起酒杯站起身,大声说:"来,为我国原子能事业的发展,大家共同干杯!"

中国最高领导在庄重而轻松的气氛中,做出了一个历史性的重大决策——大力发展原子能。

攻关路上无歇时

原子武器在美国出世后,钱三强深知其巨大杀伤力和被用于战争的危险性。因此从1949年起,他积极配合保卫世界和平运动,利用各种机会发表演讲,撰写文章,同正义科学家一起发动签名运动,呼吁全世界人民积极行动,反对滥用科学成果,研制和使用原子武器;同时,他始终不忘约里奥－居里的告诫,身体力行,为发展中国的原子核科学技术奔走呼号,出谋献策;当国家决定大力发展原子能,他更为实现最高决策不遗余力地朝着既定目标前进。

1955年1月中旬,钱三强主持物理研究所所务会议,根据中央的决策及时讨论和调整1955年全所科研计划,确定以"加速器装置、铀的制备和原子核实验用各种探测器(包括电子学线路)的研制为重点"的工作方针。

↑ 1955年2月4日,钱三强在原子能技术通俗讲演会上作首场演讲

遵照周恩来总理要大家认识原子能的指示精神，1955年2月2日中国科学院召集90多位有关科学家举行座谈会，成立"原子能通俗讲座委员会"，向中央和各地领导干部、学生、工人、战士宣讲原子能科普知识。钱三强是该委员会9名组织委员之一，并在2月4日作北京的首场讲演。据竺可桢听演讲后的日记写道："听钱三强讲原子能，听众极为拥挤，直至5点半散。演讲极为成功。"随后，钱三强还到部队、学校、机关、工厂进行多次讲演。他的讲演稿后经何祚庥、秦浩、汪容整理，以《原子能通俗讲话》为书名出版，发行20万册。包括其他科学家所作的讲演，原子能通俗讲座共进行了132场，听众达16万人之多。全国出现了"认识原子能，支持发展原子能"的热潮。

正如毛泽东在同年3月31日在中国共产党全国代表大会上讲话时指出的："我们进入了一个新的时期，就是现在我们所从事的、思考的、所钻研的，钻社会主义现代化，钻现代国防，并开始钻原子能这样的历史新时期。"

4月2日，刘杰、钱三强和赵忠尧组成中国政府代表团，赴苏联谈判并签订《关于苏维埃社会主义共和国联盟援助中华人民共和国发展原子能核物理事业及为国民经济需要利用原子能协定》；同时，钱三强和刘杰共同写成《发展中国原子能事业的几点意见》上报党中央。

5月，为解决急需专门人才，钱三强代表中国科学院特别邀请胡济民、朱光亚、虞福春在物理研究所筹备成立了一个正规培养原子能科学技术人才的机构——近代物理研究室（代号为6组）。翌年3月，开始从全国重点大学选拔一批高年级学生，进行原子能专业培训。1957年下半年，该室划归北京大学，改名为技术物理系。经研究决定，另在清华大学开办工程物理系，由何东昌负责。同时，经国务院批准，钱三强与蒋南翔共同负责，在苏联和东欧的中国留学生中，挑选与原子能专业相近的350名学生，改学原子核科学和核工程技术专业，以应急需。

7月1日，钱三强被任命为国家经委建筑技术局副局长（刘伟任局长），负责反应堆、加速器科研基地的选址筹建工作。

9月，钱三强和刘杰、吴际霖等调研美、英、法等国的有关情况，结合中国国情，共同起草了《关于我国制定原子能事业计划的一些意见》，12月修订成《关于1956—1957年发展原子能事业计划大纲（草案）》。

同年秋冬，钱三强率领共40余名科学技术骨干组成的"热工实习团"（其中有彭桓武、冯麟、力一、何泽慧、连培生、籍孝宏、黄祖洽、项志遴、王传英、刘允斌、杨桢、钱皋韵、黄胜年、顾以藩、顾国英、朱培基等）赴苏，就反应堆物理和技术、加速器实验技术等进行考察和学习，并亲自参加重水反应堆和回旋加速器的设计审查，为期数月。据参加"实习团"人员回忆当时的情景："几路人马会合在一起，为祖国的原子能事业贡献力量，大家心情愉快，亲密无间，边工作，边学习。学习积极主动，生活丰富多彩……"

1956年春，副所长王淦昌主持在国内编制《和平利用原子能科学远景规划（草案）》，然后带到苏联。4月，由所长钱三强在莫斯科主持所内在苏主要科学家讨论修订规划稿。参加讨论修订规划的有赵忠尧、王淦昌、彭桓武、何泽慧、力一、杨承宗等。规划中，除了建造反应堆和加速器外，还包括低能核物理、应用核物理、宇宙线、高能物理、反应堆、加速器、放射化学、辐射化学、同位素制备等研究领域。

12月29日，聂荣臻主持国务院科学规划委员会第三次扩大会议，听取了钱三强关于原子能发展规划汇报，该规划后经审定，正式列入我国《十二年科学技术发展规划》中，成为中国核科学技术发展的蓝图。1956年11月16日，第一届全国人民代表大会常务委员会第51次会议通过决议，设立第三机械工业部（1958年2月起改称中华人民共和国第二机械工业部），时任中国科学院副秘书长兼物理研究所所长的钱三强，被任命为副部长之一（部长为宋任穷）。经院、部党组联席会议决定，物理所由院和部实行双重领导，以二机部为主。从此，钱三强保留科学院的一切领导职务，行政关系随而转到二机部，成为院与部紧密合作的纽带和桥梁。

然而就在1959年6月20日，苏共中央致信中共中央拒绝提供协议规定的原子弹教学模型和有关技术资料；一些在中国工作的苏联专家，开始奉命以休假为名撤回了国……中苏关系处于彻底破裂的边缘。

1960年3月初，钱三强和二机部几位主要领导奉命前往莫斯科，想就中苏原子能的合作协议实施做最后努力。但几经努力，难挽危局。

7月16日，苏共中央进而单方面决定终止中苏两国签订的国防新技术协定，撤走全部在华专家，甚至指令一张纸片也不让留下。他们讥讽说："离开外界的帮助，中国二十年也搞不出原子弹来。"

钱三强又一次感受到了受人凌辱，被人欺骗、戏弄的滋味。他意识到，面临的形势，对于中国原子能事业以至于中国历史，是何等严峻的局面！如果真像一些人预言的那样，经济损失且不说，中华民族的自立精神，中国科学家的报国热忱，将又一次遭遇莫大挫伤。

1959年7月，党中央及时作出新的决策："自己动手，从头摸起，准备用八年时间搞出原子弹。"

周恩来根据中央的新决策进行具体部署，动员全国支持发展原子能事业。对于掌握原子能科学技术，他提出四个字：要、学、买、钻。他特别强调："不管要到、学到、买到与否或者多少，主要还靠自己钻研，自己不钻，不仅不能有独特的创造发明，而且也不能把要到、学到、买到的用于实际和有所发展。"

疾风识劲草，岁寒知松柏。钱三强和原子能战线上的科学家、工程师、领导干部、工人、解放军一起，斗志昂扬地投入依靠自己力量发展原子能事业的伟大行动。

为了记住那个撕毁协议的日子，中国第一颗原子弹工程代号，定为"596"。

问题的严重性还不仅仅是北边撕毁协议，要置中国原子能事业于死地。西方帝国主义同时蠢蠢欲动，叫嚣要使中国在"核方面绝育"。

一段时间里，美国人不惜工本，在我国周边地区布设了20多个监听站、30多个测向站。美国情报部门宣称：中国进行1000至2000吨级的核爆炸，距离在5000千米范围都可以迅速获得准确数据。他们这样做，当然不只是作事后记录，而是为阻止中国拥有原子武器的战略服务。他们的战略是"使中国共产党人在核方面绝育"。美国时任总统肯尼迪对情报部门负责人说"原则上不管用什么手段，必须阻止中国成为一个有核国家，因为中国拥有核武器，将使美国面临空前的危险局面"。

处在严峻形势下和特殊位置上的钱三强，肩负着特殊的作用。他不同于美国"曼哈顿计划"中的奥本海默，只是领导一个科学家顾问班子，解决纯科学技术问题；他也不同于费米，去专心致志攻克反应堆的物理实验。他在科学家中，要像一块磁铁，团结并组织大家拧成一股绳，解决各种可能出现的科学技术问题；他在领导决策面前，要当好参谋，适时适地发现问题，提出建议；他要做领导与科学家之间的桥梁和纽带，上情下达，下情上达，上下通气，大力协同。这是历史赋予钱三强的光荣使命。

中国原子能事业进入全面自力更生的阶段。为了适应新形势的需要，钱三强和所里其他领导成员、科学家一起，将全所的力量和研究方向做出全面调整。同时，在科学院党组书记张劲夫"要人出人，要物给物"全力支持下，调动科学院20多个研究所的精锐力量，同有关部门密切协作，及时完成许多关键任务。其中有理论探索，核武器研制及试验，获取核燃料，反应堆科学技术，用萃取法提取钚，核防护及放射性同位素制备，原子弹引爆技术，氘、锂、钋提纯技术，锂、钋等同位素分离，高温抗辐射金属材料，核爆炸测试技术，地下核炸场的选择，等等。

钱三强清楚，发展原子能事业是一项巨大的系统工程，若有一道卡受阻就可能全线败退。他坚信党中央、国务院的领导，紧密依靠中国科学院和各有关部门一路"开绿灯"的大力协同，及时组织力量攻关，保证"两弹"研制工作顺利进行。

被掌握原子武器国家称之为"安全的心脏"的扩散分离膜，是生产铀-235最关键、最核心的部分，买不到、学不到，甚至连看也不让看。钱三强接受任务后，亲自跑北京，跑上海，跑东北，跑西北，组织原子能所、上海冶金所、沈阳金属所和冶金部等有关单位的力量，自力更生，联合攻关，经过艰苦努力，终于按时研制成功并实现批量生产，使我国成为继美、苏、法后第四个能自己制造扩散分离膜的国家，为研制原子弹清除了一大障碍。

建立良好的分析方法，对研制原子弹有关键性的影响。钱三强和科学院、二机部的有关领导一起及时组织原子能所、长春应用化学所、北京化学所、上海有机化学所、清华大学、北京大学、复旦大学等通力合作，在1961年下半年到1963年上半年间，对多种物料中的近40种杂质元素，拟定了数百个高质量的分析方法，为建立核燃料的工艺和分析方法提供了条件。

原子弹点火中子源，是一项紧急任务，钱三强慧眼识英雄，他把这项硬任务交给年轻的化学工程师王方定，并把自己从法国带回的放射源派上了用场。王方定愉快地接受任务，表示绝不拖原子弹的后腿，他日夜奋战在现场，经过三年的978次实验，终于获得了理想的生产工艺，制成了高标准优质化合物。

排兵布阵，是"596"工程成败的关键。钱三强协助领导担当了这方面的重要角色。

钱三强在研究所集中了一批优秀人才，他了解每位科学家的特点，知道什么样的任务放在哪位科学家肩上最合适。他出以公心，知人善任，而所有科学家又都是以事业为重,服从需要,甘做无名英雄。

二机部成立核武器研究所,需要一位内行科学家,又有统筹能力的人来负责。宋任穷部长把物色人选的任务交给钱三强。不到一个星期,钱三强把人选提出来了——朱光亚。他推荐的理由是,朱光亚在核物理方面有很好的基础,曾在美国密歇根大学获得博士学位;回国后,又有从事教学、科研的实际能力和组织工作经历;年龄只有30岁出头。

这个所的理论部,需要一位理论功底好、善于团结共事的科学家挑大梁。钱三强相中了邓稼先。邓稼先原是近代物理所理论组的科研人员,当时在科学院院部兼职为副学术秘书。在有关领导点头后,他找到邓稼先。

"小邓,国家要放一个'大炮仗'(指爆炸原子弹),让你参加,你看怎么样?"钱三强接着补充说,"这是绝密任务啊!"

邓稼先为了国家的需要,舍家弃业,痴心于工作,后来成为"两弹"元勋中的一员。他一直对钱三强怀有感激之情,任九院院长后仍念念不忘。1985年春,他曾亲自登门看望钱三强,表达敬意,并赠送原子弹爆炸20周年纪念品,以感谢钱三强的重要贡献。钱三强谦虚地对邓稼先说:"你们做得很好。我只是做了一些应该做的事。"

根据领导决定,核武器研究所的力量还要大大加强,钱三强服从大局,又从自己的研究所割爱举荐一批优秀科学家去担当重任。他们中有王淦昌、彭恒武、王承书、于敏、吕敏、黄祖洽、陆祖荫、何祚庥、唐孝威等。据统计,1959年至1965年间,从原子能研究所调出科学技术人员共914人,其中高级研究技术专家28人。他们都成为我国"两弹"攻关的中坚力量。

肝胆相照　众志成城

长期主管全国科技工作的聂荣臻副总理,于1992年5月14日逝世。5月29日,首都科技界在人民大会堂举行座谈会,缅怀聂荣臻元帅领导科技工作的丰功伟绩。钱三强以"科技工作者的知心领导人"为题,作了长篇发言,他把所有在座的人都带到了那个可歌可泣的年代。回忆以往,心情激动,讲着,讲着,他哽咽了,泣不成声……

如此动情的场景,在1983年6月还曾经发生过一次。那是《光明日报》特约钱三强写一篇回顾聂总的文章。他经过几天酝酿，先用铅笔密密麻麻写出两页纸，让秘书帮助做些文字整理。他向秘书话说当年，讲得有情有景，时喜时悲，当讲到困难时期聂帅时刻把科技人员放在心上，关心大家的疾苦时，他抑制不住竟失声哭了。他深情地感叹道："古人有言，'士为知己者死'。我们有这样的知心领导人，还有什么困难不能克服呢！"

他的话画龙点睛，文章在《光明日报》发表时用的标题就是"科技工作者的知心领导人"。

聂帅的逝世，本已使钱三强心情悲痛。为了参加缅怀聂帅的座谈会，他又重新准备了发言稿，从5月28日晚上开始熬夜直至29日凌晨两点多，往事萦绕，上床后仍整夜无眠。29日在他发言结束后，激动的心情依然久久不能平静。

熟悉病理的人知道，心脏病最忌情绪激动，而熟悉钱三强的人都了解，他最容易动真情。就在5月29日当天晚上，已经患过两次心肌梗塞的钱三强，心脏病再次严重复发……6月28日，他带着对那个年代的激情和无尽的回忆走了，永远离开了我们。

那个年代是激动人心、令人振奋的，因为那是无数英雄用勤劳和智慧创造奇迹的年代。中国的原子大军，数以万计。以需要为重，以岗位为家，以吃苦为荣，是这支大军的本色。

那时候，一方面热火朝天，工作取得节节胜利；而另一方面天灾人祸同时降临于中华大地，造成困难重重，生活物资奇缺，许多科技人员出现了浮肿，腿上一按一个坑，另有一些人体检中肝功能不正常……原因是营养跟不上。

这个消息牵动了共和国领袖们的心。

周总理为此吃不下饭，睡不好觉。他再三叮嘱主管的负责同志，再大困难也要想方设法让科学家、工程技术人员吃饱，不能让他们饿着肚子研制原子弹……

正在医院住院的聂荣臻元帅，决定向海军求援，调来鱼，向北京军区、广州军区、新疆军区求援，调来肉；再向别的军区求援，调来黄豆、食油、海带、水果……要照顾科学家，不能让他们的身体垮了。

陈毅元帅到医院看望聂帅，听到这些后，风趣地说："你这是在搞'募捐'啊！"他立刻表示："我举双手拥护，向各方面'募捐'，也加上我的名字！"

陈老总还说："科学家是我们的宝贝，要爱护。我这个外交部长腰杆子硬，也要靠他们。我们不吃，也要保障他们的起码生活。"

勒紧裤腰带，四面八方支援科学技术强国强兵。

特供补助的粮食、食油和其他副食品发到科技人员手中，你推我让，谁也不肯接受照顾，大家异口同声地说："国家有困难，我们能挺得过来。"

钱三强经常深入到一线科技人员中，不止一次目睹了那样的感人情景。他在缅怀聂帅的发言时深有感触地回忆说："这些调来的物资，不仅是增加了体质上的营养，更重要的是广大科技人员感受到了党和政府的温暖，感受到了社会主义制度下开展大协作的优越性。"

1962年新年伊始，科技界觉得不同寻常。1月5日，4000多名科技工作者手持聂荣臻、陈毅和陆定一三位副总理署名的请柬，出席人民大会堂的盛大宴会（共475桌）。许多人坐到宴会厅后开始寻思：国家经济形势还很困难，怎么会举行这样大的宴会呢？等到科技界的代表人物都到齐了，上了主桌，周恩来进场了，这时大家好像找到了答案，可能是总理有重要报告发表吧。

结果，并没有报告，只是周恩来作简短致辞。他号召科技工作者，为了祖国的富强，为了世界人民革命斗争的胜利，为了世界和平，树立雄心壮志，埋头苦干，发愤图强，自力更生，奋勇前进。接着，文艺节目和宴会开始，桌上的菜肴很简朴，但有一个明显特点，菜量大，肉多，特别实惠……尤其使钱三强感慨不已的是，他在和有关领导同志交谈时得知，这是周总理报告了毛主席特别安排的，困难时期同科学家见见面，让大家补充点营养，鼓鼓劲。

钱三强经历这样的细心关怀，不止一回了。一次，他被通知列席周恩来主持在西花厅召开的中央专门委员会，研究原子弹的两年规划。会后周总理留大家就餐，每桌都上了一大盆肉丸子炖白菜豆腐，外加几碟咸菜和不定量的烧饼。周恩来对大家说："这样的饭菜，又经济，营养又好，多吃一点！"

1962年初春，羊城广州花红叶绿，生机盎然。出席全国科技工作会议研究讨论10年科技规划的科学家，无不受到鼓舞。然而欣喜之余，心里还对"资产阶级知识分子"这顶帽子，心有余悸。

周恩来听了会议主持者聂帅的情况汇报后，专程从北京赶赴广州，于3月2日到会发表重要讲话。

周恩来的话如同一股暖流涌进每个人的心窝，钱三强和全场含着热泪鼓掌。

3月5日，陈毅受周恩来嘱托再次发表讲话："周总理前天动身回北京的时候对我说，建国以来，我们已经有一支爱国的、人民的、社会主义的、无产阶级的

↑ 1962年3月,出席广州会议时钱三强(中)、周培源接受周恩来总理祝酒

科技队伍。你们是人民的知识分子,革命的知识分子,是为无产阶级服务的脑力劳动者。"

陈毅说:"不能经过十二年的改造、考验,还把资产阶级知识分这顶帽子戴在所有知识分子头上。今天,要给你们'脱帽加冕',就是给你们脱掉资产阶级知识分子之帽,加上劳动人民知识分子之冕。"

这些话,字字句句撞击着钱三强和每个与会科学家的心弦,很快在全国科技界像原子裂变一样,引起"链式反应",产生出一股巨大无比的精神力量。

广州会议结束的3月10日那天,陶铸代表中南局和广东省举行招待会,出席招待会的还有同时在广州召开的戏剧创作座谈会的文化艺术界人士。

聂荣臻指定钱三强作席间发言(作发言的还有竺可桢),其意图是说明中苏关系破裂后,中国依靠自己力量发展原子能工作进展如何,能不能搞得成,各界都十分关心,希望听到点儿权威消息。领导的意图钱三强当然理解,但是讲到什么程度有些拿不准。

聂荣臻及时指示钱三强说:"你可以放开讲,给大家鼓鼓劲。"

钱三强发言中,首先扼要介绍了在党中央、国务院直接领导下,近几年原子能科技攻关的情况,最后他充满信心地说:"在全国大力协同下,我国原子弹的总体设计和研制,已经开始走上轨道。我国一定能够通过自己的努力,在预定的时间内把原子弹搞出来！这个预定时间，就是聂荣臻曾经提出的，国庆十五周年前后。"

这又是一个报春的喜讯！话音一落，全场情绪激昂，响起热烈掌声。

钱三强的发言，并未对外报道，然而，国际上的有关机构和无孔不入的新闻媒体，到处挖空心思寻找有关中国原子弹的蛛丝马迹，加以猜测和想象，此后一段时间说法四出，扑朔迷离，真假莫辨。

翌年3月，美国原子能委员会一位众议员猜测：种种迹象表明，中国共产党将在十年内造出原子弹。他分析说："中国拥有的科学家不很多，但是其拥有的那些科学家都很杰出。这些科学家中，许多是在美国培养出来的……"

同年6月28日，时任联合国秘书长的吴丹预言：中国将在今年或明年试爆原子武器。他提醒说："在裁军谈判中，必须估计中国的核子潜力；阻止中国试爆一颗原子弹（可能是今年或明年），是十分困难的。"吴丹还说："近代历史表明，经过1920年的英国控制和1930年希特勒控制后，以及1950年至1960年的美苏两国控制之后，现在已有一个不会被认错的趋势，这就是说，在70年代中，世界将看到四个大国，它们就是美国、欧洲、苏联和中国。世界领袖们在研究他们的政策时，考虑好这些因素，将成为一部分智慧。"

7月26日，郭沫若在北京纪念抗美援朝胜利十周年大会上的讲话，又一次引起西方媒体的轰动。其中美联社、合众国际社、南通社先后发出电讯称：郭沫若说的"任何新技术都不是高不可攀的，都不可能长期为少数人和少数国家所垄断……"这是在暗示中国将研制成核武器，可能在今年底或明年爆炸一个原子装置。

英国《泰晤士报》的消息则说："按照他们（指中国）近期的困难，可以解释为今后四五年，而不是一两年爆炸原子弹。"

最为轰动世界的，是这年10月28日陈毅外长答中外记者问。在两个小时的答问中，陈外长特有的幽默和坦率的讲话本身，就如同爆炸了一颗原子弹。他讲道："我们可能还要几年以后才能进行原子弹试验，因为我们的基础工业很落后。我们也一定要把自己的原子弹搞出来；不管有没有原子弹，我们都不会向美国屈服！"

第二天，各国媒体都显要报道了陈外长的谈话，有惊讶的，有警惕的，有讥讽嘲笑的……整个世界炸开了锅。1962年和1963年，是中国发展原子能事业很关键的时期，钱三强正铆足劲儿快马加鞭地工作。

广州会议结束后一回到北京，他便向全所干部和科技骨干传达会议精神，把周总理和陈毅、聂荣臻副总理的讲话，原原本本传达给大家，使全所上下精神振奋，干劲倍增。然后，他根据二机部和科学院的部署，重新调整力量，狠抓技术攻坚，确保一线任务完成，集中力量打歼灭战。

1961年5月，聂荣臻副总理要求"五院、二机部、中国科学院，三家要拧成一股绳，共同完成国防尖端任务"。遵照这一指示和张劲夫的安排，时任二机部副长的钱三强与中国科学院副院长裴丽生一起，一个所一个所、一项任务一项任务地安排计划，检查落实，并及时向有关部门建议，调整政策，充分调动科研人员的积极性，以保证科学院所承担各项有关原子弹研制任务的圆满完成。7月，他和裴丽生前往沈阳、长春、哈尔滨，向金属所、应用化学所、土木建筑所安排落实有关金属铀冶炼、核燃料化学、反应堆结构力学的研究任务；9月，他和裴丽生到湖南布置协同开展铀矿采造和化学冶金攻关；11月，他和裴丽生在上海主持"甲种分离膜"攻关汇报会，提出对策措施……

1962年4月，钱三强与中国科学院副秘书长秦力生赴大连和兰州，组织大连化学物理研究所和兰州化学物理所的研究骨干，落实高效炸药化学合成任务。

5月，他与华北局等有关方面反复磋商，将北京工业卫生研究所与华北原子能研究所、山西工业卫生研究所合并，组建辐射防护研究所，定址太原；同年夏，他冒酷暑赴太原，落实新所筹建事宜，并亲自组织写出建所报告报批。

6月，他先后组织原子能所各研究室领导和科学技术骨干，研究讨论工作，明确任务，确保二氧化铀、四氟化铀、六氟化铀的分析检验任务完成，特别对全所承担的一线重点任务，进行分析研究，逐一提出切实可行的保证措施，保质保量按时完成。

钱三强先后接受国防科工委和二机部委托，为筹备原子弹试验靶场有关工作，物色和提出合适人选，根据二机部领导成员分工，他组织该部九局提出核试验基地技术部的试验项目和准备工作的初步建议。

10月，他与秦力生、吴峰桥主持扩散分离膜的攻关协调会，交流情况，研究问题，抓紧落实。

中国的原子能事业，在经受严峻考验后，正在循着正确的轨道，顺利地按计划前进。

1962年11月，核燃料厂四氟化铀车间正式投料生产；

1963年8月23日，铀水冶厂一期工程完工并且开始试生产；

11月29日，六氟化铀，生产出第一批合格产品；

12月24日，1∶2核装置聚合爆轰产生中子试验，取得成功；

1964年1月14日，浓缩铀厂取得了高浓缩铀合格产品。

万事俱备，只待命令，综合各方面情况，1964年10月11日，周恩来下达命令：在10月15日到20日之间，根据现场气象情况决定起爆日期和时间。

一则郑重而及时的新闻公报和中国政府光明磊落的声明，使全世界的中华儿女扬眉吐气。

"1964年10月16日15时（北京时间），中国在本国西部地区爆炸了一颗原子弹，成功地进行了第一次核试验。"中国核试验成功，是中国人民加强国防、保卫祖国的重大成就，也是中国人民对世界和平事业的重大贡献……

中国的命运决定于中国人民，世界的命运决定于世界各国人民，而不决定于核武器。中国发展核武器，是为了防御，为了保卫中国人民免受美国发动核战争的威胁。中国政府郑重声明，中国在任何时候、任何情况下，都不会首先使用核武器……

中国政府向世界各国政府郑重建议：召开世界各国首脑会议，讨论全面禁止和彻底销毁核武器问题，作为第一步，各国首脑会议应当达成协议，即拥有核武器的国家和很快可能拥有核武器的国家承担义务，保证不使用核武器，不对无核国家使用核武器，彼此也不使用核武器。

中国政府将一如既往，尽一切努力，争取通过国际协商，促使全面禁止和彻底销毁核武器的崇高目标的实现。在这一天没有到来之前，中国政府和中国人民将坚定不移地走自己的路，加强国防，保卫祖国，保卫世界和平。

氢 弹 奇 迹

中国第一次核试验成功后，某些国家的科学家出于本能地采取藐视态度，认为那只不过是一个低水平的玩意儿。

然而，他们经过对所监测资料进行分析后，结果出乎意料——中国并没有走其他核大国的老路，爆炸的不是钚弹，而是一颗浓缩铀弹。于是，他们大发感叹：中国的事情难以预料。

此后，中国在极有限的核试验中，令世界难以预料的事接二连三地发生。

1966年5月9日，中国进行第三次核试验。它的数据显示，这次试验含有热核材料，是一颗加强型的原子弹。

1966年10月27日，中国进行第四次核试验，成功地进行了导弹运载核弹头爆炸试验。

1966年12月28日，中国进行第五次核试验，是一个包含铀-237的原子装置，威力达到几十万吨级。氢弹原理试验取得成功。

1967年6月17日，各国舆论刮起了一场更大的风暴。中国的第一颗氢弹在中国西部上空爆炸成功了！标志着中国核武器的发展进入了一个崭新的阶段。

中国从爆炸第一颗原子弹到爆炸第一颗氢弹，其间只有两年零八个月时间。这样的发展速度，成为外国人心中的不解之谜。

美国从爆炸第一颗原子弹到爆炸第一颗氢弹，用了七年零三个月时间；苏联用了四年时间；英国用了五年零两个月时间。

中国爆炸氢弹成功对法国的震动最大。面对中国发生的事实，法国政界和科技界一片惊叹。因为他们的第一颗原子弹早中国四年零八个月，在1960年2月就爆炸成功了，而时至中国氢弹爆炸成功，法国的第一颗氢弹还杳无音讯。难怪法新社当天（1967年6月18日）便发表深感震惊的长篇电讯称："中国试验的第一颗热核氢弹，使最有经验和最了解情况的专家感到惊奇，惊奇的是中国人取得这个成就的惊人速度。"

后来，1979年1月访华的法国原子能总署基础研究所所长J.霍洛维茨教授和1984年12月访华被称为"快中子堆之父"的法国原子能委员会G.万德里耶斯，在北京同钱三强会见时谈道：当年中国爆炸第一颗氢弹的消息发表后，法国总统戴高乐知道后便大发雷霆，把原子能总署的官员和主要科学家叫到他的办公室严厉训斥。他质问："为什么法国的氢弹迟迟不能试验成功，而让中国人抢了先……"，当时在场的官员和科学家无言以对，因为他们同样感到惊讶，谁也解释不了是什么原因。

戴高乐动火是有情可原的。这位"二战"时的法国英雄一向抱有这样的雄心壮志："法兰西若不站在前列就不是她自己……法国若不伟大就不是法国。"现在居然在氢弹方面落到了中国的后头，当然他觉得是很丢面子的事，所以越想越来火气。据说,他拍着桌子给他的下属下了最后通牒:"必须检查原因,尽快爆炸氢弹。否则,你们集体辞职!"

美国作家斯诺这位中国通,对中国的氢弹如此迅速搞成,也感到意外。1970年10月19日他访华时,曾就此事询问了周恩来:"为什么工业相对不发达的中国,试验氢弹方面取得成就的速度,要比美国和法国快一倍?"

周恩来当时回答:"不光氢弹,整个核武器我们还在试验阶段。试验速度比较快的一个原因还得感谢赫鲁晓夫,是他撕毁了在原子能方面同我们签订的合作协定,是他在1959年撤回了在中国的全部苏联专家迫使我们自力更生解决问题。"

斯诺听了不解渴,但他理解,此事此时,周恩来只能做这样的原则回答。

实际上,两年零八个月的不解之谜的谜底并不十分复杂。出现这样的奇迹,与钱三强下的一着妙棋——重视理论储备大有关系。

实验科学家往往容易忽视理论研究的重要性,而钱三强却始终重视理论工作。这是他以往工作中的亲身体会,也是约里奥-居里的宝贵提示和从其他科学家经历中得到的间接经验。

20世纪30年代,钱三强刚到法国不久,在法兰西学院听到一个大家经常谈起的关于瑞典化学家S. A.阿伦纽斯反对轻视理论工作的故事。阿伦纽斯称得上是化学界的巨匠,他28岁(1887年)发表博士论文《关于溶质在水中的离解》,提出了著名的电离理论,用一种新的思想阐明电解质溶液的性质。认为电解质在水溶液中会部分离解成完全自由的离子,溶液愈稀,离解部分(离解度)就愈大。这种突破传统概念的理论提出后,遭到许多大科学家的怀疑和反对,其中包括俄国的 д.H.门捷列夫、英国的H.阿姆斯特朗、法国的M.特劳贝等。门捷列夫甚至认为,阿伦纽斯的电离理论就像错误的燃素说一样是一种奇谈怪论,一定会破产的。但是另外一些大科学家,特别是德国的F. W.奥斯特瓦尔德对电离理论给予了有力支持,使分析化学中的许多现象都能从电离理论得到合理解释。阿伦纽斯因此获得了1903年的诺贝尔化学奖。

阿伦纽斯曾经发表过深刻见解并提醒不要轻视理论工作,他说:"理论是科学知识领域中最重要的推动力……理论研究可以指出应当把今后的工作引向什么方向才能获得最大的成就。"

另一件使钱三强印象深刻的事,是1948年回国前夕,在约里奥-居里夫妇家中约里奥同他的一席谈话。约里奥当时讲道："原子物理理论，是各国科学家的贡献，是世界的共同财富，不是哪一个国家所专有。"他特别以法国某些经验教训提醒钱三强："能联系实际的理论物理学家，有着特殊的重要性。法国理论物理学家德布罗意，因为发现粒子与波动之间关系的基本概念，获得了诺贝尔物理学奖，现在是我们法国原子能委员会的技术顾问。但他的学派理论不大结合实际，因而对原子能工作起作用不大。希望今后要注意理论的重要性，特别是理论与实际相结合。"

正是这些宝贵警示，指导了钱三强回国后的一系列实践。早在1950年，在他和吴有训领导新组建的近代物理研究所，仅有4个研究组，其中就设有理论物理组，在这个不大的研究组里，逐渐聚集了一批理论物理的优秀人物：朱洪元、胡宁、邓稼先、程开甲、郭挺章、金星南、黄祖洽、于敏，稍后还有王承书、何祚庥等，在副所长兼组长彭桓武的领导下，陆续开展了原子核物理理论和粒子物理理论研究，同时对反应堆、同位素分离、受控热核反应等应用理论进行探索性研究。

20世纪50年代末60年代初，随着原子能事业全面发展，在紧急攻关任务十分繁重的情况下，钱三强仍保持一种可贵的清醒认识：凡事预则立，不预则废。他多次在不同场合强调，对于发展科学技术事业而言，"预"就是要抓理论储备；临渴掘井是不行的。

他想到，在搞清楚原子弹设计、研制过程中，同时也有必要对氢弹理论进行前期探索。因为从原子弹到氢弹是必然的发展过程，而氢弹的研制，从理论到技术比原子弹要复杂得多，这些在中国更是完全空白，必须要有拓荒者。

钱三强的认识，与二机部刘杰部长的想法不谋而合，并且得到他的有力支持。于是，一着妙棋便在原子能所开始运作了。

1960年12月的一天，钱三强先把理论组骨干黄祖洽找到办公室，对他说："领导上有一个重要决定告诉你，为了早日掌握氢弹理论和技术，我们要组织一个研究组，先行一步，对氢弹的作用原理和各种物理过程、可能结构等，做探索性研究。"钱三强同时吩咐黄祖洽："这个研究组的工作，要特别注意保密，内部叫'中子物理研究组'，按习惯对外用一个代号，叫'470组'。"黄祖恰任该组组长。

接着，钱三强又找来另一员理论高手于敏，决定把好钢使在刀刃上，让他参加'470组'，并担任副组长。但是在那个年代，"好钢"往往和"白专"相联系。于敏在当时成了一个有争议的人物。显然，重用于敏是要冒政治风险的。钱三强决定承担这个风险。

于敏1951年北京大学研究生毕业后，到了钱三强领导的近代物理所。钱三强要他放弃量子理论，改作原子核理论研究，他二话没说，服从了需要；接受任务后，他从头做起，夜以继日，到了近乎超凡脱俗、不食人间烟火的程度，一篇又一篇填补我国原子核理论空白的文章写出来了。对于这样的青年骨干，钱三强打心眼里喜爱，应该鼓励和表扬才对，怎么要批判呢？如果真的这样批下去，青年人向科学进军的积极性，将会全给批光了，攻坚任务谁去完成呢！

在钱三强的直接组织下，中子物理组一度达到40余人，工作一步步前进，共写出研究论文69篇，还有若干研究成果没有写成文章。这些工作，使对氢弹原理和许多关键性概念，有了较深入认识，为氢弹研制作了理论准备。

与此同时，钱三强还决定成立了一个轻核反应实验组，用轻核反应数据的精确测量来配合"470组"的工作。该组先后由蔡敦九、丁大钊担任组长，成员逐渐增至十几人，很好地体现了理论与实验的密切结合，后来急需时，及时可靠地提供了轻核反应数据，为热核式器技术途径的选择起了重要作用。

1965年1月，中子物理组的精兵强将黄祖洽、于敏、何祚庥等31人带着已经开展的工作，合并到核武器研究所，汇成攻克难关的坚实力量，及时牵住一个个"牛鼻子"，终于创造了从原子弹到氢弹发展速度最快的奇迹。

后来，何祚庥深有体会地回忆说："调于敏来参加中子物理组工作，这是三强在领导氢弹理论研究方面所做的重大决策。事实证明，这一决策十分正确。如果那时不是及早请于敏来参加这一工作，氢弹理论的完成，恐怕至少要推迟两年时间。对科技人员'知人善任'，这是三强担任科学研究领导工作所特有的才能。"

在突破氢弹理论过程中，钱三强不仅表现出可贵的科学预见性和用人胆识，同时也表现出了他作为一个共产党员的高度组织性、纪律性。特别在中子物理组合并到核武器研究所后，一方面他甘做配角，继续组织自己研究所的有关力量，全力配合那边的工作；另一方面他又严格遵守组织原则，摆好自己的位置。他曾亲自布置黄祖洽说："这里（指原子能所）的研究情况，你可以及时带到那边（指核武器所）去，但是，那里的情况不能带到这里来，这是工作需要。"因此，那段时间里，黄祖洽有了一个绰号，称他为"半导体"。

关于钱三强在刘杰支持下捷足先行,及早抓理论研究和注意理论与实践结合所产生的作用,曾任中国科学院党组书记、副院长的张劲夫,在1999年5月发表的回忆文章《请历史记住他们》中有这样一段文字:

我们研制原子弹和氢弹,三强起了重要作用,功不可没。早在1960年,原子能所就成立了"中子物理领导小组"(即470组),由所长钱三强主持,组织黄祖洽、于敏等开始做基础研究,为后来的氢弹研制作准备。……原子弹爆炸以后还要搞氢弹,而中国从原子弹到氢弹只有两年零八个月。1964年爆炸了原子弹,1967年就爆炸了氢弹。这个科研理论方案和课题是三强很早就提出来的。有人总认为三强自己没参加具体的研究工作,我则认为如果没有他做学术组织工作,如果不是他十分内行地及早提出这些方案与课题,你怎么赶上和超过别人,他早就出了题目,我们早就动手了,早就把方案搞出来了。当然,原子弹和氢弹的设计主要靠二机部核武器研究所的出色工作,使我们中国从原子弹到氢弹的过程,在全世界来讲,也是时间最短的。

刘杰在谈到钱三强对我国氢弹研制的作用时,说:"在组织领导氢弹理论研究方面,三强同志做了很好的工作。要是没有那几年的工作,那么快地突破氢弹技术是不可能的。"

忍辱负重 不怠不弃

东方第一朵蘑菇云升起,胜利的喜讯传遍神州大地,传遍世界。一位世居海外的华裔记者,曾经写下了这样的报道:"当中国第一颗原子弹爆炸成功的新闻传到海外时,中国人的惊喜和自豪是无法形容的。在海外中国人眼中,那菊状爆炸物,是怒放的中华民族的精神花朵。那么从报纸、广播传出的新闻,是用彩笔写在万里云天上的万万金家书!"

爆炸第一颗原子弹的这一天,对于钱三强是双喜的日子,因为这天还是他的51岁生日。然而,在许多欢庆场合却见不到钱三强出现,因为两天后,他将被派到河南信阳农村去参加"四清"运动,过阶级感情关。

1964年10月18日,随着火车一声笛响,"钱三强"暂时消失了,取而代之的名字是"徐进"。说是真名真姓知道的人多不方便,让他改名。于是他用了母亲的姓,"进"则是他最喜欢的一个字,寓意进步,进取,前进……早在1951年思想改造运动中,他喜得一子,即取名"思进"。

在近一年的"四清"中,钱三强和别的工作队员一样,坚持与贫下中农同吃同住同劳动,结识了许多农民朋友。在正式场合,大家称他"老徐同志",逗乐的时候,小伙子们亲切地叫他"老徐头"。

他帮助"五保户"挑水,起初不懂得"诀窍",每一挪步,前后两只水桶的水溅出老高,把鞋袜都打湿了。热情的老乡教他怎样合着节奏走步,水就不再溅出来了。

那时农村的习惯,白天下地干活,晚上开会搞"四清"教育,老乡们困得撑不住了,就一根烟接一根烟地抽,不分老少男女。开始时钱三强不适应,呛得眼泪直流,久而久之也过关了。回到北京后,他的"四清"运动心得是:思想、劳动双丰收。

又过了不到一年,1966年6月17日,原子能所召开"文化大革命"动员会,号召全所高举红旗,横扫一切牛鬼蛇神。会后,贴出了大量揭发钱三强有关所谓"资产阶级学术权威"问题的大字报,继而步步升级……

十年岁月,不堪回首。但是,钱三强挺过来了,他和人民一起迎来了胜利。1975年他回到了科学院的领导岗位。

钱三强在科学的春天里继续辛勤耕耘,以他特殊的影响和杰出的组织才能,主持并具体组织了学部的恢复和学部委员增选工作,使中断了22年的中国科学院学部重新发展起来,步入一个新的阶段;他先后组织了数十次国内国际科学讨论会、报告会,接待了数以百计的国际知名学者的专业考察和学术交流,访问了澳大利亚、罗马尼亚、南斯拉夫、法国、瑞士、比利时、美国等,同许多国家的重要学术机构、大学签订了合作协议;他作为中国物理学会的副理事长、理事长,同周培源等共同主持了多次物理学领域的重要会议,制订了许多分支学科的研究发展规划;1980年7月,他再一次被邀请走进中南海,向中共中央书记处和国务院领导作科学技术系列讲座的第一讲,主讲世界科学技术发展的简况;1980年初,他被任命为国家自然科学奖励委员会副主任和国务院学位委员会副主任委员,为评选"文革"后的第一届国家自然科学奖和建立、完善学位制,进行了大量卓有成效的工作;他兼任首届全国自然科学名词审定委员会主任,为我国自然科学名词审定工作奠定了基础;他作为中国科协副主席兼任促进自然科学与社会科学联盟工作委员会主任委员,主持了"科学与文化论坛"系列会议,促进了软科学、交叉科学、管理科学的研究与发展……他的这些努力，在中国科学院以至整个科技界发挥了重要作用，产生了积极的效果。

钱三强对真理坚信不疑，对中国共产党坚贞不渝。他在"文革"后期恢复组织生活直到逝世前不久，他每月坚持交党费100元，以表示对党的信念。

党和国家尊重和赞誉钱三强的辛劳和成就。

1966年12月28日，我国成功进行氢弹原理性试验后，周恩来总理邀请少数人到中南海举行庆祝酒会的名单中，没有落下钱三强。

1992年1月至2月，邓小平在南方视察谈话讲到要提倡科学，靠科学才有希望时，特别讲到了钱三强，他说："我要感谢科技工作者为国家做出的贡献和争得的荣誉。大家要记住那个年代，钱学森、李四光、钱三强那一批老科学家，在那么困难的条件下，把两弹一星和好多高科技搞起来。"

1990年8月，中共中央总书记江泽民在中南海主持科学家座谈会听取意见，钱三强受到特别邀请出席，并就重视农业科学技术，努力建设物质文明和精神文明的新型农村作了发言；1992年6月28日钱三强因病逝世，江泽民总书记闻讯后亲自给何泽慧打电话表示哀悼，说钱三强同志对国家对科学事业贡献杰出，将永载史册，后人不会忘记他的。

钱三强在国内外学术界有着广泛影响。在法国，根据科技界的呼吁，1985年密特朗总统亲自签署嘉奖令，授予钱三强"法兰西荣誉军团军官勋章"，以表彰他的科学成就和为中法友好做出的贡献。此勋章是授予极少数学界杰出人士的崇高荣誉，他是中国获此殊荣的第一人。

改革开放后，国内不少报刊纷纷采访他，在报道他的成就和贡献时，曾经多次有将"中国原子弹之父"一类誉词用于他的情况，在他审稿时都统统删去，并且恳切地向作者解释："外国人往往看重个人的价值，喜欢用'之父''之冠'这类称谓，中国人还是多讲点集体主义好，多讲点默默无闻好。"有些写他的文章出现一些其他不太符合实际情况的词语，一经他审阅，也同样不肯放过，他告诫作者"写他的文章应实事求是还原我原来面貌"。

钱三强的大度无私和他的卓越贡献，得到了国内科技界的一致认同。

1999年9月，党中央、国务院、中央军委追授钱三强"两弹一星功勋奖章"。

参考文献

[1] 钱三强. 钱三强文选 [M]. 杭州：浙江科学技术出版社，1994.

[2] 钱三强. 钱三强科普著作选集 [M]. 上海：上海教育出版社，1990.

[3] 葛能全，陈丹编注. 钱三强往来书信集注 [M]. 北京：世界图书出版社，2023.

[4] 葛能全. 魂牵心系原子梦：钱三强传 [M]. 上海：上海交通大学出版社，2013.

[5] 葛能全. 钱三强年谱长编 [M]. 北京：科学出版社，2013.

[6] 葛能全. 钱三强传 [M]. 北京：人民出版社，2023.

（本文作者：葛能全　冯立昇）

王大珩

王大珩（1915—2011），江苏吴县人，应用光学专家，1955年当选中国科学院学部委员（院士），1994年首批当选为中国工程院院士。

1932年考入清华大学物理系，1936年毕业后留校担任助教，后考上"史量才奖学金"，在清华攻读核物理研究生。1937—1938年，在兵工署弹道研究所短暂就业。1938年考上第六届中英庚款留学生，赴伦敦大学帝国理工学院攻读应用光学的研究生。1942年，放弃谢菲尔德大学在读博士学位，前往英国昌司玻璃公司担任实验物理师，学习光学玻璃制造技术。1948年回国，先后在北平研究院物理学研究所、秦皇岛耀华玻璃厂工作。1949年3月，在大连大学建设应用物理系。1951年担任中国科学院仪器馆筹备处副主任，此后历任中国科学院仪器馆馆长、长春光机所所长、中国科学院长春分院院长、国防科委十五院副院长（兼）、中国光学学会理事长、中国科学院技术科学部主任、国防军工科学研究委员会副主任等职务。先后当选为第三、四、五、六届全国人大代表，第三、七届全国政协委员。

早期主要从事新型光学玻璃的开发研究。中华人民共和国成立以后，筹建中国科学院仪器馆，领导仪器馆（后为长春光机所）研制国民经济发展所需的大中小型精密机械仪器。20世纪60年代以后，领导长春光机所向军用光学仪器研制转型，以任务带动学科，在"两弹一星"光学事业上取得成功，为我国的尖端武器发展做出了杰出贡献。20世纪80年代以后，充分发挥院士咨询作用，转型为战略科学家，在"863"计划实施、成立中国工程院、呼吁"大飞机"立项等多件关系国家科技发展的重大事中起到重要作用。

1995年，获得首届"何梁何利基金奖"；1999年，获"两弹一星功勋奖章"；2002年3月28日，由中国科学院发现的编号为17693号的小行星被命名为"王大珩星"。2018年，党中央、国务院追授其"改革先锋"称号，被评为"'863'计划主要倡导者"。

自强不息求学路

1915年2月26日，祖籍江苏吴县的王大珩出生于日本东京中央气象台附近的一所普通的和式住宅里。大约半岁时，襁褓中的他随父母回到了祖国。

王大珩的父亲王应伟是一位有满腹才华、多有成就的天文学家，青年时在日本东京物理学校留学，学成后进入东京中央气象台工作了几年；1915年归国后，先后在吉林中学堂、北京中央观象台、青岛观象台等地工作，负责《观象丛报》（月刊）《青岛观象月报》出版，还作为发起人之一创办了中国天文学会。王应伟在气象观测、天气预报和地震观测业务取得成就。他撰写了如《微积分》《近世地震学》等著作，译介国外著作如《气象器械学》，等等，还研制成中国第一台国产风力计。1949年以后，王应伟应物理学家叶企孙之邀，担任中国科学院自然科学史研究室（现中国科学院自然科学史研究所前身）的义务研究员，帮助该研究室编校中国的古历法和古天文，参与《中国天文学史》编写。王大珩家学渊源，他的成才离不开父亲崇尚科学教育。王大珩的母亲周秀清，早年就读于苏州的新式学堂兰陵女学，毕业后在上海幼稚园担任幼儿教师，结婚后在家教育子女、操持家务，她对子女的慈爱，影响了他们的性格，令他们手足友爱，乐观向上。王大珩有两个弟弟、四个妹妹，兄弟姐妹各个成才，都得益于父母对子女的严格教育。

1920年春，王大珩走进了北京著名的孔德学校，开始接受小学教育。不久以后，他又转入离家近的汇文初小和高小读书，继而升入在北京地区同样有名的汇文中学，成为一名初中生。王大珩在小学和初中阶段都接受了优良的教育，他的学习成绩名列前茅，在1929年汇文中学初中毕业典礼上，王大珩因算学（数学）、科学（生物）两门功课排名第一，获得了校方颁发的两枚银盾。那时候，父亲半是夸奖，半是调笑，给他取了一个"考胚"的外号，意思是说他会考试，成绩优秀。他因为学习好，也是弟弟妹妹们的榜样。

1929年，因父亲王应伟工作调动，他随父亲到青岛生活，在青岛礼贤中学完成了高中学业，课余时间他成为青岛观象台的一名小练习生，王应伟手把手教他学习地磁观测，并操作简单的天文仪器。少年时期的科学熏陶令王大珩对科学实践产生了浓厚的兴趣，他于1932年以第十五名的优异成绩考入清华大学物理系，本科阶段的学习奠定了他一生科学事业的基础。

水木湛清华

王大珩慕名于清华的悠久的历史和雄厚的师资力量，选择去成立于1926年的清华大学物理系就读。物理系的创办人是梅贻琦和叶企孙。其中叶企孙主要负责物理系的教学科研和管理工作，在他的苦心经营下，几年下来，物理系已经具有较为完备的硬件设施和较丰富的参考书籍及国内外杂志，且设有工场，能自制精密仪器，无愧为当时"全国学术中心之一"。物理系还招徕了吴有训、萨本栋、张子高、周培源、黄子卿、萨本铁、李继侗，赵忠尧等教师以及数学系熊庆来任教。这些教师日常既要从事教学工作，还紧抓科学研究。如叶企孙做光谱方面的研究；吴有训做X射线对金属结构的研究；周培源进行理论物理方面的研究；赵忠尧与霍秉权研究原子核物理，并着手建立清华的威尔逊云雾室，萨本栋与任之恭进行电路和电子学方面的研究，并准备试制真空管；等等。可以说，清华大学物理系在建系后不久，其硬件设施、教学水平和学术成就在全国的大学里便名列前茅，享有很高的声誉。

物理系提倡的是"重质不重量"的教育，每一年招生人数并不多，且采取淘汰制度，倘若求学期间不能做到奋斗不止，成绩达不到中等以上水平，或者被认为不适合学物理，学生就得转系或者转校，甚至毕不了业。所以物理系的学生常以"自强不息、厚德载物"的校训激励自己努力学习。以王大珩这一届学生为例，1932年考来的学生一共有28人，到大学二年级的时候，这一届学生因成绩不佳、跟不上进度被淘汰了一批，只剩下12人，此后坚持到毕业的只有9人，加上1934年从上海大同大学转来的于光远（郁钟正）一共是10名学生——钱三强、王大珩、于光远、杨龙生、杨镇邦、谢毓章、陈亚伦，以及何泽慧、戴中扆（黄葳）和许孝慰这3位女生。这几位毕业生彼此都是好朋友，有的成为王大珩的同行、同事（如杨龙生）。王大珩尤其与钱三强、何泽慧这对被称为中国物理学界的"居里夫妇"的伉俪来往最多，他们是多年的莫逆之交，后来携手为国家的"两弹一星"事业、科技事业发展做出贡献。

王大珩在清华大学的恩师和同窗，像叶企孙、周培源、吴有训，钱三强、于光远、何泽慧等等，在他的学业、择业、就业的路上都起到了很大作用。

王大珩

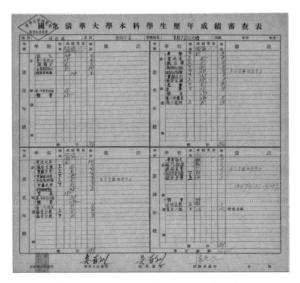

① 王大珩的成绩单（清华大学档案馆藏）

  物理系的学生在第一学年须学习的课程包括公共必修学科（国文 6 学分，英文 6 学分，社会科学 6 学分），在学有余力的基础上可以选读物理、化学、微积分等深一些的课程。物理系额外要求学生必须掌握一种外国语言，须达到能读能写的程度，并在第二学年选修第二外国语，王大珩在校期间学习了英文和德文。物理系学生要学习的课程还包括中级电磁学、中级光学、中级热学和中级力学，同时还要参加中级物理实验课；第三学年要上力学、热力学、电磁学、光学和分子运动的物质论的课程；第四年是学习近代物理学、无线电学和近代物理实验与无线电实验。由此可见，物理系学生的课程安排十分扎实，学生们在校期间要学习的理论课非常多。这些课程完整学下来，学生们获得的物理学知识已经十分丰富。不仅如此，因清华大学注重提高学生的实践能力，提倡手脑并用、理论与实验相结合。所以物理系对学生实验课的安排也很紧密，明文规定学生选修实验课的学分不得少于理论课的 1/2。也就是说物理系学生要修满 50 学分，除去公共课外，理论课学分 24 分，实验学分 12 分。实验课每周上一次课，每次 2～3 小时，一学期下来也只有 1 个学分，这就意味着学生一学期至少需要选 2～3 门实验课才能过关。为了完成学分任务，王大珩每学期都要选学大量的实验课程。这些紧锣密鼓的实验课训练，极大锻炼了他的实际操作能力。学生时代的王大珩，每天都安排得非常充实，除了上课就是复习。这样下来，他们这批毕业生走上工作岗位以后，无论是从事物理研究还是教学，理论知识丰富，且都能很快上手实际工作，人人都可以直接动手做实验。钱三强出国留学后有亲身体会，令他感慨地回忆清华的严格教导正是本科期间的严格训练，他们这一届的学生的动手实践能力不输于同时工作的外国青年。王大珩在实验课上学会了吹玻璃的技艺，并能制作简单的仪器和工具，这些都为他后来从事实际的光学教学和仪器制造工作打下了坚实的基础。他在后来的事业中，十分重视培养和锻炼青年人才的实验能力，这也是因为清华大学的培养令他终身受益，他从这一阶段的学习中得到了宝贵的经验。

王大珩在清华学习了吴有训教授的 X 放射课程，萨本栋教授的无线电课，周培源教授的理论物理学课以及赵忠尧教授的光学课程。他学得很好，四个学年下来他始终保持着班级里中等偏上的成绩，还获得过理学院的"纪念周明群奖学金"。在清华大学，他接受良师教导，又有像钱三强、何泽慧、于光远这样的益友相伴，度过了难忘的时光。

↑ 1936 年清华大学物理系部分师生在科学馆门前合影（清华大学校史馆藏）

第 5 排：秦馨菱、戴振铎、郑曾同、林家翘、王天眷、刘绍唐、何成钧、刘庆龄；第 4 排：方俊奎、池钟瀛、周长宁、钱伟长、熊大缜、张恩虬、李崇淮、沈洪涛；第 3 排：赫崇本、张石城、张景廉、傅承义、彭桓武、陈芳允、夏绳武；第 2 排：周培源、赵忠尧、叶企孙、任之恭、吴有训、何家麟、顾柏岩；第 1 排：陈亚伦、杨镇邦、王大珩、戴中扆、钱三强、杨龙生、张韵芝、孙湘。

内有 13 人后来成为中国科学院院士，4 人获得"两弹一星功勋奖章"。

王大珩的本科毕业论文题目是《卢膜盖克干涉仪进行光谱高分辨率的实验》，内容是安装高分辨率的光谱学设备，并且利用它作光谱线的精细结构研究。由此也可以看出他那时候就对光学有了浓厚的研究兴趣。他最后写成的毕业论文，叶企孙在审阅后给予了高分。后来他考取庚款赴英留学，叶企孙更是启发他以应用光学专业为研究方向。

清华大学毕业前夕，学校组织学生参加为期三周的毕业参观，王大珩等毕业生在青年教师任之恭带队下，参观了协和医院、北平研究院、南京的资源委员会、兵工署的相关单位和中央大学，这次参观对物理系毕业生择业都产生了影响。王大珩决定以学术作为自己的长久事业方向，他留在清华大学，一边做助教，一边考奖学金，做赵忠尧的核物理研究生。

清华大学除了教授学生专业课程，引领他们走上学术的道路外，还教给他们爱国主义的思想。1935年12月9日爆发的震惊中外的"一二·九"学生运动，正是以城外的清华大学为中心展开的。王大珩甚至还是运动的发起者之一，他参加了这场轰轰烈烈的游行，高喊出"打倒日本帝国主义"的口号！王大珩得以与进步分子有所接触，他也由此得知共产党在陕北形成了革命根据地。不久

> **致王大珩先生的贺信**
>
> 尊敬的王大珩先生：
>
> 欣逢先生执教六十六周年暨九十华诞，我们谨代表清华大学向您深表贺忱！作为德高望众的两院院士，您的学术成就如楷星光耀天空，为世人崇敬仰慕；作为"两弹一星"功勋科学家和863计划的提出者之一，您的爱国精神赤子情怀，也将为后进晚辈铭记景仰，并不断发扬光大！
>
> 清华大学目前正处在历史上最好的发展时期之一，各项事业日新月异。全校师生员工都在不懈努力地工作着，争取早日跻身世界一流大学行列。我们殷切地期盼先生能在合适的时间回母校看一看，对母校的发展多提宝贵意见！
>
> 再次恭贺先生九十大寿！敬祝先生善自珍重，身体康健！
>
> 清华大学校长　顾秉林
> 清华大学党委书记　陈 希
> 2004年2月25日

↑ 清华大学给王大珩的贺信（清华大学档案馆藏）

后他参加了中共的外围组织——中华民族解放先锋队（简称"民先"），对蒋介石的不抵抗政策公开表示了不满。也正是青年时代亲眼所见、亲身所感，他心中升起学成后报效祖国，为建设一个富强、独立，科技进步的中国而努力的愿望。

王大珩难忘在清华大学读书的时光，他感激母校对他的精心培养，清华大学对学生实施严格的科学训练，包括扎实的理论基础和强劲的实践能力，都是他在清华获得的，清华大学的学习令他明确了未来努力的方向，这些都成为他从事科学事业的基础。他感恩母校，后来也常常回校参加学校的学术活动和科研工作，担任名誉教授，帮助学校培养研究生。他还兼任一些职务，如1983年他担任清

华大学激光单原子探测实验室首任学术委员会主任，2001年起担任学术委员会名誉主任。他以实际行动，支持学校的长远建设和发展。

考庚款，赴英伦

1937年"卢沟桥事变"爆发，日军进犯华北，炮火打入了北平，清华、北大等高校难逃被侵占的噩运。刚上了半年研究生的王大珩不得不收拾行装随学校南迁，他原打算去长沙参加临时大学。他先在青岛父亲那儿落脚，在这里遇到南下的周培源一家，老师为他分析国事，令他产生了新的念头——放弃学业，去做实际的国防兵工工作，为国家军事力量强大尽一份力量！

周培源带着王大珩来到南京，考察了兵工署的弹道研究所，并把学生托付给了弹道研究所的临时负责人丁天雄。王大珩决定留在这里做文职工作，从八级技术员起步，日常工作是编制弹道表，做各种兵器材料的试验，以及编制炮兵器材的说明书等。因战火迫近，王大珩随弹道研究所从南京迁往汉口，又迁往湖南衡阳的乡下。这一年多的兵工工作经历，令他看到了物理学为国防服务的广阔天地，更促使他未来将光学应用于国防事业。

1938年，吴有训出差路过武汉，并来看望正在此地旅居做兵工实验的学生，他此行的目的还有一个，就是告知王大珩不久后有庚款留英考试，汉口将设考场，他嘱咐王大珩一定要参加，并报考应用光学专业。在老师的指导和鼓励下，王大珩参加了第六届中英庚款留学生选拔考试。尽管消息来得急切，王大珩根本没有时间复习功课，但因他平时基础就很牢靠，所以最后取得的考试成绩十分优异。他刚随弹道研究所搬迁到湖南衡阳的乡下没多久，就从报纸上得知自己被录取的消息。为了不延误入学时间，他甚至来不及和留在北平的家人告别，便要抓紧时间从衡阳辗转去香港，以赶上近期出发去英国的邮轮。1938年9月19日，王大珩与同届20名庚款生一起踏上了留英的旅程，这批远行的游子中，除了王大珩外，像陈仲秀、宁榥、彭桓武、夏震寰、张民觉都是清华大学培养出来的优秀毕业生。王大珩与学核物理的彭桓武尤其要好，他们学成回国后共同开启了为祖国"两弹一星"奋斗一生的事业。

王大珩选择到伦敦大学帝国理工学院攻读应用光学的研究生，他的导师是担任帝国理工学院技术光学组主管的马丁（L. C. Martin）教授。他硕士期间主攻的是光学设计方向，这个学科也是开启一切光学研究的基础。他学习努力，这一时期的研究成果，集中体现在他于1941年在英国《物理学会会刊》上发表的一篇文章《在有球差存在下的最佳焦点》上。这篇学术文章展示了他在光学设计上的天赋，且在光学界产生了很大的影响，甚至到40多年后，日本光学家小仓磐夫在他的专著《现代照相机和照相物镜技术》中还单列了一个章节，专门转载了王大珩这篇论义，标题为"二级球差和波动光学的最佳象面——摘自中国光学学会理事长王大珩先生青年时代的论文"，以示王大珩的学术思想对他产生的启发和影响。2015年，光学专家、中国科学院院士王之江评价说："王大珩先生在英国时发表的论文《在有球差存在下的最佳焦点》是当初国际上对象差校正最佳方案研究中，很有开创性的工作。"

↑ 1942年王大珩游览莎士比亚故乡斯特拉福特镇埃温河

在英国期间，王大珩在学习之外，经常参与社会活动。他要好的朋友有王应睐、朱树屏、彭桓武、李薰等人，这几位回国后都各自在相关领域内作出了了不起的学术成就。一群志同道合的好友在一起，不仅谈论国内外局势和世界先进的科学技术，还组织办刊向国内发行。像著名的《东方副刊》——这份向国内介绍欧洲先进的工业和科学技术的刊物，就是由王大珩和朱树屏编辑的。他们还组建了"中华自然科学社英伦分社"，把在英国的华人团结在一起。这些活动锻炼了他的组织能力和人际交往能力，他和同在海外的同胞们建立了良好的联系。他回国后，为了新中国的建设，在写信邀请并帮助同胞回国上，起到了很好的作用。比如在柯俊、张作梅、张沛霖等留英科学家回国之时，王大珩都做了很多接洽工作。

学习光学玻璃制造技术

1942年春，王大珩正在谢菲尔德大学跟着玻璃学家特纳（W. E. S Turmer）教授做玻璃光学性质研究博士论文，他的一位朋友、昌司玻璃公司的汉德

（W. C. Hynde）来看望他，告诉他一个消息：伯明翰昌司玻璃公司正在招聘实验物理师，专职从事新型光学玻璃的开发研究。当时的国际背景是，由于先进技术被应用于制造武器的警示，欧洲一些主要国家很快把光学玻璃研制技术提到"军事要害技术"的高度，并加以强化研究和发展；昌司玻璃公司是一家实力强劲，以制造光学玻璃而闻名于英国的大型公司，"二战"以来，随着战争对光学玻璃的需求的多样化，该公司正在进行新品种光学玻璃的研发。王大珩认为这个偶然间得到的消息对他来说，正是一个难得的机遇，他没做过多思考，就放弃了即将到手的博士学位，前往昌司公司实验部任职，他做了长达5年的实验物理师，专研光学玻璃制造技术。要说的是，王大珩不是不知道没有博士学位对于他来说，将是怎样的遗憾，他未来将会因为没有高一级的学位在学术圈遇到何种的困难。但是他心里想的是：我的祖国是多么需要光学玻璃制造这门技术啊！当时的中国，没有光学玻璃，更无法制造出精密的光学仪器。那时候，国内许多光学从业者毕生的追求，就是能熔炼出一块光学玻璃来！

王大珩在昌司玻璃公司工作期间，兢兢业业，他每日清晨即进实验室，晚上华灯初上才返回租住的房屋中休息。但是因为20世纪初期英国对光学玻璃制造这种要害技术严格保密，王大珩这位黄皮肤、黑头发的外国人是不允许进入到核心生产车间里的。他只被允许从事一些外围的研究工作，但是他从未忘记自己要学会光学玻璃熔炼技术这一目标。在难以接触到核心制造技术的情况下，要掌握光学玻璃制造技术只能靠他自己独自探索。他摸索着对成品光学玻璃进行检测、分析、测试，从而探索不同品种光学玻璃的配方、熔炼所需材料和炉温等等。他的办法是，用反向还原方法来探索光学玻璃的性质，他将成品光学玻璃倒出粉碎，用研钵研磨均匀后重熔，得到可测色散的玻璃。五年来，他大约进行了300埚玻璃熔炼实验。得益于清华大学实验课上的锻炼和培养，他思维敏捷，动手能力很强。他这一办法十分有效，成绩斐然，他对不同配方熔炼成的光学玻璃表现出来的不同性质规律有了一定的了解。1942年至1945年，他与导师特纳合作，在英国的权威学术期刊《玻璃技术学报》上先后发表了题为《低吸收玻璃的光谱特性比对测量》和《含氧化铁的钠硅酸盐玻璃的某些光谱特性——第一部分：浓度与氧化正亚铁分离的影响》《含氧化铁的钠硅酸盐玻璃的某些光谱特性——第二部分：砷与氧化锑的作用》《氧化硼对钠硼硅酸盐玻璃折射率和色散性能的影响》等文章。1944年，他还在英国获得了两项新型光学玻璃配方的发明专利。

1945年,他发明的V棱镜折射率测量装置在英国物理学会展览会上展出,获得了英国科学仪器学会"第一届青年科学仪器发明奖"("包温氏奖")。

王大珩在昌司玻璃公司工作期间,逐渐掌握了光学玻璃制造的技能,他在这一基础上,对光学玻璃的光学、光谱性能进行了深入探讨,对光学玻璃性能测试方法和测试装置也进行了改进研究。他还进一步优化了玻璃配方和退火工艺,以获得性能更加优化的光学玻璃,同时他也是英国最早研究稀土光学玻璃的人之一。

尽管王大珩已经在英国应用光学的学术圈里占有了一席之地,他本人也因取得的卓越成就而受到昌司玻璃公司高层的器重,但他并不在乎英国优越的生活和稳定的工作,他每时每刻都在思念着自己的祖国,从报纸上、广播中关注着国内的形势变化。他早就和钱三强、何泽慧、彭桓武这几位清华大学的同学、挚友有了共同的约定——他们立下了一定要回国的志愿,他们发誓要用自己所学,报效国家。王大珩于1948年5月回到了祖国。他说,选择这个回国时间节点,是因为心中知道,"国内解放已成定局,感到新中国已经有望,回国后要为新中国而工作。我和钱三强约好1948年回国,当时有一种想法,就是要看看蒋介石国民党的腐朽情况。因为再晚回国,全国解放了,那种国民党鱼肉人民的情景就领会不到了。这是对我毕生有益的一次反面教育"。王大珩和钱三强夫妇、彭桓武都用事实兑现了约定,回到祖国,奉献毕生所学。1999年,王大珩与钱三强、彭桓武被授予"两弹一星功勋奖章",他们被誉为中华人民共和国的强国功臣。

↑ 1946年7月王大珩(右一)与周培源(右二)、钱三强(左一)、何泽慧(左二)参加剑桥物理集会

光学基地,"两弹一星"

王大珩回国以后,先是在北平研究院物理学研究所就职,很快又到了耀华玻璃厂,但时局不定,使得他辗转于北平、秦皇岛、上海等地,却迟迟难以开展工作。在吴有训老师的推荐下,1949年3月,他从香港维多利亚港出发,乘坐一艘名为"AZOV"号的苏联货船,"非法出境";他要经朝鲜绕道沈阳,再去往大连解放区,参加大连大学的建设!

王大珩作为大连大学工学院应用物理系的主任,他为应用物理系早期发展奠定基础,做了大量工作。比如,因为物资条件匮乏,王大珩带领教师们亲自动手制作实验仪器,他去大连的旧货市场淘来各种各样简易的零件,有时候是一个废弃的天平,有时候是一块不起眼的玻璃,他把这些东西加以改装,制成可供学生观察、使用的得手仪器。他还回忆当初清华大学的实验室的布局和管理、运行方式,着手为大连大学建设起两座能容纳130人、同时进行30种物理实验的高水平、中大型实验室,还配备了一个能容纳150多人的物理示范教学用的阶梯教室,从而满足了大连大学工学院和医学院学生的物理实验需要。他还为应用物理系学生制订了教学计划、亲自授课。他认为,为了未来国家建设的需要,物理要解决实际的应用问题,因此,他尤其重视培养学生的动手能力,他多次强调,要求学生独立思考、实事求是。在他担任系主任时期培养的首批学生里,很多都成为国家优秀人才,如王之江、姚骏恩等人,更是当选为中国科学院、中国工程院院士。他们一直铭记王大珩老师当初对他们的教诲。

筹建仪器馆

1949年11月1日,中国科学院在北京成立。不久后(1950年10月),王大珩便参与到中国科学院的工作中来,他作为应用物理组专门委员,与物理学家钱临照一起,考察了昆明光学工厂,这之后撰写了考察报告,对中国未来的光学和仪器制造事业提出了可靠的建议。经政务院文化教育委员会、中国科学院批准,1951年,中国科学院决定成立仪器馆。时任中国科学院计划局副局长、负责建院期间研究机构设置和人员配备的钱三强,以及担任中国科学院副院长的吴有训都想到了王大珩,钱三强劝说他调来北京筹建仪器馆,中国科学院任命王大珩担任仪器馆筹备处副主任并主持日常工作。

↑ 1951年王大珩被聘为仪器馆筹备处副主任的聘书

仪器馆最初选址是在北京,王大珩和钱三强曾同去北京西郊测量勘地。然而未来仪器馆将是一个囊括生产制造车间和设计、实验部门的综合单位,上级部门拨付的仪器馆的建设费用只有1400万斤小米,折合人民币96万元。这些钱要在寸土寸金的北京建设仪器馆,是远远不够的。恰好当时中国科学院东北分院建设在即,东北人民政府对仪器馆有接纳之心,愿意给予经费支持。王大珩多次去东北地区考察,发现长春地区经济和交通条件相对来说较好,气候不过于潮湿或者干燥、很适合仪器制造,过去伪满大陆科学院还留下一些旧的建筑,修旧利用就可做实验室和办公室,再加上他在长春铁北地区还看见一个高高竖立的大烟囱,这几乎可以作为未来的光学玻璃熔炼车间的基础设施……

↑ 20世纪50年代与中国科学院领导合影,左起钱三强、恽子强、王大珩、竺可桢、吴有训、丁瓒

仪器馆安家在长春。王大珩和仪器馆的全体职工一起,一边做工作,一边搞基建。仪器馆建设初期的房屋修旧是工人们和职工们齐齐动手完成的。王大珩和也参加了建设,他和大家吃住在一起,从不搞什么特殊化。经过艰难创业,仪

器馆终于在长春正式建馆，王大珩担任仪器馆馆长。仅仅用了几年时间，在王大珩的带领下，仪器馆从一个遍地炮弹坑、四处泥洼地的大工地发展成一个建筑齐备、部门齐全的生产制造单位，并能制造出国民经济建设各行各业所需要的一些中小型精密仪器，取得了优异的成果。

仪器馆初建的最大成果便是于1953年熔炼出我国第一炉光学玻璃，这也是基于仪器馆最初的规划来的。仪器馆派出了上百人的队伍参加这项工作，还请来曾经在全国其他玻璃厂工作过的老技工参加工作，可见对这项任务的重视。为了熔炼成功光学玻璃，王大珩和副馆长、他在清华大学的学长龚祖同几乎是"日夜生活在炉旁"。他们放下了一切，全身心投入了这项工作里。每日每夜，人们都能看到王、龚二人在炉前忙碌的身影，他们时而指导科研人员调整玻璃液配方，时而讨论熔炼中遇到的难题，时而观察炉温火候……王大珩拿出在英国积累的全部笔记和资料给参与工作的科技人员参考，他在英国研究稀土光学玻璃的经验这时就派上了用场。尤其是他对玻璃成分的了解，他告诉大家不同成分配比将获得散射率不同的玻璃，这些精辟的认识，让青年科技人员收获良多，敬佩不已。龚祖同更是使出了浑身解数，他带领光学玻璃车间反复试制。他们从建筑炉窑开始，到就近寻找坩埚材料，探索炉温……终于在1953年，仪器馆首次获得了300升K8玻璃液，龚祖同形容，这真是他毕生最幸福的日子，此生此世永志不忘！时隔半个多世纪后，回忆起当年我国第一炉光学玻璃炼成的场景，王大珩还是感到兴奋和快活，这意味着当时的中国又掌握了一项要害的新技术，从此有了进行精密光学仪器制造和生产的基础。而在这第一炉光学玻璃炼成之后，仪器馆专门拨了一批人研究各种新品种的光学玻璃，并卓有收获。在光学玻璃熔炼成功的基础上，制造出如天池牌照相机、光栅刻划机等等各种更加精密的光学仪器。

随着1956年国家制定了科技发展长期规划，仪器制造被纳入国家规划中，仪器馆的事业更是蓬勃发展，于1957年由"馆"向"所"转变，更名为中国科学院光学精密机械仪器研究所，现为中国科学院长春光学精密机械与物理研究所（以下简称"光机所"或"长春光机所"），王大珩担任所长。这是对该单位数年来发展的肯定，光机所改名后将应对更高的目标，迎接更高的挑战，其职能已经发生了变化，从生产制造部门，转向为一个科学研究机构。而"大跃进"期间光机所完成的"八大件、一个汤"成果，更是令研究所一跃而成为中国科学院乃至全国闻名的科研机构，并为研究所未来向军用光学转型，奠定了良好的基础。

"八大件、一个汤"具体指的是：万能工具显微镜、大型石英光谱仪、电子显微镜、晶体谱仪、高精度经纬仪、高温金相显微镜、多倍投影仪、光电测距仪等八种有代表性的精密仪器，以及一系列新品种的光学玻璃。这是光机所在特殊的历史时期完成的一项成果，它们是光机所上下借着"大跃进"的形势，又没有丢掉科学精神，共同艰辛奋斗取得的一批有影响、有水平，货真价实，有代表性的研制成果。

王大珩以所长的身份积极支持研究所党委会的各项决定，忘我地投入到"八大件"的研制工作中。例如，他亲自动手完成了光谱仪的装校工作，极力主张要抓电子显微镜的研制，等等。当时党组织对他的工作表现鉴定如下："'大跃进'以来，一直是夜以继日的紧张工作，想办法克服困难完成任务，在技术革新运动中表现突出，亲临前线指挥……"那时候光机所的实验室里总是灯火通明，白天黑夜都不停工，人们称其为"日不落实验室"！王大珩对光机所的"八大件"成功感到自豪，这件事促进了光机所的转型，带来显著的影响主要是通过实现一系列关键技术，为全国解放思想、敢于从事带有攻关性的高精尖任务，起了带头作用；光机所实现了从研制一般、通用、简易的光学仪器向独立设计、研制高精度光学精密仪器的飞跃。

"两弹一星"与国防光学

"两弹一星"是载入中华人民共和国史册的重大事件，代表了20世纪中国国防科学技术发展的最高成就。有长春光机所参加的核爆高速摄影机、光冲量计、"150–1"大型电影经纬仪、卫星相机等光学精密仪器的研制工作，在"两弹一星"中发挥了巨大作用。王大珩因为这期间做了大量工作，贡献巨大，于1999年在中华人民共和国成立五十周年的前夕，获得了由党中央，国务院、中央军委授予的"两弹一星功勋奖章"，他是为我国"两弹一星"事业做出突出贡献的23位科技专家之一。

20世纪60年代，长春光机所面对国家的需求，面向国防军工，整合技术力量，调整研究方向，拉开了从事尖端技术研究的序幕。长春光机所从事了一列国防科技需要的光学武器研究，几乎是倾全所之力，投入到了"两弹一星"大工程中。

提到光学与"两弹一星"的关系，王大珩在技术科学部举办的一次座谈会上谦虚地说："这个工作是全国的大协作。我们在里面怎么说也只是作了非常局部、很少很少的工作。"他形容光学的作用是"打边鼓"的，简而言之，便是在试验以前和试验以后，做记录这方面的工作，和使它能够看见。光学在"两弹一星"任务中看似配角，但它却能为大型武器设备提供探测、测量、观察、记录、通信等手段的重要办法，尤其是在靶场光学系统和卫星研制中，精密的光学仪器是其中关键的一环，为必要的观察手段创建条件。由此发展起来的国防光学，广泛应用于军事观察、摄影、测量和记录、科学研究以及武器装备等领域的光学工程，也是一门以光学工程的综合技术来为国防建设服务的学科。

在光机所从民用向军工转型的关键时刻，王大珩提出，研究所转型出路有两条：一是服务于国防，二是研制发展高档民用光学仪器；但民用仪器花钱可以从国外进口，先进的军事装备则是各国的要害技术，花钱也买不到。他青年时代在清华大学做核物理研究生的经历，和抗战时在弹道研究所工作的经历，令他深刻认识到发展现代化国防对于国家强大的重要性。

1964年10月16日下午三时整，我国自行研究、设计、制造的第一颗原子弹在西北核试验场地上空爆炸成功，我国有了可以抵御核威胁的有力武器。核爆试验是大型、广泛、多学科交叉的系统工程，王大珩组织领导光机所相关人员进行的高速摄影机改装研制任务，是基于核爆试验的需要进行的一项观测仪器研制任务，这也是我国第一颗原子弹试验项目中的一次开创性的科研工作。在这项任务里，王大珩提出了关键性的技术思路，即用一台从民主德国进口的Pentazete-35型高速摄影机进行改装，通过更新一个中等焦距的镜头，并加一套光电原点启动系统及1000次/秒的时标打点系统，使得成品样机增大摄影机4倍视场面积，以实现特定要求的高速摄影方案。通过王大珩思路改装出来的高速摄影机，与其他单位研制的仪器一起，安放在核爆实验现场，记录了核爆时产生火球在不同时刻的尺寸变化情况，令科研人员从观测中掌握了核爆火球变化的规律，圆满完成了任务。与此同时，王大珩布置光机所科研人员陈星旦研制的核爆光冲量计，也取得了令人满意的观测效果。这些精密的观测仪器，为后继改进核弹设计提供了可靠的数据支持。

由光机所承担的"150-1"项目（王大珩任总设计师），历时五年半，是应导弹光学测量需要而产生的重要项目，动员了全所大部分科研力量，为光机所的长远发展有举足轻重的影响。这个项目中，王大珩提出了"一竿子插到底"，即研究所承担仪器从设计、研制到生产的全部任务,提供完整的样机。通过这一思路,整合和锻炼了研究队伍,奠定了光机所形成光、机、电、控为体的光学设备研制体制,为进一步发展我国的测控技术打下了坚实的基础。王大珩提出的这一思想当时虽然在产业部门是当然的做法,但是在中国科学院系统中却是独树一帜。

↑ 王大珩在电影经纬仪前

而现在这种做法已经被普遍接受了。不仅如此,王大珩对"150-1"大型电影经纬仪的设计提出了技术思想,例如,他从望远镜的口径、焦距等结构参数,对仪器的总体框架方案提出了设想,他还设计了望远镜的十字线结构,使瞄准线不因为镜筒挠曲而改变,提高了瞄准精度。在仪器的机械方面,他提出采用"水平转轴采用滚轮弹簧支承及驱动系统",从而增强了成品仪器水平轴运转的灵活性、平稳性及自控能力。光机所上下一心,1965年,"150-1"型光学电影经纬仪研制成功,这是中国自主研制成功的第一台大型电影经纬仪,其性能超过了当时苏联的同类设备,与当时美国正在使用的电影经纬仪水平相当,观测距离可达300～400千米,在记录导弹飞行姿态、飞行轨道参数上,发挥了巨大作用。该装备不仅在我国实现了零的突破,也为后继更为复杂的洲际导弹海上靶场观测仪器设计、研制打下了坚实的基础。

卫星相机是卫星的眼睛。通过回收卫星,读取安装在卫星上的摄像设备拍摄的太空和地面照片,人们得以探索宇宙,看到星云图像,从太空看到地面情景。研制卫星相机,这是王大珩做出的又一技术上的贡献。

王大珩参与过我国第一颗人造地球卫星"东方红1号"的工作,他是卫星总体设计组的副组长(赵九章任组长,郭永怀、王大珩任副组长)。当党中央提出要发射返回式遥感卫星,王大珩领过了上级部门下达的空间卫星全景扫描缝式相机研制任务,1967年11月,他带领一批技术骨干来到北京开展工作。那时候的物质条件很差,王大珩带着一群人在北京工业学院租借了一个大教室充作临时办公室,冬季没有暖气要自己生煤炉取暖,上厕所也要步行到离办公楼500米外的地方……他们克服了初期创业的艰难,冒着国外对我国的技术封锁,在没有参考资料的情形下开展工作。王大珩更是提出,卫星相机不仅是要对地拍摄,还要对星空拍摄。这就加大了研制的难度。因为在太空环境中摄影,干扰太多,在烈日强光和地面日光反射、星空处于暗背景中,要想拍摄清晰,就必须消除一切强杂光,当时不具备这样的技术条件。王大珩提出的卫星相机采用地物相机和星空相机组合的同轴双向相机系统,通过对星体摄影作为定位手段,从而获得拍摄目标的地理位置信息。王大珩的提议等于增加了一个新的攻关项目,科研人员要考虑高空摄影系统由于温度、气压变化引起的离焦,远距离摄影系统的色差,轴外像点的质量,透过率等等各项参数,这在无形中增加了设计的难度。但王大珩斩钉截铁地说:"这个项目迟早要上!"在他的极力主张下,我国首台胶片型航天相机研制被作为返回式卫星的第一步工作,最终被研制出来,于1975年11月26日,成功应用于我国第一颗返回式侦察卫星上。卫星环绕地球三日后返回大地,人们通过回收的卫星相机,看到了浩瀚宇宙中的场景和地面的情景。如今,我国载人航天飞船多次上天,空间站也早已在太空中顺利运转,太空卫星早就能拍摄到清晰的气象云图,壮观的星云图片,地面上的房屋树木……这都离不开早期航天人打下的坚实基础。回忆往昔,王大珩感慨地说:"我国第一颗可回收遥感卫星发射的巨大的成功,不仅为以后几十次上天开了个好头,而且锻炼了一支经过磨难和基本训练的队伍,为我国对地观测科研领域的技术发展奠定了坚实的基础。"

孵出一窝"机"

王大珩一手创立的长春光机所,多年来一直被誉为中国的光学摇篮。这是中国第一个光学研究机构,促进了我国光学事业从无到有,发展壮大!这个研究所还有一个外号,同行都亲切地赞誉她为中国光学事业的"老母鸡"。因为她在成长和壮大的过程中,应国家的需要和光学事业发展的需要,分建、援建了一批光学机构——她下了五个金灿灿的蛋,由此孵出了一窝"机"来——长春光学精密机械学院(以下简称"长春光机学院")、中国科学院上海光学精密机械研究所(以下简称"上海光机所")、中国科学院西安光学精密机械研究所(以下简称"西安光机所")、中国科学院光电技术研究所(以下简称"光电技术所")、中国科学院安徽光学精密机械研究所(以下简称"安光所")。不仅如此,由此衍生出来的,还有全国大大小小的许多光学研究机构、科研院校……中国的光学事业从无到有,从一到多,光学在中国不但牢牢生了根、发了芽,还孕育出许多棵茁壮的大树!

王大珩不是不知道,分建、援建将带走长春光机所的大部分科研骨干和仪器设备,将会削弱长春所的科技力量;但是他更清楚,国家需要光学事业的全面发展,各处开花。他支持上级部门的决定并积极开展工作,亲自兼任了一些机构的领导职务,不遗余力促进这些机构的长远发展。

首先是长春光机学院,即如今的长春理工大学,这是在王大珩的深切关怀下成长起来的一所高等院校。该校初建于1958年6月,王大珩兼任首任院长职务长达七年。他参与了建校规划,和师生同吃同住同劳动建设校园,在学院教授普通物理、近代物理、理论物理等课程,还带领学生参加光机所的技术革新的实践。他提倡"教学、科研、生产"相结合,为我国的光学、机械事业培养了大量人才。对于学校的长远小学,他殚精竭虑,想尽办法,多次给上级部门、领导上书,提出有益的建议。

中国科学院的上海光机所和西安光机所,初成立时都是作为长春光机所的分所,后发展为独立建制研究所,承担国家重要科研任务,形成了各自有特色学科方向。

上海光机所是在我国首台红宝石激光器问世以后,为了研制激光武器而发展起来的一个研究所,也是世界上第一个专门从事激光的研究所。长春光机所的许多得力的青年骨干力量,如王之江、邓锡铭等,都被派到上海光机所工作。王大珩非常关心该所建设,为了发展激光核聚变,他多次联合王淦昌等专家向国家提出建议,为该所争取到最大的经费和最优政策,促成了其迅速发展。20世纪80年代他担任中国科学院技术部主任后,更是邀请来同行顶尖专家,对该所进行学术评议,促进该所的长远发展。该所以激光为特色方向,闻名世界。

西安光机所是国家为了开辟高速摄影学科而在大西北设立的一个研究所。由老科学家、光机所副所长龚祖同领衔建设。西安光机所建立后,王大珩多次来所指导、交流工作。他在多方面为研究所提供帮助,包括组织学科评议、来所做学术报告、组织和参加重大项目评审、选派优秀科技干部等等,他用实际行动积极支持西安光机所开展工作。西安光机所发展为中国科学院在西北地区最大的研究所之一,空间光学是该所的特色学科,有很强的实力。

位于成都的光电技术所和安光所,都是在特殊时期,出于国防决策的考虑而建设的三线力量。前者是长春光机所的"大三线",后者是上海光机所的"小三线"。为了挑选合适的地方建所,王大珩甚至从陕西到四川,亲自勘察所址。光电技术所初建于四川大邑县雾山乡,后搬迁到成都南郊双流县。为了研究所建设,长春光机所派出了当时所里研制经纬仪的精锐力量来此工作,王大珩在所里反复动员,号召职工支持国家的三线建设,包括林祥棣等科研骨干,都是那时候扎根四川的。这个研究所后来建成为中国科学院在西南地区规模最大的研究所。

安光所的建成,更是离不开王大珩的奔走、呼吁。20世纪60年代末期,因形势干扰,长春光机所大气光学的发展受到了极端的影响。王大珩在自己处境也很艰难的情况下,冒着风险多次走访中国科学院有关部门。在安光所落户合肥后,长春光机所派出了从事大气光学的骨干力量,上海光机所把激光光谱学的研究也转移到了这里。该所成立后,王大珩亲自来所布置科研任务,安排实验和学术研讨,极大带动了所里的科研气氛。

王大珩一直在考虑由光机所分建、援建出来的几个光机所,各自应该承担什么任务,才能够更好完成国家托付的任务,又不重复工作,不浪费国家的资源。1972年他给周恩来总理写信,对光学系统的几个所的任务方向做了一番建议:

(a)长春光机所(1018所) 作为这个系统的综合研究所。

(b)大邑光机所(三线) 逐步简称为从事光学跟踪仪器的专业所。

(c)西安光机所 按照过去传统以面对二机部及21基地所需光学装备为主攻方向。

(d)安徽光机所 从事大能量气体激光的研究及大功率固体激光的热冲击试验。从事大气光学等基础科研以及上述激光试验有关的工程技术项目。

(e)上海光机所 按现在开展的激光科研项目,继续作为所的方向,可与上海市同共领导。

战略科学家　责任在心

王大珩不仅仅是一名应用光学专家,他还是一位有高度责任感的战略科学家。

青年时代的王大珩就已经深刻认识到科技战略指导国家科学工作的重要

性。当他还在帝国理工学院物理系学习的时候，物理系名义上唯一的教授是汤姆孙（Sir George P. Thomson）。他因发现电子的衍射现象而获得1937年诺贝尔物理学奖。1938年，德国科学家发现铀裂变，他的兴趣转向核物理的军事应用。自1940年担任了对启动英、美原子弹研制起到关键作用的莫德委员会（MAUD Committee）主席后，汤姆孙以一名科学家的身份，在政府推动大科学项目中发挥了重要的决策咨询作用。1945年6月，王大珩的同学、挚友钱三强来到伦敦拜会汤姆孙，申请到他的实验室工作，王大珩便是牵线的人。王大珩早年已经从汤姆孙的经历中，亲眼看到科技战略对国家科学工作的重要影响。进入20世纪80年代以后，他调入北京参加工作，他在中国科学院技术科学部主任岗位上，立足于中国科学技术事业的整体发展，最大限度发挥了院士咨询作用，他积极向党中央、国家领导人建言献策，在重大科技事件立项、发展中发挥影响，成长为一名卓越的战略科学家。

点亮"863"计划，抢占高技术阵地

20世纪80年代，国内科学技术界有一个热议的话题：迎接新技术革命和挑战。那时间，一些国家都把眼光紧紧盯住21世纪，在科学技术发展上制订各自的战略计划，以图抢占高技术"桥头堡"，掀起了新的科学技术竞争浪潮。

先是美国于1983年提出了"战略防御倡议"（简称SDI），它针对苏联的战略洲际核导弹，以构成一个战略防御威慑系统，被世人称之为"星球大战计划"。自此而起，各种各样应合或针对"星球大战计划"的对策和计划，纷纷登场：西欧各国共同签署了"尤里卡计划"，日本出台了"科技振兴基本国策"，苏联和东欧国家制定了"科技进步综合纲领"，韩国推出了"国家长远发展构想"，印度发表了"新技术政策声明"。

面对这种国际趋势，中国怎么办，应该不应该有自己的对策？采取什么样的对策？

1986年初的一天，无线电电子学专家、清华大学校友陈芳允来到王大珩家，他们理所当然谈起了当前的国际、国内形势。王大珩谈到了他对"高技术"的看法："是现代化科学技术的前沿。对发展国民经济和综合国力，有重大影响，有明确的应用目标，是多种技术（特别是新技术）的综合集成的技术领域。因此由于前沿技术在不断发展更新，也是有时间性的。当某项高技术被普遍使用，成

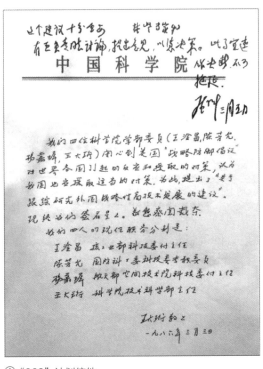

↑ "863"计划信件

熟而工业化后,就不再'高'了,而新的'高'又出现了。"他的态度旗帜鲜明:"现在不做,到下世纪就没有了,就根本跟不上了!"这句话也可以反映出他内心的焦急,他总是挂在嘴边的一句话是"时不我待""不落后于人",他迫切希望通过发展高技术,提升我们国家整体的科技实力,从而在世界大局中占据有利形势。陈芳允提议:"能不能写个东西,把我们的想法向上反映反映。"王大珩表示赞成:"对,应该让最高领导了解我们的想法,争取为国家决策提供帮助。"他们商定好了要立即写一个建议呈送给中央和国务院领导,并决定由王大珩负责起草建议书。

王大珩和陈芳允联名航天部科技委的杨嘉墀、科学界前辈王淦昌,署名了题为《关于跟踪研究外国战略性高技术发展的建议》的建议书,于1986年3月3日送出,上书给邓小平等国家领导人。建议书开门见山:"必须从现在抓起,以力所能及的资金和人力跟踪新技术的发展进程。须知,当今世界的竞争非常激烈,稍一懈怠,就会一蹶不振。此时不抓,就会落后到以后翻不了身的地步……在整个世界都在加速新技术发展的形势下,我们若不急起直追,后果是不堪设想的。"仅仅过了两天(3月5日),邓小平同志就对这份建议书作出批示:"此事宜速决断,不可拖延。"

邓小平批示后,各方面抓紧贯彻落实,同样也是快速高效。1986年4至9月间,国务院先后组织200多名有关专家进行调查论证,而后制订出《国家高技术研究发展计划纲要》,并经中央政治局批准实施。为了纪念"纲要"缘起的1986年3月,后来便以"863"计划得名。

"863"计划确定了目标:在几个高技术领域,跟踪国际水平,缩小同国外的差距，并力争在我国有优势的领域有所突破，为20世纪末特别是21世纪初的经济发展和国防安全创造条件；培育新一代高水平的科技人才；通过"伞形"辐射，带动相关领域的科学技术进步；为21世纪初的经济发展和国防建设奠定比较先进的技术基础，并为高技术本身的发展创造良好的条件；把阶段性研究成果同其他推广应用计划密切衔接，迅速转化为生产力，发挥经济效益。进而，本着有限目标、突出重点、瞄准前沿、积极跟踪的原则，推荐出我国优先发展的生物技术、航天技术、激光技术、自动化技术、信息技术、能源技术、新材料技术等7个领域，并具体化为15个主题项目实施。"863"计划实施时间定为15年，总经费投入为100亿元人民币。

王大珩十分关心"863"计划的实施。每当他看到或者听到该计划取得的新进展，他都由衷高兴。王大珩认为"863"计划，在体制上有一个很好的革新，即不由行政领导来决策，而是由专家来决策。王大珩不满足于提建议，他经常尽自己的思考，对"863"计划的各个主题项目发表建议，对一些重点领域，如航天技术，他更不顾年高亲力参与。例如，他在多次讲话中，都提出要采用系统工程方法，搞好载人航天应用，要严格按工程规范等重要指导意见，等等。他还对航天应用的重要任务高级空间光学系统，对其中的光学工艺、光学结构等部分，提出了有指导性的深刻见解。他立足于空间光学的长远发展，对所提方案每会必讲，逢人必讲，终于推动了非球面关光学系统这一关键性技术的飞跃性进步和长远应用。

鉴于王大珩的突出贡献，2001年，他荣获国家"863"计划特殊贡献先进个人称号。2018年12月18日，党中央、国务院授予王大珩改革先锋称号，颁授改革先锋奖章，并获评为"'863'计划的主要倡导者"。

倡立中国工程院

20世纪70年代末起，科技界就不断呼吁建立国家工程技术方面的最高学术机构（即后来的中国工程院），然而，与此相应的背景却是，工程技术在过去曾经受到冷落，这件事一直不得到重视。

"两弹一星"的从业经历，令王大珩对工程科学技术的认识尤其深刻，他的一个著名的论断就是："技术科学是工程技术和基础科学之间的桥梁！"他从"科学与技术并行发展"的思想出发，认为提高工程技术和工程师的地位，对于加速我国基础工业建设，增强综合国力，提高国际竞争能力具有重要现实意义。

↑ 中国工程院成立建议书和批示

王大珩是成立中国工程院这件事情的积极参与者,他前后有过四次正式提案或建议。1986年,他和茅以升、钱三强、吴仲华、张光斗、黄汲清、侯祥麟、罗沛霖等83人联名提案;1988年,他和陶亨咸、张维、钱保功、陆元九、陈永龄等联名提案;1992年,他又参与21人联署提案;1992年4月,他和张光斗、师昌绪、张维、侯祥麟、罗沛霖6人联署了一份题为《关于早日建立中国工程与技术科学院的建议》的建议书,刊登在中央办公厅5月8日编印的《综合与摘报》(第54期)上,直接促成了全国工程技术界的最高学术机构——中国工程院的成立,并且使得几十年难产的院士制度在我国开始实行。

王大珩和师昌绪既是中国工程院倡立者,也是重要筹建者。为了使得工程院的筹建顺利推进,他们开始了近两年的内外调研,上下协调,民主讨论,提出方案,直到正式建院。王大珩和师昌绪一方面组织人员搜集编印《国外工程科学院简介》,对当时14个国家(瑞典、美、英、法、日等)工程科学院的成立背景、组织机构、院士选举、学部设置、工作方式、经费来源等情况,进行客观、详尽介绍,为大家讨论研究筹建中国工程院提供参考;另一方面,为了扩大内部共识,王大珩和师昌绪多次主持召开技术科学部常委会讨论协商。在1992年下半年,为了起草建院方案和报告,他们通过召开座谈会、个别访谈等方式,先后征求了200多位学部委员和有关专家的意见;同时,他们还亲自走访电子、化工、机械等十几个产业部门和高校,广泛听取意见,共同商讨。

经过初期一系列紧张有序的筹备,建立中国工程院的第一份请示报告,于1993年2月4日正式呈报国务院并党中央,由中国科学院和国家科委联署。这份请示报告是有关建立中国工程院的内容齐全的完整方案,内容包括:关于建立中国工程院的必要性,国际发展趋势和国内发展需要;关于组建中国工程院的一些原则；关于中国工程院的筹建工作及进度安排。

1994年6月中国工程院成立，同时实行院士制度，中国科学院学部委员改称为院士。王大珩，在中国工程院首届院士大会上当选为工程院主席团成员，主席团是工程院的最高决策机构。据工程院的年鉴记录，王大珩任职的四年中，没有缺席过一次主席团会议，每次开会都讨论研究问题并积极发表意见。

促"大飞机"立项

我国的航空工业始于1951年5月，航空工业管理局的正式成立。那时，国内的航空事业非常薄弱，全国只有寥寥近20个飞机修理厂和军工厂，只能从"修造结合"起步发展。中华人民共和国成立后数十年，尽管我国有了能够上天的卫星，有了能够威慑敌对势力的核武器，但是却没有自主知识产权的大型飞机。可以说，中国人心中都有属于自己的大飞机梦！

进入新时期以来，国际形势风云变幻，王大珩深刻地认识到发展我国的航空工业是迫在眉睫的大问题。王大珩关心中国航空工业的发展，他与航空事业的渊源从1993年就开始了，他在中国科学院技术科学部主抓高技术，参加了一个论证组，到航空基地考察。他认为，航空工业在发展形势上是属于高科技的，是国家的"要害"技术，它具有综合性、前沿性、发展性、时间性和经济性的几大特点，其重要地位可与航天技术并列。1996年9月22日，他和师昌绪、马宾、高镇宁、庄逢甘、顾诵芬、张彦仲等人联名，向国家提出《关于将航空技术列入重点高科技领域的建议》。

世纪之交，王大珩关注大飞机问题，他提出我国要研发属于自己的大飞机，这属于战略性的尖端产业。1999年3月，他与多位专家联合，给国家领导人写了一份题为《关于研制民用飞机的建议》的报告，他殷切建议说："请党中央、国务院下狠心把民用飞机工业作为一个重大战略问题，真正抓上去，力争把失误的时间抢回来。"为了考察我国自行研制大飞机的时机和条件是否成熟，他走访了多个单位，询问了多位参与过工作的专家，详细了解了20世纪70年代我国自行研究、自行制造成功的喷气式客机"运10"的经验和教训。2000年11月21日，他还前往上海飞机制造厂考察，登上了"运10"的机舱，详细考察了这台飞机的制造过程。他点点头，心里有数了！

↑ 2000年11月21日王大珩（左五）考察上海飞机制造厂在"运10"飞机旁

2001年2月，随着第159次香山科学会议的召开，王大珩提出了制造大型军用特种飞机以振兴中国航空工业。尽管会议上专家意见尖锐，但是王大珩据理力争，丝毫不让，一一说服到会专家和单位。这次会议最终形成了积极的成果，并达成了共识，不久后的2001年4月16日，王大珩与师昌绪、顾诵芬、刘大响、郑哲敏、张维一起，撰写了《抓紧时机振兴我国航空工业——第159次香山科学会议的几点建议》上报给有关部门，并得到了重视。这一次的香山会议也成了大型飞机立项的关键节点！中国科学院，中国工程院不久后联合立项《中国民机产业的发展思路》咨询建议项目，王大珩是项目负责人之一。在对航空工业的调研基础上，各领域专家鼎力合作，经两年的工作，共同完成咨询报告并上报，该报告也成为我国大飞机立项的重要依据！

2003年4月13日，王大珩给中央领导写信，他总结了多年来有关大飞机的争议和学界对这件事的共识，建议我国启动大飞机研发项目。他提道：发展大飞机要军民兼顾。

2006年1月5日，国防科工委新闻发言人在国防科技工业工作会议新闻发布会上宣布，中国将在"十一五"期间，"适时启动大飞机的研制"。在《国家中长期科学和技术发展规划纲要（2006—2020）》中，大型飞机的发展被列为国家16个重大科技专项之一，大飞机项目启动了！同年1月14日，已经91岁高龄的王大珩不顾年老体弱，高兴地参加了原国家计委、航空部飞机局组织的座谈会，讨论关于国家发展大飞机的问题。他密切关注着大飞机的进展，关心着大飞机的立项，他期盼着我国自主制造的大飞机早日翱翔于蓝天之上。

2007年，令王大珩高兴的事，国务院批准了大飞机研制重大科技专项立项！2008年5月，中国商用飞机有限责任公司在上海成立，承担了中国民用大型客机的研制责任。2008年5月12日，《人民日报》发表了《让中国的大飞机翱翔蓝天》，充分体现了国家意志和人民意愿下发展大型飞机的决心！

2017年5月5日，国产C919大型飞机在上海浦东国际机场成功首飞。

2022年9月29日，C919取得中国民用航空局颁发的型号合格证，具备了交付客户并投入市场运营的安全资质。

2023年9月10日，中国商用飞机有限责任公司介绍，C929也将到来……

国产大飞机终于成功翱翔于祖国的蓝天之上！未来，还将飞向世界各地！

王大珩一生的事业，都是围绕国家的需要，他始终践行着"国家的需求，就是我追求的事业方向！"正因如此，他把对光学的热爱，融进了国家科技发展的大方向中，较好处理好了任务和学科的关系；在承担一系列国家重大任务的同时，他一手创立、建设的长春光机所，不但在学科方向上得到了蓬勃发展，更是为国家光学、国防科技做出了巨大贡献，还带动了其他相关机构、学科同步发展提高。而在国家的重大科技事件，如"两弹一星"，如"863"计划、"中国工程院""大飞机"立项……尽管人们都能从中看到王大珩的名字，但他却谦虚地说："上述事件和变迁，都是在国际形势的大环境中，国家经济建设需求的促进和推动下，回顾我所经历的历史，这些并不是我个人的功劳。"事实上，王大珩从一名优秀的应用光学专家、光学事业的领导者和组织者，成长为一名卓越的战略科学家，他在我国的科技发展史上的几个重大事件的关键节点上发挥了作用，对事情的进程产生了深远的影响。

2010年2月26日，在王大珩95岁生日之际，经多家单位倡议，举行了有多名光学界院士、学者参加的"王大珩学术思想与创新贡献研讨会"，研讨会上正式举办了"王大珩星"的命名仪式。这颗发现于1997年2月15日、编号为17693号的小行星，在2002年3月28日经国际天文学联合会小天体提名委员会批准后，被命名为"王大珩星"，并在2010年向王大珩及家人正式授予证书。这颗星，代表了王大珩的科学形象、科学精神将在宇宙中永恒留存。

2011年7月21日，王大珩因病医治无效，在北京去世，享年96岁。王大珩去世后，各界齐发哀悼他，回忆他为国家光学事业发展、为科技事业强大做出的贡献，追思他"实事求是、审时度势、传承创新、寻优勇进"的科学精神。

参考文献

[1] 胡晓菁. 赤子丹心 中华之光——王大珩传[M]. 北京：中国科学技术出版社；上海：上海交通大学出版社，2016.

[2] 王大珩档案（1949—2011）[B]. 北京：中国科学院人事局档案处.

[3] 王大珩给周总理关于国防尖端光学技术方面的若干问题的信（1972年10月）[B]. 长春：中国科学院长春光学精密机械与物理研究所档案室.

[4] 相里斌主编. 光耀人生——王大珩学术思想与创新贡献[C]. 北京：科学出版社，2011.

[5] 宣明主编. 王大珩[C]. 北京：科学出版社，2005.

[6] 宣明，等编. 中国科学院长春光学精密机械与物理研究所所志（1952—2002）[C]. 长春：吉林人民出版社，2002.

（本文作者：胡晓菁）

钱学森

钱学森（1911—2009），浙江杭州市人，中共党员，技术科学家，1957年当选为中国科学院学部委员（院士），1994年首批当选为中国工程院院士。

1934年毕业于上海交通大学机械工程学院铁道机械专业，后考取清华大学公费留美生。1935年赴美国麻省理工学院留学，获硕士学位。后入加州理工学院，1939年获哲学博士学位，留校从事应用力学和火箭技术研究。1955年，他冲破重重阻力回到祖国。1957年至1959年参与创办清华大学与中国科学院合办的工程力学研究班，讲授"水动力学"课程。历任中国科学院力学所所长，国防部第五研究院院长、副院长，七机部副部长，国防科委副主任，国防科工委科技委副主任，中国科协主席，中国科学院主席团执行主席，中国人民解放军总装备部科技委高级顾问等职。中国共产党第九至第十二届中央候补委员，第六至第八届全国政协副主席。

钱学森是杰出的技术科学家，在应用力学、喷气推进、工程控制论、物理力学和系统工程等领域具有开创性贡献。他在1956年撰写的《建立我国国防航空工业意见书》，为中国导弹、火箭技术的创建与发展提供了极为重要的实施方案。他受周恩来、聂荣臻委托，筹建国防部第五研究院，此后长期担任我国导弹、火箭和航天器研制的技术领导职务，运用他在总体、动力、制导、气动力、结构、材料、计算机、质量控制和科技管理等领域的丰富知识，为中国导弹、火箭和航天事业的创建与发展做出了杰出贡献。

1957年获中国科学院自然科学奖一等奖；1985年获国家科技进步奖特等奖；1989年获"小罗克韦尔奖章"；1991年被国务院、中央军委授予"国家杰出贡献科学家"荣誉称号；1999年被授予"两弹一星功勋奖章"。2001年诞辰90周年之际，由中国科学院紫金山天文台1980年10月14日发现的国际编号为3763号的小行星被命名为"钱学森星"。

钱学森

系统地接受新式教育

钱学森，1911年12月11日在上海出生。他是吴越国王钱镠（852—932）的第33世孙，按照钱氏宗谱确定的字辈"继承家学，永守箴规"，取名钱学森。他的父亲钱均夫，出自杭州的一个丝绸商人家庭，在家中排行第二。他的母亲章兰娟，是杭州当地一个富商的大女儿。

钱均夫，1882年生，1902年由杭州求是书院派往日本留学，1904年进入东京高等师范学校史地科学习历史、地理学和教育学等方面的课程。1908年冬，回到杭州从事教育工作。1914年，北上担任北京政府教育部视学，直至1928年北京政府解散。1929年，回到杭州担任浙江省教育厅督学。1934年冬，因旧疾

↑ 中学时期的钱学森（左一）与父亲、母亲和奶奶

剧烈发作，辞职休养。钱均夫在早年就确立"教育救国"的理念，希望通过变革教育实现改造国民、富强国家的目标。在这种价值观指引下，他让钱学森系统地接受现代新式教育，有意引导他将来走上"实业救国"的道路。

1914年，钱学森随父来到北京生活。1915年，进入北京女子高等师范学校附属蒙养园（幼儿园）。1917年，进入北京女子师范学校附属小学校。1920年，进入北京高等师范学校附属国民学校高等小学校。1923年9月，进入北京师范

大学附属中学校初中部。1926年，升入高中部。当时，北京师范大学附属中学是中国推行新式教育的试验田，注重学生整体性和均衡性发展，既重视理论课程的学习，又重视实践和操作能力的培养，还让学生接受人文与艺术的熏陶。

钱学森天资聪颖，学习勤奋，加上名师指点，成绩优异。在高中阶段，钱学森读的是理科。晚年，他回忆说："高中在理科，称二部（一部为文科）。当时学的是理工结合。一般数理化课之外，还有伦理学，也学过非欧几里德几何学，也学过工业化学。"在课程学习之外，钱学森经常到学校图书馆自由阅读各种书籍，努力拓展知识面，接触到许多教材里无法学到的知识，并形成了自学的习惯。他回忆说："当时学校有一个小图书馆，只有一间书库，却是同学们经常去的地方。那间图书馆收藏两类图书：一是古典小说，像《西游记》《儒林外史》《三国演义》等，这类图书要有国文老师批准才能借阅；二是科学技术图书，我们自己可以借来看。"读初中三年级时，听到一位同学说他在图书馆的一本书里看到：20世纪有两位伟人，一位是科学伟人爱因斯坦，另一位是革命伟人列宁。"到高中一年级我就去图书馆找介绍相对论的书来看，虽不十分看得懂，却知道了爱因斯坦的相对论概念和相对论理论是得到天文观测证实了的"。中学阶段的6年，是钱学森一生成长和进步最为突出的时间段。他曾说："这是我一辈子忘不了的6年。在我一生的道路上，有两个高潮，一个是在师大附中的6年，一个是在美国读研究生的时候。"

1929年7月，钱学森高中毕业，以优异的成绩考入位于上海的交通大学机械工程学院，专业为铁道机械。交通大学创办于1896年，初名"南洋公学"。1921年，该校与交通部设在北京、唐山的三所学校合并，组建"交通大学"。1928年，该校成为交通大学上海本部，设有机械工程、电机工程、土木工程、管理、科学五个学院及中文系、外语系。其中，机械工程学院"以造就各项机械工程专门人才，适应国内交通及实业等建设之需要为宗旨"。学制四年，一、二、三年级不分专业，四年级分设铁道机械、工业机械、自动机械三组。钱学森选读的铁道机械组，"注重铁道机务人才之训练如铁道设备、机车计划、车辆设计等"。在课程设置上，一年级多半为数学、物理、化学等自然科学课程；二年级偏重专业基础课程即工程学的基本训练；三年级注重较为高深的专业理论课程如热力工程、机械设计、热工试验等；四年级铁道机械组注重铁道设备、机车计划、车辆设计等应用课程。铁道机械组虽为培养铁道工程师而设立，但培养方案兼重基础科学与工程实际能力的训练。在教学内容和手段上，强调"学理与手艺并进"，要求多做实验，多做实习参观，试验、实习和设计、计划课程约占全部课程的40%。这是借鉴美国麻省理工学院、康奈尔大学等高校经验的结果，属于一种先进的工程师培养方案。

在交通大学众多教师中，钱学森把钟兆琳、陈石英看成对他影响最大的两位教授，他曾说："专业基础课中给我教育最深的是陈石英先生，他讲工程热力学严肃认真而又结合实际，对我们这些未来工程师是一堂深刻的课。""还有许多老师如电机工程的钟兆琳先生，对我的教育，我也是十分感谢的，师恩永志于心！"这两位教授重视培养学生的理论根底，注意把严密的科学理论与工程实际结合起来的方法，让钱学森树立了科学理论必须为工程技术服务的理念。

↑ 1934年6月交通大学发给钱学森的奖状

当时，交大课目多、实验多、作业多、考试多、重分数。钱学森说："我初入上海交通大学那儿专重考试分数，学期终了平均分数算到小数点以后两位，是为分数而奋斗，对此因无求知的空气而大为不满。但我对分数也不甘落后，没有因为争分数不对而放弃分数，自己也终于以非考90分以上不可"。在第一学年，他感觉收获并不明显，因为许多课程已在高中阶段学过。两个学期分别取得83.34分和83.30分的平均分，名列工程甲班第一，但在整个年级算不上特别突出。到了三年级，钱学森每学期成绩的平均分均超过90分。按照学校规定，学期成绩达到90分以上可以享受免除缴纳学费的奖励，因而钱学森在三、四年级的四个学期都享受免缴学费的待遇。1934年毕业时，钱学森的总平均成绩为89.10分，高居机械工程学院毕业生成绩之榜首。为此，黎照寰校长颁发给他一份奖状，表彰他"潜心研攻，学有专长"。此外，他与其他7位交大毕业生获得一项为当时众多学子梦寐以求的荣誉——斐陶斐荣誉学会会员。

在交大读书期间，钱学森参加过爱国学生组织的游行运动，对国家和民族危机有着清醒的认识。在1932年"一·二八"事变中，日本空军疯狂轰炸上海，给中国造成了巨大的人员伤亡和财产损失。钱学森意识到空中力量是增强国防实力的关键之一，决心在课余时间学习航空科学知识。而且，政府和大学正在积极提倡和发展航空科学教育。

当时，交大尚未设立航空工程专业。但航空工程原本属于机械工程的一个专门领域，它的基本知识与机械工程大多是相通的，国内大学早期开办的航空工程专业多从机械工程专业分出。因此，航空工程专业的专业基础课程，钱学森大多已学过。另外，交大自1931年下半年在机械工程学院开设"航空工程"课程，为选修者提供航空工程的初步知识。钱学森在四年级选修了这门课程，授课老师为曾桐，两学期平均成绩为90分，列选修该课程的14人之首。不仅如此，钱学森将大量的富余时间用于学习航空科学。他经常钻研，"对图书，特别是科技书，那真是如饥似渴，什么科目的书都看。我是学机械工程的，常去找有关内燃机的书，特别是讲狄塞尔（Diesel）发动机的书来读，因为它热效率高。后来我的专业是铁道机械工程，四年级的毕业设计是蒸汽机车。但我到图书馆借读的书绝不限于此，讲飞艇、飞机和航空理论的书都读。讲美国火箭创始人戈达德（R. Goddard）的书也借来看。我记得还借过一本英国人格洛尔（H. Glauert）写的专讲飞机机翼气动力学的书来读。当时虽没有完全读懂，但总算入了气动力学理论的门，这是我后来从事的一个主要专业"。格洛尔的书，即空气动力学名著《机翼与螺旋桨原理基础》（*The Elements of Aerofoil and Airscrew Theory*），1926年出版，后来多次重印、再版。

钱学森涉猎广泛，勤于思考，善于总结。在1933年以及随后几年里，先后发表6篇关于航空工程的文章，如《气船与飞机之比较及气船将来发展之途径》《火箭》等。这些文章的内容并不高深，属于一般性的分析或总结，但《火箭》一文充满创造力和想象力，闪耀着智慧的火花，反映出他将人生的兴趣融化在知识探索之中，为后来进入火箭研究领域播下了思想与兴趣的种子。

钱学森

考取清华大学留美公费生

清华大学建于1911年，时名"清华学堂"，后改为清华学校。1928年，改为"国立清华大学"。除个别年份外，清华每年都稳定地派遣学生赴美留学。1929—1932年，由于政局变化、校务动荡等原因，清华大学暂停留学生派遣。校务稳定后，1933年重启留学生派遣工作。自该年起，清华大学每年以公开考试方式在全国选拔20～30位优秀大学毕业生，作为公费生派往美国留学。这项庚款留学考试的目的在于选

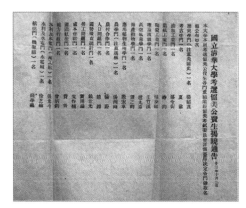

↑《国立清华大学考选留美公费生揭晓通告》（1934年10月2日）

拔和造就国家急需的学术研究人才，设置许多应用科学或国防技术类科目，以填补国内学科空白为目标。由于招考程序规范、考选标准高、留学安排精细，清华大学庚款留美考试与中英庚款留学考试成为当时国内最重要的两项留学生选拔考试，具有很高的社会声望，竞争十分激烈。

大学毕业之前，钱学森仔细谋划了自己的人生道路，决定参加清华大学留美公费生选拔考试，报考航空门（机架组），即飞机设计。1934年8月21—28日，钱学森去南京中央大学参加清华大学第二届留美公费生选拔考试。10月2日，清华大学向社会公布考选结果，录取20人，钱学森榜上有名。他的各个科目成绩分别为：微积分及微分方程41分，应用力学及材料力学63分，热工学64分，航空工程87分，机械原理及机械设计63分。普通科目成绩分别为：党义85分，国文81分，英文75分，德文15分，研究或服务成绩15分，总平均分59.10分。

根据《国立清华大学留美公费生管理规程》，公费生录取后，于必要时须"留国半年至一年，作研究调查或实习工作，以求获得充分准备并明了国家之需要，其工作成绩经指导员审查认可后，资送出国"。为了帮助钱学森补充航空工程专业知识，深入了解国内航空工业发展情况，以及赴美后能够较快地适应当地的学习与生活，清华大学给他安排了4位导师：王士倬（清华大学）、钱昌祚（航空委员会）、王守竞（航空委员会，当时旅德考察）、王助（杭州笕桥中央飞

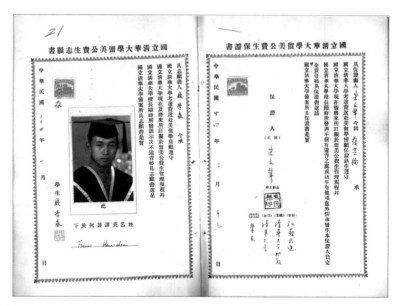

↑ 钱学森填写的《国立清华大学留美公费生志愿书》及其保证书（清华大学档案馆藏）

机制造厂）。王士倬是清华机械工程学系航空工程组教授，钱昌祚、王助为航空工程师或航空技术官员。王守竞，原为研究量子力学的理论物理学家，后受国民政府兵工署俞大维之邀去筹建军用光学工业，因其当时在德国考察，没有给钱学森做过指导。钱昌祚，当时担任国民政府航空委员会技术处处长，长期从事航空事业的技术发展和人才培养的规划、教育与科研工作，有着丰富的航空科学知识和实际工作经验，也比较熟悉世界航空工业发展情况。根据钱昌祚的意见，清华大学安排钱学森先到杭州笕桥中央飞机制造厂、南昌第二航空修理厂和南京第一航空修理厂参观和实习。后来，又安排他到上海海军制造飞机处实习。实习期间，由清华大学发给差旅费和生活费。

位于杭州笕桥的中央飞机制造厂，是钱学森主要的实习地点，由王助负责指导。实习内容以工程实践为主，辅以理论学习，主要目的是增进工程实践知识及了解国内航空工业发展状况。1935年1月，钱学森致函清华大学校长办公处，汇报在杭州笕桥的实习情况。信中写道："十二月九日，学森即到厂开始工作。初一星期在厂中各部见习，以了解其全体概况，明了飞机各部机件制造程序及其分配工作办法，尤注意于合装配部，研究每一机件之功用。如是者一星期，随时学习对飞机制造方法，已知其大概。第二星期即开始在各部分别详细学习，自木工部开始，亦已一星期矣。王禹朋先生并在暇时授学森以实际飞机设计之方法及如何阅读工程杂志及试验报告。"王助对钱学森的实习安排周密，指导细心。后来，钱学森把王助列为对他影响最大的老师之一："王助是我国早年的工程师（航空），有一定的技术能力，是他教导我重视工程技术的实践，要知道工艺问题。"随着航空科学理论与工程实践经验的增加，钱学森感觉已跨入航空工程之门，曾说："1934年夏我报考清华公费留美，改行了，要学航空工程。录取后，在国内杭州笕桥及南昌的飞机工厂见习了几个月，算是入门。"这一年的实习，使钱学森学到了许多从书本上学不到的实践知识，熟悉了航空工业生产的过程，增加了许多与飞机制造相关的经验。最后，钱学森来到清华大学，接受王士倬的指导。

王士倬是清华航空工程组的创始人，他于1925年毕业于清华学校留美预备部，1927年获麻省理工学院机械工程学士学位，1928年获同校航空工程硕士学位。1934年春，他设计制作了直流式及回气式两种风洞模型。当时"从事试验，结果甚为圆满"。1934年秋，他又进行实验风洞设计工作，采用最先进的回流式风洞。这是我国自行研制的第一座风洞，至1935年4月设计工作完成，交由工厂制造。钱学森在杭州实习期间就见过王士倬教授，他从与王士倬的交谈话中得知此清华研制风洞一事，便以极大的热情和兴趣希望赴清华一睹其风貌。于是，他写信给学校要求北上，在1935年6月25日致清华的信中称："贵校航空工程教授王士倬先生来杭亦曾于禹朋先生处会见，说及风洞设置事，学森现拟北上赴贵校一观其究竟，想与学森将来研究不无帮助，禹朋先生亦以为然，且闻士倬先生暑期要留校则更可受教不少矣。"学校征得王士倬意见后同意了钱学森的请求，并说梅贻琦校长亦极想与他见面。

钱学森在清华拜访了导师王士倬，还见到王士倬当时的助教张捷迁，张捷迁参与了实验风洞设计工作。通过学习交流，钱学森对航空实验研究有了进一步认识。其间，王士倬对钱学森说："一个有责任感的科学家，必须对社会做出更加实际的贡献；一个出色的科学家，必然是改变社会现实的有利因素。"王士倬这一教诲，钱学森一直牢记在心中。1955年10月底，钱学森回国抵达上海。他在校友欢迎会上重复这段话，与校友们共勉。

1935年9月，钱学森从上海登上驶往美国的"杰克逊总统号"邮轮。抵美后，钱学森来到麻省理工学院航空工程系学习。由于钱学森的基础扎实，又有在国内一年的实习经历,硕士生阶段的课程学习起来比较轻松,成绩也很出色,由此改变了以前对美国崇拜的观念。他后来说:"在麻州念书的时候,因为成绩不但比美国学生好,而且比在那儿同班的其他外国人都好,对洋人的迷信开始打破,对麻州理工学院的教授也没有多大的钦佩,觉得他们不过如此。"课程学习完成后,开始做论文研究。

① 1936年12月,钱学森获得麻省理工学院航空工程硕士学位证书

钱学森的硕士论文内容是关于边界层的研究。在理论研究部分,他完成得非常顺利。但是,他在做风洞试验过程中遇到了麻烦。风洞风扇的啸叫声和洞体状态使风洞发生颤抖,因而设备本身在试验段引起严重的湍流,试验段压力剧烈地涨落,使试验无法进行。钱学森想了很多方法、费了很大精力,试图解决这一问题,但这个现象一直未能消除。与他一起做试验的机械工程系二年级硕士研究生皮特斯更是束手无策,似乎老师也不能解决,最后未能获得有用的试验数据。1936年9月,钱学森完成硕士论文"湍流边界层研究"(Study of the Turbulent Boundary Layer)。论文前面36页,是关于边界层的理论分析、数学推导和计算图表,后面是对风洞装置的描述,说明在试验过程中出现的问题,并提出对风洞的改进意见。最后,他写道:"设备本身对实验结果有很大限制……若现有风洞不能根据上述建议作出改进,将不可能得到准确的试验结果。"当年12月18日,麻省理工学院授予钱学森航空工程科学硕士学位(Master of science in aeronautical engineering)。

经过一年多的亲身体验,钱学森觉得麻省理工学院在航空工程实践方面具有很好的基础,但在航空理论方面尚有欠缺,缺乏创新风尚。他喜欢和擅长做理论研究,觉得在这里难以学到更多更新的知识。钱学森曾当面向机械工程系主任亨塞克表示,他不满足于麻省理工学院的学习方式,但得到的回应是不以为然。他准备去飞机制造厂实习,但美国的飞机制造厂不欢迎中国留学生。于是,钱学森

"开始转向航空工程的理论,转入力学的学习。既然学力学,就决心找力学人师去,去找冯·卡门教授"。当时,冯·卡门主持的加州理工学院航空工程系是美国新兴的航空科学研究重镇。然而,父亲不同意他的选择。好在此时在欧洲考察的军事理论家蒋百里顺道来美,他听了钱学森的想法后,表示支持他的选择,并答应回国后去说服他的父亲。钱学森思想上的纠结就此烟消云散,愉快地踏上航空科学理论研究之路。

师从冯·卡门

1936年秋,钱学森来到加州理工学院,跟随冯·卡门攻读航空科学理论。冯·卡门,1881年生于匈牙利,近代流体力学奠基人、德国哥廷根大学应用力学教授普朗特的弟子。1932年,冯·卡门离开德国亚琛工学院,来到美国加州理工学院。随其而来的,不仅有德国先进的航空科学理论,还有哥廷根应用力学学派的治学理念和学术风格。

当时,冯·卡门大力宣传应用数学和应用力学观点,要求研究者具备宽厚的数学、物理等理论功底。为了达到这个要求,钱学森在学习航空工程和力学方面的课程之余,选修了复变函数、积分方程等数学课程,相对论、统计物理、量子力学等物理学课程以及分子结构、量子化学等化学课程。

在研究课题的选择上,冯·卡门特别重视与工程实际有着密切联系的问题。当时,航空工业界发展高速飞行的工程需求,向航空科学理论界提出两大课题:一是当飞机的飞行速度接近声速时,空气的压缩对飞行器的性能有什么样的影响,它们之间的定量关系是怎样的?二是寻求超声速飞行器的理论指导与技术设计。在冯·卡门的建议和指导下,钱学森决定研究与高速飞行相关的空气可压缩效应问题。

冯·卡门十分重视年轻人才的培养,尤其是注意培养学生的创造性思维。他陆续为学生开设了一系列课程,如空气动力学、航空应用弹性理论等,授课总是从基本概念出发,以提高学生运用科学原理的本领。最能体现人才培养精神和学术风格的,是冯·卡门从哥廷根大学引进、极富特色的航空研究讨论会(Aeronautics Seminar)。冯·卡门每周主持召开一次讨论会,作为指导研究生学习和研究的重要方式。讨论会每次都有一定的重点,导师和研究人员,包括青年

以身许国 ——"两弹一星"元勋中的清华人

← 1938年，钱学森在美国加州理工学院做博士研究生

→ 1939年6月，钱学森获得加州理工学院哲学博士学位（证书）

教师、博士后、博士生等，可以在讨论会上自由发表自己的新观点、新思路。参会人员进行交流和讨论，可以对主讲人提出的观点进行补充和完善，也可以提出问题或不同的看法，甚至展开辩论。

在一次讨论会上，钱学森一讲完自己的论文，有一位教授立马站起来提出异议。钱学森不同意他的观点，就在会上争得面红耳赤。会后，冯·卡门问钱学森："你知道你是和谁争论吗？那是大权威冯·米塞斯！但是你听到了我的总结讲话，我认为你的意见是对的，我支持你。"这种质疑争辩、自由民主的学风，极大地影响了钱学森，让他养成了敢于提出自己的学术见解，甚至挑战学术权威的品格。在另一次讨论会上，钱学森与冯·卡门发生了争论，并坚持自己的观点，毫不退让。这令冯·卡门非常生气，就将钱学森给他看的论文稿扔在地上，拂袖而去。导师离开后，钱学森默默地弯腰捡起论文稿，感到十分委屈，但毫不屈从，绝不轻易放弃自己的看法。冯·卡门回去后，经过认真思考，觉得在这个问题上学生的看法是正确的。次日，他一上班，就躬身爬上三楼，敲开钱学森小小的研究室的房门，先恭恭敬敬地给学生行个礼，然后说："钱，昨天的争论，你是对的，我错了。"导师这种豁达大度的言行，让钱学森深受感动，并树立起坚持自己正确观点的信念，以及在学术问题上充分发扬民主、大家一律平等的理念。

在冯·卡门的熏陶下，钱学森直接领略到冯·卡门善于抓住物理现象本质的风格，逐渐掌握了从工程实践提取理论研究对象以及将科学理论应用到工程实践的原则与方法，深得哥廷根应用力学学派之精髓。其间，钱学森表现出非凡的科学才华，得到冯·卡门的高度评价："我发现他想象力非常丰富，既富有数学才华，又具备将自然现象化为物理模型的高超能力，并且能把两者有效地结合起来。他还是个年轻学生时，已经在不少艰深的命题上协助我廓清了一些概念。我感到这种天资是少见的，因此，我俩便成了亲密的同事。"

经过近3年的刻苦攻研，1939年5月钱学森完成博士学位论文《可压缩流的流动以及反作用力推进》，并通过答辩。6月，钱学森获得哲学博士学位，学位证书上写道：确认他在科学与航空学、数学及流体理论研究方面取得的高水平成果。通过博士阶段的研究训练，钱学森从航空工程师转型成为知名的空气动力学专家。

按照《国立清华大学留美公费生管理规程》，"公费生留学年限定为2年，但必要时可由各生于期满半年前向本大学陈请延期,经评议会核准后,得准延长半年或一年"。由于做博士研究生需要比较长的时间,超过规定的 2 年。为此,钱学森在 1936 年 10 月致函清华大学,提出延期奖学金资助的申请。1937 年 3 月 15 日,清华大学评议会准其延期 1 年。1938 年 6 月 7 日,钱学森再度致函清华大学,提出继续延期 1 年的请求。为增加钱学森请求函的分量,冯·卡门也致函清华大学梅贻琦校长,称赞钱学森出众的科研能力和潜力,希望清华大学继续给予 1 个学年的奖学金。因无此先例,清华大学收到申请函后,经过充分研究,决定再次延长钱学森公费生奖学金的资助时限。后来的情况证明,这项根据具体情况而突破规则的决定是极富远见的。

钱学森获得博士学位后,冯·卡门再次致函清华大学,请允许钱学森留下来做他的助手,获得同意。这样,钱学森就留校担任助理研究员,成为导师亦徒亦友的合作者。钱学森以追赶冯·卡门为目标,沿着理论与实践结合的应用力学道路,在薄壳稳定理论、超声速及跨声速空气动力学、喷气推进等领域继续探索,取得了许多重要成果。

在这一时期,钱学森与导师冯·卡门以及同学马林纳一起参与了美军的火箭研究计划。1945 年 5 月,欧洲战事结束后,他与冯·卡门一起赴英国、欧洲大陆考察航空、火箭技术发展情况,收集第一手材料。1945 年 12 月,他们共同完成带有前瞻性的咨询报告——《迈向新视野》(*Toward New Horizons*)。1947 年 5 月,麻省理工学院聘请钱学森担任航空工程系教授。1949 年 10 月,加州理工学院聘请钱学森担任古根海姆喷气推进中心主任和"戈达德教授"。此后,钱学森坚持走科学理论与工程实际结合之路,认为只有这样,才能达到推动技术发展和进步的目的。由此,钱学森逐渐开创出工程控制论、物理力学等工程科学新领域。

钱学森曾对自己在美国 20 年间的学习和工作做过总结:"20 世纪 30 年代中期到美国 MIT 及 CIT 学习,MIT 重在工,而 CIT 则强调理、工结合。我在 CIT 选修了不少理科课程,如微分几何,复变函数论,量子力学,广义相对论,统计力学等。博士论文也是用数理理论解决工程技术问题。后来十几年在 MIT 及 CIT 教学做研究,从薄壳理论、气动力学、火箭技术到工程控制论、物理力学等,也都是理、工结合,用'理'去解决'工'中出现的新问题。"

可见,理工结合是钱学森科研工作一以贯之的主线。这让他走出专攻某一、两个领域的专家层次,转型成为具备多领域科学技术知识的工程科学家。可以说，经过在美国20年学习与工作的锻炼，钱学森成为集科学理论、工程实践、战略规划和科学管理于一体的世界级工程科学家和火箭技术专家。

参与制订"十二年科学规划"

1949年，中国共产党领导的人民解放事业胜利在望，钱学森开始准备回国，为此，他要求退出美国空军科学咨询团。1950年7月，美国政府决定取消钱学森参加机密研究的资格，指控钱学森是美国共产党员，非法入境。钱学森这时立即决定以探亲为名回国，但当他一家将要出发时，钱学森被拘留起来。

美国军方不放钱学森回国，海军部副部长甚至威胁说："一个钱学森抵得上五个海军陆战师，我宁可把这个家伙枪毙了，也不能放他回中国去。"1950年9月7日，美国司法部移民规划局非法拘留了钱学森，并把他关押在洛杉矶以南特米洛岛的拘留所里。

至1955年，钱学森已被美国政府无端软禁、扣留五年。其间，钱学森陆续从报纸上读到中美两国谈判双方侨民归国的问题，特别是美国报纸宣称"中国学生愿意回国者皆已放回"，因此决定请求中国政府给予帮助。

当周恩来收到钱学森辗转寄来的信时，即令外交部把信转交给正在日内瓦进行中美大使级谈判的中方代表王炳南，并指示："这封信很有价值。这是一个铁证，美国当局仍在阻挠中国平民归国。你要在谈判中用这封信揭穿他们的谎言。"

1955年6月，中美大使级会谈前夕，美方想利用会谈的机会，赎回在朝鲜战争期间被俘获的军事人员。美国总统、国务卿等出面，多次同有关部门沟通协商。美国总统艾森豪威尔认为："（经过五年的滞留），钱学森掌握的信息已不再有多高价值了。现在看来，他（钱学森）那个时候掌握的涉密信息可能被最新研究所超越，并且这些信息在苏联阵营看来也可能成为基本常识。"因此，在1955年6月中旬，美方最终同意钱学森回国。

经过中国政府多方努力，1955年8月，美国政府同意钱学森离开美国。9月17日，钱学森带着妻子蒋英和一双幼小的儿女登上"克利夫兰总统号"邮轮，踏上归国的旅途。10月8日，钱学森一家在广东深圳入境，当晚抵达广州。此后，他将自己的精力和智慧奉献给了中国科技事业。

↑ 1955年9月17日，钱学森一家在美国洛杉矶港口登上"克利夫兰总统号"邮轮

1956年1月，国务院决定制订1956—1967年科学技术发展远景规划，"把我国科学界最短缺而又是国家建设最急需的门类尽可能迅速地补足起来，使十二年后我国这些门类的科学和技术水平，可以接近苏联和其他世界大国"。随后，在国务院科学规划委员会领导下，制订出《1956—1967年科学技术发展远景规划纲要》和4个附件（简称"十二年科学规划"），从经济建设、国防安全等方面凝练出57项重要科学任务、616个中心问题，并从中提出12项带有关键意义的重点任务。

其间，钱学森成为国务院科学规划委员会委员，并进入科学规划委员会下设的10人综合小组。这个小组负责审定、选择与推荐科学任务，并综合各方面的建议，确定规划内容。在综合小组逐项讨论科学任务过程中，钱学森"除了从国家经济建设、国防建设的需要的角度审定这些项目的指导思想以外，他总是从现代科学可能有的发展的前景的角度，向这些项目的倡议者或草拟者提请他们注意现代物理和化学的成就对解决这些重大科研任务的作用和影响。这就使得这些科学研究项目的制定能看到科学技术发展的未来"。另外，在钱学森建议下，科学规划委员会特地增加第57项任务"科学技术情报的建立"。

"优先发展导弹，还是优先发展飞机？"是航空组在讨论第37项"喷气和火箭技术规划"过程中发生激烈争论的焦点问题。当时，航空界一些专家主张同时开展飞机与导弹研制，但把飞机研制作为航空工业的主要任务，在飞机基础上再发展导弹。不过，钱学森认为优先发展导弹更适合现代科技发展趋势和中国国情。他说，"飞机与导弹各有优点，但导弹的优点是速度快、杀伤力大、作用距离远，无论是从攻击或防御的角度看，都是一个重要的战术技术性能。他还从技术上指出，导弹虽是一种新型武器，但攻克导弹技术并不见得比飞机难，因为导弹是无人驾驶的一次性武器，而飞机是有人驾驶的，而且要求多次重复使用，在发动机、结构、材料和飞行安全等方面都有许多特殊的要求。钱学森用深入浅出的语言和生动形象的比喻，说明导弹的制导技术、发动机技术等，在短期内是能够突破的"。这些观点被很多专家接受，尤其是得到国防科研系统领导人的认同与支持。

在钱学森主持下，王弼、沈元、任新民等合作完成第37项"喷气和火箭技术规划"，为中国喷气和导弹技术发展勾勒出了蓝图。《规划纲要》写道："喷气飞机和火箭是现代飞行器械技术中的最高成就。这种技术的掌握和发展对于增强我国国防有很大的意义。""这两种超高速度的飞行器械在现代科学技术发展中是突出的高峰之一，掌握它、运用它和继续发展它必须要付出很大努力。"建立和发展这项新技术的工作内容包括："掌握喷气飞机和火箭的设计和制造方法，同时研究其有关的理论，并建立必需的研究设备，从事高速气体动力学、机身结构、各种喷气动力、控制方法以及飞行技术的研究，使在最短期间能独立设计民用的喷气飞机和国防所需的喷气飞机和火箭。"

在这项任务说明书中，他们详细论述发展喷气和火箭技术的意义、内容、目标、途径、进度、组织措施等。说明书指出"本任务的预期结果是建立并发展喷气和火箭技术，以便在12年内使我国喷气和火箭技术走上独立发展的道路并接近世界先进的科学技术水平以满足国防的需要。"解决本任务的途径是"必须尽先建立包括研究、设计和试制的综合性的导弹研究机构，并逐步建立飞机方面的各个研究机构。"大体进度是："1963—1967年，在本国研究工作的指导下，独立进行设计和制造国防上需要的、达到当时先进性能指标的导弹。"组织措施是："在国防部的航空委员会下成立导弹研究院，该院自1956年起开始建设，1960年建成。"

在其他科学任务讨论过程中，钱学森同样展示出渊博的学识以及对科技发展趋势惊人的预判能力，"起了举足轻重的作用"。他和中国科学院的专家们力主将无线电电子学、自动化、电子计算机、半导体这四项作为优先发展的项目。实施方案报到国务院后，周恩来总理认为它们是符合"重点发展，迎头赶上"指导方针的重大举措，立即批准，确定由中国科学院迅速集中力量，筹建有关的研究机构。

科学规划完成后，郭沫若院长十分高兴，即兴赋《赠钱学森》七律诗一首，赠与钱学森。诗曰："大火无心云外流，登楼几见月当头。太平洋上风涛险，西子湖中景色幽。突破藩篱归故国，参加规划献宏猷。从兹十二年间事，跨箭相期星际游。"后来的情况表明，十二年科学规划为中国科技事业描绘了发展蓝图，既体现为国防建设和经济建设服务的目标，又符合世界科学技术发展趋势。曾担任科学规划综合小组秘书的何祚庥评价道："正是由于我国的12年科学和技术发展的规划纲要，有了这样一位科技决策的大战略家来主持，这使得这一《纲要》的制定，既符合了我国的国情，又突出了时代精神。"

建设中国技术科学教学与科研体系

钱学森根据国内科技界的习惯叫法，把"工程科学"改为"技术科学"。在参与制订十二年科学规划过程中，他结合"任务带学科"原则，设法将发展技术科学的理念融入科学规划。其中，他与力学界同行把力学从物理学领域分离出来，列为八大基础科学之一，并根据喷气与火箭技术发展需要确定研究课题，提出发展措施。此外，他还利用各种机会，大力介绍和传播技术科学思想。1957年4月，钱学森发表宏文《论技术科学》，系统地阐述技术科学思想。在国家的支持下，钱学森先后创建了多个技术科学研究与人才培养机构，构建起中国技术科学教学与科研体系。

中国科学院力学研究所是钱学森回国后主持创办的第一个科研机构，相当于全国力学界的"国家队"。1956年1月，中国科学院以数学研究所力学研究室为基础成立力学研究所，任命钱学森为所长。他以技术科学思想指导力学所的创建，强调力学所主要开展探索性研究工作，以解决国防尖端技术和民用工业中的关键问题为目标。力学所设立弹性力学、塑性力学、流体力学、自动控制、化学流体力学、物理力学、运筹学等研究组。在研究取向上，他反复强调"任何科学必须和实际结合，挑选课题应和国家工业推进方向相适应"，并对各个研究组的学术方向和研究课题做了仔细考虑。半年后，自动控制研究组独立出来，升格为中国科学院自动化研究所。1961年，运筹学研究组也独立建所。在钱学森主持下，力学所结合国防建设和经济建设的需求，侧重起始性、规律性和原理性的研究任务，为中国导弹、火箭等尖端技术以及其他工程技术的突破与发展做出了非常突出的贡献。

1957年2月，中国科学院与教育部合办的工程力学研究班在清华大学开班。这是落实十二年科学规划发展力学学科的一项重要措施，由中国科学院力学所与清华大学具体实施，以快速培养具有工科背景的应用力学人才为目标。力学研究班班务会议委员，由钱伟长（兼班主任）、钱学森、张维、郭永怀、杜庆华组成。学员由全国工科院校的青年力学教师、优秀大学毕业生、科研部门的青年技术人员组成，都具有一定的工程实际经验。1957—1961年，累计招收三届325名学员，分设流体力学与固体力学两个方向。其间，钱学森自1958年11月至1959年初为首届力学研究班流体力学方向的学员讲授"水动力学"课程。经过课程学习和研究训练，绝大多数学员获得了独立研究或开设"工程力学"及相关课程的能力。随后，他们成为国内工科院校开办工程力学专业的师资，满足了全国力学教育与研究工作迅速发展的需要。

↑ 1956年钱学森在中国科学院力学所办公室

1958年9月，中国科学技术大学（简称科大）在北京成立。钱学森是国务院任命的科大筹备委员会10位委员之一，直接参与科大办学方针、学科与专业设置等重大事项的讨论和决策，对科大办学理念和培养模式的形成产生了深刻的影响。并且，钱学森主持创办科大力学和力学工程系。他以培养技术科学人才的理念确定建系方针、专业方向与培养方案，四处聘请名师为学生讲授基础课程和专业基础课程。在办学过程中，钱学森为力学和力学工程系学生讲授"火箭技术概论"课程，为郭永怀主持创办的化学物理系学生讲授"物理力学"课程。科大力学和力学工程系较好地贯彻了技术科学思想，在国内率先建立起技术科学人才培养体系，培育出大批优秀的技术科学人才。

空气动力学是技术科学领域的典型学科，也是引领航空航天技术发展的带头学科，被称为飞行器设计的"先行官"。在创建中国导弹与航天科技事业过程中，钱学森经常为空气动力学及其科研、试验设施的建设与发展工作指引方向、制订规划、安排课题。一方面，在中国科学院力学所建立高超声速空气动力学研究方向，建造超声速风洞、激波管等试验设备。另一方面，在国防部第五研究院设立空气动力研究室，筹建航天空气动力事业。以此为基础，后来发展成为中国两大著名的空气动力研究基地：一个是位于北京西南的中国航天空气动力技术研究院，另一个是位于四川绵阳的中国空气动力研究发展中心。这些研究机构及其拥有的空气动力试验设施，满足了飞机、导弹、火箭及航天器研制的需要，为中国航空航天事业和国民经济发展做出了重要贡献。

创建中国导弹与火箭科技事业

↑ 1957年2月18日，国务院任命钱学森为国防部第五研究院院长任命书

20世纪50年代中期，中央开始考虑发展国防尖端技术问题。1955年1月15日，毛泽东在中央书记处扩大会议上做出发展核工业的决策。随后，导弹工业也被提上议事日程。1956年2月4日，在叶剑英、陈赓的陪同下，周恩来会见钱学森，委托他起草组建导弹研制机构的报告。2月17日，钱学森向国务院提出《建立我国国防航空工业意见书》。他之所以使用"航空工业"一词，是因为当时导弹工业被当作航空工业的一个部分。在这份报告中，钱学森提出创建中国导弹科研与工业体系的指导思想、发展计划与具体措施，为中共中央研究与决策发展导弹事业提供了依据。

1956年3月，中共中央经过研究与讨论，迅速做出发展导弹事业的决策。4月13日，国务院决定成立国防部航空工业委员会，以中央军委副主席、国务院副总理聂荣臻为主任,中央军委秘书长黄克诚和第二机械工业部部长赵尔陆为副主任,总参装备计划部部长安东为秘书长,钱学森等为委员。5月26日,周恩来在中央军委会议上责成航空工业委员会负责组建导弹管理机构(国防部五局)和研制机构(国防部第五研究院)。8月6日,国防部五局正式成立,钱学森担任第一副局长兼总工程师。10月8日,国防部五院成立,钱学森担任院长。10月15日,聂荣臻向中共中央写报告,提出以"自力更生为主,力争外援和利用资本主义国家已有的科学成果"作为创建导弹事业的方针。

1957年10月15日,中苏两国政府代表团在莫斯科签订"国防新技术协定",苏联同意向中国提供P–2等4种导弹的样品和有关技术资料,并派专家来华指导仿制。1958年5月,五院开始集中力量在苏联专家的指导下仿制P–2近程地地导弹(仿制代号1059)等导弹。1960年11月5日,五院仿制的第一枚1059导弹在酒泉发射基地进行飞行试验,取得成功。1964年6月29日,在1059导弹基础上改型设计的"东风二号"中近程地地导弹发射成功。五院通过先仿制生产、后改型设计的方式,掌握了自主设计导弹的本领与技术诀窍,摸索出导弹研制的规律,还培养出一支导弹研究设计队伍,为自主研制奠定了坚实的基础。

进入自主研制阶段后,五院根据型号研制规律努力探索适合国情的导弹技术发展路线、型号研制组织与管理的方法。其间,钱学森投入大量时间和精力,以求快速、高效地发展中国导弹事业。

1961年6月2日,聂荣臻提出:"搞导弹必须具有战略眼光,这一步一定要想到下一步。""要搞三班,从三班倒去考虑安排力量:一班搞中近程战略导弹,一班搞近程战略导弹,另一班搞更远的型号。"这个意见经过进一步总结,概括为"三步棋"思想,即小批生产、新品研制和预先研究。在贯彻"三步棋"思想过程中,1961年7月12日钱学森向聂荣臻建议成立由各方面的技术专家组成的科学技术委员会,作为五院的技术"参谋",研究导弹型号发展的技术途径、技术发展方向和技术上的有关问题,向党委和行政领导提出建议。聂荣臻同意并支持这项建议。1962年2月2日,五院成立科学技术委员会,钱学森任主任委员,任新民、庄逢甘、吴朔平、屠守锷、梁守槃、蔡金涛等6人为副主任委员,耿青任秘书长。149名院内外各专业的专家被聘为委员。五院科技委下设16个专业组,各组分别根据型号研制的需要制订本专业的科研规划,安排预先研究项目。

而且，五院科技委经常把各方面的专家汇聚在一起，讨论、制订导弹与航天技术近、中、长期发展规划和预先研究课题。这使领导部门科学决策、民主决策有了有效的途径，特别是加强了预先研究，为型号研制提供了技术储备。

突出总体并按照系统工程思想开展型号研制，是钱学森关于型号研制组织与管理工作的一个重要思想。钱学森等人提出按照"以型号为目标，以专业为基础"的原则建立科研、设计与生产相结合的型号研究院的建议。为使研究组织与研制任务相适应，1964年11月4日五院决定对科研机构和试制工厂进行调整，在四个分院的基础上，分别组建按型号类别划分的地地和潜地导弹研究院（第一研究院）、地空导弹研究院（第二研究院）、飞航导弹研究院（第三研究院）、固体地地和潜地导弹研究院（第四研究院）。每个研究院主要负责一类型号的总体、分系统的研究、设计、试制和试验，即改为按型号配套、自成体系的型号研究院。钱学森对各个型号研究院的任务给予清晰的定位：以科研为主导，科研生产相结合，承担导弹与航天型号总体任务，型号研究院是自主研发、技术创新的主体。实践表明，由于方向与任务明确，型号研究院缩短了管理渠道，提高了研制效率，解决了型号研制的技术抓总和研究设计问题，保证了技术指挥线与行政保障线运行畅通，加快了各类型号的研制进度。

为了加强五院的试制生产能力，建立配套完整的导弹工业体系，1964年11月23日中共中央、国务院发出《关于成立第七机械工业部的通知》，决定以五院为基础成立七机部，统一管理导弹工业的科研、设计、试制、生产和有关基建工作。1965年1月4日，七机部正式成立，任命王秉璋为部长、钱学森等为副部长。至此，中国初步建立包括导弹基本技术研究、型号研究与设计、生产制造和发射试验的科研与工业体系，为独立研制导弹与航天技术产品奠定了科学合理的组织体系。

1059导弹仿制完成之后，钱学森就着手考虑中国导弹技术的发展途径和长远规划。他多次与聂荣臻交换意见，认为中国不能被苏联援助牵着鼻子走，要从仿制苏联导弹中探寻规律，走出自己的发展道路。1962年2月五院科技委成立以后，钱学森建议各分院要组织科技人员，研究各类导弹的技术发展途径和发展规划，尤其是地地弹道导弹要形成一个系列，近程导弹、中程导弹各是多大的直径，都要定下来，新老型号要有继承性，不能一个导弹一个样，否则对发展、生产、工艺会带来极大的困难。1963年4月2日至5月16日，在钱学森主持下，五院科技委召开首届年会，讨论地地、地空、海防导弹的技术途径和发展步骤。一分院副院长屠守锷代表一分院，在年会上发表《地地导弹技术发展途径和步骤》的报告，就导弹的射程、分类、级数、并串联、燃料、弹体直径、制导方式、发动机类型、运输方式、机动性能、弹头类型等十几个问题进行充分论证。以这些工作为基础，1965年初七机部开始制订"八年四弹"规划。在充分发扬技术民主、群众献计献策的基础上，七机部集中集体的智慧，提出1965年至1972年《地地导弹发展规划》（简称"八年四弹"规划），为我国第一代液体地地导弹描绘出清晰的发展蓝图。"四弹"，即"东风二号甲"中近程导弹、"东风三号"中程导弹、"东风四号"中远程导弹、"东风五号"洲际导弹。这个规划既是集体智慧的结晶，也是钱学森高屋建瓴的杰作。作为技术主帅，钱学森以其远见卓识，从国家的高度谋划中国导弹与航天技术发展的技术途径，引领导弹与航天技术队伍从仿制走向自主研制的技术创新道路。1965年3月20日，中央专委第十一次会议批准这个规划。会上，周恩来高兴地说："像七机部这样机密性很强的单位，可以发动群众广泛讨论，搞出一个好的规划，其他部门发动群众讨论规划，应该是没有问题的。"

此后，七机部一院开始"东风二号甲""东风三号""东风四号""东风五号"四个型号并举的研制局面。1965年11月13日，"东风二号甲"飞行试验取得成功。1966年12月26日，"东风三号"01批次第一枚遥测弹进行飞行试验。试验证明，导弹各系统工作协调，总体设计方案是成功的。1967年5月26日，"东风三号"进行第三次发射试验，取得圆满成功。1970年1月30日，"东风四号"进行首次飞行试验，两级分离正常。试验证明，总体设计方案是正确的，攻克了发动机高空点火和两级分离技术，突破了多级导弹技术的难关。随后，在"东风四号"的基础上增加一个采用固体发动机的第三级，组成三级运载火箭"长征一号"。1970年4月24日，"长征一号"运载火箭将中国第一颗人造地球卫星"东方红一号"送入预定轨道。

1971年9月10日，"东风五号"第一发遥测弹进行低弹道飞行试验，获得基本成功。试验表明，导弹总体和各分系统方案基本可行，各分系统之间的工作基本协调，达到预定的试验目的。1977年9月，"东风五号"全程飞行试验被列为七机部的"三抓"任务之一。1980年5月18日，"东风五号"在酒泉发射基地点火起飞，飞向南太平洋海域，弹头准确进入预定落区，射程约9000公里，全程飞行试验取得圆满成功。

这是中国地地导弹技术发展史上一个重要的里程碑,标志着"八年四弹"规划圆满完成。从此,中国完全掌握了第一代液体地地导弹技术,并在此基础上开发出长征系列运载火箭,在中国导弹与航天技术发展史上具有极其重要的意义。

创建中国卫星与空间科技事业

中国着手研制人造地球卫星,始于1958年"大跃进"运动期间上马的"581"工程。但因国力不允许以及相关的科学技术储备严重不足,"581"工程很快悄然中止,研制人员调整工作方向或转向理论研究。

1964年6月29日,"东风二号"中近程地地导弹发射试验取得成功,意味着中国发射人造卫星的运载火箭和发射场已具备一定的基础。并且,中国科学院在卫星仪器、器件、地面模拟装置以及观测设备的研制和地面跟踪站的建设方面也取得了重要进展。这时,赵九章和钱学森认为,我国已基本具备发射人造卫星的条件。考虑到当时的国家形势,他们决定分别以个人名义上书中共中央,建议重新启动人造卫星研制工程。

1964年12月28日,赵九章在参加第三届全国人民代表大会第一次会议期间把《关于尽快全面规划中国人造卫星的建议》交给周恩来总理。这份报告认为中国已具备研制人造卫星的条件,建议中央采取措施,抓紧开展工作,争取在建国20周年之前发射人造卫星。周恩来看完报告后十分高兴,指示赵九章尽快拿出切实可行的实施方案。1965年1月6日,赵九章、吕强以中国科学院地球物理所所长和自动化所所长的名义,联名向中国科学院党组递交报告,建议加快人造卫星研制步伐。

1965年元旦之后,钱学森向聂荣臻提起研制人造卫星的问题。1月8日,他向国防科委并国防工办递交《建议早日制订我国人造卫星的研究计划并列入国家任务》的报告,建议国家将人造卫星研制工作列入国家计划,促进这项重大国防科学技术的发展。1月20日,又以"581"组组长的名义向中国科学院党组提交《关于开展人造卫星及有关设备研制的初步意见(稿)》。中国科学院党组在此基础上草拟出《关于发展卫星研制工作的纲要和建议》,于1965年3月11日递交中央专委。

2月9日，国防科委将钱学森的报告以及聂荣臻的意见一起呈送总理办公室。周恩来非常重视，安排中央专委秘书长兼国防工办主任罗瑞卿办理此事。4月10日，国防科委副主任罗舜初召集张劲夫、钱学森、赵九章等有关部门负责人和专家召开会议，讨论人造卫星规划方案。钱学森在会上说，中国科学院这几年做了不少准备工作。我们现在有条件考虑卫星问题了，应该提到工作日程上。4月29日，国防科委根据这次会议的讨论情况与意见形成《关于研制发射人造卫星的方案报告》，呈报中央。报告建议：卫星工程总体及卫星本体由中国科学院负责；运载火箭由七机部负责；地面观测、跟踪、遥控以四机部为主，中国科学院配合；卫星发射场由国防科委所属试验基地负责建设。报告提出："初步设想争取1970年或1971年发射我国第一颗人造卫星（100公斤左右）。预计第一批先发射的卫星约10颗，主要是探测高空环境参数。其中的5颗卫星主要是用来试验返回卫星的关键技术。1970年或稍后一点的时间，正式发射应用卫星。"

5月4日至5日，周恩来主持召开中央专委第十二次会议，原则批准我国发射第一颗人造卫星的报告，要求各有关单位将发射人造卫星的工作纳入年度计划，并由中国科学院在7月提出具体规划。这标志着中央正式决定研制人造卫星。5月31日，中国科学院新技术局要求赵九章等人在6月10日拿出第一颗人造卫星的设想和卫星系列发展规划。紧接着，中国科学院举行多次方案研讨会，于7月1日向中央专委上报《关于发展我国人造卫星工作的规划方案建议》。报告就发射人造卫星的主要目的、10年奋斗和发展步骤、第一颗人造卫星可供选择的三个方案、卫星轨道选择和地面观测网的建立、重要建议和措施等五个问题做了陈述。

在这段时间里，中国科学院和七机部都在为人造卫星奔忙。在讨论研制第一颗人造卫星的任务分工时，有些同志提出，中国科学院在搞"581"工程时有了一些技术基础，现在"581"重新上马，希望在哪里"跌倒"就在哪里爬起来，把人造卫星和运载火箭的研制任务都交给中国科学院负责。对于这个在任务分工上的不同意见，国防科委副主任罗舜初召集几次会议进行协调，但依然没有取得一致意见。钱学森十分焦急，在一次分工讨论会上有些生气地说："在1958年时，导弹研制未见端倪，人造卫星、运载火箭采取两条腿走路的方针是正确的。现在的情况不同了，中近程导弹已经成功，完全有可能作为运载工具，国家已无必要耗费巨资另起炉灶，我们更不能再分散本来就不雄厚的力量。如果让擅长搞科学研究的科学院去搞如此大规模的科技工程，那我们七机部搞什么？如果这样，那我们七机部就退出来！"钱学森不赞成在人力、物力、财力都十分紧缺的情况下，专门为发射人造卫星研制运载火箭。随后，他向聂荣臻汇报他的设想，建议把已有的导弹技术和探空火箭技术结合起来，组成发射人造卫星的运载火箭。7月2日，聂荣臻在听取张劲夫、张震寰汇报中国科学院提出的发射第一颗人造卫星的方案后，明确表示支持钱学森的意见。他指出："研制、发射人造卫星是个很复杂的任务，要很好地分工。""运载火箭及第三级火箭还是由七机部研制。"

8月9日至10日，中央专委第十三次会议讨论并原则批准中国科学院提出的方案，确定争取在1970年前后发射中国第一颗人造卫星，任务代号为"651"。会议确定任务分工：中国科学院搞卫星本体和地面跟踪测量系统；七机部负责研制运载火箭（起初，"长征一号"运载火箭总体方案设计由七机部第八设计院负责，1967年11月改由七机部一院负责研制）；国防科委二十基地（酒泉发射基地）负责地面发射设备。会议还同意中国科学院设立卫星设计院，七机部第八设计院除负责"长征一号"总体方案设计外，继续开展返回式卫星的方案论证工作。

这次会议标志着中国第一颗人造卫星从技术准备阶段进入工程研制阶段。8月25日，中国科学院下文成立人造卫星研制工程的组织机构，部署工作任务。10月20日至11月30日，中国科学院受国防科委委托，在北京友谊宾馆召开中国第一颗人造卫星总体方案综合论证会（代号"651"会议）。会上，中国科学院赵九章作卫星总体设计问题的技术报告，钱骥作中国第一颗人造卫星设想的介绍；七机部钱学森作运载火箭研制总体思路的发言，朱毅麟作运载火箭具体方案的介绍。根据四机部的建议，中国科学院代表报告了地面系统方案的设想。11月25日，钱学森在会上指出："发射卫星是一项庞大的工程，涉及面很广，上至天文下至地理。我们要敢于开创自己的道路，还要从实际出发循序渐进。要贯彻毛主席'大力协同'的指示，科学院、七机部的力量都是有限的，必须有分工有协作，还必须组织其他单位广泛协作。只要我们下定决心，肯干努力，就一定能使我国第一颗人造卫星早日升空。"这次会议确定，中国第一颗人造卫星为科学探测性质的试验卫星，目标是"上得去，抓得住，听得到，看得见"。

"651"会议结束后，中国科学院立即着手组建卫星设计院。1966年1月25

日，中国科学院正式成立卫星设计院，代号"651"设计院，赵九章任院长，杨刚毅任党委书记，钱骥为技术负责人。同时，建立卫星总装厂。5月，中国科学院又成立701工程处，负责地面跟踪设备研制、跟踪系统的设计、台站选址与勘探以及台站的基本建设等任务，陈芳允任技术负责人。当年12月，地面台站的建设任务从中国科学院调整到国防科委所属试验基地。

1966年5月31日，钱学森与罗舜初、张劲夫、裴丽生、王秉璋等商讨第一颗人造卫星及相关问题，决定第一颗人造卫星于1970年发射，使用"东风四号"中远程导弹加第三级固体发动机构成的运载火箭发射，命名为"长征一号"。1967年12月，国防科委召开第一颗人造卫星研制工作会议，审定总体方案和各分系统方案，正式命名中国第一颗人造卫星为"东方红一号"。

"文革"爆发后，"651"设计院无法正常开展工作。为了保证研制工作正常推进，1966年12月中央专委决定将卫星研制任务改由国防科委负责。1967年3月17日，周恩来宣布对承担卫星研制任务的单位实行军管。其后，聂荣臻提出把国防科技力量调整改组为18个研究院的方案。其中，第五研究院为"人造卫星、宇宙飞船研究院"，即空间技术研究院。5月29日，国防科委向中央军委呈送《关于组建空间技术研究院的报告（草案）》。5月31日，钱学森向聂荣臻汇报"关于组建人造卫星、宇宙飞船研究院问题"的有关情况，得到聂荣臻的支持。6月27日，中央军委党委第七十七次会议决定：同意国防科委提出的组建空间技术研究院的方案，该院属国防科委建制。1968年2月，国务院、中央军委批准国防科委提出的组建空间技术研究院的方案，决定成立"中国人民解放军第五研究院"，钱学森兼任院长，常勇担任政委。

此后，钱学森全面领导第一颗人造卫星的研制和发射试验工作。在组建空间技术研究院过程中，他特别强调运用系统工程方法并借鉴原国防部五院建立总体设计部的经验，直接指导总体设计部（即空间飞行器总体设计部）的组建工作，确定总体设计部的主要职责、组建方案和主要领导人选等。在他的推荐下，年仅38岁的七机部一院导弹总体部副主任孙家栋负责组建卫星总体设计部，并主持第一颗人造卫星的总体设计工作。同时，他还从七机部一院各专业部门抽调包括戚发轫在内的18人进入空间技术研究院，以加强专业配套。

受"文革"影响，一些专家和技术人员不能放手工作、无法集中精力突破研制过程中的技术难关。为让钱学森施展技术领导才能，1969年9月15日周恩来在一次专门讨论卫星和运载火箭的中央专委会议上指出："'651'总抓，由国防科委负责，钱学森参加。"此后，"651"工程就由钱学森负责技术方面的"大总体"，即卫星本体、运载火箭和地面系统三个方面总的技术协调和组织实施工作。

在钱学森和七机部军管会副主任杨国宇的耐心工作下，七机部一院研制人员克服重重困难，在1969年7—8月完成"长征一号"运载火箭1～2级、2级、2～3级共4次发动机的全推力试车任务。每次试车时，钱学森都亲临现场，关注和解决试车中可能出现的技术问题。1970年1月30日，"东风四号"中远程导弹发射试验取得成功，意味着在其基础上研制的"长征一号"运载火箭的关键技术已经基本解决。"长征一号"运载火箭总长29.46米，最大直径2.25米，起飞重量81.5吨，起飞推力104吨。

钱学森与常勇政委密切配合，在空间技术研究院为卫星研制人员营造出相对安定的科研和生产环境。他经常深入科研第一线，指导解决关键技术问题。在周恩来支持下，也解决了不少带有政治性的技术问题，排除了干扰，保障了卫星研制工作向前推进。1970年3月26日，"东方红一号"人造卫星完成总装和测试，被运往发射基地。卫星质量为173公斤。4月2日，钱学森参加周恩来主持的中央专委会议，汇报"东方红一号"卫星发射的准备情况。会议决定于4月20日或5月1日以后发射"东方红一号"人造卫星。

1970年4月24日晚21时35分，"长征一号"运载火箭搭载着"东方红一号"人造卫星在酒泉发射基地点火升空，火箭飞行正常，星箭成功分离，卫星顺利入轨。由此，中国成为世界第五个使用自己研制的运载火箭将自己研制的人造卫星送入太空的国家。

在中国第一颗返回式人造卫星研制与发射过程中，钱学森同样倾注了大量心血。1975年11月5日，钱学森在酒泉发射基地主持"长征二号"运载火箭发射第一颗返回式卫星"尖兵一号"的试验工作。火箭起飞20秒后，姿态失稳，安全自毁装置启动，火箭和卫星凌空爆炸。钱学森迅速赶到现场，一边安慰参试人员，一边与大家一起分析事故原因。经过认真分析，失败原因缘于运载火箭上的一根导线。随后，运载火箭研制人员迅速予以改进。在卫星研制系统，钱学森要求大家"火箭生病，卫星也得吃药"，对每一台产品的质量进行全面大检查，对存在的各种问题和隐患提出切实有效的改进措施。

1975年11月26日，钱学森再次来到酒泉发射基地，指挥"尖兵一号"返回式卫星发射工作。发射成功后，在轨运行的卫星突然出现异常情况。当晚，钱学森、马捷和卫星研制人员飞赴陕西渭南卫星测控中心，询问有关情况。11月27日，他听取各方关于回收时间的意见，还专门找卫星控制系统的杨嘉墀、测控系统的陈芳允等专家谈话，最后决定不提前回收。11月29日，"尖兵一号"携带着遥感资料按计划返回地面，走完了上天、入轨、遥感、返回的全过程。这标志着中国成为继美国、苏联之后第三个掌握人造卫星返回技术的国家。

此外，钱学森还为中国通信卫星、载人航天等领域的创建和发展做出了奠基性贡献。在组织中国导弹与航天重大型号研制与发射试验过程中，他经常从更高层次思考一些重大科学和技术问题，提出许多创新、超前的思想和建议。

发展系统工程理论　提出新思想、新战略

20世纪70年代以后，特别是1982年退出国防科研一线领导工作后，钱学森转向探索采用现代科学技术建设中国特色社会主义问题。他将航天系统工程方法推广到经济与管理领域，研究和创建系统学，构建现代科学技术体系结构，研究新技术革命问题及对策，探索社会主义现代化建设的科学，提出了许多精深卓绝的思想与创见，极具预见性和超前性。

1978年9月27日，钱学森与许国志、王寿云联名发表"组织管理的技术——系统工程"一文，将组织管理导弹与航天型号产品的经验总结为系统工程理论并向社会介绍和推广，以提高国家的管理水平。随后，国内掀起研究和应用系统工程方法的热潮，推动了经济和社会管理的科学化进程。在钱学森的支持下，有关研究人员将系统工程方法引入国民经济管理领域，使用计算机进行定量判断，收到了比较好的效果。在此基础上，钱学森提出采用系统工程方法与巨型计算机，分析研究社会主义建设中的问题，向国家提出科学合理的方案。据此，他建议国家成立社会主义建设总体设计部，作为中央决策的参谋班子。在探索和创建系统学过程中，钱学森提出"开放的复杂巨系统理论"概念与从定型到定量综合集成法及研讨厅体系。这套方法将专家智慧与计算机系统结合起来，采用人机结合与人机交互的方式研究和处理复杂问题。这是钱学森在晚年投入精力最多、取得成绩最大、影响最为深远的研究成果。

1979年，钱学森提出建立"科学技术体系学"，研究其组成部分的相互联系

和关系,学科的产生、发展和消亡以及学科体系的运动和变化。研究和发展这门学问的目的,是用来帮助进行科学技术工作的组织与管理,制订发展规划或计划。在继承工程科学思想的基础上,钱学森提出现代科学技术体系分为4个层次,即工程技术(联系实际、直接改造客观世界的知识)、技术科学(改造客观世界的工程技术在某一个方面所需要的理论而形成的专门学问)、基础科学、马克思主义哲学(科学的哲学,是科学技术的最高概括)层次。1982年,他提出现代科学技术体系包括六大部门。此后,他的思想不断深化、丰富与完善。至1996年,钱学森提出现代科学技术体系包括自然科学、社会科学、数学科学、系统科学、思维科学和人体科学、文艺理论、军事科学、行为科学、地理科学、建筑科学十一大部门。今后,随着科学技术发展,现代科学技术体系的部门还将不断地增加。

随着电子计算机、信息技术与航天技术迅猛发展,欧美发达国家率先出现信息技术革命的浪潮。美国学者阿尔文·托夫勒的名著《第三次浪潮》译本在国内出版后,给人们的心灵造成了极大的冲击。钱学森及时关注和研究新技术革命及其给人类带来的巨大变化。1984年3月10日,他在一次报告中提出关于科学革命、技术革命、产业革命与社会革命的理论,深化了人们对新技术革命本质的认识。他提出,人类社会已经历农牧业、商品生产、蒸汽、电气四次产业革命。在21世纪,人类将出现信息技术、生命技术、人体科学这三次新的产业革命及组织管理革命。系统科学是20世纪中叶兴起的一场科学革命,而系统工程的实践又将引起一场技术革命,这场科学和技术革命在21世纪将促发组织管理的革命。同年,他提出情报信息、电子计算机、智能机和通信系统是研究新技术革命对策中真正要抓的事情,以迎接第五次产业革命(信息技术革命)。在"863"计划制订期间,钱学森高度重视信息技术。他指出,第五代计算机是智能计算机,它的出现将是一次技术革命,也是第五次产业革命的核心问题。1987年,他又指出"智能机是我们国家现阶段的尖端技术,犹如战略核武器是我们国家20世纪50年代至70年代的尖端技术一样"。当时,智能机的研究方向与发展途径还不清楚,钱学森提出从11个方面开展探索和研究。这些思想或观点,非常富有远见。

1988年,钱学森提出要研究社会主义建设的大战略,倡导创立社会主义现代化建设的科学——"社会主义国家学"。1992年,他从系统角度研究中国社会主义建设的系统结构,认为中国社会主义建设主要包括政治文明、物质文明、精神文明与地理建设四个方面。1994年，他提出现代中国已经历两次社会革命：第一次是从政治革命入手、解放生产力的革命；第二次是以经济建设为中心、发展生产力的革命。到21世纪中叶，中国大地将出现第三次社会革命，即以新的产业革命为先导、创造生产力的革命。这次社会革命不仅是第一、二次社会革命的继续和发展，而且迎接现代科技革命的新潮流。在21世纪三次新的产业革命推动下，将极大地促进社会主义物质文明、精神文明与政治文明建设，并使三个文明建设之间以及地理建设进入协调发展时期，推动中国由社会主义初级阶段进入发达阶段。

"能领兵者，谓之将也；能领将者，谓之帅也。"钱学森无疑属于科技帅才或领军科学家。他富有远见卓识，能够跨越专业鸿沟把握科技发展方向，提出创造性、前瞻性的研究构想，对中国现代科技事业的崛起做出了巨大贡献。不过，他始终保持谦虚谨慎的作风和淡泊名利的心态。面对社会上赋予他"中国导弹之父"之类的头衔，钱学森冷静地说："称我为'导弹之父'是不科学的。因为导弹卫星工作是'大科学'，是千百万人大力协同才搞得出来，只算科技负责人就有几百，哪有什么'之父'？那只有党和国家的决策领导人，周恩来和聂荣臻了。所以'导弹之父'是不科学的，不能用。"

在科学技术主导国际竞争的今天，科技创新人才的培养是事关国家长远发展的重大问题。如何培养科技创新人才，成为钱学森晚年思考和研究的一项重要问题。他曾提出培养"工程师＋科学家＋思想家"型的科技帅才，认为"当帅才的，在领导实现一个明确的目标时，应该从基础应用到工程实践，都能够考虑到"。2006年3月29日，钱学森再次谈到科技创新人才培养的问题。他说："今天我们办学，一定要有加州理工学院的那种科技创新精神，培养会动脑筋、具有非凡创造能力的人才。""你是不是真正的创新，就看是不是敢于研究别人没有研究过的科学前沿问题，而不是别人已经说过的东西我们知道，没有说过的东西，我们就不知道。所谓优秀学生就是要有创新。""回国以后，我觉得国家对我很重视，但是社会主义建设需要更多的钱学森，国家才会有大的发展。"这些思想与认识，是钱学森总结自己的成长经历以及领导国防尖端技术研制工作经验的基础上提出来的，对当下科技创新人才与领军科学家的培养具有重要的指导意义。

参考文献

[1]《钱学森》编委会. 钱学森[M]. 北京：人民出版社，2012.

[2]《中国航天事业的 60 年》编委会. 中国航天事业的 60 年[M]. 北京：北京大学出版社，2016.

[3] 钱学森. 自传.（1958 年 9 月 24 日）.

[4] 顾吉环，李明，涂元季编. 钱学森文集[M]. 北京：国防工业出版社，2012.

[5]（美）冯·卡门，李·埃德森. 冯·卡门——航空航天时代的科学奇才[M]. 曹开成译. 上海：复旦大学出版社，2019.

[6] 姜玉平. 钱学森在交大时期对航空与火箭的探索及其原因初探//钱学森研究[M]. 上海：上海交通大学出版社，2008.

[7] 金富军. 清华大学留学管理研究[M]. 北京：清华大学出版社，2022.

[8] 孔祥言. 钱学森的科技人生[M]. 北京：中国宇航出版社，2011.

[9] 涂元季主编. 钱学森书信集[M]. 北京：国防工业出版社，2007.

[10] 石磊等. 钱学森的航天岁月[M]. 北京：中国宇航出版社，2011.

[11] 王扬宗，曹效业. 中科院院属单位简史（第一卷，上册）[M]. 北京：科学出版社，2010.

[12] 王寿云等. 钱学森. 中国现代科学家传记（第一集）[M]. 北京：科学出版社，1994.

[13] 魏宏森主编. 钱学森与清华大学之情缘[M]. 北京：清华大学出版社，2011.

[14] 张现民. 钱学森年谱（上）[M]. 北京：中央文献出版社，2015.

[15] 何祚庥. 钱学森教授与发展科学技术的十二年规划[J]. 院史资料与研究，1992（3）：23-31.

[16] 侯深渊. 钱学森与中国卫星事业[J]. 中国空间科学技术，2002（1）.

[17] 姜玉平. 清华大学工程力学研究班对我国力学教育的贡献[J]. 工程研究，2017，9（4）.

[18] 钱学森. 论技术科学[J]. 科学通报，1957（4）.

[19] 张劲夫. 在科学院辉煌的背后[J]. 百年潮，1999（6）.

（本文作者：姜玉平　司宏伟）

陈芳允

陈芳允（1916—2000），浙江台州市人，中共党员，无线电电子学家，空间系统工程专家。1980年当选为中国科学院学部委员（院士），1985年当选国际宇航科学院院士，1990年当选为国际宇航联合会副主席。

1934年考入清华大学机械系，后转入物理系，1938年毕业于西南联合大学，留校任助教。1944年底赴英国留学。1948年5月回国。新中国成立后，筹办中国科学院电子学研究所，主要从事脉冲技术研究。1964年起，从事空间技术研究工作，负责人造卫星地面跟踪测量系统的建设任务。1967年，调至国防科委酒泉卫星发射中心工作，参与卫星测控系统的研制和建设工作。1976年调入国防科委洛阳跟踪与通信技术研究所任副所长，同年参加中国人民解放军，在技术上负责卫星测量控制系统的总体设计、设备研制、布局建设以及星地协调。1984年调任国防科工委科技委常任委员，1988年后历任国防科工委科技委顾问，后任解放军总装备部科技委顾问。

陈芳允是中国卫星测量、控制技术的奠基人之一。1965年担任卫星测量、控制的总体技术负责人，为我国第一颗人造卫星的准确测量、预报做出重要贡献。他还参加了我国回收型遥感卫星测控系统方案的设计和制定，为我国十几颗遥感卫星成功回收做出重大贡献。他相继提出了微波统一测控系统、双星定位系统、遥感小卫星群对地观测系统和小卫星移动卫星通信系统等方案，为我国空间技术研究事业的发展做出了巨大贡献。

陈芳允获得国家科技进步特等奖2项；1996年获得中国航天基金奖；何梁何利基金"科技进步奖"；1999年，被授予"两弹一星功勋奖章"。2001年国际永久编号为10929号的小行星被命名为"陈芳允星"。

陈芳允

家世与少年时代

1916年4月3日陈芳允出生于浙江省台州市黄岩县。祖父从事裁缝职业。父亲陈立信，保定陆军军官学校毕业，回杭州在军队任职，曾官至独立营上校营长。因不满军阀混战，大约在陈芳允十一二岁时离职回乡，购置田产，开设酱园厂和酿酒作坊，并成为当地士绅之一。母亲徐氏，也是黄岩县人，在陈芳允6岁时病故。同母妹叫陈芳芝。1923年，父亲再婚，继母王佩蓁，生一妹陈芳莲。在生母去世后，陈芳允跟随祖父祖母生活，养成了独立自理的习惯。

陈芳允5岁时，在家接受启蒙教育，曾读过《论语》《孟子》。8岁时，进入塾师朱希晦家中，学习《古文观止》等。

1928年秋，陈芳允进入黄岩县立中学校（现浙江黄岩中学）读初中。该校肇始于乾隆五十四年（1789）创立的"萃华书院"，后毁于战火。重建后改名"清献书院"，1900年改称"清献中学堂"，1923年改称"黄岩县立中学校"。在黄岩中学学习期间，他的国语、英语、数学等主要课程成绩优秀。

1931年夏，陈芳允考入上海浦东中学高中部。该校创始于清光绪三十岁年（1907），由著名教育家杨斯盛捐资创办，是上海浦东地区第一所现代意义上的完全中学，在当时有"北南开，南浦东"的盛誉。他在浦东中学的学习优秀，根据《时事新报（上海）》1934年1月27日公布的上海市1934年中学会考成绩统计，陈芳允位列高中第六名，获得奖状。

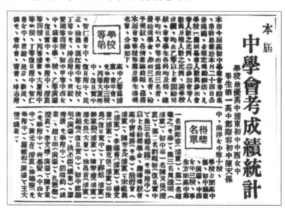
↑ 陈芳允中学会考成绩获奖信息，采自《时事新报（上海）》

青少年时期，陈芳允已逐渐培养爱国主义情怀，树立科学报国的理想。在进入中学时，父亲对他说："一定要好好学习，我希望你将来不要做大官，要做大事，要在社会上立自己的业绩。"父亲的嘱咐对他以后的人生选择产生了很大影响。家乡黄岩流传着不少民族英雄事迹，还有浦东中学创办人杨斯盛毁家纾难兴办教育的创举，都影响着陈芳允。"九一八"事变爆发后，刚进入浦东中学不久的陈芳允就积极参与上海学生运动。少年时代的经历对他一生都有非常重要的影响。

在清华大学求学与工作

1934年7月，陈芳允高中毕业，先是报考上海交通大学，但因准备不足，且不适应其"全面开花"的出题方式，以致考试失败。随后他又参加了清华大学的招生考试，面对题量较少、难度大、灵活度高的考题，他则顺利通过，考入清华大学机械学系，学号2299。对于这一曲折经历，他之后回忆道：

1934年夏天考大学，先考上海交通大学，后考清华大学。交大的题目多而烦，清华的题目少而需要思考，我因为准备不足，交大没有考取，但清华有几个题目给我想对了，勉强录取，进了机械系。

在机械系就读一年之后，因工程绘图占用时间过多，他逐渐失去学习兴趣。同时，在第一学年普通物理课上，萨本栋教授的授课既严格又引人入胜，由此他对物理学产生了兴趣，并且期终考试成绩得了S-。当时清华大学考试成绩采用5

↑ 陈芳允的清华大学学生历年成绩片（清华大学档案馆藏）

分制计算，S表示佳。因此，在第二学年，他成功转学至物理系。在转系第一天，当时的物理系系主任吴有训教授就亲自找他谈话，希望把基础打好，要注重动手（指做实验和与实验有关的基本技术）。

萨本栋，蒙古族，出生于福建省闽侯县，著名物理学家、电机工程专家、教育家。1922年毕业于北京清华学校，同年赴美留学，先后于1924年获斯坦福大学工学士学位，1927年获伍斯特大学理学博士学位。1928年至1937年任清华大学物理系教授，此后历任厦门大学校长，中央研究院总干事并兼任物理研究所所长，1948年当选为中央研究院院士。主要从事电路和无线电方面的研究工作，尤其是双矢量方法解决电路问题，以及真空管的性质和效能。

吴有训，江西高安人，著名物理学家、教育家，是中国近代物理学研究的开拓者和奠基人之一。1920年毕业于南京高等师范学校，1925年获美国芝加哥大学博士学位，师从康普顿教授，1928年任清华大学物理学教授，1945年后历任中央大学校长，上海交通大学教授，新中国成立后历任中国科学院近代物理研究所所长，中国科学院副院长等，1955年受聘为中国科学院学部委员。主要从事X射线研究，尤其是散线光谱研究，验证了"康普顿"效应。

清华大学物理系名师荟萃，相关内容可参见本书其他章节。

陈芳允对吴有训、萨本栋、任之恭、孟昭英等教授的教导在多年之后仍记忆犹新。比如对于吴有训授课时引人入胜的情形，亲自勉励他多选实验课程等等，他在纪念吴有训的文章中如此记述道：

> 旧清华大学物理系（吴有训先生是系主任），对于这一点是很重视的，安排教普通物理的教师，都是皎皎铮铮的物理学大师，不是吴有训教授便是萨本栋教授。普通物理是一门重头课，课堂大，学生多，每班分二组，同一课题的内容，每次要讲两遍，教师是很辛苦的。但他们总能引人入胜，把学生带入繁花似锦的物理园地，吴老师在清华教普通物理是驾轻就熟，欣然乐为，竭尽心力的。他上课，嗓门大，准备充分，选材精练扼要，科学性和逻辑性强，说理深入清楚。他一进清华科学馆二楼南边大梯形教室讲课时，全堂鸦雀无声，学生座无虚席，全神贯注看他在黑板上书写很浓的粉笔字，画着各种物理图像，听他嘹亮的带有江西口音的讲解，惊奇地欣赏他的物理实验表演，全堂沙沙地在记笔记，有时几乎听不见水木清华荷花池畔钟亭上发出的下课钟声。就这样，一班一班的青年学生，走向物理学的前程。

......

那还是我们在大学二年级进物理系第一学期选课的时候,吴老师亲自一个同学一个同学地询问审查。当了解到我们中之一是从机械系转过来的,而且学过机械加工时,就更要他多选实验课程。那时我们还要学普通化学。外系的人(如工科学生)上普通化学,都只做一个半天的实验,而我们物理系的都规定要和化学系的一样做两个下午的实验。我们因为功课忙,思想上有抵触,吴老师极力解说,还是要我们多做实验,他的教导对我们后来的工作,有很大很好的影响。

1937年夏,"七七"事变发生,抗日战争全面爆发。清华大学、北京大学、南开大学南迁长沙,共同组建长沙临时大学,于11月1日开学。但局势快速恶化,学校于1938年2月决定西迁昆明,分三路进行,重建为西南联合大学。

在接到清华大学通知师生南迁长沙的消息后,正在黄岩老家过暑假的陈芳允与几个在清华大学、北京大学上学的江浙同学相约一起同赴长沙。但到长沙后,陈芳允由于饮食原因,得了伤寒症,在长沙湘雅医院住院,至1938年初出院。因体弱,不能徒步西迁,因此他和部分教师、同学经广州、香港、越南抵达昆明,就读于西南联合大学物理系。其时,任之恭、孟昭英教无线电课,还有实验无线电课,他对这两门课很感兴趣。

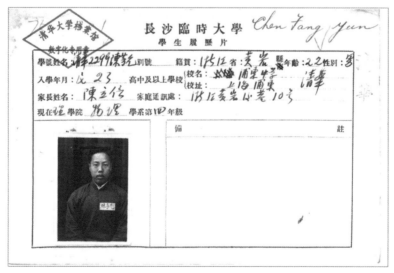

① 1937年长沙临时大学时陈芳允的学生履历片(清华大学档案馆藏)

1938年夏,陈芳允自西南联合大学物理系毕业,经学校推荐,准备到昆明机械厂工作。然而甫一见面,厂长王守竞当场出了几道题考他,其中还有关于机械的两道的题目。陈芳允一时答不出来,便未能成功获聘。叶企孙得知后,建议他留在清华大学无线电研究所工作。

清华大学无线电研究所筹建于1934年,次年刚将订购的制造真空管机器安装完毕,则因局势变动又将仪器运至汉口,1937年春借汉口广播电台地址安装仪器,并开始试验工作,是年秋在长沙临时大学校址设立电讯研究部分。1938年西迁昆明之后,无线电研究所设置在昆明近郊大普吉,与当时清华大学开设的其他几个研究所为邻。无线电研究所主要开展各种真空管的制造和测量、短波无线电的设计,短波军用无线电机、秘密军用无线电话的研究,专门电讯人才训练,等等。

由此,陈芳允在西南联合大学物理系担任半时助教,同时兼任清华大学无线电研究所工作,主要在无线电通信方面,最开始的工作是设立电台。稍后,任之恭让他去接替已考取留学出国的林家翘,接续开展并完成了"秘密无线电"研究,且独立做出所需的晶体滤波器。其中压电晶体由北平研究院严济慈提供,磨制晶体的技术也是从严济慈处学来。1938年12月15日,改聘为全时助教,半时在物理学系,半时在无线电学研究所。至1942年7月底辞职,陈芳允在物理系及无线电研究所工作近4年。

↑ 1938年12月15日教陈芳允改聘全时助教函(清华大学档案馆藏)

在清华大学无线电研究所工作期间,陈芳允结识了相邻的生物研究所工作的沈淑敏,后二人结为夫妻。

在清华大学就读期间,陈芳允也积极参与进步活动,尤其是1935年转入物理系之后,他与中共党员、同乡同学王天眷同住一个宿舍,受到王天眷的影响较大,积极参加"一二·九"学生救亡运动,参与开办民众夜校,参加抗日宣传

↑ 1938—1943年清华大学无线电研究所（昆明）同仁合影，后排左三为陈芳允（采自《叶企孙画传》）

↑ 函达助教陈芳允先生自七月底止辞职（清华大学档案馆藏）

队，在任助教期间参加了"时事讨论小组"进步组织并掩护地下党撤离，等等。他在自编年谱中记述道：

<blockquote>
进清华后，遇到同乡同学王天眷，他原是交大学生，1932年入党，后被捕入狱，出来后重新考入清华的。到二年级时我们同住一个房间，对我的影响较大。1935年冬，"一二·九"运动爆发，我经过进清华后一年多的思考，站在革命的一边，但没有参加组织，如民先，只是在外围做一些工作，如办民众夜校等。1935年底参加学生会组织的到绥远慰劳傅作义部队抗日的宣传队。
</blockquote>

赴英留学深造

1941年，陈芳允成功研制出保密电话机，但无法投入生产。由此，他想离开无线电研究所，去一个能够开展对抗日战争做一些更加直接工作的机构。经任之恭向其好友倪尚达推荐，陈芳允于1942年夏到航空委员会所属成都无线电修造厂工作。该厂主要负责修造飞机上的无线电设备，用于对日作战的正面战场。去后不久，他成功研制出我国第一架无线电定向仪，并被提升为研究股长。

1943年，他与来到成都并担任华西大学助教的沈淑敏结婚。

1944年，英美两国认为第二次世界大战即将结束，为了战后在中国的重建中获利，培养他们的代理人，美国利用"租借法案"款项，英国则以"英国工业协会"名义，拟在中国招考一批人去学习技术。美国招考在前，陈芳允自行参考了美国"电影工程"；英国招考在后，经工厂推荐，他参加了"无线电工程"的考试。美国的考取通知先公布，陈芳允去重庆"教育部"办理出国手续时，得知因工厂已去函告知，厂里不同意他赴美留学，理由是工作离不开他，以致未能成行。正当他在街头彷徨，考虑是否回厂时，恰遇航空委员会在重庆机关的王姓参谋，陈芳允得知英国的招考自己也通过了。在得到航空委员会机关同意后，他年底前办好出国手续。

1945年初，陈芳允经印度赴英国留学，在英国A.C.COSSOR无线电厂研究室工作。他先在伦敦开展彩色电视接收机线路改进工作，以及滤波器等元器件的研究。同时，利用业余时间到伦敦大学旁听电子学的课程。

↑ 1945年陈芳允赴英途中留影（采自《功勋院士陈芳允》）

1946年后，他转到该厂在曼彻斯特开设的雷达研究室，从事海用雷达显示器方面的工作。1948年春，海用雷达样机研制完成，并安装到玛丽皇后号船上，随即开展海上测试与试用。同年4月，陈芳允等在船上成功完成各项试验，标志着海用雷达研制成功。回到无线电厂研究室之后不久，陈芳允婉拒了英方的邀请，结束了在英国三年多的学习和工作，返回祖国。

入职生理生化研究所

1948年5月，陈芳允回到上海。当时成都无线电修造厂已经停办，时任厂长李敬永在上海创办了一个无线电研究室，但只有几间空房子。陈芳允到航空委员会报到后，便被派往上海空军机场工作。由于他不愿意为国民党政府打内战，便和夫人带着孩子回到了黄岩老家。为此，他被航空委员会记了一次大过。稍后，李敬永将他调到在上海的无线电研究室，暂时安定下来。至1948年10月初，正值淮海战役激烈之时，航空委员会又调他去南京。他不愿去，于是想通过成都无线电修造厂时的好友陶晓光（陶行知之子），到解放区参加革命，但等候陶不至，只好跑回湖州岳父家求援，请身为医生的岳父将其左脚大脚趾的整个指甲拔去，造成伤病。回到上海后，告诉李敬永称因伤不能去南京。李敬永知道他不愿打内战的意愿，干脆把他送到上海龙华医院住院，并据此回复南京航空委员会。到12月中旬，李来医院告知，国民党政府已经开始败退，有人跑广东，有人去台湾，让他可以出院另谋差事。

陈芳允出院后，与中央研究院生理生化研究所所长冯德培取得联系。冯德培是浙江临海人，著名的神经生理学家，神经肌肉接头研究领域的开创者之一，中央研究院院士，1955年被推选为中国科学院学部委员，曾任中国科学院生理研究所所长，中国科学院副院长。陈芳允与冯德培是台州老乡，相识于英国留学之时。正好冯德培当时需要一个从事电子学研究的助手，于是请陈芳允到生理生化研究所当了技正，开展用于生理学研究的电子仪器研制。

当时正值上海解放前夕，做研究工作的同时，在中共地下党的领导下，陈芳允参加组织维持秩序的革委会，劝阻身边的中央研究院的科技人员不要去台湾，留在大陆为新中国的建设作贡献。

1949年5月27日，国民党守城部队投降，上海市宣告解放。6月，上海市军事管制委员会接管了在沪的各科研机构。8月8日，据《解放日报》（上海）刊发的《中央研究院院务委员名单公布》，陈芳允担任院委常务委员。

1949年11月1日，中国科学院在北京成立，随后在上海设立办事处。1950年3月，中国科学院华东办事处成立，对中央研究院、北平研究院在沪机构予以改组。中央研究院生理生化研究所改组为中国科学院生理生化研究所。其间，受党组织的安排，陈芳允当选为中国科学院生理生化研究所机关工会主席，后被派到西苑革命教育大学学习马列主义，约半年时间。

在中国科学院生理生化研究所期间，他研制出了一套实验室仪器，名为花式单独—连续两用电刺激器，包含电刺激器－直流放大器－显示器系统。这是我国自主研制的第一套生物电子学方面的仪器，在医学和生理科研单位得到推广应用。

陈芳允

筹建电子学研究所

1952年夏，受时任中国科学院副院长吴有训嘱托，陈芳允参与电子学研究所的筹建工作，担任筹备处副主任，1953年，陈芳允调至北京。当时中国的电子学基础薄弱，要新建设一个电子学研究所，几乎是白手起家。

1953年，钱三强率领中国科学院代表团访问苏联，回国后积极提议发展原子能科学。钱三强知道，原子能研究离不开电子学，例如加速器、射线测试等都要有电子学技术，于是提议把筹备中的电子学研究所合并到他领导的近代物理研究所去。中国科学院近代物理研究所成立于1950年，主要研究原子核物理。陈芳允考虑筹备处的工作开展近一年，已具备一定的人员和仪器规模，直接裁撤筹备很可惜。然而根据中央的统一部署，中国科学院很快将发展原子能科学技术放到了首要地位。于是，经过与吴有训、钱三强的讨论磋商，并经中国科学院决定，电子学所筹备处正式并入钱三强领导的近代物理研究所，成为其中的一个研究室。陈芳允担任该研究室主任、研究员。他带领一部分人为原子能研究服务，其他人继续开展电子学方面的研究，仍筹备电子所，拟在合适时机独立建所。对此，陈芳允在《卫星上天，我们测控》一文中记述道：

1953年秋，吴副院长把钱三强和我找到他家，进行协商，直到深夜。钱三强反复强调电子学对核物理的重要性。经过吴副院长的协调，最后我们达成一致：电子所筹备处先并到原子能所作为其一个研究室，由我带着一部分人配合物理方面的研究，为原子能所做工作，其他人仍继续做电子学发展几个重要方向的工作，继续筹备电子所，我们这些人不散，到一定时候再全部撤出来建科学院电子所。这样，在1953年底，我们并入了原子能所。

1956年1月25日，毛泽东主席在最高国务会议上说："我国人民应该有一个远大的规划，要在几十年内，努力改变我国在经济上和科学文化上的落后状况，迅速达到世界上的先进水平。"随即，周恩来总理于1月30日在中国人民政治协商会议第二届全国委员会第二次会议上，明确提出了"向现代科学技术大进军"的号召，并提议国家计划委员会、中国科学院和有关部门组织制定1956年到1967年的"十二年科学技术发展远景规划"。1月31日，国务院组织相关机构领导人和科技人员召开动员大会。陈芳允作为电子学家参加了这次会议，并参与了《1956—1967年科学技术发展远景规划纲要（修正草案）》（以下简称《十二年科技发展规划》)的制定。

《十二年科技发展规划》中,确定了"重点发展,迎头赶上"的方针,提出了13个领域的57项任务,616个中心问题,并选出了12项科学研究的重点任务,其中前两项分别为原子能的和平利用、无线电电子学中的新技术(指超高频技术、半导体技术、电子计算机、电子仪器和遥远控制),并对无线电电子学的重要意义,发展方向,以及科研机构设置等,明确指出:

无线电电子学是应用得特别广泛的技术之一。在原子能和平利用中,量测和控制就需要这一技术。它是自动控制、电子计算机等的基础。而无线电的主要领域——通讯、广播、电视、遥远测位以及遥远控制等——还在继续迅速发展中。正因如此,无线电电子学和国防军事技术有密切的关系。同时无线电电子学的发展提高了科学研究和工业生产的效率,甚至有时开辟了新的方向,例如无线电天文学和无线电气候学。目前我国无线电电子学干部数量与需要相差悬殊,今后如何迅速加强对无线电电子学干部的培养是应当受到特别注意的。

……

必须有明确的任务。研究机构是从事研究工作的基地,必须按照国家重要科学技术任务的需要和学科发展的要求,积极设置各种研究机构。对于少数重要的空白和薄弱学科的研究机构,如原子能、无线电电子学、计算技术、喷气和火箭、自动化、半导体等,必须采取紧急措施,优先给予各种必要的人力和物力。

规划草案中,导弹是由国防部五院负责,原子弹是由三机部负责。其他空白或薄弱,但对"两弹一星"研制具有重要作用的学科,科学规划委员会规划组织专家学者讨论,起草了《发展计算技术、半导体技术、无线电电子学、自动学和远距离操纵技术的紧急措施方案》,简称为"四大紧急措施"。这个方案上报国务院,立即获得批准,并交由中国科学院着手筹建这几个研究所。1956年7月28日,中国科学院第20次院务常务会议决定,成立计算技术研究所、自动化及远距离操纵研究所以及电子学研究所的筹备委员会,华罗庚、钱伟长、李强分任三所筹委会主任。

研究所筹建工作采取"先集中攻关,后分散发展"的方针,将中国科学院院属相关力量,以及全国各地产业部门、科研机构、高等院校中的相关科研人员,集中起来,大力协作,开展筹建。陈芳允担任了电子学研究所筹委会副主任。对于近代物理研究所的原筹备处人员,钱三强和陈芳允商量,只留下两位电子学技术人员继续从事原子能研究所需要的电子仪器设备工作，其余人员和设备统统划归电子学所筹备处。电子学研究所确定以电子学和远程雷达配套元部件为主要科研方向。

电子学研究所成立后，陈芳允担任了第四研究室主任、副所长。第四研究室主要是进行超短脉冲的产生和测试等基础研究，同时也进行脉冲技术的应用研究。

在此期间，陈芳允主要从事脉冲技术研究，同时根据任务需要，仍兼顾一部分原子能试验中的电子仪器设备的研制工作，参与苏联人造地球卫星的测量，协助天文台开展射电天文观测等。

1957年10月4日，苏联成功发射世界上第一颗人造地球卫星。党中央非常重视，中国科学院密切关注。由此，竺可桢、赵九章等开始提议我国的卫星研制工作。应苏方要求，中国科学院成立了人造卫星光学观测组和射电观测组，在北京、南京、上海、昆明等地设立观测站，在全国范围内组织对苏联卫星观测。在吴有训的要求下，陈芳允带领同事，自设课题，成功研制出一个无线电信号接收装置，对苏联人造地球卫星开展了无线电多普勒频率测量，能够接收到卫星向地面发射的无线电信号与频率变化，完成卫星轨道参数的计算，并且从中推测它里面可能有些什么内容。该方法是以后我国发射人造卫星所采用的跟踪测轨的主要技术之一。

1958年4月19日，日环食带经过我国海南岛南端，是最好的观测太阳射电辐射的机会。由苏联建议，中国科学院和苏联科学院组织中苏联合观测队进行观测。由于当时我国天文方面缺乏无线电的技术人员，中国科学院让陈芳允担任中方领队。在海南岛三亚和陵水2个点观测工作了三个多月，成功完成了太阳射电观测。以此为契机，他此后还与北京天文台王绶琯共同开创了我国的射电天文研究。

1959年，陈芳允提出研制出一台毫微秒脉冲取样示波器，能够开展毫微秒脉冲的产生、放大和观测，至1963年前后研制成功。这一仪器是可以携带使用的，在国际上是首创，参加了国际展览，为国家争取了荣誉。同时，他还开展了一系列毫微秒脉冲电子线路研究，并采用取样积累方法提高脉冲信号信噪比等方面的研究。

1962年，由于原子弹研究需要研制一台原子弹爆炸测试用的多道脉冲分析器，用于测量射线。任务交到电子研究所第四研究室。陈芳允和同事们一起，快速制定了符合我国条件的选通、鉴别和计数方案,并于1963年成功研制出这一仪器,交付原子弹试验场使用,为我国第一颗原子弹的爆炸成功做出了贡献。对于这一工作,陈芳允后来谦虚地回忆:"如果说,我们为'两弹'做了什么贡献的话,也就这么一点儿。"

1964年,陈芳允等接受了国防科委为空军研制机载抗干扰雷达的任务,开始改进机载雷达。这种雷达由电子学研究所工厂制造,称"645"雷达,后来在电子部投入批量生产,装备了大批歼击机。随着抗干扰雷达的装备,美国从台湾飞过来的高空侦察飞机被我空军牢牢盯住,准确击落,有效地保卫了我国领空。这是我国第一次在飞机上使用单脉冲体质雷达。

飞 天 之 梦

在苏联发射第三颗人造卫星之后,1958年5月17日,毛泽东主席在中国共产党八届二中全会上向全党全国发出号召:"我们也要搞人造卫星。"自此,发射人造地球卫星列入了国家科学规划。

为贯彻毛泽东指示精神,1958年8月,中国科学院制定代号"581"的卫星任务,意为1958年的头号任务,同时成立了"581"领导小组,钱学森任组长,并且成立了中国科学院新技术局,主管尖端科技研究。1958年11月,中央政治局扩大会议在武昌召开,批准了中国人造卫星研制计划,并拨付2亿元专款。但由于当时中国经济技术基础非常落后,加上苏联中断了援助,中央又把研制导弹、原子弹作为头号任务,研制人造卫星的计划实际上并没有能够进行下去,只是进行了先期的理论研究,把重点放在探空火箭等领域并取得了重要进展,为后来重新启动卫星工程奠定了坚实基础。

1965年初,党中央批准,重启人造卫星的研制,代号"651"工程。

1965年6月29日,中国科学院在成都成立了西南电子学研究所,陈芳允被任命为该所副所长。但是在此之前的3月16日,中国科学院召集各研究所领导开会,传达周恩来总理关于中国科学院参加研制人造卫星的几点批示。传达结束后,关于卫星的地面跟踪测量问题便正式提出来,院领导决定由陈芳允担任技术负责人,尽快拿出方案来。

陈芳允负责的是这样一项工作,通俗地讲:当运载火箭托举着人造卫星升空并送入预定轨道之后,卫星便在人们给它设计的轨道上绕着地球运行。卫星的正常运行和按计划完成使命,要靠地面观测系统对它实施跟踪、测量、计算、预报和控制,而这些都是通过人们肉眼看不见的无线电波来实现的。这是一个全新的课题。

对于我国发射第一颗卫星来说,"抓得住"是卫星测控中的关键。如果卫星发射上去了,测控跟不上,不知道卫星飞到哪里去了,也不好宣布发射成功了没有。尤其是如果天气不好,看不见怎么办?

中国将要发射的第一颗人造卫星,不仅对它的科学实验价值有一定的要求,而且还对它的政治意义作了特殊的安排。在研制过程中,有关领导特别指出,"东方红一号"卫星上天以后,要让全世界人民,尤其是第三世界人民能够"看得见,听得到"。周总理说:"让卫星经过第三世界国家的上空,对他们进行预报,使他们不仅能看到卫星,还能听到中国卫星的声息,对他们也是一个鼓舞。"

根据这些特殊的要求,陈芳允主抓的地面观测系统必须"跟得上,抓得住,测得准,报得及时"。具体是指卫星起飞进入轨道后,地面的跟踪测量系统设备要能抓得住卫星,随时掌握它的飞行动态,并将其跟踪测量获得的信息和数据及时反馈给指控中心,要求精确及时地报出卫星飞经世界244个城市上空的时间和飞行中的一系列数据,由计算控制中心利用电传迅速将全球预报发往北京,供中央人民广播电台向全世界广播。同时,地面观测系统还要完成对卫星的跟踪、测量、计算和预报等一系列的技术设计和操作,让它按照人的意志在太空中运行。

陈芳允马上行动起来,在中国科学院有关研究所和天文台进行调研,着手做好各项准备工作。他很快组织了以紫金山天文台、数学研究所和计算机研究所为核心单位的一批专家,用多普勒测速仪跟踪定轨进行模拟计算,并于1966年2月起草了关于"卫星地面观测系统方案及分工建议"的报告。

1966年3月,中央专委会议批准由中国科学院负责卫星地面观测系统的规划、设计、建设和管理。5月3日,中国科学院成立了人造卫星地面观测系统管理局,代号为中国科学院"701"工程处,意指1970年发射中国的第一颗卫星,负责地面观测系统的设计、台站的选址、勘察以及台站的基本建设工作、人员培训以及全国台站网络的安装、调试与运行等。陈芳允担任"701"工程处的技术负责人。

逆境中坚持搞科研

"文化大革命"的爆发,陈芳允被下放到北京无线电厂参加生产劳动。他反而感觉挺高兴,对他来说,这可以使他远离无端的污蔑、恶意的诽谤和粗暴的摧残,正好给了他理论联系实际的大好机会。工厂生产的无线电通信机上的发射管一放上去就烧,几经失败,总也找不出原因。陈芳允经过查资料,想方案,做试验,很快就解决了难题。当时社会上称知识分子为"臭老九",可陈芳允身边的工人们都称赞他"还是老九行",和他成了好朋友。

当时社会上流行"读书无用论",他不屑一顾,回到家照样钻进书堆看他的"天书"。而且,他越学习越看到了自己的差距,越发感到自己有更重要的工作要做,有一种不可推卸的使命感。他的目光看得很远,"文革"引发的"群众运动"不会这样永远闹下去,人民要吃饭,国家要建设,都离不开科研和生产。卫星要上天,测控要跟得上,都离不开科技的发展。所以,他是一门心思在考虑测控如何跟得上卫星的问题。唯有中国的人造卫星才是他心中的不落之星,这是造福人类的事情,这才是他应该全力以赴去做的事情。

他的休息方式也很特别。他喜欢自己缝补衣服和鞋袜,而且缝得有滋有味,就像进入一种境界。这源于他从小在当裁缝的祖父身边长大,学得一门好手艺,针线活从不劳夫人去做,总是自己动手,乐在其中。书看多了,需要换换脑子,缝补衣服就成为他的一种休闲方式。

时间就这样匆匆忙忙地过去了,陈芳允却始终没有忘记他的肩上还担负着重要使命。

挺 进 太 空

1967年,陈芳允调至国防科委第二十基地六部工作。走进绿色方队里的他格外显眼,因为只有他与众不同,非军非民,不是一身蓝色就是一身灰色的制服。他虽然跨进了军营,但还不是一名军人。

陈芳允一走进戈壁滩上的酒泉卫星发射中心,就认识了年轻的航测处处长沈荣骏(后为国防科工委副主任,中将),由于同搞测控专业,他们结下不解之缘。在如何建立中国的测控网上他们有着共同的思路,认为中国的测控技术要体现中国特色，不能跟着别人屁股后面跑。这就需要有可靠性高的多种手段联合运用，从而保证测控数据的精确度和准确度。

首先要搞好测量台站的合理布局、通信联络系统的完善和计算中心的配套建设等项工作，利用我国地域广阔获得最大限度的观测视野，及时准确地预报出卫星的轨迹和在特定时刻的空间位置。他们在绘制蓝图时就在考虑，迈出第一步就要为以后着想，卫星测控系统的建立和建设要从长远考虑，为未来奠定基础，为后继的卫星工程（如返回式卫星、地球同步通信卫星和太阳同步轨道气象卫星等），增加具有更高要求的测量手段，形成精确度更高的测控系统。

描绘蓝图不能仅仅在纸上谈兵，要在荒山坡上迅速建设起全国的测控中心和观测网及测量台站。陈芳允和年轻的军人们一起坐上火车去为测量台站选点。当时大家喜欢称他"老师傅"。从炎热的广西、海南到寒冷的戈壁滩，从东边美丽的沿海城市到西边的大漠深处，都留下了他们的足迹。根据陈芳允的实地考察，设立了闽西、南宁、昆明、莱阳四个多普勒测量站，用多普勒数据可以定出卫星运行的轨道。天文台还特意在胶东站和闽西站设置了光学望远镜，用于观测卫星入轨点，在南宁和喀什站设置了干涉仪（后取消）。这样就从技术上采取多种手段去保证卫星入轨点的准确测量。

1970年4月，陈芳允出差来到上海科仪厂，开始了新型卫星的测控设备研制工作。4月24日傍晚，他和几个年轻人漫步在灯火辉煌的外滩上。突然，高音喇叭传出一个激动人心的声音：我国第一颗人造地球卫星——"东方红一号"发射成功了……中央人民广播电台播出的新闻公报，犹如一声春雷在神州大地炸响，引出了惊天动地的欢呼声。陈芳允的心里像黄浦江水涌起了春潮，他激动地挺直了身躯，中国人站起来了！中国成为世界上第五个能发射人造卫星的国家！

陈芳允总体设计的"东方红一号"卫星的测控系统，实现了"抓得住，测得准，报得及时"，而且在轨道测量精度上与其他国家相比也达到了较高水平。我国第一颗卫星的测控任务圆满完成，为中国卫星测控网的建立奠定了基础。有趣的是，陈芳允为此获得的国家科技进步特等奖，是在这颗卫星发射成功的十五年后颁发的。

让卫星"回家"

当初,以"东方红一号"卫星为主体的地面测量的主要职能是跟踪测量和轨道计算,还不能对卫星实施控制。而发射返回式卫星,不仅要使卫星飞上太空,遥控指挥它对指定地域进行观测,还要用无线电波发射各种控制指令让它完成任务后按需从天上返回预定区域,在返回途中还要能经受住再入环境的严酷考验。这就必须拥有一个庞大复杂的地面测控网,对卫星进行全程控制。测控网包括跟踪测量系统、遥控系统、数据处理系统、监控显示系统和通信系统。其庞大和精密程度,足以让陈芳允绞尽脑汁。

1975年,邓小平同志复出主持党、政、军工作,开始全面整顿。国防科委在张爱萍将军的领导下,国防科研试验各项工作出现了新局面。

这一年的11月26日11时29分52秒,我国的返回式卫星搭载"长征二号"火箭从酒泉发射场飞上太空。卫星绕地球转完一圈后,测控专家发现,卫星上的气源曲线直线下降。卫星自带的气源瓶是保障飞行三天用的,如果气压下降太快,卫星难以坚持飞行三天。

卫星回收对中国航天人来说还是有史以来第一次。当时任国防科委副主任的钱学森乘专机从发射场直奔渭南测控中心而来。

从测控方案讲,陈芳允认为不应该出现什么意外。然而令人焦虑的是目前已出现其他方面的异常情况。卫星坚持飞行了一天。然而,让人更为吃惊的是:从胶东测控站接收到的数据表明,气瓶压力居然是原来的数值,没有一点变化。这又使人紧张得直冒冷汗。指挥部立即召开紧急会议,中心议题是:卫星回收的时间定在何时?当时有一部分人担心,卫星一旦突然没有气源将无法返回地面,因此主张立即回收。

陈芳允深思熟虑后认为,卫星已经飞行了两天,气压数值应该继续下降,现在气压没有变化,说明数据传导系统出现故障,气压数值也就出现误差。应该相信我们的遥感卫星能按计划回收成功。指挥部决定,按陈芳允的意见,卫星飞行三天后在贵州回收。果然,卫星按预想方案在太空飞行了三天,又按回收指令返回了地面,成功地回到祖国。

中国从1975年至1992年,连续发射成功了13颗返回式卫星。测控系统的出色工作,保证了中国返回式遥感卫星回收成功率达到百分之百,同时也为各种

陈芳允

中外卫星搭载试验提供了条件。

为通信卫星建立测控网

1976年，陈芳允郑重地向组织上提出了参军的请求。其实，他已经在国防科工委所属部队搞了整整十年的卫星测控工作，盼望着成为这支绿色部队中的一员。穿上军装后，陈芳允又鼓起勇气写了入党申请书，1979年3月，63岁的陈芳允加入中国共产党。

1970年，陈芳允研究了美国阿波罗登月飞船所用的微波统一测控系统后，联想到我国对通信卫星的测控要求，设计了新的微波统一系统。这是他在中国航天测控领域里具有突破性的一项重要科研课题。

微波统一系统是共用一个载波信道、一套天线，完成对航天器的测轨、遥测、遥控、通信（数传）和传输电视图像等任务的微波跟踪测量系统。这一研究成果，使我国航天测控系统从过去单一功能的分散体制发展为综合多功能体制。使用统一系统可以大大节省卫星载荷的体积和重量，特别是星上天线的数目，同时也大大节省了地面设备的规模和投资。

1971年底，国防科委组织各部门专家讨论通信卫星的方案，陈芳允正式提出用"微波统一测控系统"，测控中心王盛元司令员和王恕参谋长积极支持他的大胆设想。

1973年春，陈芳允专程到北京来向国防科委领导和专家们汇报"微波统一测控系统"的设计方案。对这个方案，国防科委领导极为重视，时任国防科委副主任、著名科学家钱学森表示支持。但是，当时反对的意见也相当多，到会的各单位领导和专家们争论不休。后经专家组讨论通过了这一设计方案，国防科委予以批准。

1974年，陈芳允在洛阳跟踪与通信技术研究所秦晏豪、臧其源、郝思礼和孙怀苏等同志的协助下，共同完成了"微波统一测控系统"的设计工作。

过去由于采用分散体制，测控、遥测、遥控、数传设备分别由不同的单位研制，星上系统和地面系统也是两个大部门分别承担，而"微波统一测控系统"要求打破部门和单位界限，不可避免要产生矛盾，一时间反对陈芳允设计方案的大有人在。就连陈芳允的博士研究生但森也站出来，给他的导师投了一张反对票。

但森应该称得上是陈芳允的得意门生,他不仅学习好,也很有主见。可是,但森不赞同"微波统一测控系统"。他认为,原来的卫星遥控、遥测等业务都有各专业研究所分兵把守,要把各专业统一考虑建立成一个大系统谈何容易,还不如用原有的已成型的技术。师生俩各持己见,谁也不改变自己的主意。

1975年,"微波统一测控系统"正式立项。但森正好在中国科学院某所承担这个大系统的一部分工作,既已立项,但森就努力去实现导师的设计方案。陈芳允对自己的这个博士生的工作非常满意。在他看来,一个方案的提出总是要有争论的,没有必要学生服从老师、下级服从上级,通过争论大家都要服从科学。

1976年,我国为发展地球同步通信卫星,专门成立了卫星通信工程技术协调组,刚穿上军装的陈芳允作为测控专家参加了协调组的工作,并出任洛阳跟踪与通信技术研究所副所长。

1977年3月3日,中国正式向国际电信联盟登记,确定了我国通信卫星在地球静止轨道上的定点位置。9月18日,经中共中央批准,发射通信卫星被列为国家重点任务。

当时,陈芳允和沈荣骏同为洛阳跟踪与通信技术研究所的副所长。陈芳允分管卫星测控专业,沈荣骏分管导弹和海上测量。当陈芳允为通信卫星提出"微波统一测控系统"方案后,许多人对这个新的技术方案持有怀疑和反对态度。但是,沈荣骏支持他,他们俩在探讨这个方案时一拍即合。沈荣骏是个站在高层次上看问题的领导。他认为,陈芳允提出的这个方案是测控技术的创新,可以带动中国航天新技术的发展。

沈荣骏在党委会上提出支持陈芳允的"微波统一测控系统"(当时陈芳允还不是共产党员),得到了党委成员的赞同。沈荣骏是一个号召力很强的人,他积极为陈芳允出谋划策,提供保障条件,从技术上不断完善这个系统。陈芳允念念不忘的还有一位科学家孙家栋。孙家栋当时是空间技术研究院的院长,又是中国第一颗地球静止轨道试验通信卫星的总设计师,并担任组织研制卫星的领导工作,他明确表态通信卫星采用"微波统一测控系统"。

这个方案,不仅对卫星测控切实可行,而且可以节省星上的设备,减轻卫星本体的重量,降低卫星的功耗。孙家栋的支持使陈芳允的"微波统一测控系统"有了用武之地。

1984年4月8日19时20分,当中国第一颗同步通信卫星成功地飞向太空港时，陈芳允正坐在西安卫星测控中心的机房里，密切注视着火箭卫星的飞行情况。4月17日18时正式开始卫星通信试验，中央电视台电视节目首次通过卫星传输，乌鲁木齐等边远省区第一次收看到中央电视台从北京直接传播的实时节目。

通信卫星的最大特点是应用于跨洋过海的国际间通信，以及陆地与海上、海上与陆地以及远离城市之间的通信。"微波统一测控系统"按设计圆满地完成了多功能、多用途、多种任务，使中国的卫星测控技术从此跻身于国际先进行列。

1985年，陈芳允主持"试验通信卫星及微波统一系统"，获得国家科技进步特等奖，这是对他为中国通信卫星做出突出贡献的表彰。

为"远望号"排除电磁干扰

20世纪60年代，随着弹道导弹射程的不断增加，以及卫星和飞船技术的迅猛发展，各国科学家都认为，仅仅在本国领土范围内是不能完全满足各种运载火箭全程飞行试验要求的，尤其是洲际导弹的射程延伸到公海海域之后，必须建造远洋测量船，根据发射任务的需要，测量船随时开到公海上，尽量靠近所需要测量的弹道和着陆区，以延伸测量设备的作用距离，测得准确数据。于是，美国、苏联在洲际导弹、卫星、飞船的全程飞行试验中都充分利用占地球总面积70%的海洋，几乎同时开辟了海洋试验靶场。

随着我国战略武器的成熟和卫星技术的发展，早在1965年周恩来总理主持中央第十三、十四次专委会议，就研究了要建立远洋测量船问题。

经过国防科委和海军组织有关科技人员反复论证，1967年7月18日，由国务院、中央军委有关领导审查，尔后由中央专委审批，毛泽东主席、周恩来总理批准，开始研制我国"远望号"航天测量船，代号"718工程"。

当时世界上仅有美国、苏联建造了这种测量船。我国从零开始，此时又处于"文革"时期，国家要求一次研制成功，任务十分艰巨。

航天测量船的建造是一个国家科技发展水平和综合国力的象征。"远望一号"和"远望二号"建成后，先后于1977年8月和10月下水，中国成为继美国、苏联和法国之后，第四个拥有航天测量船的国家。

"远望号"集当时中国航天、光学、电子、测控等技术于一身，是浮动的

"海上科学城"。它在发射火箭、卫星时要航行到远离中国本土数千公里的太平洋上与风浪搏斗,还要对火箭和卫星进行测控。当时沈荣骏主管"远望号"的总体方案设计,他面对的是船体内计算机、雷达、通信、船舶导航和气象等各种各样的仪器设备,甲板上布满了60余副形状各异的天线,各设备间电磁干扰严重,影响设备的正常工作。沈荣骏知人善任,请精通无线电的陈芳允主持解决这个问题。

这的确是一个令人头疼的问题。在船体长191米、宽22.6米的有限空间里,电磁波互相干扰十分严重。尤其是与测控中心进行数据传输和实施指挥调度的大功率发射机一开,测量、计算、通信、卫星信号的接收都有干扰信号,简直无法工作,就连甲板旁边铁栏杆的接缝处似乎也在接收信号,打着小火花,噼里啪啦地发出吓人的响声。

陈芳允、吴紫英、晏震乾、张惠军等同志组成攻关组查阅了大量的国外资料,得知美国和苏联的大型测量船后面都跟着一艘通信船。如果按照国外的方法,就要给"远望号"增加一艘通信船,像尾巴一样跟随"远望号"出海,专门完成通信任务。这样既延长了时间,而且多一艘船就要多增加许多人力物力。

陈芳允用战略的眼光看待这个问题。发射洲际导弹,"远望号"有庞大的舰船编队和护航舰,还勉强凑合。如果以后执行通信卫星任务,"远望号"要单独远航,到那时候怎么办?于是,陈芳允首先提出:能不能由测量船在测量的同时实现与国内通信,减掉通信船,解决观测船上众多设备之间的电磁兼容问题。

为实现这个设想,陈芳允和洛阳跟踪与通信技术研究所的工程师在"远望号"上实地考察,认真研究,提出一种频率分配的计算方法,认为可以使各种设备得以同时工作而互不干扰。于是,他根据各电子设备工作的时间范围、气候和太阳黑子等外部条件的变化,提出计算频率的公式,并请人计算出各种设备的功率所发射电磁波的强度和发射方向等参数,然后再作频率分配方案,实现你的频率不能进我的接收机,我的频率也不进你的接收机,使电磁波互不干扰。

为实现这一设想,陈芳允多次穿上防电子辐射工作服在甲板上联调试验。还几次亲自跟船出海进行试验。通过不断改进方法,船上的无线电设备果然可以同时工作而互不影响。就连那台几十千瓦的大功率发射机工作时,遍布在甲板上的各种雷达和无线电设备照样可以正常工作。"远望号"终于可以直接使用本船的通信设备与远隔数千公里之外的陆地上的测控中心互通信息了。"远望号"甩掉了尾巴——通信转发船，轻装上阵，不仅节约了人力物力，工作状况也上了一个新台阶。

1980年5月18日，我国第一枚洲际运载火箭从巴丹吉林大沙漠深处腾空而起，朝东南方向飞驰而去。它从甘肃、宁夏、内蒙古、陕西、山西、河北、山东以及黄海、东海上空掠过，风驰电掣般飞向太平洋赤道上空，准确地溅落在预定海域目标内。"远望号"测量船测量到全部数据安全返回。

这一年，陈芳允当选为中国科学院院士，并兼任技术科学部副主任。1986年，陈芳允为"远望号"解决电磁兼容问题的科研成果获得了国家科技进步一等奖。

首创"双星定位通信系统"

早在古代，人们就发明了罗盘、指南针，后来人们又发明了雷达，为航行中的飞机、遨游大洋的舰船确定所在位置。每一次科技发明都是一次进步，都是一个飞跃。如今，人类要在茫茫的大漠里清楚地知道自己的坐标而不致迷途，舰船在蓝色的海洋里随时知道自己的位置而确定航向，飞机在广阔的天空中高速飞行时刻清楚自己的方位，卫星导航定位是最有效的手段。

陈芳允早年从事雷达工作时，就开始关注导航定位问题。他在参加空间工作之后，一直希望利用卫星对地上的运行物体定位导航。他研究了美国的导航卫星全球定位系统（GPS），发现这一系统为了满足全球、全时间工作，需要超过18颗卫星，而且没有通信功能，要使主管部门知道使用者和用户的位置，还需要有移动通信设备支撑，上下系统极为复杂且不经济。

1983年，陈芳允提出了用两颗地球同步通信卫星上的一段频带，即可确定地面目标任一时刻的位置和海上移动物体的定位导航——"双星定位系统"。经过他的同事刘志逵的详细计算，证明是可行的。用这一系统去比较三颗以上的卫星所能定出的用户三维位置的精确度，获得了同样的结果（美国K. G. Johassan 于1998年才发表同一设想）。

陈芳允通过大胆设想和探索，再加上刘志逵在理论上的分析和精密计算，终于做出一个全新的"双星定位通信系统"。遗憾的是这个新方案的出现，暂时还没有人认识到它的优越性，一时无人接受这个先进设想。

1984年，陈芳允调离洛阳跟踪与通信技术研究所，任国防科工委科学技术委员会常任委员。他一直在进行"双星定位通信系统"的研究，可是由于经费等问题他遇到了不少困难，只好无奈地"打持久战"。沈荣骏调任国防科工委副主任后，对陈芳允提出的"双星定位通信系统"给予了大力支持，亲自出面找国防科工委计划部，商请有关单位成功地进行了体系试验，获得了理想的试验数据。

1985年，陈芳允因在空间科学技术领域的突出贡献，荣获了国际宇航科学院院士的称号，同时还兼任了国防科技大学的教授和博士生导师。他有很多事情要做，然而却始终放不下他研究的"双星定位通信系统"。

这一年正好在南京紫金山天文台召开测地会议，陈芳允在会议讨论中又再次提出了"双星定位通信系统"。他在发言中将这一系统与美国导航卫星全球定位系统（GPS）和苏联全球导航卫星系统（GLONASS）相比较，指出美、苏的卫星系统虽具有导航定位能力，但精度还不算高，无通信功能，又都需要多颗卫星才可实现。而他研究的"双星定位通信系统"，仅利用两颗同步定点卫星，就可以覆盖很大地区，具有通信功能，能同时定位、定时，精度更高。他的发言，引起了一些与会者的注意。当时，国防科工委司令部和总参测绘局的领导对陈芳允的这一设想产生了兴趣，他们认为总参测绘局需要这一系统。他们回到北京后，立即向总参测绘局领导作了汇报。这样，"双星定位通信系统"在搁置两年以后，终于被总参测绘局所接受，并于1986年开始预研。

陈芳允经过不懈的努力，终于使"双星定位通信系统"争取到和世人见面的机会。1989年9月25日，在国防科工委司令部测控部的组织领导下，由总参测绘局、成都电子部10所、计量科学院等单位一起在北京进行了"首次双星快速定位通信系统"的功能演示。

在不足30平方米的临时机房里，设置着信号接收和定位计算中心。北京某地的用户设备利用我国定点于赤道上空东经87.5度和110.5度的两颗通信卫星进行试验，经计算机处理参数，一秒钟后显示屏上就出现了这个用户的精确地理位置，与档案记载的误差仅在20米内。

机房里响起了掌声。"首次双星定位通信系统"的功能演示获得了成功。这次功能演示不仅定位精度准确，而且这个系统还可以进行简单的报文通信和时间发播。

↑ 1989年双星定位演示成功合影，二排左三为陈芳允（采自《功勋院士陈芳允》）

次日，新华社为此发布消息说："利用两颗卫星将快速定位、通信和定时一体化并获得理想的试验数据，这在国际上还是首次，快速定位精度达到了国际先进水平。这项卫星应用尖端技术，标志着我国独立开发利用卫星通信资源有了新的突破。"

"双星定位系统"在测绘、航天、航空、航海、矿山、运输、抢险救灾和国防建设等方面具有广泛的应用价值。

1993年，"双星定位通信系统"被列为"九五"计划中的任务。这个系统的研制成功，标志着我国独立开发利用卫星通信资源有了新的突破。

此项目获得国防科技进步一等奖。

陈芳允提出、研制的双星导航定位系统，开创了我国的"北斗"导航卫星事业。2000年，双星成功入轨，即北斗一号，信号已经覆盖中国全境，同时解决了短报文发送的问题，实用性超过GPS系统。

"863"计划的倡议者

20世纪80年代,科学技术迅猛发展,引起了经济、社会、政治、军事、文化等各方面深刻的变革。为了在日趋激烈的国际竞争中赢得先机,许多国家不惜耗费巨资,投入大量人力物力,相继将发展高技术列为国家发展战略。比如1983年,时任美国里根总统发表电视讲话,公布"战略防御倡议",即星球大战计划,震惊世界。1984年,里根批准实施该计划。1984年11月,日本科学技术会议向时任首相中曾根递交报告,提出今后十年科学技术振兴政策,建议加强基础研究、开发独创性科学技术、重视国际化发展等。1985年4月,时任法国总统密特朗提议,西欧国家17个国家联合签署"尤里卡计划",旨在尖端科学领域内开展联合研究与开发。1985年12月,苏联和东欧国家组织经济互助委员会通过《经互会成员2000年前科学技术进步综合纲要》,提出在15年内,各成员国要集中力量,优先对五个高科技关键领域联合攻关。

多年来,陈芳允一直密切关注世界科学技术发展的现状和动向,分析提出值得我国借鉴的地方。1986年初春,国防科工委几次组织专家讨论会,后来讨论会的范围扩大到中国科学院。陈芳允在会上发言:在科学技术飞速发展的今天,谁把握住高科技领域的发展方向,谁就可能在国际竞争中占据优势。光学专家王大珩赞同陈芳允的意见。他认为,我国的经济实力不允许全面发展高科技,但在一些优势领域首先实现突破却是可能的。

↑ "863"计划的倡议者:左起陈芳允、王淦昌、杨嘉墀、王大珩(采自马京生《陈芳允传》)

会后，陈芳允左思右想，此事重大，光有想法还不行，必须马上拿出行动来。他跑到老朋友王大珩家，对王大珩说："咱们给党中央写封信吧！"王大珩点头同意。于是，陈芳允和王大珩又去找核物理学家王淦昌和空间自动控制专家杨嘉墀，四位老科学家认真讨论一番，由王大珩拟出了建议信的初稿，老先生们仔细推敲后，郑重签上了各自的名字。

在这份题为《关于跟踪世界战略性高技术发展》的建议中，科学家们表达了这样的观点：真正的高技术不是花钱能买来的；高技术研究的实效要花气力和时间；发展高技术不仅要集中现有的科研实力出成果，而且可以培养新一代高技术人才。

这份建议书被直接送到邓小平手里。作为中国改革开放总设计师的邓小平，对中国的科学技术发展一贯极其重视。十年动乱刚刚结束，邓小平一恢复工作就提出，他愿意主持和分管科技和教育方面的工作。1978年，邓小平在全国科学大会的开幕式上作了重要讲话，用政治家的智慧与气魄，提出了"科学技术是第一生产力"的论断。他讲究实效、讨厌空谈，他把科学技术放在首位。当美国的"星球大战计划"出台并在全球刮起了一阵儿旋风后，也引起了这位政治家对中国的发展与前途的思考。在每天厚厚一摞有关国家大事的文件中，邓小平把四位老科学家的建议信放在了重要位置，认真地看完了这封信，心情激动地拿起笔来，果断地作出如下批示：

此事宜速作决断，不可拖延。

邓小平
一九八六年三月五日

杰出的政治家邓小平做出了历史性的抉择。正是这极其重要的批示，搭起了政治家与科学家沟通的桥梁。

邓小平对四位科学家的建议信亲笔批示后，从上到下的各级领导开始重视。批示传达下来的第三天，即1986年3月8日，当时国务院的主要领导人召集各有关方面的负责同志，对这封惊动了共和国最高领导人的建议信进行了充分的讨论，就如何贯彻落实邓小平的批示作了认真研究。会议决定，由国家科委主任宋健和国防科工委主任丁衡高负责组织论证我国高技术发展计划的具体事宜。

时任国务委员的张劲夫把四位科学家请到了自己的办公室，认真听取他们对于中国发展高科技的建议。张劲夫长期抓科技，是内行，对各方面的情况仔细询问，四位科学家一一作答。最后谈到了经费问题，张劲夫说："你们这个计划估算一下，大体需要多少钱？"四位科学家谁也没有马上作答，他们相互看了看，谁心里都清楚：高科技就意味着高风险，就需要高投资，经费问题将制约着高科技的发展。可是对于中国来说，经费恰恰是最大的难题之一。张劲夫看此事卡壳了，微笑着说："没关系，你们就大胆说出个基本数字，我好向国务院领导汇报，作经费预算时也好有个底。"王淦昌看再不能不说话了，就试探地说："我们搞国防科技一直是自力更生艰苦奋斗，我看每年几百万、两千万、一两个亿都行。"他明知道，他说出的数字是杯水车薪，可国家实在困难，这个口真不好张啊！可又不能不张口，没有钱高科技只能是在蓝图上，所以他就一个数一个数地试着往上长。四位科学家做梦都没想到，后来邓小平和党中央批下来的专款竟是100个亿。这么巨大的数字，从当时中国的国情来看，也能看出党中央、国务院的决心之大。

遵照邓小平同志的重要批示，由原国务院科技领导小组、国家科委、国防科工委会同有关部委（院），组织了军民两个系统的二百多位专家开始编制我国高技术研究发展计划纲要。

由于四位科学家写信的时间和邓小平批示的时间都在1986年3月，所以简称为"863"计划。

1986年8月国务院常务会议和1986年10月中共中央政治局扩大会议批准了这个纲要，并于同年启动了中国高技术研究和发展计划（"863"计划）。"863"计划从世界高技术发展趋势和中国的需要与可能出发，突出重点，选择了对我国今后发展有重大影响的七个高技术领域、重点研究的15个主要课题。

"863"计划点燃了中华民族发展高科技的希望之火，中华民族的强国之梦可望梦想成真。

随着"863"计划不断结出硕果，鲜花和掌声包围了王大珩、陈芳允、王淦昌、杨嘉墀四位老科学家。陈芳允却谦虚地说："'863'计划之所以取得辉煌的成果，是因为能遇到邓小平这样伟大的政治家。""863"不是哪几个人的计划，而是集中了广大科技人员智慧的计划，体现了党和国家的高瞻远瞩。中国国防科技事业的发展，就是中国知识分子集体智慧的结晶。从"两弹一星"看，每一次成功都凝聚着千百万人的奋斗和创造。同样，辉煌和光荣也不是属于哪一个人的，而是属于每一个在这条战线上埋头苦干的无名英雄。

陈芳允

生命不息　奋斗不止

尽管取得了大量成果与荣誉，但陈芳允并不满足已取得的成绩，工作对他来说是一种享受。

陈芳允又开始选定新的目标，他要为我国卫星发展找出一条快、好、省的可行之路。

小型卫星是世界航天领域里卫星应用发展的重点之一，它发射简便，使用效益高，造价低，越来越受到各国航天专家的青睐。1992年，陈芳允在世界空间大会上宣读了他和我国地球科学家们共同撰写的《地球环境观测小卫星群系统与国际合作》的论文，首先提出对地球环境观测的小卫星群系统，由多个小卫星组成的地球环境观测系统，可将世界上任一地区的重复观测周期缩短至每天两次，对于监测地球环境变化和减轻灾害损失十分有效。为此，陈芳允的小卫星系统受到国际上众多专家的重视。

进而，陈芳允对他的小卫星群遥感系统开展了跨学科大交流。他去找中国科学院研究地学的陈述彭院士、北京大学的马蔼乃教授等，共同讨论小卫星的应用。请总装备部系统所的陆镇麟所长计算出卫星轨道，论证设想的可行性……于是，"小卫星"成了陈芳允的口头禅，他张口闭口都是"小卫星"，他自信"小卫星系统"的应用价值。他这人看准了的事，就成为他生活中的目标，他时时刻刻想着"小卫星"，也就时时刻刻地为"小卫星"的出世做工作，希望它早日为人类造福。

1997年，第48届国际宇航联大会在意大利召开。为了在这次大会上进一步展示中国的研究成果，陈芳允与人合作撰写了论文《空间系统在中国减灾的应用和预期的进步》，亲自出席会议宣读。

1998年，第49届国际宇航联大会在澳大利亚召开。因为陈芳允的签证迟迟办不下来，经过一番波折，通过其他同志将他为大会准备的论文《小卫星系统用于地震近前期预报》，送到了国际宇航联大会上。

在陈芳允去世前的一个月，和他一起发起"863"计划的老科学家王大珩和杨嘉墀到解放军总医院来看望陈芳允，三位老科学家虽然都已是80多岁的老人了，却还信心十足地要为祖国的科技发展作贡献。就在那天，在医院里，三位科学家一起策划要出版一套仪器仪表的科技书。

在陈芳允去世前的半个月，从英国萨瑞大学来了一位孙炜博士，专程到医院找陈芳允，商谈英国萨瑞大学决定采用他的"小卫星对地观测系统"的有关事宜。

就在陈芳允去世前的那个星期天，他的二儿子陈晓南去看望他。他已经病得很重了，可是他的脑子里考虑的还是祖国科技事业的发展。陈芳允知道儿子陈晓南是搞通信的高级工程师，所以那天他们父子俩谈话的中心议题是：怎样把卫星导航定位和通信结合起来，一谈就是好几个小时。别看陈芳允平常寡言少语，可那天他和儿子谈起技术问题来却是滔滔不绝，口若悬河，把自己的所思所想，全都倒给了儿子。陈晓南万万没想到，那天的长谈竟会成为自己与父亲的最后一次谈话。

陈芳允在医院里住了大半年，也没有给儿孙们留下一句遗嘱，他留下来的全部嘱托就是中华民族科技发展的希望。

2000年4月29日，陈芳允因病在京去世，享年84岁。

1999年9月18日，党中央、国务院、中央军委在人民大会堂召开大会，隆重表彰为我国"两弹一星"事业做出贡献的科技专家，陈芳允是受表彰的23位科学家之一。

2001年，经国际天文学联合会小天体命名委员会批准，由中国国家天文台于1998年2月1日发现的国际永久编号为10929号的小行星，被命名为"陈芳允星"。

陈芳允的一生为中国航天竖起了不朽的丰碑。他长期从事科学技术研究和管理工作，为国防科技事业和武器装备的发展贡献了一生。他的一生是追求科学、艰苦奋斗的一声，是全心全意为人民服务的一生，是无私奉献、鞠躬尽瘁的一生。他为中国"两弹一星"事业做出的贡献将永载史册。

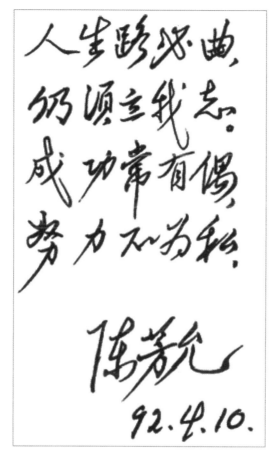

↑ 陈芳允《立志》诗，采自《院士诗词》

参考文献

[1] 柏万良. 创造奇迹的人们：中国"两弹一星"元勋 [M]. 武汉：湖北教育出版社，2001.
[2] 储朝晖. 叶企孙画传 [M]. 成都：四川教育出版社，2016.
[3] 韩存志，王克美主编. 院士诗词 [M]. 上海：上海科技教育出版社，2001.
[4] 胡士弘. 陈芳允 [M]. 石家庄：河北少年儿童出版社，2001.
[5]《科学家传记大辞典》编辑组编. 中国现代科学家传记 [M]. 第1集. 北京：科学出版社，1991.

[6] 科学时报社编. 请历史记住他们——中国科学家与"两弹一星"[M]. 广州：暨南大学出版社，1999.

[7] "两弹一星"[M]. 广州：暨南大学出版社，1999.

[8]《论科学技术是第一生产力》编写组编. 论科学技术是第一生产力[M]. 北京：中共中央党校出版社，1991.

[9] 马京生. 陈芳允 // 宋健主编. "两弹一星"元勋传[M]. 上. 北京：清华大学出版社，2001.

[10] 马京生. 陈芳允[M]. 贵阳：贵州人民出版社，2005.

[11] 台州市档案局编. 功勋院士陈芳允（1916—2000）[M]. 杭州：浙江人民出版社，2014.

[12] 王天眷，陈芳允. 关于吴有训先生二三事[J]. 物理.1982，11（8）.

[13] 邬恩九. 忆中国科学院近代物理研究所的历史变迁和杨澄中先生的科学人生[M]. 兰州：甘肃人民出版社，2016.

[14] 赵九章铜像筹委会联络组编. 赵九章纪念册[M]. 1997年12月.

[15]《中国科苑英华录》编写组. 中国科苑英华录. 新中国之部[M]. 下. 北京：科学普及出版社，1988.

（本文作者：马京生　邓　亮）

屠守锷

屠守锷（1917—2012），浙江湖州市人。中共党员，火箭技术和结构强度专家，1991年当选中国科学院学部委员（院士），国际宇航科学院院士。

1936年考取清华大学机械系，1940年毕业于西南联合大学航空系。1941年考取清华公费留美生，赴美国麻省理工学院航空工程系留学，两年后获硕士学位，在美国布法罗寇蒂斯飞机工厂任工程师。1945年底回国，之后在清华大学任副教授、教授。1952年院系调整后，任北京航空学院教授、副教务长、系主任、校长助理等。1957年后，历任国防部五院研究室主任、总体设计部主任，七机部第一研究院副院长、总工程师、科技委副主任，航天部科技委副主任，航空航天工业部一院技术总顾问和航空航天部高级技术顾问，航天总公司高级技术顾问、航天科技集团公司高级顾问，航天总公司高级技术顾问、航天科技集团公司高级技术顾问等。

从20世纪50年代后期起，屠守锷作为开创人之一，投身于中国导弹与航天事业。作为总体设计部主任和地空导弹型号的副总设计师，领导和参加中国地空导弹初期的仿制与研制。先后担任中国自行研制的液体弹道式"地地"中近程导弹、中程导弹的副总设计师，洲际导弹和"长征二号"运载火箭的总设计师，带领科技人员突破了一系列技术关键，解决了许多技术难题。在洲际液体弹道"地地"导弹的研制试验中提出独到的见解和解决问题的办法，保证了中国向太平洋预定海域发射洲际导弹任务的圆满完成。作为研制"长征二号E"大型捆绑式运载火箭的技术总顾问，参与领导研制试验工作，保证发射成功，为中国航天事业的发展做出了突出贡献。

1980年获七机部劳动模范称号，1984年荣立航天部一等功、获航天部劳动模范称号，1985年获国家科技进步奖特等奖。1999年被授予"两弹一星功勋奖章"。

屠守锷

攻读航空工程　立志报国

1917年，屠守锷出生在江南水乡一个普通职员的家庭。他成长的岁月正值祖国饱经内忧外患的年代。时至今日，童年最深刻的记忆仍是敌机的轰鸣声，在他幼小的心灵里，那就是备受帝国主义列强蹂躏的祖国母亲的呻吟。他经常遥望着蓝天陷入深深的遐想。他渴望着有一天能驾驭着祖国的飞机驰骋长空痛击侵略者。祖国一年年、一月月的落败，不断强化着他工业救国的信念和决心。

1932年的元月，15岁的屠守锷，在上海目睹了在日本轰炸机的野蛮轰炸下，同胞们四处逃窜、血肉横飞的惨状。那一刻，面对无助的同胞，他立下誓愿：学工程技术，学飞机制造，一定要给死难的同胞们报仇雪恨。1936年9月他以优异的成绩考入清华大学机械系，成为航空工程组的学生。在清华园里，他发愤用功，不知疲倦地学习，"祖国需要你！祖国需要你"，激励着屠守锷在知识的海洋里一往无前。卢沟桥事变后，学校被迫停课，只好借长沙湖南大学的校舍复课。工业救国，科技富国、强国，成为这位清华学子的人生座右铭。

↑ 屠守锷在清华大学读书时的成绩单（清华大学档案馆藏）

1938年，清华大学、北京大学和南开大学在昆明成立西南联合大学，他随学校组织的旅行团，由长沙徒步奔赴昆明就学。当时清华大学开始在机械系航空组的基础上筹建航空系。1939年，西南联合大学正式成立航空工程学系，他成为该系的学生。

1940年夏，他以优异的成绩获得西南联大航空系学士学位。1941年秋，屠守锷公费留学来到美国著名的麻省理工学院研究生部攻读航空工程硕士。两年之后获得科学硕士学位，进入布法罗寇蒂斯飞机制造厂任工程师。在这期间，他发表了论文《横向加强筋薄板的强度》和《飞机起落架落地时的振动问题》。身在异国他乡的屠守锷，时刻想念着灾难深重的祖国，但他知道，正在与日本帝国主义浴血奋战的祖国，即使有再博大的胸怀，也无力提供给他一个施展才华、报效祖国的舞台。无奈的他只有借它山之石，锤炼自己的意志和本领。他刻苦钻研，从理论到工程实践，不断强化着自己的羽翼，期待着展翅高飞的那一天。

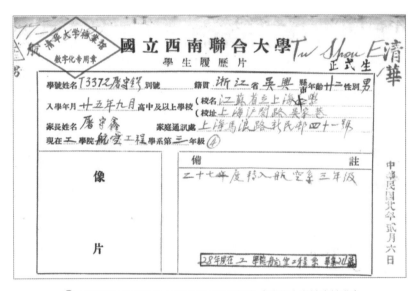

↑ 屠守锷在西南联合大学读书时的学籍卡（清华大学档案馆藏）

1945年8月15日，日本侵略者无条件投降了。消息一传到美国，屠守锷立即辞职准备回国。因为没有足够的旅费，他选择乘汽车作为陆地之行的交通工具，开始了横贯美国东西海岸颠簸的旅行。

两个月后，搭乘一艘运兵船穿过太平洋，屠守锷终于在1945年底回到了祖国。一路的颠簸，更加坚定了屠守锷工业救国理想。

光彩的起步

回到祖国，屠守锷满心以为脱离了帝国主义列强铁蹄的祖国从此将获得新生，谁知又陷入了内战的硝烟中。空怀一腔工业救国热血的屠守锷困惑了，不知身向何处。

为了不负壮志，他还是力所能及地做一些有益的工作。1946年2月，经朋友介绍，他再一次回到西南联大航空系，从事航空技术教学与研究工作。这一年，屠守锷只有28岁，成为校内最年轻的副教授。

屠守锷永远不会忘记上结构力学课程的第一天，课堂里只有2名学生，但他们眼睛闪现的强烈求知欲望，让他找到了志同道合的伙伴。

1946年西南联大回迁，清华大学又回到清华园。教学之余，屠守锷反复思考一个问题，为什么有五千年文

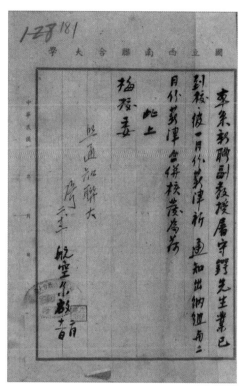

↑ 1946年，聘请屠守锷为清华航空工程学系副教授起薪通知（清华大学档案馆藏）

明历史、曾经创造了人类四大发明、数次在科学技术领域里领先世界的中国，竟在短短的一百多年间落后。在一个半殖民地、半封建、分裂的中国，想要发展工业，建设国防，造福人民，求得国家的富强，许多年来多少志士仁人为此奋斗，但是一概都幻灭了。现实让这位学者深深地感到国民党的腐败，是他们使国家频受欺辱，民不聊生，惨遭涂炭。他开始认识到：政治不变革，一切生产力都将遭到破坏的命运，农业如此，工业也是如此。生活在20世纪的人们说，科学是没有国界的，但是科学家是有祖国的。一个正直的科学家的思索，引起了北平地下党的关注，中共地下党员走近了屠守锷。

他渐渐看清楚了：国民党占有广大的粮食产区，但是每年从农民手里征得的大量粮食，大部分却被经手人员中饱私囊了，致使军队经常缺粮，士兵饿得面黄

肌瘦；解放区多为贫瘠地域，但是却能用自己动手，发展农业生产力，很好地解决了粮食问题；国民党区域经济危机极端严重，工业大部分破产了，一切依靠外国，连布匹这样的日用品也要从美国运来；解放区却能用发展工业的方法，自己解决布匹和其他日用品的需要；国民党区域的工人、农民、店员、公务人员和知识分子，生活痛苦，达到极点；解放区却能使全体人民都有饭吃，有衣穿，有事做。从党的教育中，从切身的体验中，他深刻地理解到："没有中国共产党的努力，没有中国共产党人做中国人民的中流砥柱，中国的独立和解放是不可能的，中国的工业化和农业近代化也是不可能的。"

屠守锷在当时到处都笼罩在白色恐怖中的北平，勇敢地投入党的怀抱。母校不仅成全了他少年的梦想，母校还成就了他一生为共产主义奋斗的最高追求。1948年12月，他加入了中国共产党，成为一名光荣的共产主义战士。从此，他便把自己的一切，都献给了党。1949年8月1日，屠守锷被聘任为清华大学航空工程学系教授。

屠守锷的专业是飞机结构与强度，他在清华航空工程学系工作期间，在《清华大学学报》自然科学版上先后发表了《机翼性能的简单求法》（1947）和《柱体半硬壳结构的应力分析》（1950）等学术论文。

中华人民共和国的建立，使贫弱而古老的中国焕发了勃勃生机，百废待兴的建设高潮迫切需要大批科技人才。为了适应国家经济建设的需要，全国大专院校进行调整，1952年清华航空工程学系从清华大学分离出来，组建北京航空学院，屠守锷先后任航空学院副教务长、飞机系主任和院长助理。屠守锷治学是严谨的，他尊重科学，崇尚坚韧不拔和实事求是的科学精神。这不仅是教学，也是他做人的准则。这时的北航，已开始输送一批批自己培养的大学生到祖国需要的岗位上。

1956年新中国正在筹备自己的航天工业时，经聂荣臻元帅亲自点将，屠守锷和钱学森、任新民、梁守槃、黄纬禄等专家一起调到国防部第五研究院。从此，屠守锷便将自己的全部精力，都投入到了中国导弹与火箭的研制工作中。

1957年9月，屠守锷曾以技术顾问的身份随聂荣臻元帅率领的中国政府代表团参加了与苏联的谈判，这次谈判促成了中国唯一一次导弹技术的引进，中国开始仿制、设计制造自己的导弹和火箭。

屠守锷

初 识 导 弹

　　来到国防部第五研究院的屠守锷，在钱学森院长领导下的十大研究室之一的结构强度研究室担任主任，主持导弹与火箭的结构强度与环境条件的研究和试验。当时屠守锷连导弹是什么样子都没有见过，之所以让他领导这个室，只是因为业务在他的航空专业领域里，强度与环境是他的本行。1958年，他又调到一分院一个设计部任主任，主持地空导弹的研制。中国导弹的研制，是通过仿制开始，然后走上自行设计的道路。地空导弹是这样，地地导弹也是这样。

　　根据中苏1957年签订的《新技术协定》（即苏联在火箭和航空等新技术方面援助中国的协定），苏联曾向我们提供过几种当时已经过时的导弹、飞机和军事装备的实物样品及相应的技术资料，还派了技术专家来指导工作。这些导弹包括苏联仿制德国V–2导弹并略有改进的P–2地地导弹和543地空导弹。

　　聂帅曾形象地把仿制称作"爬楼梯"。就是说要通过仿制练兵，把导弹技术吃透，为自行设计打下基础。所以在仿制工作中除了翻译图纸资料进行仿制外，还进行了大量的"反设计"工作。

　　所谓反设计，就是从引进苏联导弹给定的技术指标出发，按照正常的设计程序进行设计，把每一阶段的计算结果与苏联提供的资料进行对比。如果相近，就说明我们用的公式是正确的；如果相差太远，就要认真地找出设计中的问题，给予纠正，因为苏联的图纸资料已由实践证明是正确的。严格按照图纸仿制成功，只是做到了知其然，而通过反设计的实践，我们就能够做到知其所以然。屠守锷带着一批年轻的科技人员，以顽强刻苦的精神，用惊人的速度完成了描红、学步、仿制、反设计、创新的历程，并在仿制第一枚地空导弹和地地导弹的过程中崭露头角，成为导弹设计与研制的技术带头人。

　　1960年11月5日，我国仿制的第一枚近程地地导弹发射成功，自行设计的中近程导弹也进入了紧张的组装阶段。1961年秋，屠守锷升任战略导弹研究院副院长，全面主持地地型号的导弹研制工作。

　　1962年3月21日，我国自行设计的第一枚中近程导弹首次飞行试验。由于控制系统失稳、致使飞行失控，导弹起飞后不久即坠毁在发射台附近。这次发射的失败，暴露了我们在导弹研制工作中，在工程技术方面和科研管理方面存在的诸多问题。在这个困难时刻，屠守锷临危受命，兼任总体设计部主任，负责故障分析和下一步改进的方案设计。他带领技术人员首先从总体方案设计入手，然后像剥竹笋一样，一层一层对各分系统进行了大量的研究试验，通过试验与分析，揭示了导致失败的原因："总体方案设计中没有考虑到细长的弹体实际上像一根有弹性的'竹鞭'，在飞行中产生的弹性振动将对控制系统造成影响。"问题找出来了，怎么解决？特别是反映飞行姿态的敏感元件到底应该放在弹体的什么位置上才是最合理的？这些都没有现成的答案，甚至没有可供参考的只言片语。中国的导弹专家们只能通过实验，在实践中摸索经验，找到答案。经过修改设计后的导弹，先后通过了17项大型地面试验，包括发动机性能和可靠性试车，控制系统仿真与综合试验，控制系统与遥测系统的匹配试验，模拟试验、全弹振动试验和多次全弹试车等。

1964年6月29日，修改设计后的导弹在酒泉基地进行飞行试验，获得圆满成功。这个成功，对中国年轻的导弹研制队伍来说是一个巨大的鼓舞，他们不仅掌握了导弹研制的若干重要技术，更重要的是摸索出了导弹研制的基本规律，并为以后的研制提供了借鉴。大家进一步认识到，设计方案不仅必须建立在可靠的技术基础上，还要进行充分的可行性论证和地面试验，以试验和理论分析的结果作依据，补充我们测试手段的不足，为事故预想提供参数。

紧接着，屠守锷又带领技术人员继续挖潜改进，大胆创新，在控制系统上首次采用独立的惯性制导系统，甩掉了"大尾巴"。

中国自行研制的第一枚中近程导弹，限于当时的技术水平，必须借鉴苏联的P-2导弹，但当时P-2导弹已是淘汰型号，技术上缺乏先进性。在研制的过程中，我国科技人员尽可能地从实战需要出发，通过技术攻关，将P-2导弹原来采用的无线电横偏校正系统（即在发射场的导弹射向后方，配置一个横校阵地，戏称为"大尾巴"）取消，采用纯惯性制导，进一步提高了导弹的实用性和生存能。

1966年10月27日，经挖潜改进设计后的中近程导弹，在我国西部地区的国土上，成功地进行了导弹、原子弹的"两弹结合"试验。这次以实弹进行的"两弹"结合试验。表明中国有了实战效能的核武器，国防实力有了突破性增强。

强化总体作用

导弹工程是一个庞大的系统工程，正如钱学森同志说的：所谓尖端的"尖"，就在于综合。现代火箭是一个很多高新技术的综合体，如何把成熟的技术组合到一起，在最短的周期里用最经济的代价完成一个型号的火箭，总体设计部要做很多综合协调工作。

充分认识总体工作的重要性，是屠守锷对中国航天事业的一大贡献。他在中国导弹研制初期受挫的艰难时刻，临危受命，作为研究院的技术副院长，同时身兼总体设计部的主任，他深知自己肩上的担子。在摸着石头过河的实践中，作为技术上的带头人，屠守锷度过了一段举步维艰的日子。作为一个科学家，屠守锷不仅具有睿智敏捷的科学头脑和实事求是的科学态度，严谨缜密的科学思维方法和不畏困难勇攀高峰的科学精神；同时，他严以律己、一丝不苟、严格果断的作风和人格魅力也赢得了同志们的信任和尊敬。1962年中国自行设计研制的导弹首飞失败了，大家的心情异常沉重，但屠守锷却在千头万绪中，从自己主管的总体设计部开始着手故障分析。他敏锐地抓到了事物的本质。

导弹研制，从设计、生产、试验到定型，这是一个工作顺序，这期间的工作千头万绪，纵横交错，需要科学地进行统筹安排，以指导工作正常运转，科学统筹就是编制研制程序。导弹系统是由许多功能不同、专业各异而又相互关联、互相影响和制约的分系统组成。怎样组织、推动各分系统，使它们有机地协调运转，总体部也就应运而生。总体部就是要在技术上抓总。仿制中曾只重视了技术上要吃透，忽视了总体部的技术协调和抓总。由于苏联提供了整套的图纸，这些图纸资料涉及大量繁琐的内部协调工作已经在过去的生产中完成了，是一个成功运用研制程序的果实，而它的大量磨合阶段的挫折没有机会在我们的仿制工作中暴露出来。加上我们测试手段的落后，缺乏更多的参考数据，无法在研制的过程中发现问题，所有的处理结果都要在飞行试验中总检验。这是失败给我们的重要经验之一。屠守锷以敏锐的观察力最先悟出总体方案充分论证、设计的重要性。中国自古就有"失败是成功之母"的教诲，对于正在成长着的年轻的火箭专家们来说，这一课是早晚要补的，早补早受益；对于屠守锷来说，这是一剂受益终生的良药。

屠守锷组织工程技术人员重新审查了导弹的总体设计方案，并对各分系统进行了大量的研究试验，通过试验与分析，揭示了失败的原因。整个分析故障的过程，是确立用试验数据检验设计思想的过程。比如敏感元件速率陀螺在弹体上的位置如何确定，就是在试验中解决的。磨合的过程，既是经验积累的过程，也是整体优化的过程。屠守锷率领着一批只争朝夕的航天人，以严谨的科学态度、执着的科学精神、周到细致的工作作风，通过故障分析发现问题，确定解决途径，最后经受飞行试验的考验，并在成功的基础上，继续挖潜改进性能。中国的导弹研制队伍正是通过失败的千锤百炼，强化了总体意识，认清了导弹研制工作中总体的重要性。此后的导弹研制，再也没有出现过总体的方案性失误。

在屠守锷的带领下，年轻的导弹工程设计人员按照自己摸索出来的导弹研制程序流程，开始接受实践检验，并在实践中不断得到完善。

做一个有骨气的中国人

屠守锷的性格是刚强的。来自社会底层的生活，使他能够体会到挣扎在饥饿线上的广大劳动人民为生存而奔波的辛酸，童年时代就萌生了富民强国的心愿。

刚强是一个人的意志品质，骨气是一个民族的精神气节，屠守锷要做一个有骨气的中国人。

当屠守锷走进正在筹建中的中国战略导弹和运载火箭的研制基地时，就聆听了聂帅关于"自力更生为主，力争外援和利用资本主义国家已有的科学成果"的建院方针。他深知，在中国这样一个经济和科技都很落后的国家，坚持自力更生的方针，就必须要走艰苦创业的道路。当时整个资本主义社会对中国实行全面的经济及技术封锁，苏联也只同意接收50名留学生，不愿实施具体的技术援助，直到1957年10月后才答应给中国几个即将淘汰的导弹型号和提供仿制用的技术资料，并派遣相应的专家帮助开展工作。应该承认，苏联的帮助对我们在较短的时间内组织起一个生产导弹的协作网，起到了很大作用。屠守锷参加了这次中苏新技术谈判，但感觉非常艰难。

屠守锷对把建设中国航天工业的基点放在自力更生上，有着强烈的认同感。他牢记聂帅的指示，一方面认真向苏联专家学习，掌握处理生产中出现的各种技术问题的能力；另一方面坚持依靠自己的工业技术力量，积极配合研制符合技术要求的新材料和电子元器件，使全部生产最终能立足于国内。通过新技术协定，我们取得了一些外援，但我们是以自力更生的精神来消化外援，不是单纯地依赖外援来推动工作的。

当说起原国防部五院的建院方针时，一向少语的屠守锷主动讲了这样一段话:"正因为我们有了正确的建院思想,在整个型号研制工作中坚持自力更生方针,所以在1960年苏联撤走专家的时候,我们能够咬紧牙关,完全靠我们自己的力量走完了仿制的全过程,并在这个基础上研制了一系列的战略导弹和运载火箭。这大概就是中国火箭、导弹技术之所以会迅速发展的秘诀之一。"

做一个有骨气的中国人。这几乎是屠守锷面对困难的唯一心态,这个心态,给了他不惧一切艰难险阻、从容迎接挑战的勇气。

做一个有骨气的中国人,还反映在屠守锷思考问题的气魄上。屠守锷的全局观念,他眼中绝不仅仅是一个型号、一个研究院。他总是习惯于从中国这个大局出发,放眼世界,因为运载火箭技术研究院是中国的导弹研制基地,是中国航天事业发展的摇篮。从全局出发,对国家有利,成为屠守锷思考问题的准则。他相信,判断任何事物的天平,都应该服从国家利益这个砝码。

做一个有骨气的中国人,还表现在屠守锷作为中国战略导弹和运载火箭技术带头人的工作作风上。对待工作,大到飞行试验,小到一个试验数据,他都认真审查。他要求每一个工程技术人员都必须做到严肃认真,一丝不苟,成竹在胸。屠守锷是不徇私情的,在他心里装着整个中国航天大业;他乐在其中,醉在其中,奋在其中。做一个有骨气的中国人,是屠守锷性格中最具魅力的闪光点。

瞄准中国导弹研制发展的方向

1956年1月,毛泽东同志在最高国务会议上说:"我国人民应该有一个远大的规划,要在几十年内,努力改变我国在经济上和科学文化上的落后状况,迅速达到世界上的先进水平。"周恩来总理也明确提出了"向现代科学技术大进军"的号召。正是在这个思想指导下,我国《十二年科技规划》诞生了。在这个规划中,把包括航天技术在内的喷气技术列为国家重点项目之一。聂荣臻同志曾总结说:"十二年科学规划执行的结果,对我国科学研究事业的发展起到了重要推动作用。首先,它勾画出了我国科学技术发展的蓝图,有了一个总的发展方向,展示了前景,鼓舞了人心。其次,它确定了我国科学技术发展的重要领域,并具体化为课题,从而统一了思想,统一了步伐,使攻关有了明确的奋斗目标。通过制定规划,我们也初步摸清了国际上当时先进科学技术的状况,和我国自己的家底,了解了发展科研事业所必须具备的基本条件,也促进了科技界百家争鸣的大好局面。"

1963年，根据国家计划安排，五院在20世纪60年代初开始制定发展战略导弹的规划。在制定这个规划时组建了地地、地空、综合三个小组，分别研究各类导弹的发展途径。屠守锷担任地地导弹技术途径组的组长。

在制定这个规划中有两个内容是不能忽视的。一是从1965年到1972年，八年间要向国家提交四个型号的导弹，作为第一代战略导弹的实施内容；二是在实施这个规划时，国家总计要投资多少钱？国家有能力支持这个规划的实施吗？

屠守锷主持地地导弹技术途径组的讨论，当时的基本情况是中国已经研制出了中近程导弹，经过自行设计的磨合，导弹研制队伍不论从管理上、组织上，还是技术水平上都开始进入成长期。特别是一批在导弹研制领域里摸爬滚打了近十年的工程技术人员，他们要借这股东风，以更快的速度缩短中国航天与世界水平的差距，这个信念激励着他们，也鼓舞着他们大刀阔斧地搞航天。

屠守锷也热血沸腾，但他是一个实事求是的科学家，他深知在当时中国这样一个经济技术基础都薄弱的环境里发展航天事业，国家面临困难。他认为只有从我国实际需要与可能出发，制定正确的发展战略，有所取，有所舍，集中力量，突出重点，讲求效益，才有可能一步步坚实地缩短与世界水平的差距。

论证开始时，屠守锷带领着大家就需要与可能、任务与条件的关系展开了热烈的讨论。使大家的认识统一到既要积极奋进，又要量力而行；既要努力赶超世界先进水平，又要打好基础，循序渐进。经过广泛深入、几上几下的讨论，特别是充分考虑了实战要求，考虑了跟踪世界先进水平的可能性，考虑了国家经济状况的实际能力，在这个基础上确定了中国战略导弹的发展方向和技术途径。如在固体导弹和液体导弹的选择问题上，屠守锷和大家一起分析了固、液两类导弹的优缺点。当时美、苏第二代导弹都由液体燃料转向了用固体燃料的动力装置，以获得较好的作战机动性能，由此可见，导弹燃料的固体化是一个发展趋势。

但是当时国内对新型的固体推进技术的研究才刚刚起步，还要突破许多技术关键才能正式进行型号研制。所以，我们除了应该抓紧这项工作的研究外，更应该充分利用已经取得的研究成果，用液体推进技术来突破中程和远程导弹的技术关键，待固体推进剂研制有所突破后，再逐步实现导弹的固体化。因而在规划中确定用可贮存推进剂替代不可贮存的推进剂，用并联几个发动机获得大推力，用多级的串联方式增加射程等发展方向和技术途径，并积极开发研制惯性平台和数字计算机以更新控制系统主要仪器,争取用八年时间研制出四个新型号导弹,完成第一代战略武器的试验阶段。这个规划经周恩来总理主持召开的中央专门委员会议批准后实施。

"八年四弹"规划由于坚持了从国情出发,充分考虑了国力的客观可能,提出了一个既振奋人心,又切实可行的目标,使我国的航天技术得以较快地取得一批新的研制成果。

在制定导弹发展途径时,不仅考虑了型号发展的三个阶段,而且在技术上也为每个型号的总体设计提供了一些方案性或方向性意见,因而起到了很好的指导作用。中近程导弹经改进增程后于1966年成功地进行了"两弹"(导弹、原子弹)结合试验;中程导弹1967年进行了飞行试验;中远程导弹于1969年也进行了飞行试验;远程导弹1971年也进行了第一次飞行试验。从制定和实施"八年四弹"规划的过程中可以清楚地看到,规划所确定的技术途径是符合当时国情的。四个型号,一步一个脚印,它对多、快、好、省地发展我国战略导弹系列,加强国防现代化起到重要作用。

研制远程导弹

远程导弹的方案探索最早可追溯到1964年。而在1963年召开的一系列讨论制定中国战略导弹发展方向和技术途径的技术民主会上,广大科技人员进一步树立了根据国情,从实际出发的指导思想,这从远程导弹的研制方案的探索可见一斑。最初根据"八年四弹"规划,远程导弹的直径定为3~3.2m间的一个数值,究竟取哪一个数值更合理,更符合实际呢?当时我们的工程技术人员只是从美国对苏联十月革命节在红场上展示的导弹分析资料和美国大力神洲际导弹资料中得知,它们的直径都是3.05m,中国远程导弹的直径将根据什么标准确定呢?

有的设计人员联想到中近程导弹由于没有考虑到细长的导弹在飞行中产生的弹性振动,致使第一次的飞行试验失败,就希望远程导弹尽量设计得短粗些,给控制系统的设计创造一个好的条件。方案组的同志经过广泛调研,最终决定根据我国现有铁路的标准,即通过铁路涵洞的特殊外形运输车的直径,来确定远程导弹的最大直径,即3.35m。我国是一个地域广阔又多山的国家,导弹运输不可避免地要穿梭于崇山峻岭之间,铁路运输是符合国情的。第一辆有着特殊使命和外形的铁路运输车是一位近80岁高龄的工程师设计的。正是根据运输车所限定的条件，我们确定了远程导弹的最大直径。这个尺寸不仅为控制系统设计创造了较好条件，也为后续型号发展奠定了良好基础。有一位工程技术人员曾做了一次粗略计算，正是由于直径的增大，我国的长征系列火箭运载能力普遍提高了20%到30%。

屠守锷作为总设计师，为了研制出接近世界先进水平的远程导弹，勇于探索，大胆采用各种新技术，在制导、推进、结构材料、发射试验等方面的技术都有新的突破。其中先进的平台—计算机制导方案、高可靠性的大推力摇摆发动机、高强度的铝铜合金箱体结构、精密灵巧的电液伺服机构等先进技术的采用，使我国自行研制的远程导弹在制导精度和运载能力方面，都达到了相当先进的水平。

屠守锷鼓励用新技术。因为只有采用更多的新技术，才能保证不断缩短与世界水平的差距，也只有在不断采用新技术的过程中，才能在攻克技术难关中，培养锻炼我们的研制队伍。

在制定远程导弹第二级游动发动机的方案时，有的设计员提出采用泵压式推进剂输送方案，这是发动机的研究方向，无疑是先进的。但这又是一个全新的课题，在研制中将面临一系列的难关，能否按期攻下，没有把握。"八年四弹"规划中远程导弹是最后一项任务，能否按期完成规划任务，解决远程导弹的有无问题，这是国家的大事。作为总师，他必须要有全局观念。但是新技术对屠守锷的诱惑实在太大了，他毅然决定两个方案——挤压式及泵压式一起上。正是屠守锷的正确决策，我们的研制人员攻下了泵压式结构的发动机，在提高导弹先进性的同时保证了生产周期。

减轻导弹的结构重量，是提高射程的重要手段。远程导弹的推进剂贮箱是全弹的主要部件之一，导弹一、二级贮箱长度占全弹总长60%以上，它既是贮存推进剂的容器，也是导弹的主要承力结构。结构减重的实施主要取决于材料，贮箱设计选用什么材料成为能否减重的关键。屠守锷把这项任务交给了我国著名材料专家姚桐斌负责。姚桐斌会同冶金部，通过对材料性能和国内生产能力的全面分析和综合，提出采用铝铜合金作为推进剂贮箱的结构材料。仅这一项就比按常规用的铝镁合金结构减轻30%。但铝铜合金有着致命的缺陷：首先是它的焊接系数较低，只有0.5；其次是焊缝强度只达到原材料断裂强度的一半。屠守锷把副总设计师们召集起来，经过讨论，大家一致认为：提高导弹射程的唯一途径就是采用铝铜合金，但是它的风险实在太大了，大到不敢问津，不能问津。远程导弹的射程一般是8000到14000千米，用铝镁合金实现8000千米没有问题，"八年四弹"规划仍能完成，但再也没有进一步提高的可能。最后，屠守锷拍板采用铝铜合金。接下来他们几乎陷入了焊接工艺的绝境。一次次的试验，一次次的失败，焊缝质量之差，超出了他们所能接受的理论极限。在整个焊接技术攻关过程中，屠守锷带领攻关设计队伍吃住都在车间现场。一个方案失败了，又开始摸索、实施一个新的方案。反反复复中，他们积累了许多宝贵的经验。他们边学习，边实践，边摸索，边总结，终于研制出一种新的专用焊丝，焊出了满足设计要求的产品，还摸索出一套特殊的焊接工艺，并在飞行试验中经受了考验。

这里还有一个插曲，在远程导弹的第一次飞行试验中，导弹起飞到一定高度时，导弹箱体部位曾冒出一股股白烟，那个部位正是贮箱的位置。难道是贮箱渗漏？立刻有人想到了贮箱的焊缝，那可是薄弱之中的薄弱环节。指责、压力，统统指向了拍板的总师屠守锷，他陷入了深深的冥想中。他不在乎指责和压力，但是他在乎这一次的飞行试验。总体方案要接受考验，那么多新技术也要接受考验。国家出了这么多钱，工程技术人员投入了这么多的心血，必须尽量避免失败造成的损失；失败不可怕，关键是要找出导致失败的原因，以利再战。屠守锷回想了试验过程中每一个细节和数据，就是解释不通它怎么会漏。一个偶然的机会，一位刚从大学毕业的毛头小伙子碰上了总师，他看着承受着巨大压力的总师，便安慰说"我好像在一本杂志上看到过一篇报道，当导弹飞行到一定高度时，只要温度、湿度适宜，就会产生白烟"。听到此言的总师顿觉精神为之一振："请你赶紧找到这本杂志。"小设计员费了九牛二虎之力找到了杂志，屠守锷立即来到几十公里外的气动研究所，气动专家庄逢甘动员全所科技人员，经过一个星期的紧张论证、试验，终于证明这股白烟与焊缝无关，是自然因素。总设计师那颗忐忑的心，终于放松下来。

为了提高远程导弹的制导精度，控制系统决定采用平台—计算机方案。这在我国导弹研制史上也是第一次使用。当时由于我国惯性仪表的精度比较低，计算机技术也比较落后，所以提出这个方案要冒很大的风险，而且在整个平台—计算机研制的设计、生产、试验的过程中，遇到了一系列的技术关键，工作进展的每一步都要顶着巨大的压力。研制队伍在屠守锷的带领下硬是顶着压力，拿下了这项在当时国际上代表先进水平的新技术，即体积小、重量轻、功耗低、可靠性高的微电子计算机技术。这个方案的实施，也为后来确保卫星的准确入轨，创造了条件。在研制远程导弹的初期,就把发射低轨道重型卫星的任务一并列入了计划,所以提高导弹制导精度就显得尤为重要了。

远程导弹的首发飞行试验采用了很多的新技术、新材料、新工艺,为确保飞行成功,曾初步确定两个靶场同时准备,这在人力、物力、财力上都将造成巨大开支。鉴于其重要性,国家领导人也同意宁可承受一些人力、物力、财力的损失。这一枚导弹,不仅寄托了老一辈无产阶级革命家的殷切希望,也凝聚了全国人民的期望,是国家安全和经济建设急需的尖兵。

当征求屠守锷的意见时,他和副总设计师们一起,回顾了远程导弹从设计方案到试验阶段的每一个细节,他们一遍遍地推敲,一遍遍地复核,在反复的计算与审核过程中,屠守锷坚定了信心。他相信广大工程技术人员对祖国的忠诚,也相信科学内在的规律,他们放弃了备用试验靶场的准备工作,集中精力,全力以赴准备中国第一枚远程导弹的处女航。

1971年9月10日,中国远程导弹带着亿万人民的心愿出发了。这次飞行试验获得基本成功,它虽然没有完全达到预期的设想,但完成了全程飞行,证明远程导弹的设计方案是可行的。它所采用的一系列新技术、新材料、新工艺都经受住了考验。

有谁知道,作为总师在作出这些决策时要承担什么样的压力。又有谁知道,在压力面前,屠守锷内心涌动着怎样的热情,他一腔澎湃的报效祖国的热血早已在他肩负中国远程导弹总师的时刻就沸腾了。从这一天开始,中国的国防实力有了质的飞跃。

飞向太平洋

1977年9月,国防科委制定了战略导弹和航天技术新的发展规划,确定了20世纪80年代前期的主要目标是:向太平洋海域发射洲际导弹;发射静止轨道试验通信卫星;从水下发射固体燃料火箭,结束我国第一代战略导弹的试验阶段。屠守锷再次受命担任洲际导弹的总设计师。

再次受命,屠守锷的心情是不平静的。他知道,洲际导弹本应是"八年四弹"规划中最具丰采的神来之笔,将把中国的尖端科技推向新的高峰。但是,由于种种原因,拖到了今天才向世界亮相。此番亮相,不仅标志着一个时代的结束，也将预示着一个新时期的开始。

这枚洲际导弹，是由数万个零件组成，是电子技术、自动控制技术、结构材料与工艺等各个技术领域当时尖端技术综合发展的体现。试验射程在9000千米以上，整个飞行过程30分钟。向太平洋公海发射洲际导弹，成功与否，关键在于导弹的高质量、高可靠性、高精度。屠守锷知道，当时中国的电子工业是个薄弱环节，根据国内多次飞行试验测试中出现的故障分析，电子元器件的质量问题最多。因此，提高电子元器件的可靠性是保证导弹控制设备可靠性的基础。于是在洲际导弹的研制中，诞生了"七专"电子产品。所谓"七专"，即专批、专人、专料、专机、专检、专筛、专卡。在"七专"定点厂，导弹工程的设计者们在电子元器件的设计、生产、检验、入库等一系列生产环节中实行全过程跟踪，从开始阶段的加大备份筛选到实行"七专"，再到建立质量控制和质量信息反馈制度等管理办法。从1978年10月到1979年10月，屠守锷先后组织了6次洲际导弹不同目的、不同条件下的飞行试验，均取得成功，圆满地完成了国内场区的飞行试验。

在1979年至1985年的7年中，中国运载火箭技术研究院共订购了"七专"电子元器件190万支，基本上满足了研制工作设计的需要。

在执行"七专"制度的工作中，屠守锷采用的是两条腿走路策略，一方面通过质量控制提高电子元器件的质量，以满足设计需要；另一方面组织设计力量审查产品设计中电子元器件选用的合理性，压缩品种规格，使洲际导弹的关键元器件由388个品种减少到200个品种，大大提高了产品的可靠性，也节约了大量经费和人力。在实现了洲际导弹高质量、高可靠性后，又一个难题就是高精度，这不仅涉及导弹的落点问题，也是确定导弹落点散布的主要指标。屠守锷带领科研人员通过采用平台—计算机制导技术，不仅提高了导弹的精度，也为我国惯性制导系统的发展开辟了新的途径。

1980年5月9日，新华社向全世界公告：中华人民共和国将于5月12日至6月10日，由中国本土向太平洋南纬7度，东经171度33分为中心，半径70海里圆形海域范围内的公海上，进行运载火箭发射试验。这是我国第一次在试验之前就发布的关于导弹飞行试验的公告。1980年5月18日，这是我国导弹研制史上具有划时代意义的一天。导弹发射之后，准确落入预定海域，数据回收舱也顺利降落水面。从直升机发现回收舱到打捞完毕，整个打捞过程只用了14分钟，打捞本身仅用了 5 分 20 秒。

至此,我国向太平洋发射洲际导弹的任务圆满完成。在庆功会上,党中央、国务院和中央军委高度评价了这次飞行试验,认为它"规模之大,范围之广,要求之高,技术之复杂,组织之严密,在我国都是创纪录的,标志着我国运载火箭技术达到了新的水平,表明中国人民在掌握现代精密科学技术的道路上又迈进了重要的一步"。

没有远程导弹,也就没有中国大推力的运载火箭;没有远程导弹在质量、可靠性、精度方面取得的重大突破,也就没有中国长征系列运载火箭的辉煌。

金牌火箭——长征二号丙

长征二号丙是为发射我国低轨道的重型卫星而研制的运载火箭,它要求把约 2000kg 重的卫星送入数百千米高的近地轨道。早在我国远程导弹研制初期,国家就提出了发射低轨道重型卫星的任务。

屠守锷在担任远程导弹总师的时候,就综合考虑了卫星发射的需要。当 1971 年远程导弹飞行试验获得基本成功后,他就率领研制队伍对远程导弹的设计做了 10 项重大修改,进一步提高产品可靠性和技术性能。这些修改的实际效果,首先在运载火箭的成功发射上显现出来。1975 年 11 月用长征二号火箭成功地发射了我国第一颗返回式对地观察卫星,这标志着我国的运载火箭开始步入航天发射的实用阶段。

从 1979 年至 1981 年间,屠守锷继续带领他的远程导弹研制队伍,根据不同卫星的发射需要,主持了长征二号运载火箭的适应性技术修改,使其运载能力和技术性能均有所提高,研制成功了长征二号丙火箭。该火箭自 1982 年投入使用以来,连续 9 次成功地发射了我国对地观察卫星,无一失败;1992 年为瑞典提供了卫星搭载服务,表现出很高的可靠性和良好的技术性能。在长征二号丙的基础上,经过改进、性能更佳的火箭,为美国提供了 7 次铱星发射服务(一箭双星)。因此可以说,长征二号丙成为我国投入商业服务的金牌运载火箭。

中国长征系列火箭中,长征二号丙是第一个转为民用的,也是第一个走上国际发射服务市场的火箭。在长征二号丙火箭的研制和发射过程中,创造了很多个中国第一,这和总设计师屠守锷的工作作风和思想品质是分不开的,也和屠守锷带出来的这支技术队伍的工作作风和思想品质分不开的。

正像屠守锷的学生、助手,后来担任了洲际导弹、长征二号丙以及长征二号E捆绑火箭总设计师的王德臣所说:"爱国之心,是普遍的感情,表现在航天队伍里,落实到研制工作中,就是有问题不推诿,齐心协力解决它。这话说起来容易,切实去做就难了。"

大家都说,质量是航天产品的生命。导弹、火箭每一次的飞行试验,其飞行的轨道总要不可避免的经过一些人口较密集的地区,任何的疏忽都可导致灾难性后果。而敢于主动承担责任,这不仅是爱国的真正内涵,也是一种高尚的品质。每提到这个话题,王德臣总师总是骄傲地说:"长征二号丙的研制队伍就做到了。我们永远不敢满足,现在市场竞争这么激烈,我们只有以百倍严格地把关,才有可能把带来灾难性后果的事故隐患找出来,解决它;把一个个薄弱环节变成一道道坚不可摧的堡垒,以最好的产品和优质的服务,走向国际市场。这就是航天人的爱国情怀。"其实这也是总师屠守锷设定的火箭研制程序中一个必不可少的步骤。

在国家利益面前,个人荣辱算得了什么!但是真正做到这一点的人,才不愧是一个真正的航天人。

在研制长征二号丙火箭初期,第二级发动机是否加大喷管,是争论的焦点之一。大喷管可使发动机的喷射气流充分膨胀,能提高发动机性能,增大运载能力,代表先进火箭的发展方向,屠守锷是不会轻易舍弃这项先进技术的。但是作为总师他不仅要把握火箭研制的脉搏,更要审时度势,权衡国家综合财政的能力。总师应当是专家,但更应当是通儒,既能通达事理,不固执,又要虚怀若谷,取舍有度。20世纪70年代初的中国,由于财力有限,模拟高空环境的发动机试车台尚未建立,若采用大喷管无疑将会因缺乏试验根据而增加研制风险。屠守锷果断地决定,发动机暂时不采用大喷管,但总体设计上要留有安装空间,一旦研制成熟,即可采用。屠守锷相信,国家会一天天强盛起来,科技力量也会一天天成熟起来,一旦条件具备,我们的大喷管发动机就会带着火箭直上青天。这就是总师的气魄和胸怀。

屠守锷就是这样,在成功面前,他不骄傲,严阵以待,努力发现尚未被认识的隐患;面对失败,他更不气馁,不掩饰缺憾,而是积极地从失败中发现问题,寻找答案。他重视设计,但更重视试验和经验教训的总结,重视一切基础性的东西。他总是习惯于通过地面试验发现问题，不放过每一个细节。像屠守锷这样一个总是盯着世界航天科技前沿的优秀科学家，科学的进步对他来说便永远是挡不住的诱惑，但他又总是理性地摆正研制周期与国家需要和经济能力的关系，从中找到一个最快捷、最省时、最经济的方案来。他重视地面试验，把成功的保险系数通过地面充分的试验巩固下来。

他总是尽可能把新技术、新材料的应用项目，通过充分的地面试验暴露问题，找到解决的办法，再接受新的试验考验。有时办法就是通过一系列的试验总结出来的，如铝铜合金的焊接技术和焊丝的研制。曾有人说屠守锷是"常败将军"，有人带着这个问题查找过屠守锷主持研制的所有型号的飞行试验，几十次飞行试验的记录都翻遍了，却找不到他"常败将军"的佐证。无奈之中去问了屠总。这一回总师凛然回答："这是强加给我的，但失败是我前进的动力。"

↑ 屠守锷（左2）与同事在交流工作

只有那些胸怀博大的人，才会把前进中的曲折当作动力；也只有那些付出挚爱真情的人，才会把个人荣辱当作浮光掠影一般。也正因为有屠守锷这样的总师，也才会培养出这样一支队伍，造就这样一批人才。在屠守锷总师的副总师队伍里，可以发现这样一些名字：梁思礼——曾任航天工业总公司科学技术委员会副主任；李绪鄂——曾任航天工业部部长、国家科委副主任；李伯勇——曾任中国运载火箭技术研究院院长、国家劳动部部长；王永志——曾任中国运载火箭技术研究院院长、"神舟"号飞船工程总设计师；王德臣——曾仕长征二号 E 捆绑火箭总设计师……那一连串如今在中国航天战线上功勋卓越的人物，原来他们都曾是屠守锷的助手。

航天人为中国有屠守锷这样的总师而自豪。因为有这样的总师，才会有享誉全球的中国金牌火箭——长征二号丙，以及研制这个火箭型号的过硬的技术队伍；长征二号丙火箭也才会在这样的继承者手中，常胜不衰，青春永驻。

中国航天技术的腾飞

20 世纪 80 年代开始崛起的长征三号系列火箭，是我国运载火箭系列中的一支生力军。它们的第一、二级，都是以长征二号火箭为基础而研制成功的。但当它们安装上以液氢、液氧为推进剂之后，其功能却发生了突跃式变化，从而成为卫星通信工程五大系统中的一个最关键的系统。长征三号是用来发射同步定点通信卫星的多用途大型火箭，它的运载能力随轨道倾角变化而相应改变。可将 1500 千克左右的通信卫星送到近地点 200 千米～400 千米，远地点约 36000 千米的地球同步转移轨道。掌握这种发射同步定点通信卫星的发射技术，是我国运载火箭技术的一个重大突破。

1984 年 4 月 8 日，长征三号将"东方红二号"卫星准确送入轨道。从此，我国成为世界上第四个具有发射地球同步通信卫星能力的国家。此后，长征三号甲曾多次成功地发射了国外卫星。正是屠守锷在主持研制远程导弹的过程中，以他的敏锐和远见卓识，在设计中大胆采用了各种新技术、新材料，使我国自行研制的远程导弹在运载能力、制导精度和可靠性方面，都达到了先进的水平，为中国大型运载火箭的研制奠定了坚实的基础。

屠守锷经常告诫他身边的同事们："我们要站在国家的角度考虑问题，为中央的决策当好参谋"，并身体力行地履行着诺言。

20 世纪 80 年代初，是中国航天技术腾飞的大好时机。1980 年，我国成功地完成了洲际导弹向太平洋的发射；1982 年，圆满地完成了火箭在潜艇上的水下发射；长征二号丙运载火箭当时已多次用于发射卫星，达到了 100% 的发射成功率；特别是在 1984 年，我国成功地实现了地球同步轨道卫星的发射。卫星技术也取得突破性进步，并且日趋成熟。1985 年 10 月，我国政府正式对外宣布：从

↑ 1980年5月18日10时，我国首枚洲际地地弹道导弹发射成功

现在起，中国自行研制的长征二号、长征三号运载火箭，将投入国际市场，为国外卫星用户提供发射服务。这就表明，我国航天技术已经由初创时期走向成熟时期，运载火箭技术跨入了世界先进行列。

国外航天界人士对中国航天科技成就刮目相看，国内各界有识之士也为之鼓舞。但是国内某些经济界人士对此却不以为然，认为航天工业光会花钱，对经济建设没有什么贡献。他们认为，要发展经济，就得放弃航天，或者说等国家将来富了再搞。这种看法对国民经济发展规划的实施也产生了影响，航天的投入开始减少了，航天新型号的研制项目很难排列进去。屠守锷坐不住了，他十分焦虑。他开始思考航天工业与发展国民经济的关系。他收集了许多资料，一段时间里，他甚至把主要精力都投入到这些资料的研究上。屠守锷不是经济学家，但科学的规律是相通的。

他更习惯从技术科学和经济学的结合上，审视每一个战略和技术的决策。他坚持认为"航天技术可以利用空间的高真空、微重力、无振动、无菌等环境，这是其他任何技术所无法比拟的。开发航天技术既可以带来巨大的经济效益，有利于振兴经济，又能促进科学技术的发展。因此，我们应该像在南极建立自己的工作站那样，早下决心开发空间技术"。

屠守锷还算了如下几笔账。其一："要建立一个能覆盖全国的广播电视系统，如果应用航天技术，其费用可比常规方法节省一半还多；它能迅速地普及全民教育，从而提高整个中华民族的科学技术和文化水平"；其二："发射两颗国土普查卫星，就可综合应用于地质普查、资源开发、水源利用、环境保护、铁路和航道的选线、农林渔牧规划、森林开发与控制，甚至考古等方面"；其二："气象卫星对预报灾害性天气的准确度，比其他手段好得多"；其四："利用空间环境，不仅可以做许多地面做不到的科学实验，还能生产新的材料，开展生物、生命和医学等领域的研究，以及大规模地利用太阳能，进而作为开发宇宙的基地"，因而航天技术有着巨大的经济潜力。通信卫星、气象卫星和资源卫星的大规模应用，进一步证实了他的论断。屠守锷凭着对我国航天事业的高度责任感，在多年的火箭研制工程实践中，不断地探索，积累了丰富的经验，他不仅在科学技术上深有造诣，他那严谨而独到的思维方法，孜孜不倦的钻研精神，特别是他胸怀祖国，放眼世界的求索、攀登精神，勇于承担责任的胆识和精益求精的作风，诠释了航天精神的本质。

长征三号的研制成功，为我国发射同步定点通信卫星、广播电视卫星、气象卫星、资源普查卫星创造了条件，对我国的通信、宣传、文化教育事业技术手段的现代化发挥巨大的作用。长征三号研制成功以后，屠守锷进一步从国家的发展战略出发，分析了国家的经济能力和发展需要，并根据国家目前的技术基础状况，研究出我国航天技术下一步发展的途径和策略。

1985年，他将这些研究成果写成报告，与其他五位著名的火箭技术与工业专家一起，联名向中央上报了《大力发展航天技术，为国民经济建设服务》的建议。曾任第七机械工业部部长的郑天翔同志，专门为此写了一篇很长的推荐信，支持专家们的建议，受到邓小平同志的高度重视。但是后来由于种种原因，这件事只是在有关部门里议了一下，便搁置下来，并未列入国家的相应规划中去。直到翌年3月，王大珩等四位科学家再次向中央提出了关于跟踪高技术发展的建议，邓小平同志又作了批示："这个问题十分重要"，"此事宜速作决断，不可拖延"。于是，发展航天技术终于被列入了1986年11月中共中央、国务院批准的《高技术研究发展计划纲要》（"863"计划）。屠守锷看了这个文件后很振奋，立即组织研究实施意见。年近古稀的老专家，再一次全身心地投入到振兴祖国航天工业的事业中去，热情地为新型号的研究开发，出谋献策。

今天，回过头来看，中央的这一决策是何等英明的啊！发展航天工业会极大地促进国民经济的发展，对此大概不会再有人提出异议了，有谁会想到当年会有那么多的周折。

走向世界的捆绑火箭

屠守锷一直认为，火箭的应用捆绑技术是立足于我国已有的技术成果而高速度、少投入地发展大型运载火箭的最佳技术，他多次倡导发展该项技术。向太平洋发射洲际导弹的任务完成之后，他曾组织人力对此进行了大量的技术研究和方案论证工作，极力促成该项技术能以型号项目开展研制。1988年12月，在王永志院长的积极推动下，长征二号E火箭终于获准开展型号研制。长征二号E运载火箭首次采用了捆绑技术，它以加长了的长征二号丙火箭作芯级，捆绑四个液体火箭助推器而构成，近地轨道运载能力可比长征二号丙火箭约提高3倍。尽管捆绑技术的采用会带来结构力学、气动力学以及自动控制、发射与运输等方面一系列新的技术课题，当时这些课题我们都还很生疏，但就我国已有的技术水平而言，应该是可以攻克的。

屠守锷协助王德臣总设计师参与了长征二号E运载火箭研制的技术指导工作，并于1988年被正式确定担任技术总顾问，在该火箭研制的重大技术问题决策中起到了"主心骨"的作用。长征二号E运载火箭的研制成功，标志着我国火箭技术的又一次飞跃。

1985年10月，我国政府郑重宣布：长征系列运载火箭将投放国际市场。这一年，美国航天飞机第二十五次飞行失利，"欧空局"阿里安火箭也相继失败，国际市场形成运载危机。这就为中国运载火箭涉足国际发射服务市场，提供了机会。而长征二号E火箭的运载能力，最具备当时的入市条件。1987年9月，成立于1984年的澳大利亚奥塞特公司在悉尼就建立第二代国家卫星通信系统进行招标。当时有世界四大集团以主承包商的身份参加投标。初出茅庐的中国长城工业公司以发射服务分包商资格与主承包商组合参加投标，这意味着中国长征二号E火箭开始和美、法火箭的角逐。在这四个西方宇航集团中，只有主承包商休斯公司在运载方案中列入了中国尚无实物的长征二号E火箭。

1988年6月，揭标结果是美国休斯公司使用长征二号E火箭发射两颗HS-601卫星在轨道交付方案中标！对于中国，这是一个纸上谈兵的买卖。在与对方的谈判中，对方的条件是：在休斯公司制造的，由澳大利亚经营的卫星发射前一年（1990年6月30日以前），我国火箭必须进行飞行试验。试验失败或无正当理由推迟发射时间，美方有权终止合同，并索取赔偿费100万美元。

屠守锷

这是一个非常苛刻的条件，但激烈的市场竞争从来不同情弱者，中国航天面临着一次残酷的挑战。对于中国航天人来说，又是一个机遇。他们再一次挺身而出，于1988年6月贷款2000万元，开始先期工作。12月，国务院办公会议批准此项工程，并列为国家重点工程，要求从1989年1月起，18个月内完成首次飞行试验，研制经费由贷款解决。

要在18个月内研制成功一个新型号，无疑是一场硬仗。它既是对中国航天队伍的一次严峻考验，也是对这支队伍技术素质的一次全面检阅。研制长征二号E捆绑火箭的研制队伍，就是屠守锷当年率领的研制远程导弹和实施飞向太平洋计划的设计队伍，是创造了金牌火箭长征二号丙神话的队伍。他们又一次聚到了一起攻关。当时摆在他们面前的困难主要有两点：一是由捆绑技术带来一系列的技术问题。比如，助推器的捆绑和分离技术、双星发射技术、直径4.2m的大型卫星整流罩技术等20多项难题。捆绑技术，当时世界上只有美、苏和法国等几个少数国家能掌握它。二是研制周期短。18个月，完成的是往常3～4年的工作量。设计部门要在3个月内完成24套、44万张图纸的设计。生产部门仅新技术一项就提出了126个工艺攻关课题，制造5000多项应适合于特殊零件加工的工装。试验部门也要在半年时间内完成仿真、综合匹配试验，以及助推器、星箭、整流罩三大分离试验、全箭振动试验等300项地面试验。

对于航天人来说，这是机遇与风险并存的挑战。所谓机遇，就是承担外星发射的任务，不仅可以推动我国航天技术的发展，而且可以壮国威、振民心、团结海内外华夏儿女共同振兴中华，并为国创汇。说到风险，一是18个月内如果研制不出来或者首发试验失败，国家的形象、民族的尊严、中国火箭技术的信誉都会因此受到损伤，刚刚打开的国际卫星发射市场的大门也可能因此关上；一旦美方终止合同，3.45亿元人民币的贷款也将无法偿还，就连利息的支付也成为难题。

面对严峻的考验，航天人提出了"全力以赴，首发必胜"的口号，决心发扬敢打硬仗、善于攻关的传统精神，向管理要时间。他们依据过去30年积累的成熟经验，精细地运筹、周密地思考、精心地调度、细致地工作、灵活机动地处理各类问题。把设计出图和物资备料，设计和工艺准备，工艺审查和生产准备，生产与试验，研制与靶场准备有机地紧密结合，形成五个交叉作业。在研制程序上合并了研制阶段，把靶场模样箭、初样箭和试验箭三个阶段合而为一，成倍地提高了工作效率。生产上采用了四箭合一，简化了模样、初样、振动、合练程序，不仅缩短了周期，也节省了经费。

屠守锷这位从工程实践摸索出来的导弹与火箭研制的集大成者，他善于把一种理论付诸实践，并通过实验加以科学的总结。他曾多次从科学技术和科研管理等角度给以导弹与火箭研制系统的总结。他任总师时就主张要重视设计，一个方案的确立正面要有理论支持，要经得起反推，还要另辟蹊径去验证。要重视初样，火箭研制是一个复杂的系统工程，一个局部的正确方案在系统中不一定是协调的。初样阶段就是验证这些方案的合理性，否则到了试样阶段，不仅要影响进度，人力、物力、财力方面都会浪费。他的这些见解，对我国战略导弹与运载火箭的研制起到了指导作用。

1990年是中国航天史上捷报频传的一年。4月，继长征三号成功地发射第一颗外星亚洲一号之后，7月，我国新一代巨型火箭长征二号E捆绑火箭一举发射成功，搭载的巴基斯坦科学实验卫星准确进入轨道。从此，我国近地轨道的运载能力一跃达到8800kg。

长征二号E捆绑火箭发射成功了，完成了党中央、国务院交给航天人的重点工程任务，中国继续保持了在国际卫星发射市场与世界四强国良好的竞争势头。中国沸腾了，世界震惊了。

休斯公司特聘火箭技术顾问、前麦道航天公司副总裁泰德·史密斯经过考察评审后说："中国人能创造出西方人做不到的奇迹。"

其实中华民族自古就有置之死地而后生的韧性。航天人正是具备了这样的韧性和品德，有党中央的亲切关怀和大力支持，加上兄弟单位的通力协作，才有了长征二号E捆绑火箭18个月的奇迹。这也是中国运载火箭技术研究院三十多年来研制成果的继承和发展，是航天人表现出来的爱国主义精神。可以说，没有长征二号E火箭的研制成功，就没有"神舟"号飞船的凯旋。

作风、品质、气魄与情怀

科学有其自身的规律，发现一个规律，就等于找到了力的一个支点；而能够掌握并运用科学规律的人，就进入了科学的自由王国。展望中国航天事业取得的如此巨大成就，就不能不提到航天传统精神和作风，这就是：自力更生、艰苦奋斗、大力协同、无私奉献、严谨务实、勇于登攀。用这样的精神和作风武装起来的航天人必然无往而不胜。

质量是航天产品的生命。质量靠人控制，航天人的作风建设更显出生死攸关的重要了。屠守锷作为型号总设计师，他严格要求自己，以身作则，他带出来的队伍有着典型的屠守锷性格特征，那就是严谨、严肃、严格。

凡是参加屠守锷主持的会议，绝对没有迟到现象，最标准的时钟，就是屠守锷的身影。无论你地位多高，身兼几职，迟到了，在屠守锷眼里，就是能力、精力胜任不了的表现。他主持的会，会前有文件，要讨论什么问题，做什么决策，都会让每一个与会者事先知道，并给你一个思考、准备的时间。屠守锷作风果断，来源于深入细致的调查研究，来源于对实际情况的准确了解和体察，建立在严肃认真的工作作风上。一次总师系统的碰头会，一位副总设计师迟到了，屠守锷说："你兼职太多，分身无术，请你就这个职务提出辞职申请。"屠守锷不是"杀一儆百"，他只是要维护制度的严肃性，身体力行地做遵守纪律和制度的模范。

作为总师系统的每一次碰头会，要协调的事情很多，航天产品无小事，每个细节都举足轻重，因为任何一个环节的疏忽都有可能造成灾难性事故。为了不辜负国家和人民的重托，他必须从一点一滴抓作风的培养。有一次调度会，屠守锷要一个试验的数据，设计员由于准备不充分，给了屠总一个模糊概念。他拒绝接受这样的数据。屠守锷说："科学是来不得半点马虎的。我们糊弄科学，科学就一定会还以颜色，而我们的国家和事业都经不起这样的折腾。"屠守锷要求别人这样，也同样这样严格要求自己。他要出席的会，会前一定要有文件，他认真阅读后，有了自己的观点和见解，他才参加。在会议上，他无论是第一个发言，还是最后一个讲话，他都会按自己准备的意见表态。

在型号研制工作中，凡是送交给屠守锷签署的文件和技术报告，不但要内容翔实，数据可靠，文字也要言简意赅，不允许有错别字，甚至一个标点符号的错误屠总也要给以指正。达不到要求的，他拒绝签字，并给以严厉的批评。一些老航天科技工作者面对别人赞不绝口的硬笔书法，都会深情地回忆起屠总当年是怎样从点滴抓作风培养的。如果你有幸走进航天科技队伍，走进浩如烟海的资料大楼，面对老航天人存档的一份份图纸和技术、试验报告，也许你不懂航天工程，不懂机械设计，但你无法不被那具有生命感染力的方块字震撼。

屠守锷曾长时期担任中国研制的地地导弹型号的总师，他总是在确定了技术方案后就走上了更加艰巨的岗位。但是他从没有过怨言,更没有在成功的荣誉簿上为自己添上特具神采的一笔。为了中国的航天事业,他鼓励科研人员敢想、敢说。只要是好的、先进的、有创意的,他都积极支持,放手让他们在科学的殿堂里昂首漫步。对于一些有争议的设想,一些还把握不准的方案,他不仅组织力量去开拓新的思路,而且自己也从正、反两个方面认真研究,不轻易下结论。特别是一些难度很大的设计方案,总能得到他的支持。他重视基础工作,动手能力强,对于一些大型试验,都是亲自组织、安排、落实,并坚持在试验的第一线掌握第一手资料。他作风扎实,注重基础设施的建设;不好高骛远,建立了一系列基础试验设施。

大型卫星和火箭连接包带的设计,曾作为预先研究项目进行了十年,试验结果都无法满足设计要求。长征二号 E 火箭开始研制后,屠老总再一次临危主持关键项目的攻关。他从最基本的原理推导起,通过一系列公式的推算,仅一年,总结出一套完整的试验方法和程序。建立在理论基础上的结果总要接受试验的检验。这一天,几十米高的试验设施耸立在风中,铁梯架在天寒地冻中也像坚冰一样光滑。70多岁的屠老总亲自上去检查试验的准备工作。下来后他说:"程序和方法都是正确的。"试验结果验证了屠老总的推论,满足设计要求。一个久攻不克的课题,还在试验前就敢说方法和程序是正确的,这需要多深厚的功底和博大的胸怀。

从远程导弹到洲际导弹,从长征二号火箭到大型捆绑火箭,屠守锷主持参加了很多型号火箭的研制,他身边有那么多的副总设计师,他熟悉这些人的秉性特点、技术水平、优缺点,做到胸中有数,总是让他们在能力的最上限,或是超水平的状态下压担子。他擅于从全局把握,充分调动副手们的积极性,放手让他们去独当一面。在总师系统中,作为总设计师,他是一位严格的师长,不放过一个细小的差错;他又是一个撑腰的长者,遇到困难了,有问题了都可以找他;他还是一个避风雨的港湾,一旦出现失误,他会以总师的身份,挺身而出,承担责任。屠守锷曾经说过:

开展大型地面试验,要建立相应的试验设施。当年我们抢建振动塔和试车台,对近程导弹的研制是起了作用的。从火箭的全箭振动试验中,我们可以得到火箭自振的模态数据,选定速率陀螺在箭体上的位置。

为了取得某个秒状态的数据,特意配置了能模拟推进剂密度的溶液加注到火箭中去，以求直接得到有关数据。现在的火箭越做越大，用这种办法不仅振动塔的规模要加大，所用的溶液量也要加大并有污染，还很费事。现在数字计算机已可用来做大量计算，可利用计算结果替代全箭振动试验，取得模拟数据。这个变化不是说振动塔已完成了历史任务，而是随着现实可用手段的增加，为达到某一个具体目的，不必拘泥于一种办法，少花钱，多办事，能办事就行。

这不仅反映了屠守锷的研究准则，更可见他的思想品质。他不计较个人荣辱得失，只要对国家有利，对事业有利，他都在所不辞。他于1983年开始了火箭弹性振动模态的分析方法研究。他首先提出若对未加注推进剂的火箭用试验方法测得前几阶的自振频率和振型，便可以用计算方法求得火箭在飞行过程中任意时刻的自振频率和振型。当年屠老总有一台已经淘汰了的计算机，就是用这台计算机，他推导出这个计算公式，用八开的纸密密麻麻写满三大张。当科研人员审核、复核这个公式时，用研究院当时最先进的计算设备干了几个月才完成。

就在这个时候，仍然有权威专家提出质疑：捆绑后的火箭产生的谐振，将带来灾难性事故。权威专家的质疑足以宣判火箭的死缓。谐振更是让所有航天人闻之而不敢怠慢的关键问题。

航天人谁都不会忘记，我国自行研制的中近程导弹就是因为弹性振动问题首飞失利，而长征三号的振动问题也是困扰科技人员很久的难题。今天，在长征二号E捆绑火箭已经耸立待发的时刻，噩梦一样的振动问题又冒出来了。

很多人都被权威专家的质疑吓住了。何况在场的还有很多科工委、部里的领导，有人提出把火箭拉回北京重新再做振动试验。新型号研制总师找到了屠守锷商量怎么办？其实，当时有很多高级领导在场，屠守锷完全可以顺水推舟按领导决策意见办，但他没有这样做。屠老总说："你把公式找出来，计算后再说。"屠老总的冷静和信心，给了大家莫大的安慰。他们找到公式，反复计算、核验了多遍，公式没有错。但假设条件出现了偏差，从力学角度讲，作为单自由度、单维的公式本身是正确的，但把它应用到多自由度的多维捆绑火箭上，就是风马牛不相及，根本是两类不同的概念。当技术人员把计算的结果和问题的性质向屠总再次做了汇报，屠老总果断地决策："按原定计划实施，准备发射。"长征二号E捆绑火箭终于带着亿万人的期待，冲上九霄，把卫星准确送入预定轨道。

在另一次的重要试验中，为确定火箭发动机的一个活门是否需要更换，会议从晚上七点一直开到次日凌晨两点。会上大家众说纷纭，各抒己见，两种截然相反的意见各不相让。此时，时间就是速度。为了赢得时间，屠老总从各个方面认真做了分析，排除一切疑点，审慎而又大胆地决定：这个活门可以不更换。

屠老总在关键时刻的果断决策，既反映了他深入细致的工作作风，也表现了他敢于决断的胆识。做到这一点，除了依靠他严谨的科学态度、对科学内在规律的准确认识和把握、对这支科技队伍的责任心和战斗力的充分信任，更突出地表现在屠老总思考问题的角度上。在一次申请订购液压振动台设备的讨论会上，参加会议的都是权威专家，仅院士就有五六位。会上意见分歧很大，阐述的理由都很充分。主持会议的庄逢甘请一直认真倾听没有表态的屠守锷发言。大家知道，事物发展的规律中存在因果关系。一个客观存在的因素，最终要由一个结果阐明发展过程；也就是说一个结果也必然涵盖着一个客观存在。屠老总从兜里掏出一张纸，这是一张记满了由原始现象内含的基本原理推导出的一系列结果说明。屠老总说："由于我们试验手段的不充分，目前航天产品还存在着事故隐患。从这个意义上讲，非常需要增加这个试验设备。"屠老总建立在严密逻辑关系基础上深入浅出的分析，令与会者折服。庄逢甘院士说："今天的会议我不做总结了，屠老总的发言，就是总结。"

屠守锷作为中国运载火箭技术研究院的第一位技术负责人，他在科技队伍的作风培养上、思想品质要求上、业务能力提高上，一贯是严而又严，精而又精。经过多年的锤炼，他相信这支队伍对祖国的忠诚、对人民的忠诚、对航天事业的忠诚。在做每一个决策时，他只要从国家需要出发、从人民的利益出发，心胸就变得豁达了，勇气随之就有了，思维就清晰了，决策也就简单了。也许，这就是人们常说的"心底无私天地宽"。

在长征二号E捆绑火箭的研制中，控制系统的一位科技人员在一次地面例行试验中接错了一根线，导致试验失败。上级决定处分他。这时担任技术总顾问的屠守锷给总师王德臣打了一个电话："听说他家里最近爱人、孩子都生病住院了，是不是这个情况，了解一下。"就是这样一个电话，却让总师想起了许多。他曾是屠守锷的学生，来到中国运载火箭技术研究院后，作为技术骨干，他一直是屠总的得力助手，工作在屠老总身边。

↑ 屠守锷（左4）和航天老专家在一起

王德臣知道，这个设计员平时工作十分出色，没有出过差错，在重点型号的研制中，加班加点，一直都紧张地工作在第一线上。特别是他在承受如此巨大的压力下继续努力工作，自己没有及时帮助他消除后顾之忧，还要再给他加压。作为总师，王德臣坐不住了，他主动申请给自己处分，承担责任。

导弹系统是一个庞大而复杂的系统，老总每天要面临的问题林林总总，但在屠守锷心里，却经常装着这些微不足道的生活小事。因为他把这支队伍的每一个细节，都包括进这个系统中了，只有把每一个环节都处理好了，这个庞大的系统才能生机勃勃地运转。

屠守锷在科学技术上的成就，突出地表现在火箭技术的工程实践方面，表现在他的技术实践成果和决策能力上，特别是在火箭工程研制的重大技术问题上的指导作用，而不仅仅是他的学术著作。因在火箭研制中做出的突出贡献，1991年他当选中国科学院院士。他是1985年国家科学技术进步奖特等奖获得者之一，是国家授予的"两弹一星功勋奖章"人员之一。

2012年12月15日，屠守锷因病逝世，享年95岁。12月21日，"两弹一星"元勋屠守锷遗体告别仪式和追悼会在北京八宝山举行。各界人士从四面八方赶来，向这位功勋科学家告别。中国航天事业的里程碑上将永远镌刻着一代总师屠守锷的英名，中国人民将永远铭记着谱写了壮国威、震军威凯歌的火箭专家。

参考文献

[1] 贺青. 屠守锷院士传记 [M]. 北京：中国宇航出版社，2015.

[2] 屠守锷. 对型号研制规律的一些认识 [R]. 第七机械工业部第一届科学技术委员会第一次会议论文集，1982.

[3] 屠守锷. 我与航天事业 [J]. 中国科学院院刊，1993（3）.

[4] 屠守锷. 捆绑火箭的横向振动模态 [J]. 导弹与航天运载技术，1993（1）.

（本文作者：沈辛荪　周德山　贺　青　冯立昇）

王希季

王希季（1921— ），白族，云南大理市人，中共党员，卫星和卫星返回技术专家，中国科学院院士，国际宇航科学院院士。

1942年毕业于西南联合大学机械工程系。1948年赴美国弗吉尼亚理工学院研究生院留学，获硕士学位。1950年回国，先后在大连工学院、上海交通大学、上海科技大学任副教授、教授。1958年进入空间技术研制领域，历任上海机电设计院总工程师，第七机械工业部五〇八所总工程师，第七机械工业部第五研究院（即中国空间技术研究院）副院长、科技委主任，航天工业部总工程师等职。

王希季是中国早期从事火箭技术研究的组织者之一，中国试验探空火箭及其后的气象火箭、生物火箭和高空试验火箭的技术负责人，倡导并参与发展无控制火箭探空技术和航天器返回技术两门新的学科；创造性地把中国探空火箭技术和导弹技术结合起来，负责提出中国第一种卫星运载火箭的技术方案；主持长征一号运载火箭方案研制和核试验取样系列火箭的研制；负责制定出立足国内技术和工业基础而又能达到国际先进水平的返回式卫星研制方案，主持采用新技术，使卫星增强了功能、延长了寿命，使中国卫星返回技术达到国际先进水平。

1982年荣立航天工业部一等功，1985年和1990年各获一项国家科技进步奖特等奖，1987年获国家科技进步奖二等奖，1996年获国家科技进步奖一等奖，1999年被授予"两弹一星功勋奖章"。

艰苦求索之路

连创佳绩的青少年时期

王希季1921年出生于云南昆明的一个商人家庭，祖籍大理。父亲王毓崑，字式西，多年经商，后因生意蚀本而停业，母亲周诗贞操持家务。他们有子女7人，王希季排行第三。父亲深知商海浮沉不可捉摸，因而总是教育子女们认真读书，以便将来学会一门技艺能自立自强。

在父母的教育和影响下，王希季从小就爱读书。他最初在昆明市省立师范附属小学（后改称昆华小学）学习时，成绩并不突出，但兴趣广泛，初小四年级就开始阅读《西游记》《水浒传》等古典名著。就是这样一个看似平常的他，1934年春季高小毕业时，却在全昆明市举行的小学毕业会考中夺得总分第一的好成绩，为昆华小学增了光彩。

王希季小学毕业时，其家道业已中落，家中经济十分拮据。小小年纪的他，不得不为自己的求学和生活做认真打算。当时，虽有好几所中学因他是全市小学生中的"状元"给他发了免考录取的通知，但因受到父母有关"饥荒三年，饿不死手艺人"等务实精神的影响，他还是报考了昆华高级工业职业学校的附属中学，以便今后能进入职业学校掌握一门技术，做个有专长的手艺人。

他以总分第一的成绩考入初中后，因学习勤奋努力，成绩一直优秀，每学期都获得足以支付学杂费和伙食费的奖学金。更为难得的是他德、智、体全面发展，在学习时热心帮助学有困难的同窗，在学习之余还能抽时间阅读课外书刊、踢足球、游泳。在初中三年间，他看了十几部文学译著和古典名著；他热爱体育，蛙式游泳可游2000米，还任学校"长虹"足球队的前锋。

1937年3月，王希季又以总分第一的成绩如愿地考入昆华高级工业职业学校土木工程科。当年正值"七七"事变发生，全昆明新入学的高中生和大学生都要接受3个月的军事训练。在军训期间，受抗日情绪高涨环境的影响，年少气盛的王希季凭着一股朴素的爱国之情，萌生出报名参军上前线、抗击日本侵略者的念头，但终因年龄小而未被录取。他虽然没能参军，但学习的动机已悄悄地发生了变化，从成为"手艺人"转到为抗战学本领，就是说有点"工业救国"的影子了。

1938年，北京大学、清华大学和天津的南开大学迁到昆明后组成了国立西南联合大学。该校是全国统考大学之一，允许中学生以同等学力报考。学完高中一年级功课的王希季，应同班同学吴承康之约，本着见识一下考大学的场面、以取得考试经验的想法，报考西南联合大学机械工程系。当年10月考试发榜，他竟被西南联合大学按志愿录取。此事，不仅他自己感到意外，更令他的老师和同学十分吃惊，并在当时的昆明学界被作为佳话流传。

1938年11月，王希季进入西南联合大学机械工程学系读书。联大虽在抗日后方，但因受战局和恶性通货膨胀的影响，学校的住宿、伙食和学习条件很差，师生还常受到日本飞机轰炸的威胁。对王希季来讲，这些都算不上什么困难。摆在他面前的问题是：由于只读完高中一年级就进入大学，既要学新的课程，又要补充所缺少的知识，加以过去从未受过用英文教材学习和用英文做作业的训练，如何才能跟上学习的进度呢？他制定了一个白天上课和活动、晚8时就寝、凌晨2时起床看书到7时的一天学习十四五个小时的作息制度，把电灯光较明亮、环境较安静的深夜利用起来。他的勤奋收到了好效果，顺利地通过了大学一年级和二年级所有课程的考试，为按期毕业打下了良好的基础。

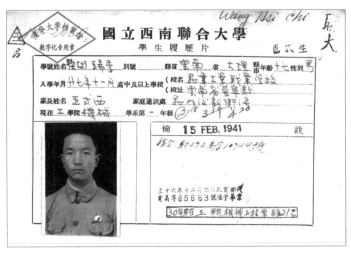

① 王希季在西南联合大学机械系读书时的学籍卡（清华大学档案馆藏）

在西南联合大学四年就学期间，他有幸受教于诸多名家，受到学校内"箛吹弦诵""千秋耻终当雪"的环境和志气的熏陶。由此，他不仅学识大有长进、眼界得到开阔，而且在为人处世和严谨治学等方面得到良好的培养，爱祖国、爱家乡、爱人民的情感得到进一步加深。看到国家落后就会被别的国家侵略，他甚感悲愤。通过学习又认识到能源在技术和工业中起杠杆作用，他产生了将来投身于建设和发展能源事业、为改变祖国落后面貌出力的意愿。为了实现这一愿望，他在大学三、四年级选课时便偏重动力工程方面的课程，打算大学毕业后到动力厂工作，有可能的话争取机会去国外学习，在动力工程领域作进一步深造。

王希季后来在回忆那段时期的求学经历时，举了一件使他终身难忘、终身受益的事情。在一次机械原理课程的平时测验中，授业老师刘仙洲教授要求答案中的数字必须精确到小数点后第三位。在当时只有计算尺的情况下，要达到这种计算精度只有用笔算。王希季自作聪明地认为用计算尺也能估算出来，结果因小数点后第三位的数字有误而吃了一个"大鸭蛋"（零分）。幸亏那次测验不是期末考试，不然的话，他将会因考试不及格需要在下一学年补读机械原理课程后，才能接着学习机械设计课程，从而造成不能按期毕业的后果。

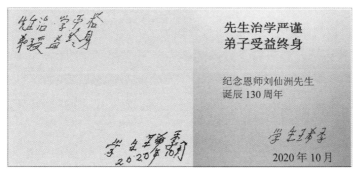

① 王希季为恩师刘仙洲诞辰130周年纪念活动题字（清华大学档案馆藏）

这件事对他影响极大。他说："这个零分让我认识到一个道理：搞工程的人，必须要坚持'零缺陷'。我这个小数点后第三位就是一个缺陷，如果有缺陷了，整个工程就会变成'零'。特别是对我搞卫星工程，非常有帮助，只有零缺陷卫星才能正常运转。这个'鸭蛋'使我终身受益。"通过这件事，王希季认识到搞工程是干零差错的事，来不得任何粗心大意，工程一旦出现差错就一切变成"零"。从此，严谨务实成为王希季对待工作的座右铭。

2020年10月，清华大学举办刘仙洲先生诞辰130周年纪念会及其史料图片展，99岁高龄的"两弹一星"元勋王希季亲自为展览题词"先生治学严谨（格），弟子受益终身"。10月16日，王希季的女儿王庆苏，在刘仙洲之孙刘明陪同下，专程来到清华大学转交他的题字，包括一幅打印题字和一幅手写题字。

1942年，王希季大学毕业。为了给抗战出力，他暂时放弃寻找动力工程方面的工作，到地处云南省安宁县的21兵工厂的分厂任职。抗日战争胜利后，他于1946年8月返回昆明，到耀龙电力公司发电厂任助理工程师。

同年，他参加了当时教育部组织的公费留学生选拔考试。考试后，他得到教育部发出的"成绩合格。因名额限制，特录取为自费留学生"的通知。当时，所谓"自费留学生"实际上就是有资格按官价汇率购买出国留学所需外汇的留学生。那时，官价汇率与市价汇率相差多倍，按官价汇率买外汇不过是象征性地出钱而已，故这样的"自费留学生"基本上也可视为公费留学生。此外，他还得到云南省政府奖励给每名被录取的留学生一笔2000美元的经费资助。加上省吃俭用，他出国留学的费用得到解决。

在工厂工作期间，王希季在同学家里认识了昆明著名中医聂焕然先生的二女儿聂秀芳。聂秀芳是云南大学经济系的学生，与聂秀芳交往使他得到不少温暖和慰藉。之后，他与比他小5岁的聂秀芳相爱了。

1948年初，已经与王希季订婚的聂秀芳用饱含深情的目光，送他踏上了远渡重洋的旅程。王希季成为继他的伯父、受人尊敬的教育家和哲学家王毓嵩（字式南）先生（中国早期赴日本的留学生）之后，大理王家的第二代留学生。

心中的召唤

1948年5月，王希季到异国他乡——美国东部的弗吉尼亚州。这时，已快到美国大学的暑假期。他在位于州首府里士曼的里士曼大学研究生院暑期进修班渡过暑期后，于当年9月进入弗吉尼亚理工学院研究生院动力及燃料专业攻读硕士学位。该校研究生院规定，攻读动力及燃料专业硕士学位的研究生，不仅要获得足够的学分，还要到热力发电厂去实习。这样，王希季每隔一天就要去发电厂接受培训和从事工作8小时。在工厂里，他从学做锅炉工开始，在学会发电厂所有岗位上工人的技能后转做技术员工作，最后做负责发电厂一个班8小时全面工作的领班员。这种边读书边实践的学习生涯，使他受益匪浅。1949年12月，王希季与合作者潘良儒撰写的硕士学位论文"*An Investigation on Combustion of Individual Coal Particles*"（《分散态煤粒子燃烧研究》）通过了答辩。他获得了科学硕士学位。

1949年是中国历史上天翻地覆的一年。抱着工业救国愿望出国深造的王希季，十分关心祖国的前途命运。令他感动不已的是《纽约时报》上刊登的两张反映当时中国动态的照片：一张是中国人民解放军露宿上海街头的情景；另一张是开国大典的照片。看到这些照片，他为中国有了真正的人民军队而庆幸，他为新中国的诞生而欢呼。

↑ 1950年初春时节，王希季乘邮轮从美国返回祖国

曾在西南联合大学聆听过闻一多讲课和李公朴等讲演、对未来的新中国有着一种朦胧向往的王希季，觉得能把那么大、一盘散沙似的祖国统一成一体的中国共产党和新中国政府，一定是一个有非凡能力的党和一个非常了不起的政府。他看到祖国富强有望的曙光，感到有个声音在向他热情的召唤。他十分赞同他在西南联合大学期间的老师、当时正在美国任教的华罗庚教授放弃在美国的终身教授职务回国时，致留美学生公开信所写的观点。华教授在这封信中这样写道：

为了抉择真理，我们应当回去；为了国家民族，我们应当回去；为了为人民服务，我们应当回去；就是为了个人出路，我们也应当早日回去，建立我国的工作基础，为我们伟大祖国的建设和发展而奋斗。

尽管在美国有较好的工作和生活条件，王希季还是下定决心返回祖国，为把自己的祖国建设得富强美好而出力。王希季以及其他回国的留学学者的经历表明，把自己的聪明才智贡献给国家和人民，才能实现最大的人生价值，正如后来邓小平同志所说的"干事业还是回国好"！

1950年2月，王希季和其他一些留美学者在留美中国科学工作者协会的帮助下，从美国西部的旧金山登上"克利夫兰总统号"邮轮。这艘邮轮途经檀香山、马尼拉、东京到达香港。令王希季惊喜的是，华罗庚教授一家也在这条船上。在旅途中，华教授和年轻的学者们一起憧憬新中国的美好未来，他们的思绪飞向祖国。

回国后，王希季希望到燃料工业部工作。但他一到北京，就遇到他在西南联合大学时的老师张大煜教授（首届中国科学院学部委员）。张教授时任大连工学院化工系主任兼东北科学研究所大连分所（中国科学院大连化学物理研究所的前身）副所长，他正在为大连工学院招聘留学生。张教授告诉他，大连工学院很需要也很尊重人才，到那里是可以干一番事业的。这样，王希季受邀到大连工学院参加工作。

刚到大连工学院时，王希季工作非常努力。他负责讲授的动力工程方面的课程还没有教材。他花了不到一年的时间就掌握了俄文，并与杨长骙教授一起将苏联的高等学校教材《船舶汽轮机》翻译成中文。

1950 年 10 月 1 日，王希季和聂秀芳在首都庆祝国庆的礼炮声中举办了简朴的婚礼。婚后，王希季伉俪到大连工学院安下了他们自己的家。此后，他以优秀的教学成绩和敬业精神受到学校的重视和学生们的欢迎。连当时在学院里的苏联教授和顾问也对王希季表示敬佩。他们最欣赏的是这位小个子的教研室主任敢于在学术问题上同他们进行坦率的讨论。王希季在大连工学院教书期间，对教学以外的工作也十分关心。他参加过该校凌水河校舍的建设，是该校舍第一批建筑物暖气管道的设计者。

1955 年 1 月，王希季所在的造船系调整到上海交通大学。在上海交通大学期间，他讲授船舶汽轮机和燃气轮机等课程，并指导研究生专业学习。1958 年 10 月，王希季加入中国共产党。1960 年，他领导的教研室被评为上海市文教战线先进集体，他本人被评为上海市文教战线先进工作者。在不断钻研和多年教学的基础上，王希季和钟芳源教授合作编著了《船舶汽轮机原理与热计算》这部高等学校教学用书。

投身祖国的空间事业

20 世纪 50 年代后期，世界空间事业（即航天事业）进入了蓬勃发展的新阶段。1957 年 10 月 4 日，苏联把世界第一颗人造地球卫星（"伴侣" 1 号）送入环绕地球运行的轨道。此后不久，苏联又成功地发射了该国的第二颗人造地球卫星。美国也于 1958 年 1 月 31 日（美国东部时间）把本国的第一颗人造地球卫星——"探险者" 1 号卫星送上太空。这些事件标志着人类已能摆脱地球引力的桎梏，表明人类改造客观世界的能力有了巨大的飞跃。

1958年5月17日，毛泽东主席在中国共产党第八次全国代表大会第二次会议上提出："我们也要搞人造卫星！"中央决定，以中国科学院为主要负责机构，开展人造卫星研制工作。

中国科学院把研制人造卫星列为该院1958年第一项重点任务，并于当年8月成立了组织和协调人造卫星工作的领导小组（又称"581"领导小组）。组长是钱学森，副组长是赵九章和地球物理研究所党委书记卫一清。"581"领导小组下属3个设计院。其中，承担人造卫星和运载火箭总体设计任务的1001设计院由郭永怀（时任中国科学院力学研究所副所长）任院长、杨南生（时任中国科学院力学研究所副研究员）任副院长。

当时，中国已在秘密地研发导弹技术。因此，新成立的中国科学院1001设计院是独立于从事导弹研制的国防部第五研究院之外的一个新的空间技术研制单位。

为了利用上海的工业条件和人才优势进行研制，经中国科学院与上海市商定，1001设计院的总体设计部和发动机设计部由杨南生带领于1958年11月搬迁上海，由上海市增补力量组成上海机电设计院（该院于1965年8月搬到北京，改称第七机械工业部第八设计院；1971年3月划归中国空间技术研究院，改称北京空间机电研究所）。而时任上海交通大学工程力学系副主任的王希季也奉调兼任上海机电设计院技术负责人（1960年改任总工程师，1978年改任所长）。那时的王希季已在教学上积累了丰富的经验，是专业领域里有较深研究资历的优秀老师，且当时他正在根据上海交通大学和民主德国一所著名高校签订的交换涡轮机教授的协议做了赴民主德国讲学的准备。因此，对这次奉调，他说不上十分情愿，但已成为中国共产党党员的他必须服从党组织的决定。

王希季拿着介绍信到一无所知的上海机电设计院报到时，意外地遇到他在西南联合大学期间的同学杨南生。当王希季从杨南生和上海机电设计院党委书记艾丁的介绍中得知，上海机电设计院是中国科学院为发展中国的空间事业与上海市共同创建的一个搞人造卫星和运载火箭总体设计的保密单位，上海机电设计院承担的工作在中国还是一派空白。他为能投身到这样一个伟大而又神秘的事业、肩负开创的重任而激动不已。

和王希季同期调入上海机电设计院的还有从一些科研单位和工厂抽调的几十名

技术人员以及从上海市多所高等院校和中等专业学校提前毕业的几百名学生。在一没有专业知识和实践经验，二没有现成的资料可供仿制，三没有火箭和卫星领域专家的情况下，王希季和杨南生等设计院的领导认为，打开中国空间技术的大门只能从边学边干入手。他们一方面请来中国科学院的专家和上海市一些高等院校的教授为科研人员讲授火箭技术、空气动力学、飞行力学等理论知识，鼓励科研人员互教互学，还"现买现卖"地亲自开课授课；另一方面带领科研人员进行火箭设计，派送科研人员到工厂参与火箭制造（当时称之为"赶鸭子下水"）。因此，王希季和杨南生工作的紧张和繁忙较别人就更加重一层了。对此，同事们看在眼里、记在心中，他夫人聂秀芳更是感慨万端。她回忆当年情形时说，家中的事什么也指望不上王希季，他每天早出晚归地工作，连星期天也得不到休息。最让她不解的是，不知道王希季从事什么工作，对她的提问他连闪烁其词的回答都没有，干脆就是闭口不谈。只见他回家时，有时忧心忡忡、茶饭不思，有时又是喜形于色、高兴得像个孩子。凭着妻子的敏感，聂秀芳觉得王希季的肩上一定压着一副不寻常的重担。于是，她也就不再去问，只是默默地分享着他的快乐，也默默地分担着他的忧虑。在1965 年她调入航天系统工作后，仍保持着这种习惯，对丈夫的工作不多问，把照料好家庭、关心丈夫的健康作为义不容辞的责任。

上海机电设计院成立后，针对 1001 设计院拟研制以液氟为氧化剂的运载火箭遇到不可逾越的困难，从积累研制运载火箭的经验和锻炼技术队伍出发，决定先研制一种采用常规推进剂的、用于进行高空大气结构探测的有控制的探空五号（代号 T-5）单级液体火箭。

T-5 火箭的方案是以第二次世界大战中德国使用的 V-2 火箭（实际上是导弹）为蓝本提出的，其起飞质量和地面稳态推力均为 V-2 火箭相应值的五分之一。对从未搞过火箭的上海机电设计院来讲，研制 T-5 火箭也是一项难度极大的工程。

当时，他们最好的计算工具是电动计算机。为了给出 T-5 火箭的飞行弹道，弹道计算人员轮班工作。他们将计算人员分成 3 人 1 组，其中 2 人独立计算、1 人负责校对，每一组工作 8 小时后由另一组接着干。就这样夜以继日地干了 2 个多月的时间，才用数字积分法算出一条完整的弹道。记录 T-5 火箭弹道计算数据的纸，一张一张地叠起来有桌子那样高。

理论工作固然不易，加工制造更是艰难。例如，直径约 0.77 米的推进剂贮箱选用厚度不到 2 毫米的铬锰矽钢板材制造。当时，国内还没有这类钢种，上海第五钢厂根据上海冶金局和材料研究所确定的配方，冶炼并轧制出合格的产品。钢材问题解决后，研制人员又在加工厂的协作下成功地攻克了这种大直径、薄壁贮箱的顶盖冲压成形、箱体焊接、箱体热处理等工艺难关，研制出符合设计要求的贮箱。

T–5 火箭虽然绝大多数部件和组件加工出来了，并完成了 1 枚模样火箭的结构总装，但由于发动机系统因缺少试验条件未经受热试车的考验，自动控制系统因少数部件没有达到设计要求和多数部件没有进行动态模拟试验，因此还不能按预定要求连续运动。再加上没有可供使用的发射场，这一火箭距离能进行飞行试验还有相当大的差距。

T–5 火箭的研制实践，使王希季及其同事们进一步认识到自力更生地发展火箭技术的艰巨性。作为一名曾在美国学到不少先进管理方法的技术负责人，他不仅密切关注具体的研制工作，更在深思一些关系上海机电设计院发展的全局性问题。他经常想：在研制经验缺乏、技术储备不足、国家投资又十分有限的情况下，我们的目标定得切合实际吗？只抓火箭研制，不搞配套设施建设，是否能行得通？

1959 年初，中国科学院党组根据中共中央书记处书记邓小平关于现在放卫星与国力不相称、要调整空间技术研究任务的指示，决定纠正在基本条件不具备的情况下急于搞人造卫星的偏向，中止了大型运载火箭和人造卫星的研制，把力量转到重点搞探空火箭上来，以研制探空火箭作为练兵手段。同年 7 月 10 日，钱学森致函上海机电设计院。他根据中国的国情以及中国火箭技术发展的现状和需要，建议上海机电设计院改变原定的设计运载火箭发射人造卫星的计划，把设计院改建成一个设计和试制小型火箭的单位，以研制气象火箭作为具体任务之一。

为了推进中国的火箭探空事业和为今后中国研制、发射人造卫星打好基础，包括王希季在内的上海机电设计院的领导吸取了前一段只搞火箭、不抓与火箭配套的发射场建设的教训，提出了以无控制火箭作为发展火箭技术的突破口和把探空火箭、发射场作为火箭探空运载系统必不可少的两大组成相配套进行研制，建设这样一条比较现实可行的技术途径，并决定从 1959 年 8 月开始研制探空七号（代号 T–7）火箭气象运载系统和探空七号模型（代号 T–7M）火箭试验运载系统。

火箭探空领域耕耘结硕果

在明确了发展中国火箭探空事业的技术途径和近期目标后,王希季逐渐把主要精力转到 T-7 火箭和 T-7M 火箭运载系统的研制上来。火箭探空也成为中国发展空间技术的起步项目之一,它是中国在高新技术中较早取得突破、较早达到国际水平而且应用较为广泛、成果较为丰硕的一个领域。

首次成功"了不起"

T-7 火箭和 T-7M 火箭均是由液体火箭(主火箭)和固体火箭(助推器)经级间连接、分离机构(分离器)串联而成的两级无控制火箭,依靠尾翼稳定火箭飞行,用发射架以接近垂直的状态从地面发射。火箭升空后,在助推器发动机熄火时,主火箭发动机在空中自动点火,随即助推器和分离器一起与主火箭分离。当主火箭飞行到弹道顶点附近时,箭头与箭体分离,分离后的箭头、箭体利用各自携带的降落伞在地面安全着陆。这两种火箭的起飞质量和飞行高度为:T-7 火箭起飞质量的最大值为 1160 千克(其中主火箭质量 818 千克),在海平面发射时的最大飞行高度为海拔 60 千米(单独主火箭状态为海拔 30 千米);T-7M 火箭起飞质量的最大值为 190 千克(其中主火箭质量 122 千克),在海平面发射时的最大飞行高度为海拔 10 千米(单独主火箭状态为海拔 8 千米)。

T-7 火箭和 T-7M 火箭虽然不大,相对来讲比较简单,但也是"麻雀虽小,五脏俱全",需要解决的技术问题和研制条件的创建问题很多。当时,在上海机电设计院,由杨南生负责抓设计院的全面工作和建设,王希季则集中精力抓型号研制。为了使火箭早日飞上蓝天,他们带领研制人员进行了现今难以想象的艰苦奋斗。

在研制主发动机期间,亟须在进行热试车前先做系统液流试验,但又苦于没有试验条件。王希季针对这一情况,走遍了当时上海机电设计院的所在地——上海市虹口区四达路上的上海财经学院旧址——的角角落落,最后看中了一个厕所门前的几平方米的露天空地。随后,他又组织研制人员在空地上搭起试验台,把厕所改造成测试间。十几天的工夫,"液流系统试验室"就建成了。与此同时,江湾发动机简易试车台和南汇火箭简易发射场也在杨南生的主持下开始兴建。

江湾简易试车台位于上海江湾机场。它利用一座废弃的旧碉堡,将试车台建在碉堡的夹道里，碉堡内部用来测量试验数据和观察试验情况。这座试车台从1959年12月底开始启用，到1961年2月撤销，共进行了T–7M火箭主发动机近30次热试车和T–7火箭主发动机14次热试车。1960年4月18日晚，国务院副总理聂荣臻以及中国科学院张劲夫副院长和钱学森所长冒着霏霏春雨来到江湾热试车台，视察了T–7火箭主发动机的热试车。

1960年2月19日，坐落于南汇县老港镇以东海滩的简易发射场上，T–7M001号主火箭静静地竖立在发射架上。当时，发射场生活条件和作业条件十分艰苦，参试人员身上穿的是便装，吃的是粗茶淡饭，住的是茅草屋，睡的是地铺，工作在田头路边，但人家的干劲很足、热情很高。更为艰难的是，发射场的设施非常简陋。与发射架隔着一条蜿蜒小河的空地上，设有一个用芦席围起来的"发电站"，里面轰响着一台借来的发电机。发射"指挥所"也只是用装了土的麻袋堆积而成的掩体。由于没有步话机，甚至连电话、广播喇叭这些最简单的通讯联络工具也没有，发射指挥员得靠扯着嗓子高声喊并借助手势来指挥、协调各岗位上的工作。又因专用加注设备（用于加注液体推进剂）和充气（向气瓶内充高压气体）自动脱落机构还没有研制，参试人员是用自行车的打气筒一下一下地把推进剂压进贮箱里的。此外，在气瓶充气结束后，还要冒着危险跑到待发射状态的火箭旁边去拆下充气阀。

这一天的16时47分，随着发动机点火口令的下达，发射架旁涌起滚滚白烟，因为推进剂中的氧化剂采用的是白烟硝酸。T–7M001号主火箭沿导轨飞出发射架，奔向天空。发射试验首次获得成功！在场的王希季、杨南生和参试人员一起忘情地欢呼起来。

这次试验用的火箭为3/4容量加注状态的主火箭。这种状态的T–7M主火箭，理论上的最大飞行高度为海拔5千米。虽然这枚火箭实际的最大飞行高度还达不到理论值，但对王希季及其同事们来讲，这枚火箭飞上蓝天却是奔向太空的起点，它的成功在中国空间技术发展史上留下了闪光的一页。

T–7M主火箭发射成功，受到上级领导和中央领导同志的重视和关注。1960年5月28日，毛泽东主席在中共上海市委第一书记柯庆施陪同下莅临上海新技术展览会尖端技术展览室参观。在那里，毛主席视察了T–7M主火箭产品。这是毛主席生前对火箭产品唯一的视察活动。他对研制人员依靠自己的力量取得火箭技术方面的进展给予了高度评价。当他得知T–7M主火箭能飞8千米时赞赏地说:"8公里(千米),那也了不起呀!"毛主席还指示中国的火箭探空,"应该8公里、20公里、200公里地搞上去"。

为纪念T-7M火箭对中国火箭探空和空间事业发展做出的历史性贡献,上海市科学技术协会、上海航天局和南汇县人民政府等单位于1997年10月在南汇火箭发射场原址建立了"T-7M火箭首次发射成功纪念碑"。碑文中写道:第一枚T-7M火箭由上海机电设计院杨南生副院长、王希季总工程师等百名科技人员自行设计、制造。

气象火箭谱新篇

在毛泽东主席视察T-7M主火箭产品之后不到4个月,T-7火箭也在安徽省广德地区首次成功地经受了飞行试验的考验。

T-7发射场位于安徽省广德县誓节渡,四面环山。开发前,场内野草丛生,没有房屋,不通公路。但建设者们发扬艰苦创业的精神,在朱为公(时任上海机电设计院火箭发射室技术负责人)等的带领下修筑道路、安装设备,仅用了3个月的时间就使这个发射场具备了发射火箭的能力。

广德火箭发射场海拔只有几十米。场内拥有一座52米长的直导轨桁架式发射架,竖立状态总高度54米,还有发射控制室、气象观察室、液体发动机测试间、液体推进剂加注间、固体发动机装药间等设施,试验条件比南汇简易火箭发射场好很多。该发射场一直使用到1966年,中国的第一代气象火箭和生物试验火箭就是从那里发射升空的。

1960年9月13日,T-7主火箭(3/4容量加注状态)在其进行的第二次发射中(第一次发射时间为7月1日),首次获得成功,并达到海拔19.2千米的高度。这种状态的火箭,理论上的最大飞行高度为海拔20千米。因此相当成功,这表明中国的火箭探空已由初期研究、试验阶段转到实用阶段。

在T-7主火箭第三次发射时,正好中国科学院张劲夫副院长和钱学森所长去发射场参观。发射当天,在按程序进入发射准备时,天气情况和预报的相差不大,故工作照常进行。但将发射架指向的方位角和俯仰角调整到所需的角度,即完成液体推进剂加注和发射架调架作业时,天气突然变坏,风雨大作。发射现场指挥征得王希季同意后,下达了暂停发射的口令,以等待风速变小时再进行发射。在等待过程中,大家几次觉得地面风速已变小,但经测量风速还是高于允许发射的阈值。对张劲夫副院长和钱学森先生在风雨之中长时间地等待，王希季十分不安。因此，当听到地面风速降到 4 米/秒、已小于允许发射的阈值 6 米/秒时，王希季同意发射，现场指挥下达临射前的倒计时工作口令。但是，天公不作美！就在发射准备工作按倒计时进行到快要下达发射点火口令时，大家又感到地面风速变大。这时，如果当机立断，还来得及命令中止发射，但王希季鉴于上述心态，抱着闯一下的想法没有这样做。结果，发动机点火了，火箭出架升空了，但没有飞多高就转向地面。事后分析，这是高空强大的风切变使火箭飞行失去稳定造成。王希季对这次试验因决策失当而失败深感内疚，引以为训。

1963 年 8 月，T-7 火箭进行了最后一批次飞行试验。在这批次试验中，火箭弹道顶点高度均达到海拔 64 至 65 千米，并成功地进行了中国的首批次火箭测风试验。

在 T-7 火箭气象运载系统的基础上，为了满足国防新技术发展对火箭气象探测提出的要求，王希季从 1962 年 3 月起带领研制人员对 T-7 火箭气象运载系统作了多项重要的技术改进，T-7 火箭气象运载系统面目一新，性能有了明显提高。这种新状态的系统被称为探空七号甲（代号 T-7A）火箭气象运载系统，以与 T-7 火箭气象运载系统相区别。

T-7 和 T-7A 火箭气象运载系统是中国的第一代火箭气象运载系统。其中，后者于 1965 年 1 月达到设计定型要求。在此前不久，即 1964 年 8 月，与王希季并肩战斗近 6 年、为中国火箭探空事业的开创做出重大贡献的杨南生，奉调任国防部第五研究院第四分院（现中国航天科技集团公司第四研究院）副院长，转到中国固体火箭发动机研制战线。

在研制成功中国第一代火箭气象运载系统的基础上，王希季又带领研制人员使中国的火箭气象运载系统实现了固体化、小型化，使中国的火箭气象运载技术跃上新台阶。

1965—1968 年，王希季负责研制成功了中国的第二代火箭气象运载系统——和平二号（代号 HP-2）固体火箭气象运载系统。其中，系统的总体方案是在宋忠保（时任上海机电设计院火箭总体室技术负责人）组织下提出的。1970—1979 年，王希季负责研制成功了和平六号（代号 HP-6）火箭气象运载系统。它是中国第三代火箭气象运载系统的第一种型号，为小型固体火箭运载系统。这些为后续的火箭气象运载系统改进奠定了良好的基础，提供了宝贵的经验。

火箭生物试验

T-7A 火箭具有较大的运载能力。能不能将这种火箭用于气象探测之外的其他领域,是王希季在研制 T-7A 火箭期间关心和考虑的一个问题。当他得知中国科学院生物物理研究所为探索利用火箭进行生物高空实验的可行性,开展高空生物飞行的工程技术与生物学研究后,立即组织研制人员制定了将 T-7A 火箭作为运载工具来进行这种试验的火箭方案,并带领研制人员攻克了生物舱密封、生物生活条件保证系统设计等关键技术问题。

用于进行生物高空飞行试验的火箭有两种:一种称探空七号甲生物 I 型[代号 T-7A(S1)]试验火箭,携带的试验生物主要是啮类目动物的大白鼠;另一种称探空七号甲生物 II 型[代号 T-7A(S2)]试验火箭,携带的试验生物主要是属高等动物狗。其中,T-7A(S2)火箭的生物生活条件保证系统采用了带有消耗性吸收剂的半闭式系统,在生物舱(为密封舱)内设有对二氧化碳和水汽进行物理或化学吸收(或吸附)的装置,由供气系统供给生物必需的氧气,以此维持舱内的氧气和二氧化碳浓度在预期值附近。

在 1964 年 7 月和 1965 年 6 月共发射成功 3 枚 T-7A(S1)火箭后,1966 年 7 月发射的 2 枚 T-7A(S2)火箭分别把"小豹"(雄性狗)和"姗姗"(雌性狗)送达海拔 68 至 70 千米的高空。在这 5 次试验里,所有试验生物均经受住飞行过程中超重、失重、冲击、振动、噪声等综合因素的考验,它们全部随箭头乘降落伞活着回到了地面。鉴于此,T-7A(S1)火箭和 T-7A(S2)火箭合并作为一项重大科技成果,受到 1978 年召开的全国科学大会的表彰。

火箭取样立新功

1964 年 10 月 16 日,中国的第一颗原子弹爆炸成功。此后不到 3 年,中国又于 1967 年 6 月 17 日成功地进行了首次氢弹爆炸试验。在中国第一颗氢弹爆炸之前半年,核爆炸试验基地的研究所(现西北核技术研究所)为了准确地判定核爆炸的实际当量,即核爆炸释放出的能量相当于多少万吨 TNT 炸药爆炸释放出的能量,向第七机械工业部第八设计院提出了利用火箭来收集核爆炸时形成的蘑菇状烟云中放射性固体微粒样品的要求。由此,揭开了中国探空火箭为核爆炸试验服务的新篇章。

当时，正值"文化大革命"期间，身处逆境的王希季带领研制人员，顶着各种压力，以高度的责任心和强烈的责任感，在积极进行长征一号（CZ–1）运载火箭的总体方案设计和中国第一种返回式遥感卫星（FSW–0）总体方案论证的同时，很快就提出了中国第一种火箭取样系统——和平三号（代号HP–3）火箭取样系统的方案。

HP–3火箭取样系统所用的火箭是用两台HP–2火箭第二级发动机串联而成的两级无控制火箭，在距爆心（核爆炸时刻核弹在地面上的垂直投影点）较远距离处以倾斜方式发射。该火箭取样系统在中国第一次氢弹爆炸试验时就执行了取样任务。

此后，他们为了使火箭能收集到质量好的样品，又对HP–3火箭的取样器进行了两次改进，并根据使用单位的要求研制出和平四号（代号HP–4）火箭取样系统、和平五号（代号HP–5）火箭取样系统。HP–3、HP–4和HP–5火箭取样系统共同组成了中国的第一代火箭取样系统。

中国的第一代火箭取样系统在中国核武器的发展中起到重要作用，但还不能满足使用单位提出的取样高度要提高、取样量要增大、样品的代表性要好、样品的洁净度要高等进一步的要求。为了使中国的火箭取样技术达到新水平，王希季提出了不片面追求火箭本身的先进，而应致力于提高火箭取样效果的设计思想。因此，中国第二代火箭取样系统的第一种型号——挺进一号（代号TJ–1）火箭取样系统中的火箭是依照国际上先进的等动力学取样原理进行设计的。这种采用复合推进剂的两级固体火箭，虽然质量分配并不最优，但能保证在相当大的取样高度区间内收集到能代表烟云总体的、数量足够的、洁净度高的微粒样品。1974年5月，第七机械工业部组织召开的方案审查会通过了由王希季主持制定的TJ–1火箭取样系统的方案。

正当TJ–1火箭取样系统进入技术设计阶段并攻克了取样器的气动设计、取样飞行程序设计、样品密封贮存和样品迅速回收等关键技术问题时，1975年6月发动机装药研制单位在第二级火箭发动机所采用的装药捏合过程中又发生了爆炸事故，致使TJ–1火箭的研制工作受阻。此时，离使用部门提出的使用时间只有1年多。为了确保完成核爆炸试验的取样任务，王希季又带领研制人员于1975年8月提出了一种使用性能与TJ–1火箭取样系统基本相同的、能满足使用时间要求的挺进一号甲（代号TJ–1A）火箭取样系统的方案。

TJ–1A 火箭取样系统所用的火箭仍为两级无控制固体火箭，起飞质量约 800 千克，从爆心附近处的地下井内以接近于垂直的状态发射。该系统于 1976 年 11 月成功地首次执行了核爆炸试验取样任务，并在 1978 年召开的全国科学大会上被作为重大科技成果受到表彰。

1977 年 6 月，王希季根据使用部门的要求，又负责提出了将 TJ–1A 第二级火箭改制成挺进二号（代号 TJ–2）单级取样火箭的方案。由此，形成了 TJ–2 火箭取样系统。该系统在 1985 年执行它的最后一批次取样任务时，因中国决定停止进行大气层内的核爆炸试验而被终止使用。

创建了中国火箭探空技术学科

在王希季的主持和领导下，通过多种火箭探空系统的研制实践，火箭探空技术学科在中国逐步形成。王希季为这个领域的发展做出了重大贡献。到 2000 年 9 月，中国业已研制成功的 18 种型号的实用火箭探空系统中，由王希季担任火箭探空系统或其运载系统技术总负责人的型号达 15 种。

1993 年，中国宇航出版社出版了经王希季主审，由宋忠保任主编、李大耀任副主编的《探空火箭设计》。这部技术专著从设计原理的角度系统地总结了中国发展火箭探空系统、特别是火箭探空运载系统取得的理论成果。这部专著的出版，表明中国的火箭探空技术已完成了从工程研制实践到学科体系建成的转变。

运载火箭领域做出重大贡献

王希季对中国运载火箭所作的重大贡献鲜为人知，但他是中国运载火箭技术当之无愧的创始者之一。

为中国成为空间国家奠基础

1965 年，中国开始进行卫星工程系统（为由人造卫星、运载火箭、发射场、测控网及应用系统等组成的系统）的研制。同年 8 月，王希季受命主持进行用于发射中国第一颗人造地球卫星——东方红一号（代号 DFH–1）卫星的中国第一种运载火箭——长征一号（代号 CZ–1）火箭的总体方案论证。

这时，中国已经研制成功中近程地对地液体导弹并开始发展中远程地对地液体导弹，王希季等领导的七机部第八设计院在人造卫星和运载火箭的顶先研究工作上也取得不少成果。这些进展，为中国开始运载火箭的研制提供了有利条件。

王希季在对CZ–1火箭总体方案论证工作中提出了要从中国的国情出发、要从实际出发的指导思想。他带领研制人员，将探空火箭技术与导弹技术相结合，于1965年10月提出了以七机部第一研究院正在研制的中远程液体导弹（由两级火箭组成）为基础、加上以七机部第四研究院尚未研制的固体发动机作动力装置的第三级火箭来组成CZ–1火箭的总体方案。用还没有研制的固体火箭发动机作为CZ–1火箭第三级动力装置，王希季既承担着巨大的压力，又有充分的信心。

这时七机部四院的技术副院长正是王希季的挚友杨南生。为了开拓中国的运载火箭技术，王希季和杨南生又走到了一起。在杨南生的带领下，七机部四院保质、保量、按期地研制出满足设计指标要求的CZ–1第三级火箭发动机，为CZ–1火箭发射成功做出了重要贡献。

1966年3月，第七机械工业部组织召开的CZ–1火箭方案论证会认为：七机部八院提出的方案以导弹为基础，充分利用了导弹的研制成果，又不影响导弹的研制力量，既能满足卫星对火箭提出的运载能力（即把多少质量、多大尺寸的卫星送入预定的轨道）的要求，又能满足中央专门委员会批准的在1970年前后进行首次发射的进度指标，在可靠的基础上力求先进，符合国情，比较简单和切实可行。

1967年11月，七机部八院根据国防科学技术委员会对国防科研任务分工的原则和决定，将CZ–1火箭总体设计工作转交给七机部一院时，王希季已带领研制人员完成了总体方案设计，攻克了末级火箭（即第三级火箭）起旋方案、火箭飞行程序设计等关键技术问题，完成了末级火箭总体设计等大量设计、计算工作，为CZ–1火箭研制成功奠定了坚实的基础。

当年11月之后，七机部八院尽管不再承担CZ–1火箭的总体设计任务，但仍在王希季的领导下负责研制了CZ–1火箭滑行段姿态控制系统，完成了末级火箭观测系统的研制任务，以及负责进行了CZ–1火箭第三级固体发动机点火系统的高空性能试验。

1970年4月24日，CZ–1火箭在酒泉卫星发射中心进行的首次发射中，把东方红一号卫星送入近地点高度439千米、远地点高度2384千米和倾角68.5度的环绕地球运行的轨道。4月25日20时29分东方红一号卫星和CZ–1末级火箭飞经北京地区上空时，王希季怀着喜悦的心情观看了他曾为之付出巨大心血的中国第一个星箭反射太阳光形成的亮点在空中飞过的轨迹。

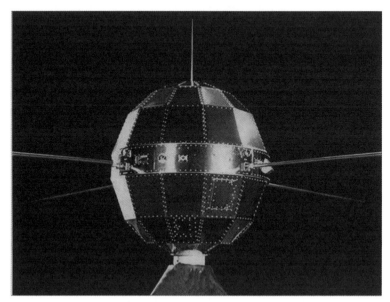

↑ "东方红一号"卫星质量为173千克，用20.009兆周的频率播放《东方红》乐曲

CZ-1火箭发射东方红一号卫星获得圆满成功，使中国成为继苏联、美国、法国和日本之后世界上第五个拥有航天器和航天运载器的国家。负责提出CZ-1火箭总体方案和领导该火箭方案研制的王希季为CZ-1火箭最终研制成功深感由衷的高兴，为中国在运载火箭和人造卫星领域取得"零"的突破而自豪！七机部八院的职工，在得知这一喜讯后，欢欣鼓舞地游行庆祝，王希季精神抖擞地参加了庆祝活动。大家认为，在这一使中国成为空间国家的成就中，王希季起到奠基性的重大作用。

CZ-1火箭起飞质量为81500千克，近地低轨道的运载能力为300千克。该火箭在1971年3月进行的第二次发射中，将中国的第二颗人造地球卫星——实践一号科学实验卫星送入预定的太空轨道后，停止了使用。

中国第一种运载火箭的单元技术试验

在CZ-1火箭的研制过程中，承担该火箭第三级固体发动机研制的单位——七机部第四研究院为验证该发动机点火系统在高空环境下的工作性能，于1967

年向王希季所在的第七机械工业部第八设计院提出了利用 T-7A 火箭进行这种试验的要求。为此，王希季带领研制人员提出了用于进行这种试验的、称为探空七号甲研究 V 型[代号 T-7A（Y5）]火箭的方案。在中国，T-7A（Y5）火箭是最先完成工程研制的三级火箭。该火箭是以 T-7A 火箭为基础、增加采用固体火箭发动机的第三级火箭而成的一种新型无控制火箭。该火箭的起飞质量 1345 千克，在海拔 1 千米的场地发射时的最大飞行高度约 260 千米（理论值），它不要求回收，其试验数据通过遥测系统向地面传送。为了使火箭飞行稳定，达到试验所要求的高度，采用了尾翼稳定和自旋稳定相结合的姿态稳定方案。

T-7A（Y5）火箭于 1968 年 8 月在位于酒泉卫星发射中心内的西北探空火箭发射场进行了两次发射。这两枚火箭的飞行试验，不仅获得了所需的试验数据，从而为中国长征一号火箭和东方红一号卫星发射成功做出了贡献；而且有一枚火箭飞达海拔 312 千米的高空，创造了中国探空火箭飞行高度的记录。

为中国小型运载火箭发展辟新途

1978 年，七机部为满足中国科学院提出的在 20 世纪 80 年代初期用小型卫星对太阳进行观察的需求，决定恢复和改进 CZ-1 小型运载火箭，并将此任务交给王希季领导的北京空间机电研究所。

王希季从当时需求和中国需要有小型运载火箭的长远考虑，并根据当时中国的中远程地对地液体导弹、特别是其控制系统和测试设备不能提供运载火箭使用的情况，带领研制人员于 1978 年 11 月提出了一种适应性强、用途多和具有控制功能的通用末级火箭以及由通用末级火箭与中远程导弹的结构、贮箱和发动机组成两级或三级火箭来发射近地低轨道小型卫星的建议。由此，形成了长征一号丙（代号 CZ-1C）运载火箭的总体方案。

1982 年 11 月，王希季主持召开了七机部组织的 CZ-1C 火箭方案审定会。审定会审查并通过了火箭方案，建议在解决了方案研制阶段遗留的 3 个技术问题并在国防科委批准研制任务后，于 1983 年下半年将该火箭转入初样研制。

在返回式遥感卫星领域功绩卓著

返回式遥感卫星是中国在 20 世纪研制的各类卫星中发射数量最多的一类卫

星，也是中国各类应用卫星中最早发展、率先进入实用阶段并达到世界先进水平的一类卫星。王希季为该领域的发展做出了卓越的贡献，是该领域公认的的技术带头人。

返回式 0 型遥感卫星（代号 FSW–0）、返回式 I 型遥感卫星（代号 FSW–1）和返回式 II 型遥感卫星（代号 FSW–2）的总体方案，都是在王希季的主持下提出的。此外，由他负责研制的 02 批 FSW–0 产品开创了中国返回式遥感卫星为国民经济建设和太空微重力实验服务的新篇章。

开启中国卫星返回和航天遥感之门

1965 年 8 月，中央专门委员会批准了中国科学院受国防科委委托制定的发展中国人造卫星工作的规划方案。该规划方案提出，中国发展人造卫星采取以应用卫星为主、应用卫星又以返回式遥感卫星为先行的方针。同年 10 月召开的中国第一颗人造卫星（DFH–1 卫星）方案论证会建议，在 DFH–1 卫星发射成功后的较短时间里发射返回式遥感卫星。在此背景下，王希季于 1966 年初受命主持进行中国第一种返回式遥感卫星（即 FSW–0）的总体方案论证。

研制返回式遥感卫星是一项比研制 DFH–1 卫星（该卫星的主要任务最初是进行近地空间环境探测，后改为播放《东方红》奏乐曲）难度大得多、复杂得多的工程，需要突破卫星返回和航天摄影以及与其相关的姿态控制、轨道改变、结构防热、着陆回收等一系列关键技术问题。

FSW–0 是中国的第一种以回收方式获取对地观测资料的卫星普查系统的太空部分，是这种卫星普查系统的核心组成。很显然，发展这种卫星普查系统必须研制返回式卫星。但是，返回式卫星需要用运载火箭从发射场发射和送入预定的太空轨道，需要地面测控网站对其轨道运行和工作情况进行跟踪、遥测和遥控，其在太空轨道上获取的对地遥感信息需在地面回收、并经过地面应用系统进行处理后才能发挥效用。

在 FSW–0 总体方案论证阶段，中国尚未研制出适合发射 FSW–0 的运载火箭，只能选用正在进行总体方案论证的远程地对地液体导弹作为基础来构成运载火箭的方案。当时，可供选用的发射场也只有在建的酒泉卫星发射中心，且只能朝东南方向发射，在建的地面测控网站尚须按返回式卫星测控和返回的要求，作适当扩充和增建。卫星回收场从技术和政治等因素考虑，只能在中国内陆地区选择。上述这些都是论证FSW-0总体方案所面临的外部工程环境。为此，王希季带领研制人员从保证卫星普查系统整体功能的实现和力求其整体优化的角度，做好卫星与各同级系统之间的协调，使它们相互匹配，从而使FSW-0总体方案论证建立在比较扎实的基础上。

在通过这些属于外部设计的工作、明确了FSW-0所处的外部环境和应达到的设计要求后，王希季又带领研制人员从FSW-0整体功能出发，对卫星的有效载荷、构形布局和信息载体的回收方式等影响总体方案的内容进行了综合选优，最终形成了以三轴稳定对地定向的姿态沿近地低轨道运行、用一台棱镜扫描式可见光全景相机作为对地观测的相机（地物相机）和在地物相机拍照的同时用一台恒星相机对天空摄影（所拍摄的星图用于事后校正摄影时刻卫星姿态误差）、只回收以弹道式再入方式返回地面的装载摄影胶片的返回舱（由此整个卫星分为返回舱和仪器舱两部分）的FSW-0总体方案。

方案得到国防科委于1967年9月组织召开的方案论证会认可，并在会后作进一步完善。该方案既借鉴了国外返回式卫星的合理成分，又充分考虑了国内的技术基础，正确地处理了先进性、可行性和继续发展之间的关系。在FSW-0总体方案论证过程中，王希季发挥了重要作用，他善于吸取各方面提出的建设性意见，同时也不失其技术总负责人的创造性、决断性。例如，在FSW-0上增设恒星相机就是由中国科学院长春光学精密机械研究所提出的。这样做，可使卫星除了具有原来规定的对地遥感功能，又具有了对地定位功能（由恒星相机配合完成）。在FSW-0总体方案论证中，王希季卓有远见地决策采用大容积的返回舱，从而使这种返回舱成为可适用于其他返回式卫星的公用舱，为后来研制FSW-1和FSW-2时能集中力量去提高卫星的在轨性能和遥感器的技术水平打下了坚实的基础。

正当FSW-0开始进行方案试验之际，1968年3月七机部八院的返回式遥感卫星总体研制队伍调至北京空间飞行器总体设计部。自那时起至1981年，王希季担任返回式遥感系列卫星总设计师之前，他虽然不承担FSW-0技术总负责人的工作，但仍在密切关注FSW-0的进展和认真钻研返回式遥感卫星的技术，主持完成了FSW-0着陆回收系统的研制，负责进行了FSW-0姿态控制系统和可见光摄影系统有关部件的高空性能试验。

↑ 王希季力主采用的大容积返回舱返回地面时的情景

1975年11月，01批FSW-0产品（质量约1800千克）首次成功地完成了飞行试验任务。在这次试验中，地物相机拍摄到清晰的地物照片，返回舱也从太空返回地面。这一成就使中国成为继美国和苏联之后世界上第三个掌握卫星返回技术和航天光学遥感技术的国家。事后，毛泽东主席阅看了这次试验获取的中国首次从太空得到的遥感图片。

突破卫星回收技术

着陆回收系统是FSW-0的一个重要的分系统，用来保证返回舱安全着陆和顺利回收。该系统工作的好坏，决定了FSW-0能否最终完成它的任务。一旦着陆失败，返回舱将被摔得粉身碎骨，FSW-0在太空活动的成果会丧失殆尽。由于七机部八院在探空火箭箭头和箭体的回收上积累了丰富的经验，FSW-0着陆回收系统的研制任务就落在了王希季任总工程师的七机部八院。

由引导伞、减速伞和主伞组成的降落伞系统是FSW-0着陆回收系统的重要部件，用来增大返回舱在着陆段飞行过程中所受到的气动阻力，以保证返回舱能以安全速度在地面着陆。该系统研制过程中遇到的第一个难题，就是展开面积相当大的主伞的伞衣强度问题。由于缺乏大型降落伞设计经验,1970年7月进行第一批次空投试验时,两套全尺寸的空投模型均因主伞伞衣在开伞过程中被撕破而坠毁。后来虽采取了加强伞衣结构的措施,但同年10月进行的第二次空投试验仍遭到失败。为此,亲临试验场的王希季组织参试人员进行故障分析、查找试验失败的原因。

在研制FSW-0着陆回收系统的一段日子里,王希季对降落伞像着了魔似的钻研起来。他不仅在办公室里查阅有关资料,就是休息时在家里也把他夫人平时用的剪刀、针线、布头一股脑儿地翻了出来,做成小小的降落伞,然后请他的夫人或子女将小降落伞从高处放下去,而他则十分投入地观察降落伞飘飘摇摇降落的情景。

他还多次去参加着陆回收系统的空投试验。有一次他带领试验队到地处内蒙古的黄旗海的试验场去做空投试验。时值隆冬,当地最低温度达到零下30多摄氏度,寒风凛冽。王希季和参试人员十几个人挤在一起住在简陋的小平房里,房内只有一张木板床。同志们让他睡木板床,其余的人都睡在用稻草作垫的地铺上。当试验场的指战员得知与参试队员同甘共苦的王希季是一位总工程师和教授时,无不感到惊奇、表示敬佩。正是在王希季的带领下,回收技术负责人史日耀、林华宝的相继组织领导,研制人员终于解决了FSW-0着陆回收系统的一系列技术难题,使卫星回收技术在中国取得了首次突破。

为中国第一种返回式卫星的单元技术做试验

在01批FSW-0产品的研制过程中,承担该卫星姿态控制系统研制的单位——中国空间技术研究院北京控制工程研究所和承担该卫星可见光摄影系统研制的单位——相机工程研究所,于1968年分别向七机部第八设计院提出了利用T-7A火箭进行圆锥扫描式红外地平仪、相机胶片高空性能试验的要求。王希季深知进行这些试验对FSW-0的研制成功和取得实效是多么必要,义不容辞地领导进行了这项工作。

用于进行上述试验,称为探空七号甲研究Ⅵ型[代号T-7A(Y6)]的火箭,于1969年6—7月在西北探空火箭发射场进行了两次飞行试验。试验中,两枚火箭的飞行情况均正常,但第一枚火箭的箭头和箭体落到了距发射场正南100千米远的巴丹吉林沙漠的西端。为了回收这枚火箭的箭头,获取箭头内装载的试验仪器，王希季和回收人员经历了一段难忘的艰苦历程。

在"运五"直升机发现目标后，试验队组织了以林华宝（时任七机部第八设计院结构室技术负责人）为首的一支20余人的回收队伍去回收箭头，作为试验队领导的王希季也参加了这次回收工作。他们在发射当天的深夜就乘汽车出发，在到达硬戈壁滩与软戈壁滩交界处时汽车无法再向前开了，需要徒步向初步探明的落点搜索走去。林华宝考虑到沙漠内沙丘连绵、凶险莫测，无论如何都不肯让王希季进入。于是，当第二天上午7时回收队伍向沙漠深处进发时，王希季只好留在汽车停靠的地方等待他们带来好消息，并作为回收队伍进入沙漠后的联络点和指示点。王希季从早等到午，从午等到晚，从晚等到深夜，仍不见回收队伍回来的身影。按事先约定，他每隔一定时间就发一颗信号弹。起初，他还可以看到回收队伍回应发出的信号弹。快到晚上，音信全无。王希季深深为同志们的安全而焦急不安。这时，他真是度时如年，但孤身一人又无别的办法可想，只得不断地按时发信号弹。直到第三天快黎明时，当他发出一颗信号弹后，突然看到前方有一颗信号弹在暗空中划出的一道亮光。这时，他喜出望外，又连续发出两颗信号弹，每次都得到了回应，回收队伍总算找到了联络点。过了一段时候，在黎明的曙光中，他看到沙丘脊上出现了缓缓移动的一行身影。不一会，他看清回收人员一个跟着一个抬着、背着回收物非常吃力地向他走来。他立即招呼大家去喝回收队伍出发前留在汽车里的一桶水。他深知，在茫茫戈壁沙漠里水是多么的珍贵。因此，尽管白天骄阳似火，他守着水桶还是不肯饮一口一滴。看到同志们喝了水后，一下子精神了许多，他虽然嘴干唇裂，但心中感到十分高兴。

原来，回收队伍深入沙漠后，一边朝初步确定的落点走去，一边进行分散搜索。他们直到下午5时才发现了箭体，它深深埋在沙土里，只露出尾端。接着，他们又在一座沙丘上发现了箭头。经过现场检查和分解、处理产品，当大家抬着装相机和红外地平扫描仪的舱体、背起降落伞开始撤离时，已经是晚上8时了。在返回途中，他们迷了路。由于距离远，即使发信号弹也无法和王希季取得联系，他们只得摸索着前进。这时，他们随身带的干粮、饮水早已用完，脚底也磨出了水泡。到深夜1时，大家已精疲力竭。他们相互鼓励，坚定地说："我们一定要坚持下去，就是爬，也要爬回去！"就这样，靠着顽强的毅力，他们上坡爬着走、下坡滑着行，终于在清晨5时走出了沙漠。当听到回收队伍这段艰险的经历时，王希季深深地为他们的拼搏精神而感动。他再一次感到，能与这样一支忠于事业、作风过硬、技术精湛、勇于攀登的队伍一起为发展中国的空间技术奋斗，是他一生中的幸事，有了这样一支队伍，中国的空间事业一定能搞上去。

卫星国土普查显神威

1981年，王希季担任了返回式遥感卫星系列总设计师。此后一段时间，他承担的任务主要有以下3项：一是巩固01批FSW–0产品已取得的成果，使02批FSW–0产品更好地满足使用要求；二是推广返回式卫星公用平台的应用，进行FSW–1方案论证和设计；三是进行FSW–2方案论证。

01批FSW–0研制成功，实现了中国在卫星返回技术和航天摄影技术领域的突破。但是，01批FSW–0产品在轨运行时间只有3天。因此，它在每一次飞行试验中所能获取的对地遥感资料有局限性。为此，中国空间技术研究院于1977年开始进行02批FSW–0方案设计。

02批FSW–0是实用型卫星，它与01批FSW–0（为试验型卫星）的主要不同处包括：卫星在轨运行时间由3天增加为5天，以获得更广地域的遥感图像；星上增加1台CCD（电荷耦合器件）相机，以试验电子照相和无线电传输图像的技术。此外，还根据运载火箭运载能力的增长和卫星可提供的容积空间，承接搭载任务，以推进中国空间科学技术的发展。

1982年2月，02批FSW–0第一颗发射星开始总装测试。按01批FSW–0产品的研制惯例，发射星可以不再做地面环境试验。作为总设计师的王希季从检验02批FSW–0产品总装各个环节的质量出发，提出第一颗发射星应做振动试验后方可出厂的意见。该意见得到研制人员的赞同，认为王希季的这一主张，有助于把问题和隐患及早暴露出来，把问题和隐患消灭在产品出厂之前。

1982年9月进行的02批FSW–0产品首次飞行试验中，卫星在轨道运行5天后，按预定程序使返回舱返回地面，但回收到的遥感信息载体所载的信息难以使用。当时，上级领导机关有人认为，这是卫星故障造成的，要求有关研制人员写检查，并要根据检查论处。这种严格责任、严格管理的做法虽无可非议，但王希季认为在事故原因不确切的情况下这种做法不妥。他并不推卸责任，说："我是总设计师，一切由我负责。"他不同意审查下面的研制人员，也不忙着去写检查、违心地承认过错，而是组织研制人员对一切有可能产生问题的地方一一地进行仔细的分析和试验。通过地面大量试验证明，问题出在外界对卫星的污染，而不在卫星本身。据此，王希季亲自动笔撰写了这次事故的分析报告，并落实了避免这种事故再次出现的相关措施。

在认真总结02批FSW-0产品第一次飞行试验经验的基础上，王希季提出了稳定技术状态、提高整星可靠性的设计思想和原则。这些设计思想和原则，为以后各次飞行试验的成功起到明显的作用。1983—1985年，02批FSW-0第二、三、四颗发射星相继发射上天，它们的返回舱全部安全返回地面，每颗星都获取到所需的对地遥感图像，CCD相机进行的实时传输遥感信息的试验也获得成功。

1985年，王希季作为主要完成人之一的FSW-0和DFH-1卫星（合并作为一个项目）获国家级科学技术进步奖特等奖。

在负责研制02批FSW-0产品的过程中，王希季思索着这样一个问题：1982年召开的中国共产党第十二次全国代表大会提出了全面开创社会主义现代化建设新局面的奋斗纲领，在这种情况下如何使空间技术更好地为国民经济建设主战场服务呢？经过认真考虑和广泛听取意见，他于1983年带领研制人员提出了利用02批FSW-0产品进行中国国土普查的建议，并于1984年2月主持召开了由中国空间技术研究院组织的、各用户代表参加的"利用02批FSW-0产品完成国土普查任务的方案介绍和应用"座谈会。座谈会上，国民经济有关部门的与会代表认为，近期内发射两颗国土普查卫星来完成国土普查任务的条件业已成熟。

1984年，国土普查卫星开始研制。为了完成国土普查任务，地物相机的胶片宜采用适合于可见光-近红外谱段的黑白全色胶片和彩色红外反转片。当时不少人鉴于以往的FSW-0产品都使用黑白全色胶片，对在国土普查卫星上用彩色红外胶片存有顾虑。他们认为，国家投资研制一颗卫星不容易，采用彩色红外胶片，一旦试验失败将损失重大。王希季认真考虑了这种风险性，认为彩色红外胶片如试验成功将能比黑白胶片获取到更多的信息，采用彩色红外胶片有利于进行国土资源调查和环境监测等方面的研究，能为国家解决更多的问题。如果能在万无一失的情况下得到更多的收获、发挥更大的作用，岂不更好！他力主采用彩色红外胶片。在地面试验不理想的情况下，他亲自赴外地的胶片生产厂指导试验结果分析。最后，他拍板决定，国土普查卫星不仅要装彩色红外胶片，而且要尽量多装。做出这样的决定需要很大的胆略，对此不少人心里还是感到不大踏实。

国土普查卫星（即02批FSW-0第四、五颗发射星）于1985年、1986年相继各发射了一颗。当这两颗卫星的返回舱返回地面、摄影胶片被取出来冲洗后，一张张色彩纷呈、层次丰富的卫星照片呈现在人们面前，彩色红外胶片取得了令人惊喜的效果。

事后，有人赞叹，王总（这是研制人员对王希季的尊称）可真够有魄力的。王希季笑着说："我了解地面试验的问题出在哪里，知道研制单位采取了有效的措施，所以才敢做出这样的决定。"

国土普查卫星发射成功后，有关部门利用其所拍摄的照片开展了应用研究，取得了丰硕的成果。1991年10月，航空航天工业部在中国军事博物馆举办了庆祝中国航天事业35周年（中国航天事业的创建日为1956年10月4日）的"中国航天科技成果展览"。当络绎不绝的参观者第一次见到国土普查卫星照片、听到介绍时，无不发出由衷的赞叹。他们惊讶地看到：地质工作者用了近30年的艰苦努力才修测了比例尺1∶200000的全国地图的64%，而利用卫星照片只需用几年的时间即可完成等量的工作，同时比例尺还可提高到1∶100000，甚至1∶50000；卫星照片为水库等大型水利工程选址、铁路选线提供了重要信息；利用卫星照片在北京郊区找到了7个成矿预测区；利用卫星照片查明了黄河、滦河、海河游泥流沙的活动规律，为它们的研究开发提供了科学依据；卫星照片还在军事、考古、城市和港口建设等方面发挥了重要作用。

↑ 20世纪90年代，王希季在卫星总装现场（采自《中国科学报》，2021-7-25）

当参观者面对黑黝黝的从太空归来的返回舱实物，在惊叹之余不禁感慨万分，心中油然而生民族自豪感，同时对为此做出不懈努力的科技工作者表示深深的敬意。

在负责研制 02 批 FSW-0 产品期间，王希季发表了"论空间资源"的论文，探讨了空间技术与开发利用太空资源的关系，并对国外利用返回式航天器（指在完成预定的太空任务后，其整体或其中的一部分需返回地面的航天器）进行微重力实验产生了浓厚的兴趣，思索着能否利用返回式遥感卫星在轨道运行过程中其内部的微重力环境进行材料和生命科学方面的研究。

他与中国空间技术研究院院长和 FSW-1 总设计师的闵桂荣（中国科学院院士、中国工程院院士）进行深入研讨和探索。

当得知中国将利用返回式遥感卫星开展微重力科学实验的消息后。国内各有关单位极为振奋。他们共提出太空材料加工实验、太空微生物生长研究、太空环境对植物种子遗传变异的影响等 200 多个项目。许多专家表示，一定要齐心协力赶上搭乘这两趟班车，实现中国在太空微重力实验领域的"零"的突破。最后，大家根据国外的发展趋势，结合返回式遥感卫星的总体情况，决定中国首批次卫星搭载进行的微重力科学实验以材料科学为重点，在材料科学实验中以太空加工晶体材料中一种最有发展前途的、国内在实验室研究中已取得一定成果的砷化镓单晶生长为主，兼顾碲镉汞、锑化铟和其他合金材料的加工实验。

在 1987 年 8 月和 9 月相继发射的 02 批 FSW-0 第六颗星、FSW-1 第一颗星上，共搭载了 80 件微重力科学实验项目。其中包括：法国马特拉公司的藻类培植、蛋白质生长和微加速度测量 2 项（搭载于 02 批 FSW-0 第六颗星上），国内材料加工方面的半导体砷化镓晶体生长等 10 项，其他还有国内提供的植物种子、微生物、昆虫、探测器等 68 件。所有搭载试件，经 5 天或 8 天的太空飞行，全部完好无损地返回地面。这两次搭载实验表明，中国的空间科学研究进入探测与实验相结合的新阶段，中国在开发利用太空微重力资源上跨进了世界先进行列！

为卫星地图测绘铺通途

FSW-1 是与 FSW-0 不同的一种返回式遥感卫星。FSW-1 质量约 2100 千克，采用高精度的三轴稳定系统；星上用于对地摄影的地物相机为画幅式测量相机，所摄照片用于地图测绘；卫星每次轨道飞行时间为 8 天。在王希季领导下，

FSW-1 于 1979 年开始制定总体方案，并自 1982 年起进入初样研制阶段。

由王希季主持制定、孔祥才（时任北京空间飞行器总体设计部副主任）协助制定的 FSW-1 总体方案是一个充分继承成熟技术的方案，又是一个能使中国的卫星地图测绘能力达到世界先进水平的方案，还是一个能提供高微重力水平（用固连于卫星的参考系中量度出星内物体的视重力与其质量之比——视重力加速度来衡量，视重力加速度愈小表征微重力水平愈高）和较大搭载能力的方案。

FSW-1 于 1987—1993 年共发射了 5 颗卫星。其中，前 4 颗卫星的返回舱均成功地返回地面，其测图精度显著地优于设计指标，恒星相机的摄星能力达到 6 等星可测量和 7 等星有显示的高水平（6 等星为人眼可见的最暗的恒星，星等愈高表示恒星的亮度愈小）；第三颗卫星还搭载进行了小白鼠的太空飞行试验；但最后一颗（即第五颗）卫星因姿态控制系统出现故障致使返回舱未能返回地面。对这 5 颗 FSW-1 发射星的研制和试验，王希季均给予不少指导。1990 年，王希季作为主要完成人之一的 FSW-1 获国家级科学技术进步奖特等奖。

为返回式遥感卫星上水平谋良策

FSW-0 和 FSW-1 使中国在卫星返回、航天光学遥感和测图领域取得突破，FSW-2 则是中国致力于使返回式遥感卫星达到国际水平的新一代返回式遥感卫星。

FSW-2 是在 FSW-0 和 FSW-1 的基础上进行研制的，其研制过程就与完全重新设计的卫星的研制过程不完全相同。具体而言，在 FSW-2 各分系统和其项目中，属于继承的部分直接进入正样研制阶段，新研制的部分则要经过初样和正样两个研制阶段。

在 FSW-2 初样和正样研制阶段，王希季虽然不直接承担该卫星的技术领导工作，但他以丰富的工程实践经验对该卫星的研制提出了不少有价值的建议。例如，对热控星（用于进行热真空环境模拟试验的卫星）曾有两种考虑：一是先生产一颗初样热控星，专门用来做热控制系统的试验；二是只研制一颗正样检验星，用它先来进行整星电性能测试，然后再做热控制系统的试验，最后再改装成发射星。王希季和该卫星的设计师经过反复研究，认为在有 FSW-0 和 FSW-1 两个型号的大量试验数据和经验可资借鉴的情况下，完全可以采用第二种办法。实践证明，这种建议是可行的，既达到了试验的目的，又节省了大量的物力、财力、人力，并加快了研制进程。

1992年8月，FSW-2第一颗发射星圆满地完成了首次飞行试验任务，卫星所摄图像的地面分辨率优于设计指标。接着，FSW-2第二颗和第三颗发射星又分别于1994年7月和1996年10月相继升空。

上述三颗FSW-2发射星均搭载进行了多件微重力项目的实验，有的还搭载了一些其他物品。其中，第三颗发射星搭载的物品有：新型电子设备、生物培养箱、晶体观察箱、晶体生长炉、GPS（全球定位系统）定位试验设备、辐射测量仪、小生物舱和植物种子以及中华人民共和国国旗、中国人民解放军军旗和香港特别行政区区旗。

1997年元旦，雄伟壮丽的天安门广场被北京市入冬以来的第一场瑞雪装扮得银装素裹。清晨，5万余名各地群众赶到广场，参加1997年首次升旗仪式。这次升旗仪式升起的五星红旗是中国用自己的火箭和卫星（即FSW-2）于1996年送上太空的国旗。7时36分，与太阳从地平线上升起相同步，这面不平常的国旗在众人的注目礼中冉冉升起。当王希季从当天的电视节目里看到这面翱翔过太空的国旗的风采和升起的过程时，心情澎湃，久久不能平静。他深深地为祖国的兴旺发达而自豪，为自己能为祖国空间事业的发展出力而骄傲。

↑ 王希季在报告他的研究成果

1996年，王希季作为主要完成人之一的FSW-2获国家级科学技术进步奖一等奖。FSW-2以及FSW-0和FSW-1各发射星拍摄到的数以万米计的遥感图片，经国家经济、科研、军事等部门处理分析后，获得了许多极有价值的资料。这些资料已广泛用于矿产石油勘探、地震地质分析、海洋海岸测量、港口河道建设、铁路公路选线、大型工程选点、地图地形测绘、历史遗迹考古和农林现状、水利资源、森林资源、土地利用和国土面积调查以及城市规划、环境监测、国防建设和科学研究等众多领域，为国家进行国土规划、宏观经济决策等方面的工作提供了重要依据和转化成直接生产力，取得了显著的技术、经济、社会和军事效益。

在王希季的主持和领导下，通过返回式遥感卫星的研制实践，航天器返回式技术学科在中国逐步形成。1991年，王希季、林华宝和李颐黎主编出版了《航天器进入与返回技术》，表明中国航天器返回技术学科的建立。

王希季不仅在中国的火箭探空技术和运载火箭技术领域、在中国的返回式遥感卫星技术领域做出了开创性的重大贡献，他还是中国空间技术发展的战略家。他是最早提出载人航天技术的专家之一，在中国载人航天技术、现代小卫星技术和空间技术产业化等方面进行过卓有成效的研究，提出了不少创新性的建议。

王希季通过讲课和合作著书的方式，培养了一批空间技术领域的高级人才。当年在他领导下开创中国空间事业的年轻人，现今不少成为高级工程师、研究员，有的担任过卫星型号的总设计师或副总设计师，有的还成为中国工程院院士。

王希季求真务实，却淡泊名利。当国家授予他"两弹一星功勋奖章"时候，他说自己从未有想过。他是23位"两弹一星"功勋科学家仍然健在的老人，他为后辈学子，树立了人生的楷模。

参考文献

[1] 科学时报社编. 请历史记住他们——中国科学家与"两弹一星"[M]. 广州：暨南大学出版社，1999.

[2] 李大耀. 王希季[M]. 贵州：贵州人民出版社，2005.

[3] 上海交通大学档案文博管理中心编. 嘉木成荫　埠耀万春——杨嘉埠画传[M]. 上海：上海书画出版社，2023.

[4] 王希季. 王希季院士文集[M]. 北京：中国宇航出版社，2006.

（本文作者：李大耀　冯立昇）

郭永怀

郭永怀（1909—1968），山东荣成市人，中共党员，空气动力学家，1957年当选中国科学院学部委员（院士）。第二届、第三届全国人大代表。

1935年北京大学物理系毕业并留校攻读研究生；1940年赴加拿大多伦多大学应用数学系留学并获硕士学位；1941年到美国加州理工学院研究可压缩流体力学，1945年获哲学博士学位后留校任研究员；1946年起在美国康奈尔大学任副教授、教授。

1956年回国后，历任中国科学院力学研究所副所长、二机部第九研究所副所长、第九研究院副院长等职，兼任中国科技大学化学物理系主任。1957年2月当选为中国力学学会副理事长；1964年2月当选为中国航空学会副理事长。1968年12月从青海核武器研究基地返京时，因飞机失事不幸牺牲，年仅59岁。1968年12月25日，郭永怀被中华人民共和国内务部授予烈士称号。

国外留学期间，他在跨声速空气动力学、粘性流体力学、激波与边界层相互作用、高超声速空气动力学领域取得突出成果。回国后，致力于开拓我国的现代力学事业，在导弹、原子弹、氢弹和人造卫星研制工作中领导和组织电磁流体力学、爆炸力学、爆轰学、高压物态方程、空气动力学、结构力学、火箭与导弹设计、核武器环境实验、人造卫星规划与设计等研究工作，解决了一系列重大问题。他是"两弹一星"元勋中唯一在导弹、核弹（原子弹和氢弹）和人造卫星三大领域都做出过重大贡献的科学家。

1985年获国家科技进步特等奖，1999年，被追授"两弹一星功勋奖章"。2018年，由中国科学院紫金山天文台于2007年10月9日发现的编号为212796号的小行星，被命名为"郭永怀星"。

青少年时代

1909年4月4日，郭永怀出生于山东省荣成滕家镇西滩郭家村的一个大户人家。这里三面环海，风景秀丽，民风淳朴。郭家世代以农耕为主业，辅以近海捕捞鱼虾为生。郭永怀出生时，爷爷还在世。按郭家辈分排序，郭永怀上下三代的辈分是连、日、文、永、远、祥。他的爷爷名为郭日暋。父辈兄弟四人，大伯名郭文德，父亲行二名郭文吉，三叔名郭文盛，四叔名郭文藻。郭永怀母亲萧姓，名字不详。

郭永怀小时候生得又白又胖，家人们将其昵称为"胖怀子"。他自小少言寡语，但好学习，善思考，遇事总好问个为什么。他的好奇心很盛，对花鸟草虫都很感兴趣。他七八岁的时候就已经能帮家里干点零活了，如放牛、拾柴、垫猪圈等，这些活都不太累，郭永怀很乐意为之。

1918年（民国七年）郭永怀九岁的时候，有一个不寻常的经历。他被来自石岛的胡子"绑票"了，后有惊无险，安然脱身。这件事在当地极富传奇色彩。第二年即1919年春郭永怀十岁时，父亲让他在三叔办的小学校里读书。他开始读书时兴趣不浓，也不大用功，所以成绩不佳，每次考试都勉强落个中游。他虽然贪玩，但从不惹是生非。父亲没有刻意督促郭永怀的学习，就这样郭永怀跟着叔叔读完了初小。

1922年春，郭永怀来到石岛，进入明德高等小学读高小。初到明德小学时，由于他原来的基础不好，成绩不佳，学习感到很吃力。看到周围的同伴都能轻松地应付课程和考试，而自己却有些跟不上，一股很强的好胜心激励着他开始发奋用功。这时他的天赋亦逐渐显露出来。不久，他的功课日趋上进，在班里崭露头角，考试名次进入前几名。他在读高小时还有了一项爱好，就是美术。明德小学是一所新型学校，摆脱了旧时的教学内容，开设新课程，美术课就是其中之一。通过学习美术，他已画得一手挺不错的画了。郭永怀曾画过一幅自画像，虽然线条简单，但他的样貌神采跃然纸上。

郭永怀在明德小学读了四年，1926年1月他以优异的成绩在高小毕业。高小毕业生在当时村子里已是屈指可数，但他并没有满足，追求新知成了他最大的愿望。1926年3月，时年17岁的郭永怀来到青岛，考取了青岛大学附属中学公费生。他除了加倍努力勤奋学习外,还逐步树立起为中华民族争气而学习的信念。军阀混战,国难当头。洋人在中国的土地上飞扬跋扈,为所欲为。这种在旧中国到处可见的悲惨景象在正步入青年的郭永怀心中刻下深深的铭痕。从此他的求知欲更加强烈,学业更是突飞猛进。在青岛读书期间,郭永怀除了对数学感兴趣外,还对物理学特别痴迷。学校的老师们认定,他那锲而不舍的学习劲头十分可贵,便鼓励他毕业后到高等学府继续深造。

↑ 青岛大学附中读书时的郭永怀(前排左一)

1929年夏,郭永怀在青岛大学附中初中毕业,准备继续升学。但家中的经济状况并不很好,一家老小的生计全靠一点土地和郭永怀的三哥郭永泉做小生意的收入。尽管如此,父亲和兄长还是很支持他外出深造,全家决定让郭永怀赴天津求学。

南开求学之路

1929年9月,郭永怀从青岛大学附属中学初中毕业后,只身从烟台乘船来到天津,考取了南开大学预科理工班。预科班层次相当于普通高中,分文、理两科。理科所学课程包括数学、物理、化学、生物、英文、历史、文学等。预科班虽相当于一般高中,但由于课程大多由教授讲授,教材多选用优秀的英文原版书,因而预科班实际水平高于一般高中。

在预科的两年中，对郭永怀影响较大的是申又枨教授。申又枨是中国数学界老前辈姜立夫先生的高足。他上课很有特色，风趣、幽默，但对学生的要求却十分严格。他给学生留的复习题都是从吸引学生的兴趣入手，既加强了学生的数学基础，又培养了学生对数学的兴趣。郭永怀对申先生布置的难题总是埋头钻研，独立完成，还经常帮助其他同学。预科班的两年学习使郭永怀打下了坚实的数学基础，为他日后专门从事力学理论研究创造了有利条件。郭永怀深得申又枨的赏识，他与申先生结下了深厚的师生感情。郭永怀留学回国后还常去看望申先生。申先生也为郭永怀取得的出色成就而倍感欣慰。

这期间，郭永怀还迷恋起摄影技术了。一天，他买了一架照相机玩了起来，相机是德国长盛不衰的名牌"莱卡"（Leica），同伴们感到很惊奇。询问之下，大家才知道原来他对光学发生了兴趣，他买照相机就是为了弄清透镜成像、胶卷感光的知识。他一面学习摄影，一面细致地研究照相机的机理，终于掌握了有关原理知识。这也是他日后准备专修光学的动机之一。不过，购买相机和研究光学，也使他成为优秀的摄影家。他拍摄过不少他同辈科学家的生活和工作照片，这些照片成为重要的科学史料。

1931年7月，郭永怀预科毕业转入本科。郭永怀以他数学上的专长和对光学的浓厚兴趣，决定选择物理专业。此时南开物理教师缺乏，他听说电机系的顾静薇教授是搞物理的，便投入她的门下，成了她唯一的物理专业的学生。郭永怀良好的数学基础和孜孜不倦的求学精神，深得顾先生赏识。她为郭永怀单独开课，使他在学业上有了长足进步。

北大首届物理研究生

1932年8月，著名物理学家饶毓泰教授应北京大学之邀，担任北大物理系主任。顾先生认为，郭永怀应当到光学专家饶毓泰那里去深造。于是郭永怀参加了北京大学的入学考试。面试环节，北大请清华大学教授周培源对郭永怀进行面试，内容是理论力学。经过一小时的问答后，周培源发现郭永怀对这门课程掌握得很好，且懂得运用力学规律解释实际问题，周先生十分满意，给了他很高的分数，其他课程郭永怀也都考得很好。1933年9月，郭永怀如愿以偿地进入北大物理系，插班在三年级学习。

优良的学习环境以及勤奋好学的精神,使郭永怀扎扎实实地掌握了各门课程,1935年本科毕业时,他的成绩在班上近30位学生中名列前茅。

郭永怀本科毕业后,饶先生留他做自己的助教和研究生,他由此成为北大历史上第一批物理专业的研究生之一。

1937年7月7日,卢沟桥事变爆发,北京大学很快被迫停课。奉国民政府教育部令,9月10日南开大学、清华大学和北京大学南迁长沙组成长沙临时大学。10月,1600多名来自三校的师生经过长途跋涉陆续到达长沙。

在北京大学南迁长沙过程中,有的学生随校来到长沙,其他的各奔东西,郭永怀则回到了他的家乡威海,在威海中学承担数学和物理两门课程的教学工作。他在细致认真地教学的同时,还勉励学生发奋图强为民族争气,引导学生重视科学技术。由于郭永怀为人朴实正直,学识渊博,因而他在威海中学虽只任教半年,却深受学生们的爱戴。

1938年3月7日,日本军队侵占了威海,威海中学师生全部离散,郭永怀也即离开了威海。1937年底,战火已迫近长沙,国民政府教育部又令长沙临时大学西迁昆明。1938年2月,长沙临时大学开始搬迁,4月,师生们历经千难万险抵达昆明后,长沙临时大学改校名为国立西南联合大学。此时正值郭永怀离开威海中学,当他得知这一消息后,立即决定前往昆明。1938年5月前后,郭永怀辗转来到昆明西南联大,开始了两年的半工半读生活。

联大读研　考取留英公费生

郭永怀在西南联大工作学习只有两年左右时间,他以自己扎实的学业积累很好地把握了机遇,最终考取中英庚款留英公费生。

在中英庚款会公布的协助科学工作人员一览表中,郭永怀的简况是:

学历:北京大学物理系毕业;研究与服务经历:北京大学研究院理科研究所物理学部研究生;工作计划:拉曼光谱有关问题之研究;工作地点:昆明西南联合大学。

国难当头,增强了青年郭永怀科学救国的信念。他觉得要使国家强盛起来,首先要发展军事科学技术,发展航空事业。为此,他在继续从事拉曼效应研究外,还立志改学航空工程。抗战期间,西南联大有许多教师放弃或暂停原来的专业，学习或研究与国防有关的学科，希望能为抗日战争做些事情。当时与航空密切相关的力学学科正蓬勃发展，物理系的周培源教授由原来的广义相对论转向弹道学和流体力学研究，并在联大开设"流体力学"课程。郭永怀从学习这门课开始，正式步入空气动力学学习和研究的科学道路。抗战期间，周培源教授带领年轻人从事湍流理论这项世界性难题的研究。郭永怀、林家翘、胡宁等人也都自愿跟随周先生工作了一段时间。这是郭永怀人生的一个重大转折，他希望通过与航空技术和飞机发展密切相关的流体力学研究实现他科学救国、航空救国的愿望。

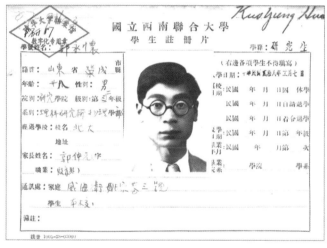

↑ 郭永怀西南联大注册卡（清华大学档案馆藏）

郭永怀在西南联大期间，身份是北京大学研究院物理研究所物理学部研究生。1938—1939年他的生活费来源主要是中英庚款会的科学工作人员项目的资助。他与钱伟长同住在一起，又同时获得科学工作人员项目的支持，后来又同时考上英庚款留英公费生，一同赴多伦多大学继续深造，关系十分密切。钱伟长谈及郭永怀都使用"同窗益友"这一称谓。

1939年2月中英庚款会决定招考第七届留英公费生，学门包括物理、物理化学、生物化学、算学、地理、航空工程、造船、冶金、编织、药理学、兽医畜牧、法学、教育等。5月初，该会正式发布第七届留英生招考章程：本届招考总名额为26名，其中物理2名（1名注重应用弹性力学，1名注重应用地球物理）。报名日期及地点：自1939年5月20日起至6月20日在重庆和上海本会报名处协理。考试日期及地点，1939年7月23日至24日在重庆、昆明、上海、香港四地同时举行。考试科目分为普通科目和专门科目两大类，相当于基础课和专业课。普通科目包括党义、国文和英文3门，专业课根据报考者选择的学门不同而不同，也为3门。考试成绩分三部分：普通科目占35%，专业科目占60%，学术著作占5%，三项合计总分100分。

此次招考中，原计划招生指标26名，实际录取24人，有的学门因报名不多或考试不佳而减招或未招，有的学门因报名人数多、考试成绩好而扩招。物理门报名11人，原计划招收2人，实际录取3人，郭永怀和钱伟长录取的专业是应用弹力学，傅承义录取的专业是应用地球物理，说明物理门扩招了1人。算学门（数学）原计划招收2人，也因考试成绩好而录取了林家翘、段学复、曹隆3人。

↑ 第七届英庚款留学生招考消息（《前线日报》1939年8月27日）

由于公布的名字以考分排名，郭永怀排在第一名，说明他的成绩也名列第一。《前线日报》以"中英庚款会本年招考留英公费生揭晓"和"录取郭永怀等廿四名定九月九日由港赴英"为标题进行了报道。

按照中英庚款会的章程要求，这批被录取的年轻学子在进行简单的准备后，9月9日在香港集结，16日乘船出发赴英。但当时正赶上德国入侵波兰、挑起第二次世界大战，9月3日，英、法两国相继宣布对德宣战，"二战"全面爆发。

二战突然爆发，使中英庚款会的这一出国安排难以实现。郭永怀、林家翘、钱伟长等一行9人从昆明出发，准备取道越南前往香港，中途听闻英、法对德宣战的消息，感到从香港再赴英国已不可能，因此又沿着原路于9月11日或12日返回昆明等待中英庚款会的下一步指令。在昆明的日子里，他们一方面等待中英庚款会的指令，另一方面则继续学习或参加实习、训练。在暂缓赴英期间，中英庚款会为他们与相关学校联系并安排了导师从事研究工作，以使学业不致中断，等明年（1940）欧洲战局稳定后再行出国。大约在12月初，他们接到中英庚款会的通知要求再次到香港汇集，从香港乘船赴英。由于大西洋航行已不再安全，二次赴英计划再次落空。尔后，中英庚款会决定让这批留学生先到加拿大，再转赴英国。1940年2月，他们第三次接到中英庚款会通知赴香港，先去加拿大再前往英国。但这一次仍然没有成行，原因可能是1940年德国开始在大西洋袭击民用船只，从加拿大到英国的海路已非常危险。

中英庚款会在与英国、加拿大沟通后，于1940年7月决定放弃第七届庚款留学生赴英的计划，而改为到英联邦国家加拿大的蒙特利尔、多伦多和麦吉尔等大学深造。1940年8月，郭永怀等人抵达上海与其他留学生汇合。另有从香港出发的4人途经上海时曾下船，与其他20位留学生有过短暂的会合，并一同拍下了一张有名的照片。他们一行自1940年8月10日从上海登船11日出发，于8月26日抵达加拿大西部城市温哥华。

↑ 第七届英庚款留学生合影：郭永怀（后排右2）、林家翘（前排左1）、钱伟长（左5）

留学多伦多大学

经过一段曲折的经历，1940年9月，郭永怀同其他留学生一道，乘船来到加拿大西部城市温哥华，然后又乘车各奔东西。郭永怀等5人来到东部的多伦多大学（Toronto University）。郭永怀、钱伟长、林家翘进入应用数学系，段学复和曹隆进入数学系。

那时候中国人在外国的地位不高，应用数学系主任辛格（John Lighton Synge）教授以怀疑的态度接待了三位来自中国的青年学者。他看了他们的成绩单，一起进行了学术交流，辛格教授这才刮目相看。他发现他们学识渊博，基础扎实，并且在中国已做过高深的研究工作，因此对他们大为赏识，决定把三人留在身边亲自指导。

↑ 郭永怀（右）、林家翘（中）和钱伟长（左）在多伦多大学

辛格教授的第一堂课讲的是哥廷根学派，其中谈到该学派主张数学是用来解决实际问题的，这和一般的"应用数学"不一样。数学家是从数学中找数学问题的，哥廷根学派是为了解决物理、化学和工程问题，而借助、研究甚至发展数学理论的。辛格教授的第一堂课给他们三位留下深刻印象，他倡导的哥廷根应用数学学派的理念，使郭永怀、钱伟长和林家翘等人深受教益。

在多伦多大学半年多的学习时间，为郭永怀、林家翘后来的学术事业奠定了重要的知识、思想和方法论基础，也为他们今后的研究工作提供了终生受益的指导，使他们下决心以应用数学为目标，掌握精深的数学分析方法，为解决力学或其他领域的实际问题服务。郭永怀虽然主要研究空气动力学，但在美国也研究了许多其他领域的问题，回国后更是拓展到磁流体力学、火箭与导弹、人造卫星、核武器等领域。

由于郭永怀在国内已有了扎实的理论知识积累并且进行过科学研究实践的锻

炼，因此在多伦多大学修课和从事论文研究都比较轻松。基于科学救国、航空救国的思想，郭永怀等三人的研究都与国防、航空有不同程度的联系。郭永怀的硕士论文研究的内容是跟航空密切相关的空气动力学问题——"可压缩粘性流体在直管中的流动"。郭永怀三人取得的出色成果使导师辛格教授大为赞叹："想不到中国有这样出色的人才，他们是我一生中很少遇到的优秀青年学者！"

郭永怀获得硕士学位后，向辛格教授申请研究一个更难的题目：可压缩流体跨声速流动问题。由于辛格教授的专业特长是固体力学，对流体力学问题不甚熟悉，所以郭永怀和林家翘决心一齐赴美求教于当代航空大师冯·卡门（Theodore von Kármán）。郭永怀和林家翘准备赴美深造，使辛格教授感到很失望，因为那时的研究生不多，而且像他们这样优秀的青年人才更少。但为了他们的前途，辛格教授仍然很支持他们投奔名师。1941年5月，郭永怀比林家翘稍早来到美国西部的加州理工学院所在地——洛杉矶市东北郊的帕萨迪纳。

师从航空大师冯·卡门

加州理工学院航空学科的创立与发展与诺贝尔物理学奖获得者罗伯特·密立根（Robert Andrews Millikan）有着密不可分的关系。早在20世纪20年代初，他就认为加州理工应大力发展航空工程学。1926年他亲自出马，说服古根汉姆

↑ 航空大师冯·卡门（NASA网站）

基金会同意资助在加州理工兴建一个航空实验室，即后来国际著名的古根汉姆航空实验室（缩写GALCIT）。1929年实验室建成，密立根亲自请来了杰出的航空大师冯·卡门执掌，使GALCIT成为国际空气动力学研究的中心。

郭永怀来到加州理工之时，欧洲战事正酣，美国政府希望加州理工特别是冯·卡门领导的航空实验室能为军方多做些提升飞机性能的工作。这是冯·卡门各项工作千头万绪、最为忙乱的时候。因此，他在指导郭永怀、林家翘开展博士论文研究的时候，特地指定已经获得博士学位的钱学森协助指导郭永怀。

20世纪40年代，声障就像一堵高墙，阻碍着航空事业的发展。由于理论上曾预言飞机遭遇激波时，阻力可能达到无限大，因此许多人错误地认为声障是不可逾越的。要克服声障实现超声速飞行，很大程度上有赖于跨声速空气动力学的建立。解决跨声速空气动力学基础理论问题就成了突破声障的关键。郭永怀决定选择跨声速问题作为主攻方向。当他把想法向冯·卡门汇报后，这位航空大师非常高兴，他很钦佩这个年轻中国学者的胆略和勇气，并尽量为他提供良好的研究条件，使他能集中精力地工作。他逢人便说："郭正在作一个最难的课题，你们不要用零碎事情打扰他。"郭永怀的好友钱学森评价说："永怀同志因问题对技术发展有重要意义，故知难而进，下决心攻关。"

1944年12月，郭永怀终于以顽强的毅力和信心，凭借他在数学和物理学及空气动力学领域中的扎实功底，完成了《可压缩流体二维无旋亚声速和超声速混合型流动与上临界马赫数》（*Two-Dimensional Irrotational Mixed Subsonic and Supersonic Flow of a Compressible Fluid and the Upper Critical Mach Number*）的出色论文。他的博士论文答辩日期是1944年12月1日，获得哲学博士学位（Ph. D）的时间则是1945年初。

郭永怀的博士论文共分五部分，计142页，其中正文103页。论文还附有大量绘制精细的曲线图和数据计算表格。有趣的是，郭永怀在论文结尾只附上23篇参考文献，这从某种意义上说明他研究的课题的确是当时的最前沿，说明他的工作创新性很大。

郭永怀获博士学位后，先留在GALCIT做研究员，继续从事跨声速空气动力学的研究工作，这期间他又完成并发表了几篇学术论文。

在康奈尔大学的出色成就

1946年4月,冯·卡门的优秀学生西尔斯应邀在康奈尔大学(Cornell University)创建航空工程研究生院。由于郭永怀的才能和所取得的出色成就,他特地聘请郭永怀前去任教并共同主持该研究生院。1946年10月,郭永怀来到美国东部纽约市附近的小城伊萨卡,在康奈尔大学受聘担任助理教授。

康奈尔大学是美国一所著名大学,航空工程研究生院规模虽小,却仿照GALCIT的风格,研究气氛非常浓厚。西尔斯擅长工程研究,为美国的军事科研作过不少工作。另一位主持人阿瑟·康脱洛维茨(Arthur Kantrowitz)多才多艺,研究范围跨度很大,包括高温气体物理、微观物理、飞行器再入、气体激光器,甚至涉及心脏起搏器、血液流体力学等,都取得了非凡成就。郭永怀和他们相处得非常融洽,学术观点一致,相互取长补短,这使郭永怀在专业的广度上得到很大拓展。郭永怀负责稀薄气体动力学、粘性流体力学两个方向的教学与科研工作。

↑ 康奈尔大学航空研究生院的五位主持人(左一为郭永怀)

郭永怀始终是一个谦逊的人,常常为某些自己不懂的东西而不耻下问。他回国后能在许多新学科中进行开拓性的指导工作,与他在康奈尔大学进一步学习与充实有很大关系。研究生院的师生关系亦很密切,每个学期都要举行一两次野餐晚会。大家在公园的草坪上打球、谈天,暂时放下他们头脑中思考的问题,轻松愉快地享受美好时光。

郭永怀讲授的课有稀薄气体动力学、粘性流体力学和边界层理论。他的讲课内容融合了空气动力学的最新发展并同工程实际密切结合。无论是备课还是写讲义，他都十分认真，力求深入浅出。由于这些课程的内容都还在继续发展中，因而他很注重方法上的教学。他经常安排讨论会，让大家自由发表学术见解，使学生不仅能透彻地理解已有的成果，而且培养了他们勇于探索的精神与能力。

郭永怀在教学、研究和指导研究生的同时，还积极参加学术活动。例如，1947年2月3日郭永怀参加了在航空咨询委员会（NACA）兰利实验室举行的空气动力学学术会议。兰利实验室是美国著名的空气动力学研究与实验机构。同时参会的都是国际知名的空气动力学家，其中包括航空咨询委员会主席德莱登、冯·卡门以及中国学者钱学森、林家翘。

1948年春，郭永怀同李佩结婚。郭永怀和李佩早在西南联大就已相识。1947年李佩来到康奈尔大学读书，同郭永怀建立了真挚的感情。新婚后的郭永怀并没有沉浸在幸福的喜悦之中，他还是和往常一样，埋头工作。1951年8月26日，郭永怀和李佩唯一的女儿郭芹出生，给他们的家庭带来了生机。

郭永怀很少参加社交活动，但每逢过年过节，他经常邀请中国的同胞到他家里做客，非常关心自己同胞的冷暖甘苦。郭永怀爱好广泛、知识渊博。早在国内他就喜好摄影，在美国还对欧洲古典音乐、世界名画和集邮产生浓厚的兴趣。这些业余爱好没有影响他的工作。

在康奈尔大学航空研究生院的10年，是郭永怀科学成果丰硕的10年。他除了继续从事跨声速理论研究并在跨声速流动的稳定性方面取得重要成果外，还把主要精力放在粘性流体力学、高超声速空气动力学研究上，其中许多工作都是开创性的。

毅然决定返回祖国

郭永怀十分怀念祖国。新中国成立前夕，他参加了"留美中国科学工作者协会"康奈尔大学分会，经常把分会的活跃分子邀请到家里，热烈地讨论祖国的命运和未来。1949年10月1日，中华人民共和国成立。回国探亲后的夫人李佩向他讲述祖国发生的沧桑巨变，使他万分激动。身居海外的知识分子终于有了报效祖国的时机。但因当时的中美关系，他回国的愿望一直未能实现。

1953年郭永怀在康奈尔大学工作已满七年，按规定可以休假半年。由于美国政府不允许他赴英国和日本讲学，应钱学森之邀，他来到加州理工学院边讲授奇异摄动理论，边从事研究。在那里他完成了《沿高超声速运动平板的粘性流动》这一重要论文。郭永怀和钱学森这两位科学知己在学术上相互砥砺、相互扶持，郭永怀给钱学森以很大的精神鼓舞。他们一谈起祖国，就产生了强烈的共鸣。当时美国政府不准许钱学森回国而限制他的人身自由，他满腔怒火，向多年的知己倾诉。郭永怀克制地劝好友说："不能性急，也许要到1960年美国总统选举后，形势才能转化，我们才能回国。"

郭永怀回到康奈尔大学即着手为回国做准备。他加紧了所接课题的研究，也加快了研究生培养进度。他回国的态度异常坚定，同时也感染了一些人。形势的发展比预期的快。1955年在日内瓦外交会议上，周恩来总理代表中国人民赢得了外交上的胜利。1955年10月，钱学森回国了，郭永怀更是归心似箭。

1955年6月27日，郭永怀在康奈尔大学获得正教授（full professors）职位，这对一个外国人来说是相当不容易的，但这无法留住他的心。郭永怀为了能以自己所学为新中国的强盛做出贡献，毅然决然地放弃他在美国已获得的优越研究条件和社会地位，决心返回自己的祖国。得知郭永怀即将回国的消息，已先期回国并受命组建中国科学院力学研究所并担任所长的钱学森欣喜如狂。他于1956年2月2日、9月11日给郭永怀写了两封信，热烈邀请郭永怀回国后到力学所工作，甚至还安排了研究生培养等具体工作。

开拓新中国力学事业

郭永怀回国后，立即投入"十二年科技规划"任务中并被任命为力学专业组副组长。他和力学界的其他专家一起审时度势，分析当时国际力学研究新动向并结合我国的实际，制订学科近期发展规划和远期奋斗目标，确定高等学校力学专业的课程设置，为若干年的发展方向确定大政方针。在力学所，郭永怀和钱学森配合默契。郭永怀不仅参加筹划和领导中国科学院力学研究所工作，还承担了很多组织工作和具体事务。由于钱学森在五院的工作日益繁忙，以致后来把组织关系也迁出了力学所，因此力学所的重担几乎全部落到了郭永怀身上。

力学所的研究机构根据国家任务的需要，不断进行调整。1958年7月6日，

↑ 力学研究所内的郭永怀雕像（李成智摄）

力学所的主要领导人——所长钱学森、副所长郭永怀、党委书记杨刚毅讨论决定了力学所今后的方向是研究与星际航行、地壳开发以及海底航行有关的力学问题，并简单地概括为"上天、入地、下海"。力学所调整组织机构，将原来按学科划分的六个研究组改为按任务划分的四个研究室和一个承担"581"任务的卫星设计院，郭永怀兼任了最重要的机构一室（宇宙航行研究室）主任。1958年8月，根据中科院研制人造卫星的"581"任务的要求，力学所成立第一设计院（人造卫星设计院），负责卫星总体设计和运载火箭研制，郭永怀任院长，在总体上和具体业务上都领导与参与了我国人造卫星事业的奠基性工作。20世纪60年代中期是力学所发展最快的时期。由于承担了大量国防任务，力学所人员急剧膨胀，到1965年前后总人数达2000人。在"大跃进"后的各个阶段，根据国家任务的调整，力学所向其他单位输送了大批骨干力量。

作为力学所主要负责人，郭永怀开创了许多新的研究领域和研究方向并领导开展了重要实验设备的研制，包括超高速空气动力学、湍流边界层、电磁流体力学、爆炸力学、激波管和激波风洞、电弧风洞和电弧加热器等新兴学科和实验设备。

郭永怀在承担力学所全面工作并参与国防任务的同时，还积极开展人才培养。他1957年担任清华大学工程力学研究班班主任、1958年担任中国科技大学化学物理系主任，招收和培养研究生和青年科技人员。他在制订培养方案、邀请授课教师、安排毕业设计研究课题等方面做了大量工作，还亲自讲授"流体力学概论""粘性流体力学""边界层理论"等课程，编写了《边界层理论》讲义。1961年，他组织成立高超声速讨论班，瞄准高超声速理论与工程前沿问题。由于他的精心策划组织，这个讨论班达到了当时的世界先进水平。

郭永怀对中国力学事业发展做出了巨大贡献，亚洲规模最大的中国空气动力研究与发展中心（简称气动中心）就是按照钱学森和郭永怀早在20世纪60年代构想的蓝图，调整组建的全国性的空气动力学研究和试验机构。郭永怀和钱学森等著名空气动力学家结合他们长期的研究和工作经验，按照国家航空航天型号研制的具体要求，提出了许多重要建议和设想，为我国空气动力学事业的迅速发展指明了方向。

1964年3月，郭永怀担任国防科委空气动力学专业组理论分组组长，和其他成员一道组织了全国风洞群调研和建设规划论证，并提出了风洞群建设规划，进行了重点型号气动分析会诊工作，讨论了空气动力学研究队伍建设问题。1967年第十七研究院（空气动力研究院）筹备组成立时，郭永怀任副组长，实际上承担了"常务"组长的重任。从1967年8月到1968年底，筹备组在钱学森、郭永怀等的领导下，对风洞群建设等重大问题进行决策。郭永怀同钱学森等一道提出了许多重要的建议和主张，许多思想具有超前性。

空气动力研究院的创建工作，郭永怀始终如一地为之操劳。当时他已身兼许多重要职务，但还是经常和同志们一道研究规划空气动力研究院的建设。他从不以专家自居，总是以平等的身份和筹备组的年轻人探讨问题，认真听取青年人的见解。他和蔼可亲、平易近人和严谨求实、不知疲倦的工作作风给大家留下了深刻印象，受到大家的爱戴和尊重。更令人不能忘怀的是，1968年10月，在他将要离开北京赴青海筹划导弹热核武器试验的前一天，他还来到十七院筹备组，要求一位同志起草一份关于高空模拟试车台和十七院进行统一规划的报告，等他参试回来后再一起讨论。同时还告诉大家，他要出差了，询问有什么事情要他做的。没想到这次会面竟成了永诀。当年在十七院与郭永怀一道工作的同志仍然深深地铭记着这件平常而又极不平凡的事。每每想起它，都激起他们对郭永怀无限敬佩与怀念之情。

郭永怀十分关心我国计算流体力学的发展，很早就给予了充分的肯定和支持。在郭永怀等科学家的倡导下，我国的计算空气动力学起步较早，虽然在实际发展过程中受到计算机条件的限制，但仍取得了一批丰硕成果，其中有的得到国际学术界的关注。

1976年，国务院、中央军委决定在风洞指挥部（十七院是该机构的前身）的基础上，调整组建中国空气动力研究与发展中心（29基地）。经过多年的建设，该中心已成为试验设备齐全、研究手段完备、技术力量雄厚、测试数据可信的实验研究基地，成为航空航天飞行器及风工程研制与发展的重要技术支柱，在国际上享有盛誉。一些国际同行参观了气动中心后，交口称赞"了不起"。1998年8月，郭永怀在美国期间指导的博士生，后担任CALSPAN高技术中心主任的瑞特在访问气动中心后说："贵中心风洞设备的规划建设显然包含了郭永怀教授的思想。"作为一个开拓者和奠基人，郭永怀在这项重大建设工程中，具有不可磨灭的功绩。

担任清华力学班主任和研究生兼职导师

郭永怀在力学所承担繁重的学术工作和管理工作的同时，还做了大量人才培养工作，包括担任清华大学工程力学研究班班主任，指导清华大学的研究生等。这也使他有了"清华人"的身份。

1956年12月，高教部与中科院合作，在清华大学附设两年制的工程力学研究班，目的是对具有某一方面工程技术知识的青年人才施以力学的基础训练，分固体力学和流体力学两个专业。钱学森、郭永怀、钱伟长等参加建班的最初工作。钱学森是这两个研究班的第一主持人。1957年2月，高教部与中科院正式在清华大学设立第一届工程力学研究班（简称清华力学班），培养高层次师资和研究人员。力学研究班由钱伟长任首任班主任，郭永怀和杜庆华为副主任。1957年11月后，郭永怀接任班主任一职。

郭永怀为清华力学班倾注大量心血。他每周一下午到清华大学杜庆华教授家中讨论教学及论文工作。清华力学班集中了当时国内最强大的力学师资力量，钱伟长、郭永怀、杜庆华、郑哲敏、钱学森等专家亲自授课。郭永怀主讲"流体力学概论"和"粘性流体力学"两门课程。开课前，他把辅导教员找来，亲自带领他们到有关高等院校的实验室参观，对一些关键性问题给予一些启示，再让他们为课程安排一个实验计划，使这两门课做到理论联系实际。力学班学员原来从事的专业各种各样，通过课堂学习和实验室实践，大家较快地掌握了有关知识。郭永怀一直坚持选用世界名著作为教材。在"流体力学概论"课程中，他采用普朗特的名著《流体力学概论》作为主要教材，并着手组织译成中文。这本名著的最大特点是注重从对物理现象的观察出发，提炼出物理现象的数学表达式，而不是从抽象的数学概念出发来研究力学问题。郭永怀选用这本教材的用意，就是让学员学会这种研究方法。"粘性流体力学"课程则采用德国著名空气动力学家施里希廷所著的《边界层理论》作为教材。

↑ 1958年11月20日郭永怀为清华力学班授课

清华力学班配备的辅导员大多是中级知识分子，他们既听课也辅导学员。刘应中和何友声等几位辅导教师去旁听郭永怀的课时，感觉收获很大。由于郭永怀是国际上这一研究领域的开拓者，课堂里介绍了他的研究心得和学术思想，使人茅塞顿开，受益匪浅。

清华力学班的学员毕业时，没有现行硕士研究生毕业论文的环节，而是按专业被分配到不同生产、建设领域，结合实际问题进行专题研究。临近毕业前，郭永怀亲自指导安排了学员们的专题研究论文题目。由于当时强调研究工作要密切跟生产实际相结合，因此学员们的研究题目都有鲜明的应用特色，如风力发电、火箭钻探、大坝上高速水流掺气、大型石油罐（万吨级）在风压作用下的稳定性、重型水压机的强度和刚度分析、塑形应力应变关系、化工容器的强度、火车过悬索桥所引起的振动、发动机涡轮盘强度、水轮机蜗壳强度、高速风洞设计与实验、蠕变稳定试验机设计、坝体模型电测与人民大会堂挑台光测等。郭永怀十分重视学生的研究工作，几乎每周都设法同辅导教员和学员碰头，了解学员们的研究进展情况，帮助解决遇到的各种问题。最终，学员们这些专题的研究情况及成果，部分在毕业前以报告的形式在力学班内部交流、讨论。

在第一届毕业生中，张涵信的研究工作由郭永怀指导。1960年张涵信毕业后，清华大学推荐他攻读研究生，并邀请郭永怀担任导师。第一届力学班的辅导教师俞鸿儒于1957年考上力学所研究生，导师也是郭永怀。因此，他们二人成为郭永怀在国内著名的"开山大弟子"。

郭永怀和钱学森等还从清华力学班首届毕业生中挑选优秀的学员亲自指导，让他们在力学所从事火箭设计试验方面的研究，其中一些骨干参与了中国第一个人造卫星计划——"581"工程。学员中后来有多人被调到航空航天部门，成为我国航天领域的中坚力量，为我国航天事业从无到有、从弱到强提供了人力基础和技术支持。

1957年至1960年清华力学班共办了三届，共培养了325名力学专门人才。经过毕业60余多年的工作考验，证明这一培养制度是成功的。如果说郭永怀、钱学森、钱伟长等人是新中国力学领域的第一代专家梯队，那么力学研究班培养的人才就成为中国力学事业的中坚力量。以20世纪90年代中国力学学会第四、五届理事会常务理事的组成人员为例：20多位常务理事中有1/4至1/3的人员曾经是力学研究班的学生和教师。他们走过了我国工程力学发展五六十年的轨迹，各自在自己的教学、研究岗位上为工程力学人才培养和科学研究做出了贡献。有许多人当选为中国科学院学部委员（院士）或担任学术领导职务。

郭永怀担任班主任的清华力学班的成功办学实践，为我国工程力学事业的发展奠定了坚实的基础，对力学学科发展产生了深远影响。他的科学思想和教育思想深刻地影响了中国许多重要大学的工程力学系的建设与人才培养，也催生和抚育了清华大学于1958年正式成立了工程力学数学系。

1956年中科院第二次招收研究生时，郭永怀尚未回到国内，当年力学所共计招生23名。郭永怀回国后，钱学森和钱伟长把他们招来的3名流体力学专业和2名物理力学专业的研究生全部转由郭永怀指导。这5名研究生分别是流体力学专业的俞鸿儒、康寿万和张厚玫（系晚清四大名臣之一张之洞之孙），物理力学专业的陈致英和范良藻。

郭永怀对研究生教育高度重视。在回国前夕，他就与在康奈尔大学获得博士学位后留校担任研究员的谈镐生一起探讨过将来回国后如何培养学术接班人的问题。回国后，他始终把培养科技后继人才当作头等大事来抓。在力学所的人才培养和研究生教育中，他做了极大努力并做出了全方位的贡献。

清华力学班首批学员张涵信表现优秀，毕业后被清华大学录取为研究生。清华大学委托郭永怀担任导师，于是他成了清华大学的兼职导师。张涵信在郭永怀授课和指导研究的过程中，深深体会到郭永怀的教学风格和学术风格。

年仅20多岁的张涵信，在郭永怀细致而又具体的指导下，短短几年就在前沿领域取得重大成果，并在《航空学报》《力学学报》连续发表高水平论文。为感谢郭永怀的精心指导，张涵信在发表论文的作者署名上，总要加上郭永怀。郭永怀看到后，立即把自己的名字勾掉。对张涵信如此，对指导其他研究生和助手也一样，郭永怀对指导他们撰写的论文一概不署名。

初创我国的导弹事业

郭永怀积极投身国家尖端技术领域，包括导弹、航天事业和核武器事业。1956年10月8日，我国第一个导弹研究机构——国防部第五研究院（简称五院）正式成立，中国导弹事业发展正式开始。导弹研制涉及众多技术领域。郭永怀除了在导弹发展中的一些基础性理论与技术问题上做了大量先驱性和开创性工作外，还直接领导研制了探空火箭、小型地空导弹、氢氧火箭发动机并在导弹再入物理现象研究、反导系统研究与设计方面取得了很大进展和突破，为我国研制导弹系统和运载火箭做了大量初创工作，奠定了重要基础。

导弹基础理论研究

1961年，聂荣臻元帅提出"国防部五院、二机部和科学院三家要拧成一股绳，共同完成两弹研制任务"。根据这一精神，中科院分别与二机部、五院组建协作小组，共同为"两弹"任务服务。1961年5月18日，五院与力学所召开会议，首先确定了五大协作任务（101～105任务），分别是：液体火箭发动机燃烧、传热的理论与实验研究；导弹弹头的空气动力学研究；导弹结构强度和稳定性研究；飞行马赫数6以上冲压喷气发动机探索性研究；金属薄板零件爆炸成型理论研究。其次明确了五院与力学所的分工：五院主要解决与火箭、导弹有关的工程技术问题，力学所侧重于火箭导弹的基础理论研究。

1959年7月力学所曾对研究机构进行调整，组建承担民用任务的一部和承担国防任务的二部。二部下设十一室、十二室、十三室、八室和九室以及附属工厂。在1961年力学所与五院战略导弹研制协作中，二部前述五大协作任务是导弹的基础性、理论性研究课题。郭永怀直接负责十一、十二、十三室的业务，为我国的战略导弹研制做出全面的贡献。102号任务涉及中程战略导弹再入与烧蚀防热问题，是重中之重的任务，郭永怀亲自领导，并为承担任务的十一室配备了精兵强将。103号任务导弹结构强度和稳定性研究和104号任务M6以上冲压喷气发动机研究也都取得了很大进展，为我国战略导弹弹体结构强度和稳定性、高超声速冲压发动机总体、进气道、燃烧室、尾喷管及冷却研究做出了先驱性和理论性贡献。

氢氧火箭发动机研制

第一设计院成立之初，即考虑建设试验基地事宜。1959年1月9日，力学所确定将基地选在怀柔思家峪地区，建立怀柔基地，对外名称为"北京矿冶学校"。1958年至1966年间，力学所在氢氧火箭发动机、"541"小型地空导弹以及"640-5"工程方面开展了大量理论研究、型号设计与试验研究。郭永怀在三大项目中都发挥了重要领导作用。

怀柔基地十三室的重要任务之一是探索和开发用于远程火箭与导弹的高能液体推进剂，以及进行火箭发动机地面试车试验。1960年10月，中科院下达了5至15吨推力液氢液氧火箭发动机设计和试制任务。怀柔基地首先设计了小型液体火箭发动机试车台S1（100~500公斤推力），开展了15吨推力和100吨推力氢氧火箭发动机的总体性能研究。基地把深入研究燃烧振荡问题作为重点课题，从理论上提出解决燃烧不稳定问题的途径，引起理论界和发动机设计部门的很大兴趣。怀柔基地还开展了液氢液氧推进剂各类理论与实验研究。

十三室取得的重要成果包括：15~100吨推力氢氧火箭发动机总体性能研究报告、发动机试车台建设以及燃烧稳定性理论与实验研究成果。1963年12月17日，S1D试车台首次试车成功。到1964年，累计试车百余次，取得大量关于气氢/液氧燃烧室性能数据，基本上解决了点火起动、喷注器型式、燃烧室压力调节、混合比控制、气氢与液氧的流量测量、推力测量等一系列技术问题。1964年11月24日，推力为500千克的液氢液氧火箭发动机首次试车成功，持续时间20秒。这是我国第一次正式以液氢和液氧为推进剂的火箭发动机地面试车成功，为七机部研制长征三号火箭第三级发动机奠定了一定的基础。

小型地空导弹研制

1965年，刘少奇主席就越南战争中抗击美军飞机轰炸问题，提出能否研制一种单兵使用的对付超低空飞行敌机的导弹，并要求中科院想办法。中科院将这项任务安排给力学所，郭永怀担任这种导弹的总设计师组组长。1965年5月

4日,郭永怀在五机部(即兵器工业部)主持召开了第一次小型地空导弹的研讨会,并将其命名为"541"。1965年6月中旬,"541"任务得到中央专委批准。"541"是国家重点任务,研制时间紧,任务重。郭永怀一再强调,"'541'任务压得很重,我们应当完成,但不能光搞这个,一定要抽人搞基础研究"。出于对国家任务的责任心,郭永怀动员大家尽力而为,同时又要求以严谨科学的态度做好工作。在郭永怀领导下,有关人员起草了上报中央专委的研制任务书。

"541"研制进展很快。1965年10月,郭沫若院长亲自到研制现场参观试验工作。他看了后兴奋不已,题词道:"甚感此地有大庆之风"。1965年12月28日,"541"试验弹进行了首次发射试验。到1966年1月,又进行了多发试验弹的发射试验,取得了重要资料。当时,人们将这种速度称之为"541速度"。

"541"任务虽于1966年第四季度被迫中止,但一些重要成果得到运用。在开发"541导弹空气动力和弹道的耦合计算软件"基础上,研制成功的"远程导弹气动防热计算机辅助设计仿真软件系统",成功用于东风五号洲际导弹末区气动防热烧蚀/侵蚀性能预测以及巨浪一号潜射导弹气动防热性能设计,为我国战略导弹设计与试验做出了巨大的贡献。

"640-5"工程任务

1963年12月至1964年2月,毛泽东主席多次提出发展反导弹武器的想法。在五院开展技术论证和制订计划基础上,中央专委于1965年8月27日批复实施代号为"640"的反导导弹工程。郭永怀作为组长领导"640-5"工程(弹头再入物理现象研究)。他精心组织研究队伍、细致安排研究课题、超前谋划实验设备并取得了一批基础性和工程性成果,设备建设取得了很大成效,这些成果后来都在其他部门得以应用。更为重要的是,通过开展"640-5"工程,一批年轻科研工作者成长起来,不少人后来成为七机部和十七院的骨干力量。中国导弹防御与突防技术的突破,凝聚着郭永怀的心血和汗水。

奠基我国的航天事业

1957年10月4日苏联发射成功世界第一颗人造地球卫星,在国际国内都产生了巨大影响。10月13日中科院等机构组织召开"关于苏联发射成功第一颗人造卫星的座谈会",郭永怀参加并做了发言。他谈到了发射人造卫星的巨大意义,还就发射人造卫星的运载工具及其推力、火箭发动机的推进剂、卫星进入轨道的姿态控制、苏联同西方国家火箭技术的比较等具体问题作了分析,并发表了自己的见解。当晚,郭永怀还参加了由紫金山天文台台长张钰哲牵头组织的对苏联第一颗人造卫星进行的观测。

1958年5月17日毛泽东主席发出"我们也要搞人造卫星"的号召,各部门迅速行动起来。中科院成立了"581"任务组,并在北京香山饭店组织钱学森、赵九章、郭永怀、陆元九等专家负责拟定《发展人造卫星规划(草案)》,形成了研制发射卫星的"三步走"的规划设想。在"581"任务下,1958年8月力学所成立第一设计院(卫星设计院)。郭永怀任院长,杨南生任副院长。第一设计院成立后,只用了2个月时间就完成了运载火箭结构的初步设计,并做出了2种探空火箭的头部模型。1958年10月底,完成了T–3火箭的一些部件和组件的图纸。当年11月,第一设计院部分迁往上海,更名为上海机电设计院,院长仍是郭永怀。到1958年底,该院形成了较为完整的科研、设计和生产协作网,设计的T–3运载火箭零部件陆续投入了试制。1959年3月,中科院对火箭研制任务进行了调整。上海机电设计院的研制任务由大型运载火箭转向T–5气象火箭。1959年底总装出完整的火箭发动机和三分之一段箭体。1959年8月,该院决定研制小型探空火箭T–7和T–7M模型火箭。1960年2月19日第一枚火箭T–7M发射成功。第一设计院和上海机电设计院的火箭研制工作拉开了实用探空火箭发展的序幕,为全面开展探空火箭研制和运载火箭设计奠定了基础。郭永怀为探空火箭研制和运载火箭早期设计做了许多奠基性工作。

1961年4月12日,苏联宇航员尤里·加加林首航太空。为了抓紧人造卫星等航天器的探索工作,钱学森、赵九章等科学家倡导举办了星际航行座谈会。座谈会内容几乎涉及火箭与航天技术的各个方面。郭永怀在第四次会上作了"宇宙飞船的回地问题"的中心发言,他提出的卫星设计、卫星返回、空气增阻、气动加热特性、钝头体设计和发汗、烧蚀防热等理论原则与设计思想成为后来卫星和飞船设计的重要依据。

1965年5月6日,中央专委批准研制中国的人造卫星,并同意在中科院内设立卫星设计院(代号"651"设计院)。8月17日,中科院召开会议,议定成立三个组,其中卫星总体设计组由赵九章任组长,郭永怀、王大珩为副组长。会后总体设计组即着于草拟第一颗人造卫星总体设计方案。郭永怀作为总体设计组主要负责人之一，与赵九章一道安排相关研究与设计工作。郭永怀交给力学所的任务有卫星结构设计、与运载工具的接口设计，研究卫星对运载工具的运载能力要求等。在郭永怀指导下，技术人员撰写了有关卫星结构、重量和对运载工具要求的报告，对以后决定卫星的基本方案起了一定作用。

1965年9月下旬，中科院连续召开三次人造卫星工程技术会议（"651"会议），全面谋划了人造卫星及其发射工具、发射场以及跟踪测控方案。1967年12月，国防科委召开会议审定了总体方案和各分系统方案，并将中国第一颗人造卫星命名为"东方红一号"。

"651"会议结束后，按照郭永怀的部署，1966年1月在力学所成立了651室，承担卫星本体结构设计及试验、温度控制及热试验等任务。以"651"室为基础，中科院于1966年1月25日成立了卫星设计院（"651"设计院），赵九章为院长，力学所党委书杨刚毅兼设计院党委书记。力学所承担的"651"任务包括卫星本体结构设计及试验、温度控制与热试验、卫星回收方案的调研。在"东方红一号"卫星规划与设计过程中，郭永怀、钱学森深度参与领导与组织方案设计和任务安排。郭永怀还给予了具体技术指导，包括卫星总体方案设计、提出开展卫星抗噪声试验。这些先驱性工作以及培养的骨干，为"东方红一号"卫星和返回式卫星研制打下了重要技术基础。

献身我国的核武器事业

1955年1月15日，中共中央做出发展核武器的战略决策。1960年5月郭永怀服从组织安排加入到这一伟大事业中，他唯一牵挂的是力学所工作与核武器研究所（九所）工作的协调问题。他来九所的时间比王淦昌和彭桓武早了约一年，他们在1961年4月都被任命为九所副所长。郭永怀名义上是每周三天到九所工作，实际上几乎天天都能见到他的身影。他主管核武器工程研制的力学问题和武器化工作，担任设计部主任，1963年又被任命为场外试验委员会主任。这些科学家的加入，令周恩来总理非常欣慰。他特地将郭永怀等大科学家请进中南海谈话，郑重地叮嘱："这一次，调你们去研制原子弹，可是一项政治任务啊！"

郭永怀在突破原子弹原理、开展爆轰试验、原子弹和氢弹结构设计、核弹武器化以及核弹环境试验等各个方面,都付出了巨大努力并做出了卓越贡献。

第一颗原子弹研制

原子弹及其相关理论对于大部分人来说都是陌生的。为了给年轻人普及核物理、工程力学方面的知识,郭永怀和王淦昌、彭桓武等著名科学家作专业学术报告,并举行了百余场专业会议。这些报告和专业会议,对于科技人员和不少出身于军人的高层管理干部都有极大的启发意义,有利于开展核武器研制攻关。

原子弹引爆方式大致有两种,一种是"枪法",另一种是"内爆法"。通过比较两种方式的优缺点,郭永怀提出"争取高的,准备低的"的方针,即以更为先进、高级并能节省核材料的"内爆法"作为主攻方向。"内爆法"涉及爆轰学,为了使大家了解爆轰学,郭永怀给科技人员讲授爆炸物理学,大家觉得获益匪浅。爆轰波的理论计算很困难,关键是不知道采用什么方法。郭永怀提出了几个值得考虑的计算方法,其中就有特征线方法。大家对此进行了认真的分析,觉得特征线方法可行,便以此进行了爆轰波的理论计算。

郭永怀不仅在大的方向上予以指导,有些具体工作如爆轰波的计算以及爆轰物理试验也亲自参与。爆轰物理实验是突破原子弹技术的重要一环。第一个爆轰试验场建在河北省怀来县官厅水库南岸的一片沙漠地带,被称为"17号工地"。1960年10月,郭永怀、郭英会和程开甲陪同张爱萍一起前往17号工地考察爆轰试验情况。为了取得第一手材料,郭永怀和王淦昌等科学家经常深入爆轰试验现场,指导工作并协助参加爆轰试验。他们还和科技人员一道搅拌试验用的炸药。为了配合爆轰试验,郭永怀和龙文光指导设计部人员开展了不同试验装置的结构设计,使爆轰试验得以顺利进行。

核材料(铀)在炸药内爆过程的状态研究是原子弹研制的重要的理论与实践问题。在求解高温高压下的核材料状态方程时遇到了困难。金属物理学家程开甲加入九所后,和技术人员经过半年努力,提出采用TFD模型计算原子弹爆炸时弹心的压力和温度,即引爆原子弹的冲击聚焦条件,为原子弹的总体力学设计提供了依据。拿到结果后,负责原子弹结构设计的郭永怀高兴地对程开甲说:"老程,你的高压状态方程可帮我们解决了一个大难题啊!"

为了开展大型爆轰试验,1963年初,九所机关和大批人员转入青海核武器研究基地——221厂。为加快原子弹研制步伐,1964年3月核武器研究所进行了重大调整，由九所演变为九院，即核武器研究院，郭永怀任副院长。他领导设计部，负责原子弹结构设计、强度计算和环境试验。在他和龙文光等安排下，设计人员为核装置外层结构设计出强度好的"蜂窝架"方案。1963年12月24日，1∶2核装置聚合爆轰试验取得成功，郭永怀亲临现场。1964年6月6日，全尺寸爆轰模拟试验也达到了预期目的。在正式核爆炸试验前，需要进行核装置的振动试验。郭永怀也来到青海，参加指导振动试验。

1964年10月16日我国第一颗原子弹装置准备进行塔架爆炸核试验。最后从塔上下来的是九院院长李觉将军和有关技术人员。16日15时（技术上称零时），原子弹装置按预定时间准时起爆。当时郭永怀正在现场附近，目睹了这一极为壮观的场景。一道强烈的闪光之后，巨大的火球转为蘑菇云冲天升腾。第一颗原子弹爆炸成功了！郭永怀、王淦昌、彭桓武等都流下了激动的眼泪。

↑ 1964年10月1日第一次核试验前部分参试领导和参试人员合影（前排左四为郭永怀）

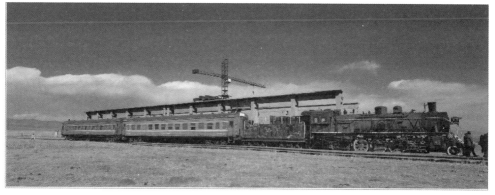

↑ 从青海211厂将第一颗原子弹运往新疆马兰基地的火车

试验结果表明，我国第一颗原子弹的理论、结构设计，各种零部件、组件和引爆系统的设计和制造，以及各种测试方法和设备，都达到了相当高的水平。这项对我国具有深远的政治、军事、科技意义的巨大成就，凝聚着郭永怀的一份努力、汗水和功劳。

核航弹设计与安全论证

中国首次核试验只是爆炸了一个核装置，远没有达到实战化或武器化的要求。在此之前，九院就开始进行了核弹武器化预研工作。郭永怀经常在会上指出，要努力做好核武器的后续发展工作。在他的指导下，1960年下半年研究工作全面铺开，相关课题组开展了核航弹气动外形设计、弹道分析计算、气压引信设计、风洞实验、模拟弹飞行试验和核爆炸后对载机的安全论证等。郭永怀对设计方案和计算数据都亲自一一核对。经过风洞试验、模型和全尺寸模型空投试验，采用了独特的支撑结构，在三种核航弹方案中确定了最佳方案。

↑ 青海211厂核武器城纪念碑

各种环境试验是武器化阶段非常重要的一环。郭永怀从人员配备、课题安排、试验项目确定以及设备研制等多方面入手，保证环境模拟试验顺利进行。在他的领导下，我国拥有了一整套大型、精密、测试范围较广的核武器试验设备，包括冲击、噪声、振动、过载、温度、湿度、霉菌、盐雾的组合试验设备。核航弹设计涉及的材料强度、成型、撞击等问题都是郭永怀提出并安排研究的。1962年底，九所开展了代号为"2901"的核航弹空投模型弹试验。郭永怀对试验总结报告认真审阅，要求进一步完善。

1963年12月28日，代号为"2912"的试验在巴丹吉林沙漠深处进行。郭永怀和技术人员一道乘车到几十公里以外的靶区工作。试验结束后，郭永怀对气压引信系统的误差分析比较重视，安排课题进行分析。1965年4月20日，在空投核航弹前曾投了 发遥测弹，数据显示气压引信提前动作。这时，郭永怀提出开展的引信系统误差分析工作发挥了作用，通过对其进行修正，解决了引信提前动作的问题。

为保证飞机投弹后能安全离开核爆区，郭永怀提出开展"安全论证"课题研究。他主张通过理论计算和模型空投试验相结合开展研究。他提出了用降落伞增阻减速这一方法，并提出开展核航弹携带降落伞的研究课题，指导科研人员研究伞-弹系统在空中的运动方程、冲击波基本规律、冲击波引起阵风风速的计算、光冲量计算。由于安全论证工作进行得细致、全面，每一次参加核试验的飞机都安全返航。

1965 年 5 月 14 日，一架经过改装的轰-6 轰炸机携带我国第一颗核航弹从青海某地起飞。飞机在新疆核试验基地预定高度把核航弹准确投向靶标，核航弹在预定高度实现了核爆炸。这次试验的圆满成功，标志着我国有了初步可用于实战的核武器。

协调"两弹结合"工作

中国核武器事业的下一个关键项目是核导弹研制，即"两弹结合"，研制更具战略价值的导弹核武器。1963 年国防部五院一分院和二机部九院就开始了"两弹结合"的协调。1964 年 9 月 15 日，中央专委正式对"两弹结合"工作做出部署，决定由二机部和五院共同组织试验方案论证小组。在"两弹结合"协调和技术工作中，郭永怀是主要领导者之一。钱学森、郭永怀两位搭档在"二弹结合"工作中又有了交集，发挥了领导和协调作用。1965 年 3 月 11 日，周恩来主持中央专委会议，批准"两弹结合""先冷后热"的试验安排。

核导弹飞行对环境条件的要求更加苛刻。郭永怀早在 1964 年就提出对核弹头在超声速和高超声速飞行中出现的环境问题开展研究，包括随机振动、冲击、噪声等对弹头的影响。为了保证核弹头在各种环境下经受住考验，郭永怀提出了开展环境实验的设想并领导建立了一系列实验装置，为九院建立完整的核弹头环境科学实验室奠定了基础。

郭永怀认为，未来的核导弹必定会遇到弹头破甲穿地、导弹坠地核安全等方面的问题，因此必须开展高速碰撞问题的研究。他和科研人员从冲击试验中提炼出 5 个课题。他还与朱光亚等一起组织调研海军核武器、反潜核武器、飞机机载武器等特殊问题。对于弹头撞击试验和计算，他提出对"触地引信"进行理论分析，开展弹头穿地问题研究。1966 年，他指导技术人员利用宽幅脉冲冲击试验代替离心机试验，解决了设备能力不足问题。1967 年，他主持了"673"会议，对应用 34 试验代替热试验作为"两弹结合"定型的方法提出了意见。

1966 年 9 月 8 日，4 枚东风二号甲导弹运往甘肃酒泉 20 基地，准备参加"两弹结合"飞行试验。郭永怀也来到试验现场。13 日和 16 日成功进行了两次"冷"试验。1966 年 10 月 27 日，东风二号甲导弹装载核弹头进行首次发射试验。导弹历时 9 分 14 秒、经过 894 千米的飞行，核弹头在新疆马兰某基地核试验区弹着区靶心上空 569 米高度实现核爆炸。它的成功表明，中国已经拥有了可用于实战的核导弹。

氢弹结构设计及安全论证

早在 1963 年 9 月，九院就组织人力进行热核武器的理论问题探索。郭永怀针对氢弹的结构设计、气动外型设计、环境试验等方面问题，组织有关机构和人员开展工作。氢弹空投给空气动力学带来新的课题。郭永怀抽出几个人组成调研组，就国内外能见到的资料进行研究分析。由于氢弹外形的增阻特性要求高，普通减速板达不到要求，因而决定加装软伞减阻装置。在郭永怀指导下，科技人员对弹体加伞后出现的伞-弹弹道问题进行了分析计算。

从 1965 年 10 月开始，九院设计部进行了氢弹气动外形设计工作。郭永怀对外型设计、气动增阻、飞行稳定、飞机安全、环境影响等研究都给予了具体指导和建议，并提出采用薄壳结构设计氢弹。1966 年 1 月初，设计部六室召开增阻方案论证会，确定了降落伞增阻和扩张裙增阻两种方案。1 月 22 日，技术人员又去北京进行氢弹试验方案的调研以及氢弹结构设计工作。2 月 22 日，郭永怀、朱光亚在京听取汇报，做了进一步指示。

氢弹空投试验的安全问题更加严峻。经过 2 个多月的紧张工作，"安全论证小组"提交了《XX-73 任务轰–6 飞机安全论证报告》。1966 年 9 月 5 日，在军委礼堂召开"安全论证"汇报会，郭永怀、朱光亚、陈能宽三位副院长参会并做进一步论证。

我国第一颗氢弹研制工作进展很快。郭永怀负责的总体设计、环境模拟试验以及安全论证等工作也都按时完成。1966 年 12 月至 1967 年 4 月，小当量氢弹原理试验、弹道特性试验以及机、伞、弹综合预演都达到了预期要求。1967年5月，氢弹试验队由李觉院长带领抵达马兰试验现场，郭永怀随队参加。1967年6月17日，中国第一颗氢弹由轰-6轰炸机运载进行空投试验。氢弹在降落伞减速下徐徐下降，在预定高度实现了热核爆炸。从第一颗原子弹到第一颗氢弹，中国只用了两年零八个月时间，跨越速度远超当时其他四个有核国家（美、苏、英、法），而且赶在了法国之前。

郭永怀对核武器事业的贡献还很多：他提出了通用核航弹的设想；领导开展了反潜核武器、弹头"入水""出水"、核弹头入地后引爆、穿地弹理论和试验研究等；参加了三峡工程防护工作并担任防空大组组长，领导开展的理论与试验研究工作为三峡大坝设计和防护措施运用提供了依据，做出了先驱性贡献。

郭永怀作为战略科学家，始终关心科研体制问题。为了搞好九院内迁四川梓潼的环境试验能力建设，郭永怀站在学科发展的高度提出大量建设性意见，包括打破原基地的框架、不搞重复建设、从设备到实验室要有长远眼光以及建设要留有余地等。他十分关心"两弹结合"中七机部与九院的分工合作问题。经过深思熟虑，他建议七机部只负责导弹（运载工具）研制，二机部负责整个核弹头研制（包括结构、防热与核装置）。他把这个设想形象地比喻为"茶壶和茶壶盖"的关系。这样就可减少产品技术协调上的矛盾。1968年初，在国防科委罗舜初副主任主持召开的会议上，郭永怀的建议得到进一步论证，后受到聂荣臻的赞许。

从1964年10月16日成功进行首次核试验到1968年底，其间我国共进行了八次核试验，郭永怀大部分都亲临现场指导，付出了大量心血乃至献出生命。

光辉的一生

1968年10月3日郭永怀来到青海核武器研制基地，参加我国第一枚导弹热核武器试验前的准备工作。在各项工作基本完成后，他从青海基地赶到兰州。12月5日13时59分，郭永怀乘伊尔-14飞机回北京，19时38分飞机在北京首都机场着陆时发生事故，郭永怀不幸以身殉职，年仅59岁。周恩来总理听闻这一噩耗，万分悲痛，下令彻查这一事故，并责成《人民日报》发布这一不幸消息。1968年12月13日《人民日报》在第四版郑重宣告：

郭永怀同志逝世

新华社十一日讯，中国共产党党员，全国人民代表大会代表郭永怀同志，因不幸事故牺牲，终年五十九岁。

郭永怀同志在从事科学技术工作中，做出了贡献。

1968年12月25日，中国科学院在北京八宝山革命公墓为郭永怀举行了追悼会，院长郭沫若致悼词。同日，中华人民共和国内务部追认郭永怀为烈士。

↑ 梓潼"两弹城"郭永怀、王淦昌、彭桓武塑像

1985年12月5日，我国著名核物理学家、中国科学院院士、"两弹一星功勋奖章"获得者，中国工程物理研究院（九院）院长邓稼先为纪念郭永怀写过短文：《忆良师益友，再创新业》。邓稼先写道：

我国著名力学专家郭永怀同志，在我院建院初期任副院长，对我们的事业做出了卓越的贡献。他为开创我院事业做出的贡献和本人的学术成就，永远铭记在我们心中。直至今日，还深感他的早逝，对我们事业造成的巨大损失无可挽回，同时也使我失去一位良师益友。何其惋惜！

这是对郭永怀为我国核武器事业所做贡献的恰如其分的评价。

郭永怀牺牲后，中科院和力学所为郭永怀举行了多次纪念活动。1988年12月，力学所在大楼前松柏丛中为郭永怀矗立起他的半身汉白玉塑像。同年，中国空气动力研究与发展中心把一座小山上修建的三个亭子之一命名为"永怀亭"，由张爱萍将军亲书亭名。1999年，郭永怀被追授"两弹一星功勋奖章"，是23位获奖中唯一的烈士。2008年中国工程物理研究院（九院）郭永怀汉白玉全身塑像落成。中国工程物理研究院旧址建设的"两弹城"为郭永怀等"两弹一星功勋奖章"获得者矗立了雕像。2010年,郭永怀的家乡荣成市在博物馆广场东侧竖立了郭永怀雕像。2016年10月16日,山东荣成郭永怀事迹陈列馆正式开馆。2018年7月中旬,国际小行星中心正式向国际社会发布公告,编号为212796号的小行星被命名为"郭永怀星",编号为212797号的小行星以郭永怀夫人李佩的名字被命名为"李佩星"。2019年5月5日,中国科技大学在中校区矗立起郭永怀、李佩两位先生的雕像。

⑪ 郭永怀、李佩塑像(中国科技大学)

1978年12月5日在纪念郭永怀为国牺牲10周年纪念会上,时任中国科学院秘书长的郁文对郭永怀做出了这样的评价:"郭永怀一生做到了'老实'二字,他是个老老实实的科学家,老老实实的共产党员。他从来讲真话,不讲假话,从来不会趋炎附势。"1988年,郭永怀挚友钱学森做了这样的评价:"郭永怀是一位优秀的应用力学家。一方面是精深的理论,另一方面是火热的斗争,是冷与热的结合,是理论与实践的结合。这里没有胆小鬼的藏身处,没有私心重的活动地;这里需要的是真才实学和献身精神。郭永怀的崇高品德就在这里!"

作为一位学术广博精深、贡献卓著、品德高尚、热爱祖国的卓越科学家,郭永怀的名字永存、贡献永存、精神永存、影响永存!正像他的名字一样,郭永怀将永远受到人们的怀念。

参考文献

[1] 郭永怀. 郭永怀文集 [M]. 北京:科学出版社,1982.

[2] 李成智. 郭永怀生平和他的科学贡献 [D]. 北京航空航天大学硕士论文. 1988.

[3] 李家春主编. 高山仰止大爱无疆——我们心目中的郭永怀和李佩先生 [M]. 北京:科学出版社,2013.

[4] 李家春、刘桂菊. 永远的郭永怀——纪念郭永怀先生牺牲 50 周年 [M]. 北京：科学出版社，2019.

[5] 宋健主编. "两弹一星"元勋传（上下）[M]. 北京：清华大学出版社，2001.

[6] 徐明主编. 家国情怀，大师风范："两弹一星"元勋郭永怀 [M]. 合肥：中国科学技术大学出版社，2023.

[7] 郑哲敏主编. 郭永怀纪念文集 [M]. 北京：科学出版社，1990.

[8] 郑哲敏主编. 郭永怀先生诞辰九十周年纪念文集 [M]. 北京：气象出版社，1999.

[9] 郑哲敏主编. 佩瑜怀瑾纨质蕙心：李佩先生的世纪生涯 [M]. 合肥：中国科学技术大学出版社，2016.

[10] 中国科学院力学研究所. 郭永怀先生诞辰一百周年纪念文集（非正式出版物）[D]. 中科院力学所，2009.

[11] 中国工程物理研究院. 家国情怀——中国核武器研制者的老照片记忆 [M]. 成都：四川人民出版社，2018.

（本文作者：李成智）

杨嘉墀

杨嘉墀（1919—2006），江苏吴江县人，中共党员，卫星和自动控制专家，1980年当选为中国科学院学部委员（院士），国际宇航科学院院士。

1941年毕业于交通大学电机系。从1941年10月起，在西南联大电机系任教一年。1947年赴美国哈佛大学应用物理系留学，获硕士和博士学位，在宾夕法尼亚大学、洛克菲勒大学从事研究工作。1956年回国，历任中国科学院自动化研究所研究员、室主任、副所长，北京控制工程研究所副所长、所长。1968年后，任中国空间技术研究院副院长，航天工业部总工程师，中国仪器仪表学会和中国自动化学会副理事长，国际宇航联合会副主席等职。

杨嘉墀长期致力于我国科学技术和航天事业的发展，参与中国空间技术发展规划的制定，是中国早期开展航天技术研究的专家之一，也是中国自动化学科的创建人之一。他先后主持飞行器热应力和力载试验装置的研究、核试验用测试系统的研究；领导和参加我国第一颗人造地球卫星姿态测量系统的研制，是空间技术分系统的设计师；在我国返回式卫星姿态控制系统方案论证和技术设计中，提出一系列先进可行的设计思想，领导研制的返回式卫星姿态系统及数据分析指标达到国际先进水平。1980年后，他担任"实践二号"科学试验卫星总设计师，参加了"一箭三星"研制和飞行试验的全过程。

1984年获航天工业部劳动模范称号，1985年获国家科技进步特等奖，1987年获国家科技进步二等奖，1999年被授予"两弹一星功勋奖章"，2001年，一颗发现于1996年12月24日的国际编号为11637号的小行星，被命名为"杨嘉墀星"。

丝家学子　古镇启蒙

杨嘉墀生于1919年9月9日（农历己未年润七月十六日），出生在江苏省吴江县震泽镇一个丝业世家。

杨嘉墀的父亲杨澄蔚，字扶岑，生于1892年。在20世纪初的中国，废科举、办学堂已经成为不可阻遏的新潮流。杨澄蔚毕业于苏州学堂，后来长年在银行任职员，精通会计、储蓄业，并悉心教育子女成才。杨澄蔚受到西洋文化的熏陶，没有继承父业经营丝行，也没有延请塾师在家设家塾。这样，杨嘉墀就没有像其他富商子弟到私塾发蒙，接受传统教育。

杨嘉墀从小动手能力就很强。在他5岁生日那天，父亲没有给他做新衣服，更没有给他金银首饰，而是送给他一个小望远镜。他曾经把父亲带回的一只时钟拆开，想搞清楚里面的构造。一次杨嘉墀随父亲乘火车去上海，快到站时父亲发现他不在座位上，四处寻找均未找到，最后在火车头附近看到他在司机旁边。后来杨嘉墀乘火车来回上海，总是习惯地走到火车头边，似乎在研究，想发现什么奥秘。这也许成为他后来投考上海交通大学的根源之一。

1925年秋天，杨嘉墀刚满6岁，到了上学的年龄。父母亲把他送进了当时震泽镇最好的小学——丝业小学。

丝业小学是教育培养人才的摇篮，也是革命的摇篮。杨嘉墀堂伯父杨澄中担任校长，他从1924年起，就接纳中共党员陈味之，挂名丝业小学教员，开展革命活动，宣传孙中山"联俄、联共、扶助农工"三大政策。

1925年10月11日，丝业小学举行廖仲恺追悼大会，会场设在学校的大礼堂，杨嘉墀等一班小学生坐在会场最前排，手持一束白花。会场后边是震泽镇各界人士。杨澄中、柳亚子等登台讲演，宣传孙中山的"三民主义"，唤醒民众，开展反帝反封建的斗争。由此，在杨嘉墀心中播下了反帝、反封建的火种。

丝业小学六年中，杨嘉墀最大的感触是，每年5月很少上课，经常放假，参加各种集会游行活动。"五三惨案""五四运动""五九国耻""五卅惨案"等纪念日，丝业小学都要组织报告会，进行爱国反帝演讲比赛。杨嘉墀与不少志趣相投的同学，在镇上街头集会游行，散发传单，张贴标语，高呼口号，慷慨激昂地要求大家抵制日货，反对帝国主义的侵略行径。一连数天，"打倒日本帝国主义！""抵制日货！不卖仇货！不用仇货！"的口号声，在震泽镇里此起彼伏。图书馆阅报室里的上海《申报》《时报》，南京的《救国日报》，商务印书馆的《东方杂志》，是杨嘉墀和同学们经常接触的"良师益友"。

进入高小后，杨嘉墀学习了西方先进的科学技术知识，接触了民主政治和文化思想，初步受到了民主、自由的熏陶和科学精神的冶炼，使得他的自我意识被唤醒了，他的思想逐渐激进起来。

小学毕业后，杨嘉墀考入了震泽中学。

勤奋踏实 蔚然成才

↑ 高中时的杨嘉墀

1930年，杨嘉墀随父母离开震泽镇，离开震泽中学。在上海转学时，以优异的成绩考取上海中学初中二年级春季班。上海中学名师专家汇聚，教学质量多年列为全市榜首。他初到学校时，还有很多地方不适应，学习成绩一段时期里出现了低谷。然而在学习竞争中，杨嘉墀不甘示弱，奋起直追，全力以赴，终于后来居上，在初中毕业时受到学校嘉奖。初中毕业时，杨嘉墀被保送进入本校高中部工科班学习。

1937年，在抗战的烽火中，杨嘉墀考取了上海交通大学。当时考取交大电机工程系的正职生30名，备取生5名，但由于日寇横行，真正能来报到的才10多人，有的学生到第二年才来报到。杨嘉墀入学考试是第三名，由于第一、第二名未来报到，按交大的老传统，他担任了班级的班长。

杨嘉墀在交通大学学习的四年，是不寻常的四年，交大四年决定了他的一生。当时大家都是怀着"国家兴亡，匹夫有责"的宏愿来求学的。在交大的"起点高、基础厚、要求严"的教育方针指引下，大家在学业上、思想上都获得了长足的进步。杨嘉墀聪明好学，在青年时代就在外语和东西方文化等方面打下了良好的基础，为他进一步深造和才能的发挥提供了基础。进入交大后，又受到了交大的"凡事都应问一个为什么"的治学风气的熏陶，更坚实了他的治学严谨态度，使他在以后的各项研究工作中都取得了突出的成绩。

当时交大实验课恢复相当困难，要借用复旦大学实验室，但必须安排在别人空时或放学之后，常常一直做到晚上。老师带实验时，要同学们去吃晚饭，他自己在实验室啃干面包等学生。这种献身教育事业的精神，给杨嘉墀留下了深刻的印象。工程测量的平面测量，是在复旦大学的大操场进行的。交大还一向重视学生实习，把它作为培养动手能力的一个环节。但经费短绌，给学生实习带来很大困难。战前设备完善的铸工、锻工、木工三个车间均被日寇侵占，迁进法租界的仅有金工、木工设备车间，场地狭窄，器械短缺，只能因陋就简，但学校对学生的要求仍很严格。

杨嘉墀进入交大后，接触到许多新同学。渐渐地在这群走读的电机系同学中形成了一群无线电爱好者，杨嘉墀从装矿石机、直流一管机直到装交流外差式五、六管机。那时美国的业余无线电手册人手一册，非常实用。自装无线电的活动，对他来说是在理性认识之外增加了感性认识，并增强了动手的能力，对后来从事电信器材的制造极有帮助，同时也增进了同学之间的友情。杨嘉墀在装调收音机过程中，爱调听交响乐和京戏，偶尔也收听到抗日的消息，但这时杨嘉墀都要戴上耳机，细细地搜索，从中了解到点滴的共产党抗日方针等消息，从抗战歌曲中得到鼓舞。

抗日战争爆发后，国民党政府奉行了"消极抗日，积极反共"的政策。交大所处的法租界，四面日寇包围，在日寇压迫下，法租界当局亦明令禁止抗日活动。交大校园内民主气氛淡薄，师生多埋头教学、读书，抗日运动极难开展。杨嘉墀等同学仍参加文化界开展的募捐支援前线活动，他目睹了中国人在自己的土地上任洋人欺辱，中国的商品市场任洋货倾销霸占的种种罪恶，特别是日本帝国主义占领上海时，日本飞机在上海城的上空肆意嚣叫、盘旋，军舰在黄浦江上耀武扬威地游弋。他暗暗立下誓言：中国一定要造出自己的火车、自己的飞机、自己的军舰，要用先进的工业来改变中国人被外国人瞧不起、国土被外国人占领的状况。

杨嘉墀怀着学好知识、抗日救国的崇高理想，刻苦学习，凡是能够提高专业水平的活动，他都积极参加。他与同学们一起办起电机工程学会，主办科普杂志，并担任《科学大众》杂志的编辑。四年艰苦大学生活，是在乌云压城、风雨飘摇的孤岛环境中度过的，他的成绩在班上一直名列前茅，并多次获得奖学金，受到了老师、同学们的赞赏。1941年夏，杨嘉墀从上海交通大学电机系毕业。

↑ 1941年上海交通大学电机系同学合影（后排左三为杨嘉墀）

投奔联大 初试锋芒

从交大毕业后，杨嘉墀和许多同学不愿留在敌人管辖区工作，决心一起冒险去寻求报国的事业。应昆明西南联大电机系的邀请，交通大学推荐杨嘉墀去当助教。他把自己的想法告诉父母亲后，得到了支持。从内心讲，母亲希望嘉墀留在身边工作，动荡时期好相互照应。父亲则理解嘉墀的心情，科技人员在日寇统治下会苦闷万分，应去内地深造，待机留洋闯一闯。这样，他告别了父母，前往昆明。经过半月有余的跋涉，他和几位去内地工作交大毕业生总算到达大后方的桂林。谁知在桂林却遇到了敌机的狂袭滥炸，杨嘉墀冒着生命危险保护同学。

7月，在桂林因找不到去昆明的汽车，生活也无着落，杨嘉墀到当时资源委员会办的桂林无线电厂做了一段时间的短工。杨嘉墀被分到大功率扩音器试制组内。这个扩音器是市政府用来放在独秀峰上作宣传用的，进行大功率音频放大器的校正回路调试，其任务是如何增加低音音量。由于没有测试仪器，不知道频率响应数据，杨嘉墀根据自己装调收音机的经验，一点一点地调试，经过数日的努力，初步达到要求，完成任务。这可算是杨嘉墀从交通大学毕业后的第一份工作。他深深体会到，没有理论基础与测试仪器是很难完成任务的，要真正解决实际问题，还得在无线电基础理论上下功夫，还需要继续深造。

8月下旬，杨嘉墀乘坐无线电厂的运货卡车到达昆明，去西南联大电机系报到担任助教工作，见到了任之恭、章名涛、马大猷等著名教授。一起工作的教员有钟士模，助教洪朝生、曹建猷、唐统一、陈力为等。这里师资力量雄厚，注重物理理论基础，大多数助教都在进修，准备考清华公费留学。杨嘉墀的任务是教授讲课时随堂听课，答疑辅导、批改作业、指导实验。

在清华大学档案馆藏有杨嘉墀填写的西南联大教职员表，其中承担课程栏中他填写的是电磁实验、电话电报学和电机工程三门。初到校时工作

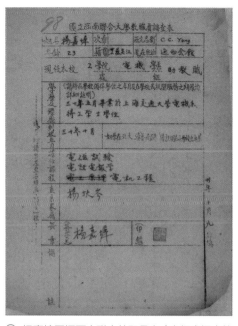

① 杨嘉墀填写墀西南联大教职员表（有杨嘉墀亲笔签名，清华大学档案馆藏）

量不算大，因此可有很多时间安排自学。这样，他读书的机会更多了，可以选修专业基础理论课，还有时间到图书馆查阅资料，准备出国考试。这一年除了有敌机来袭，跑几次警报外，绝大部分时间都是在工作、读书。

杨嘉墀在交通大学四年中，动手能力较强，应该说带学生实验课是比较省心的。但他为了指导学生上好实验课，每次都提前半小时到实验室，一丝不苟地作好充分准备。实验前都要向学生详细讲清楚要求，并要求学生在实验前先写一份报告，写明实验内容、理论和方法，才进实验室。电路实验时，当学生接线以后，杨嘉墀都要检查一遍，认可后才能开始通电做实验。这种严格的实验课，能让学生进行很好的基础训练，培养其解决实际问题的能力。为了对付空袭，他还在实验室地下埋了几个空的旧汽油桶，作完实验后就要把仪器装入筒内，以免可能的损失。由于学校教授经费紧张，仪器设备极其缺乏，他就动手研制了一些仪器。他与曹建猷、洪朝生等一起还安装了一部业余无线电台，接收到了讯号，并与在昆明郊区的清华无线电研究所联通进行试验。

1942年，西南联大电机系主任倪俊介绍杨嘉墀到中央电工器材厂工作，在那里他开始了试制载波电话样机。杨嘉墀在交通大学电机系电讯专业学习时，曾

了解一些无线电基础知识，对无线电波和频率特性、无线电信号的发射、接收和调制的学习也比较重视。他曾多次装配调试过收音机，但对载波电话的产品研制还是第一次。承担新产品试制任务后，杨嘉墀对工厂生产设备、技术能力进行了摸底，杨嘉墀在许德纪领导下，开始了单路载波电话机的试制工作。

他从原理分析、性能指标的确定、电路设计、电路试验，到整机的设计、结构布局、元器件的选择、生产装配调试，整整花费了两年多的时间，于1945年做出了中国第一套单路载波电话的模样机，并在昆明工业展会上展出。他还凭借和清华大学无线电研究所的老关系，利用那里的测仪器，测量了一些部件的性能，均达到设计的要求。由于工作成绩突出，厂里推荐他参加留美实习生考试。考试后被录取，他同时被吸收为中国工程师学会和中国电机工程学会会员。杨嘉墀在厂长黄修青再三挽留下，暂缓出国，对样机进行改进设计，采用国产元件代替，使产品指标有了很大的改进。他还研制了扬声电话，在中国第一次实现了普通电话机的电子化，使用户不用手持话机即可打电话。

留美深造　矢志报国

1945年8月间，日本投降，抗日战争取得胜利。杨嘉墀走出新品试制车间参加工厂组织的庆祝大会，并和工人一起到厂外参加游行。他知道这是中国人民一百多年反抗外国侵略，取得完全胜利的伟大民族解放战争，感到扬眉吐气。杨嘉墀1945年考取公费赴美留学生，由于当时战局紧张，战时生产的需要，他暂缓出国。直到1947年1月初，杨嘉墀才登上了由上海直接开往旧金山的轮船，前往哈佛大学深造。当时杨嘉墀的心情是：中国科技工业落后，要到美国去学习技术，他日回来为国效劳。

开拓知识新领域

来到美国，杨嘉墀一个多月后就适应了新生活和学习环境，他不仅可以轻松应对哈佛大学的课程，甚至还选修了几门麻省理工学院的课程。美国著名电信专家吉耶曼这时正在麻省理工学院讲授通信网络课程，他所讲的课程，实际内容充实而深刻，杨嘉墀慕名而来，听课兴趣十分浓厚。

不到一年的时间，杨嘉墀便通过考试，成绩评定为A，以优异的成绩取得了哈佛大学的硕士学位。

1948年9月，化学实验室招聘电子学方面的研究助理，经教授们推荐，杨嘉墀便转到化学实验室工作。对杨嘉墀来说，这是一个全新的领域，也促使他的业务兴趣转向电子仪器方面，并开拓电子学在工业和科学研究中的应用。

通过博士生资格考试后，杨嘉墀与系主任讨论、选择了耐科贝勒教授作为博士论文指导教师。在博士导师的建议下，他以研究一台计算傅里叶变换的模拟计算装置作为博士论文选题。当时，世界上第一台电子模拟计算机在1946年研制成功，有关这一领域的研究才刚刚起步，诸多技术尚待开发。杨嘉墀将从麻省理工学院学到的频率域网络综合方法，创造性地扩展到时间域，仅在半年内就成功研制出一台傅里叶变换器，受到了导师的赞许。

↑ 哈佛大学博士毕业照

1949年4月，杨嘉墀以《傅里叶变换器及其应用》为题的博士论文，顺利通过了答辩，被授予哈佛大学博士学位。

开拓医学电子学

博士毕业后，导师建议杨嘉墀在雷达领域深造，这与杨嘉墀的想法不谋而合。然而，在美国当局的阻挠下，杨嘉墀没能如愿前往雷达公司就职。后来就职的一家光开关公司只能让杨嘉墀做外围的光电接收线路工作，介入不了核心层。在感到前途无望后，杨嘉墀没过多久便辞职了。

1950年5月，经哈佛大学化学系实验室同事的介绍，杨嘉墀去了宾夕法尼亚大学生物物理系工作。该系系主任是当时在学术界颇有名望的查恩斯（B. Chance）教授。杨嘉墀与他会面后，双方对彼此都很满意。杨嘉墀入职后的第一项任务是解决高速电子模拟机问题。他创造性地采用一个抛物线函数发生器，完成了四分之一平方乘法器。经过几年的运行，这台高速电子模拟机被证明设计可靠，处于领先地位。1955 年，杨嘉墀在纽约科学院召开的仪器学讨论会上向专家及同行介绍了这台高速电子模拟机，受到大家的高度好评。

杨嘉墀承担的一项探索性更强的任务，是研制用来测量酶化学反应动力学过程的仪器。在跨学科学习了生物化学、数理等基础理论后，杨嘉墀采用电子学、光学、生物学等先进技术进行系统的研究、分析与设计，他终于按期成功研制了一台快速记录吸收光谱仪，工作范围可从紫外光到可见光。这一研究成果结束了手动光谱仪的历史。这台仪器被专家命名为"杨氏仪器"。杨嘉墀的研究成果不仅在《科学仪器评论》上发表，也获得了美国专利授权。

↑ 20 世纪 50 年代杨嘉墀在宾夕法尼亚大学研制紫外可见光吸收光谱纪录仪器

杨嘉墀的才华很快被急于建立医学电子学研究室的洛克菲勒医学研究所（现为洛克菲勒大学）看中。该研究所与查恩斯教授多次沟通后，聘请杨嘉墀为该所高级工程师，每周在该所工作三天。不久，杨嘉墀就成功研制出了生物化学的二色光谱仪、视网膜仿真仪，成为生物医学电子学的创始人。

在建立侧抑制公式的过程中，杨嘉墀为哈特兰（H. K. Hartline）实验室构造了第一个模拟计算机。这台计算机上验证了侧抑制的可加性，即模拟几个互相作用的感受器群的反应所产生的抑制性影响，从而为建立哈特兰公式提供了方便的工具。后来，哈特兰教授在视觉研究中发现了侧抑制和感受野这两个重要概念，荣获诺贝尔医学与生理学奖。可以说，杨嘉墀对此也有一份贡献。

在纽约工作期间，杨嘉墀和几位从事医学电子学工作的朋友们共同发起成立了医学电子学专业委员会（属美国无线电工程师学会），编辑出版了医学电子学杂志。他在洛克菲勒医学研究所做的微电极放大器的研究成果，在他回国后的1958年仍在该杂志上发表。正因为他在医学电子仪器及仿真计算机方面的开拓工作和贡献，才有了医学电子学这门学科的建立。

在美国工作期间，杨嘉墀与徐斐走进了婚姻的殿堂。徐斐原籍为江苏省常州市，1922年在上海出生，1947年前往美国，后毕业于波士顿音乐学院。徐斐气质高雅，颇具艺术造诣，钢琴弹得尤其好。杨嘉墀与徐斐两人虽然所学专业不同，但彼此性格却很契合，形成了科学与艺术的完美结合。

矢 志 报 国

杨嘉墀虽然远在大洋彼岸功成名就，但他无时无刻不在怀念祖国，怀念吴江的山水。早在波士顿学习、工作期间，杨嘉墀就参加了科学工作者协会的活动。由于美国法律不允许外国的组织在美国设立机构，科学工作者协会活动，实际是留美爱国知识分子聚在一起，以舞会、酒会的形式相聚。1949年10月1日中华人民共和国成立的消息传到美国，杨嘉墀和大多数爱国的中国同学一样，感到中国有了新的希望。但是美国政府当时不允许留美的中国理工科学生回国，一些进步留学生后来还受到迫害。朝鲜战争发生以后，留美科协实际上不能活动了，大家仍然通过各种渠道收集来自新中国的消息，爱国、归国，形成了一股潮流。

1953年，留美爱国学生终于同我驻日内瓦代表团联系上了，他们提供情况，揭露美方阻挠爱国知识分子归国的政策和做法。周恩来总理对此十分重视，明确表示欢迎海外人员归来，为建设社会主义祖国效力。杨嘉墀从报刊上了解到，美方迫于各界的压力，不得不准许华裔学者离境。杨嘉墀热血沸腾，仿佛听见了祖国需要科学，需要知识的呼唤。作为中国人，从民族的立场，从爱国主义出发，杨嘉墀和夫人徐斐积极准备回国事宜。

1956年，周恩来总理"关于知识分子问题的报告"飞越重洋传到杨嘉墀手中，他从收音机里听到了"在社会主义时代，比以前任何时代都更加需要充分地提高生产技术，更加需要充分地发展科学和利用科学知识"。他听到了新中国

"向科学进军"的号角。虽然美国的研究所仍在以高薪挽留他,但他觉得回国的时候到了,报效祖国的时机来了。多少年的等待和期盼即将化为现实了。"我本来就没有打算在美国长期待下去,美国政府能够放人回国,这是一个机会。"如果没有对社会主义新中国的向往,没有深怀着一颗赤子之心,就不会有几年来为归国付出的努力,也就不会有这个机会。杨嘉墀决定结束漂泊海外的生活,回到祖国的怀抱;他将用自己所学得的知识,为新中国的建设服务,为自己的民族服务。

科技绘蓝图

参与自动化科学规划

杨嘉墀一家于 1956 年 9 月初到达香港。从香港上码头开始,通过与中国旅行社同志的接触,杨嘉墀便感受到了祖国的温暖。进入深圳,走过罗湖桥,就看到了教育部派来接他们的代表,党和政府对他们的照顾无微不至。经过上海,最后到了北京。一路沿途看见了热气腾腾的建设场面,饱览了祖国欣欣向荣的景象。

杨嘉墀从归来,当时正赶上国家制定了《十二年科技规划》,提出了落实规划的"四项紧急措施",就是指最紧急要抓的四个领域或叫四个方面:一个是电子学,一个是半导体,一个是自动化,还有一个是计算机。当时,国家对落实"四项紧急措施"很重视,集中了全国可以集中的科技力量,包括一部分刚从国外回来的科学家。杨嘉墀作为专家参与了筹建中国科学院自动化及远距离操纵研究所及建立自动化技术工具研究组(室)的工作,并担任自动化技术工具研究组(室)首任组长(室主任),率先开展了火箭探空特殊仪表等方面的探索性研究工作。

当时中国科学院上海生理生化研究所、北京电子所、自动化所和清华大学等许多单位,都派人来邀请他去工作。他根据国际自动化发展趋势,以及所学专业,深感在工业发达的一些国家里,自动化技术已发展到很高水平,并广泛地应用到许多生产部门,自动化理论和自动化技术工具方面也有飞速的进展。在这些方面中国还是薄弱环节,因此他选择了中国科学院自动化研究所。

自动化是一门新兴的技术科学，它建立在调节理论、自动控制、计量技术等的基础上。杨嘉墀除积极投入到自动化所的筹建工作中外，还多次出席中国科学院张劲夫副院长主持召开的科学规划座谈会。他深感自动化技术对工业发展和国防建设具有重要意义。当时国际上新技术发展很快，放射性同位素、无线电电子学、半导体、超声波以及计算技术的发展和控制论的成长，更使自动化技术的面貌焕然一新。

杨嘉墀应邀参加国务院科学规划委员会下设的自动化专业小组的工作，该小组由中国科学院、高等院校和产业部门三个方面科学家和少数领导干部组成，其任务是对科学研究的方针、政策、计划和组织措施等提出建议。他和自动化界的其他专家一起审时度势，分析国际上自动化技术研究的动向，并根据国情提出了发展自动化技术首先要抓仪器仪表和人才培养的中肯建议。

为执行规划，杨嘉墀一开始就注意并重视自动化学科的建立和发展，重视自动化技术人才的培养。1957年，他在研究所内开设了自动化技术讨论班，讲授电子学、自动调节理论等课程。1957年，国务院根据科学规划委员会的建议，责成高教部和中国科学院合作在清华大学附设"生产过程自动化进修班"，培养具有自动化基础知识和技能的专业人员，以便结业后从事自动化方面的教学、科研和生产工作。自动化研究所陆元九、杨嘉墀等参与了组织工作。杨嘉墀为进修班讲授"自动化仪表"课程，提出了"仪器仪表是认识自然、改造自然的重要工具，有着广泛的用途。在某种意义上讲，实现自动化就是把人对生产过程的测量、控制作用，转移到自动化仪表、装置上去，因而研究、设计各种仪器仪表装置，是现代科学技术一个十分重要的任务"。1958年9月初，进修班第一期学员毕业，他们当中大多数人成为我国尖端技术的骨干力量。

1962年杨嘉墀还参与了我国新的十年（1963—1972）学科发展规划的制定工作，提出了以控制计算机为中心的工业自动化试点项目，参与制定了兰州炼油厂、兰州化工厂和上海南市发电厂等单位的自动化方案工作。相关工作推动了我国电子计算机在过程控制中的应用，使我国工业过程控制进入了一个新的阶段。

空间探索访苏归来

1957年10月4日，苏联发射了第一颗人造地球卫星，从此打开了人类通向宇宙的大门。杨嘉墀也为之振奋。他连续应邀出席中国科学院副院长张劲夫、裴丽生主持召开的座谈会。许多著名科学家竺可桢、钱学森、赵九章、张钰哲、程茂兰、蔡翘、钱三强、郭永怀、陈芳允、王大珩、陆元九、杨嘉墀等，纷纷发表谈话，积极倡导开展中国的空间科学研究工作。同时，杨嘉墀考虑得更多的是今后我国的空间运动物体的控制，调研仪器仪表的特殊功能，特别是在军事武器中应用的问题。

1958年，毛泽东主席在中共八届二次会议上提出搞自己的人造卫星，这体现了领袖和中国人民的伟大气魄和雄心。在党中央的支持下，中国科学院把人造地球卫星的研制列为1958年头项任务，并采取相应的组织措施，成立了"581组"，专门研究卫星问题。领导小组组长钱学森，副组长赵九章、卫一清，成员包括各有关所的主要领导；同时还成立了一个技术组由赵九章主持，参加者有陆元九、杨嘉墀、马大猷、陈芳允、贝时璋、吕保维、钱骥等。中国科学院自动化所对人造卫星项目非常积极，认为中国科学院应该开展人造地球卫星控制方面的研究，不但要把卫星放上去，而且要用控制手段回收它，提出要把对运动物体的控制，主要是卫星姿态控制及其运载火箭的控制系统，作为一个主攻方向，并采取相应的组织措施。与此同时，筹建0306工厂，负责控制系统的元器件加工和总装。由杨嘉墀任特殊仪表研究室主任，并负责0306工厂的筹建，该厂后来定名为中国科学院科学仪器厂，并发展为北京卫星制造厂。

1958年的"大跃进"，堪称"放卫星"之年。杨嘉墀参加了中科院召开的"大跃进"动员大会。会上提出一个口号，叫"上天、入地、下海"，很振奋人心。在"破除迷信""要搞就得搞大一点"的思想影响下，提出了要研制高能燃料运载火箭，放重型卫星，向1959年国庆十周年献礼。杨嘉墀带领一班年轻人，干劲很足，夜以继日，奋力拼搏，大干三个月，做出了几套控制仪表模型，送到中科院大跃进成果展览会上展出。杨嘉墀也深深感到，为了研制人造卫星和运载火箭，需要进行地面试验，需要特殊仪表，卫星要真正上天，工作还差得很远。当时对许多技术问题没有底，冲天的热情不能代替科学，需要冷静地思考，更需要打基础练基本功。

为了探索发展中国空间技术的途径，正好当时中国科学院决定由赵九章率领中国科学院大气物理代表团去苏联考察，成员有卫一清、钱骥、杨嘉墀和杨树智。在出发前一天晚上，张劲夫副院长在力学所大楼三楼会议室召开会议，为代表团送行。会上张劲夫交代任务时说："我们搞尖端科学，一方面要自力更生，同时要力争外援。代表团是根据中苏两国科学院协作项目'高空物理'去进行访问的。关于派遣这个代表团的事,郭沫若院长曾有信给苏联科学院院长。我们要借题发挥,力争了解到一些探空技术的关键问题。"

1958年10月16日代表团启程,到达苏联后被安排在莫斯科北京饭店住宿,按当时情况接待规格较高。杨嘉墀在1957年曾到过苏联,有一定的印象,但是这次访问是代表中国科学院,对社会主义大家庭的苏联,充满无比的信心,认为这次考察会得到好的结果。

然而,代表团将活动计划及要求参观的内容提交给苏方后,苏方接待表面热情,实质内容则不予安排。从10月中旬到11月上旬,在莫斯科主要参观了大气物理研究所、地球物理研究所、力学研究所、电离层地磁研究所,只看到一些公开展览的卫星模型及早期的探空火箭,还安排了一次与苏联科学院技术科学部主任的座谈。苏方负责接待的人说,参观卫星设备要赫鲁晓夫批准,代表团想要看的人造卫星研究项目均未安排。以致他们在苏联仅考察了一些天文、电离层、地面观测站等等,未能参观到他们的卫星研制部门及有关的地面试验设备。

杨嘉墀和杨树智利用空隙时间,去苏联自动学运动学研究所参观访问,也只进行了一般性的交谈,未看到实质性内容;此外,他还和一些老朋友相见,交换了对国际自动控制联合会的看法。应该说,在苏联的20天期间,杨嘉墀在当时苏联先进工业和科技方面开了眼界,在研制仪器方面有一些收获,但卫星技术领域根本没有看到。

回国后,代表团在总结中认为,发射人造卫星要有强大的工业基础和较高的科技水平,而我国尚未具备条件,我国空间探测事业要由小到大、由初级到高级发展。同时,应立足国内,走自力更生的道路。中国科学院提出了"大腿变小腿,卫星变探空"的任务调整部署。事后,杨嘉墀深有感慨地说:"搞人造卫星,要走自己的路,要理工结合。"

"两弹一星"控制攻难关

火箭试验特殊仪表先行

中国第一个人造卫星发展规划设想草案,是在1958年由钱学森、赵九章、郭永怀、陆元九等组织拟定的。杨嘉墀也应邀参加了规划研究工作。初步设想先搞 100～200 千克卫星，再搞 1000 千克卫星。这一工作，被中国科学院列为 1958 年第一位任务，代号"581"。

考虑到火箭推力对卫星发展的制约，钱学森主张中科院先行一步，研究高能燃料。每一种高能燃料研制出来后都要试验，要试车，火箭的发动机、尾喷管均要试验。这项任务由力学所承担，林鸿荪研究员为负责人。

林鸿荪按照钱学森、郭永怀的总体部署，开展火箭发动机试验站的建设工作，试验站是对火箭发动机及其组件进行各种冷、热试验的场所。首先设计了一种液体火箭发动机小推力试车台，由推力架、推进剂供应系统、供气系统、控制系统、测量系统以及消防、通信、环保等辅助设施组成。考虑到发挥各学科优势，中科院党组决定控制系统、测量系统研制由自动化所承担，并责成杨嘉墀组建特殊仪表研究室完成这项任务。

杨嘉墀根据林鸿荪提出的具体要求，进行分析调研。他深感用于火箭发动机试验的测量设备与工业控制仪表不同，它们大多要求在高温、高压、高转速和强烈振动等苛刻的条件下工作，并要具有较高的动态性能。在所领导的支持下，杨嘉墀组成一支精干队伍，逐步建立了温度、压力、液面和流量、气体密度、振动加速度测量及调节器等研究组，开始了任务和方案讨论，文献调研和学习。

随着任务的进展，中国科学院力学所、上海机电设计院、地球物理所、山西、四川、江西分院以及海军、国防部五院、北京航空学院等单位纷纷派人来协作和进修，所里又分配来一批复员军人，全室一下子达到四五十人，热气腾腾，敢想敢干，急"581"任务所急，日夜奋战。杨嘉墀加强技术指导，组织学术活动，亲自讲解电子调节器理论及其实际应用，推荐《热工参数的物理测量》（英文版）一书，要求大家认真读书、查文献，把革命干劲和科学分析相结合。在这样的思想指导下，在燃烧室壁温测量和燃气温度测量、燃烧室压力测量、低温液面的放射性同位素测量、低温流量测量、氪余辉法气体密度测量、振动和加速度测量、电子调节器等方面进行了初步试验工作，向 1959 年元旦献礼。经过修改设计，研制完成的仪表测量装置，提供给火箭发动机试车台使用。当时杨嘉墀的业务秘书廖炯生，为此写下了"科研战士攻尖端，火箭卫星只等闲。自动控制新系统，特殊仪表先行官"一诗，抒发了大家的感情。1959 年国庆前夕，杨嘉墀光荣地出席了全国群英会。

杨嘉墀

核潜艇反应堆控制奠基

1958年6月，我国第一座实验型原子能反应堆开始运转以后，聂荣臻元帅邀请海军领导人苏振华、罗舜初以及中国科学院和有关工业部门的负责人，就研制导弹核潜艇问题进行座谈讨论，向中共中央提出了关于开展研制核动力潜艇的报告，受到高度重视，并得到正式批准。我国曾希望得到苏联的技术援助，但苏联以核潜艇技术复杂，中国不具备条件为理由，拒绝提供技术援助。毛泽东主席坚定地指出"核潜艇一万年也要搞出来"。从此，就在周恩来总理的直接领导下，组织、指挥、决策核潜艇研制的每一重要步骤和关键问题。

核潜艇是集当时世界高、精、尖科学技术和工业发展于一身的产物。它涉及冶金、机械、造船、电子、航天、原子能、自动化等许多领域。在当时我国经济条件下，技术基础又薄弱，研制核潜艇确实相当艰难，要冒一定风险。核潜艇并不是简单地等于核动力加常规潜艇。除了要研制出在狭小的空间内能安全、可靠地长期发出数以万千瓦计的核动力装置之外，同时还要解决其他上千个复杂的技术难题。

1958年9月，海军和一机部共同组建了核潜艇总体研究室，负责潜艇总体设计、研究和任务安排落实；二机部原子能研究所十二室设立潜艇反应堆设计组，开展核动力装置的基础科研和初步设计的构思工作。这项具有深远意义的重大科研项目，在中国大地上秘密地拉开了序幕。

中央确定核潜艇研制的原则是：自力更生、大力协同，在现实的基础上争取先进。1963年，中国科学院领导指示自动化所，承担核潜艇的反应堆控制系统研究任务，由钱三强亲自找杨嘉墀进行任务与技术交底，安排具体项目。自动化所领导决定由杨嘉墀主管的第九研究室承担任务，并要求他亲自挂帅。

杨嘉墀根据核潜艇反应堆控制系统研究任务，开展核反应堆动力学建模研究。要实现反应堆物理计算，全靠自己建立计算模型，推导公式。为了证实理论计算公式的正确性，他们收集了世界上十几个零功率堆的临界试验数据，经过逐一验算、核算，最后修正才能得出一个适用的计算公式。那时用户单位在物理计算方面，主要靠的是计算尺和手摇计算器，可见其工作是何等繁重而艰巨。杨嘉墀在最短时间内，花最少的经费，研制成功一台反应堆模拟计算装置，提供给用户单位。

由于反应堆动力学是一个多变量参数耦合的非线性微分方程，给控制系统设计带来一定的难度。杨嘉墀发挥了他的聪明才智，研制成功的反应堆模拟计算装置，使用可靠。他参阅了国外文献，提出控制方案，经过仔细的试验、修正，最后得出了所设计的反应堆在冷态下完全可控的结论。杨嘉墀为我国核潜艇反应堆控制的早期开拓，做出了重要的贡献。同时，杨嘉墀还为中国科学技术大学自动化系自动检测专业，首次开讲了一门反应堆控制课，参考国外公开的资料，进行系统分析，培养了后续研究队伍，这批学生在后来我国核潜艇研制工作中，不少人成为技术骨干，攻克了许多技术难关。

核爆炸自动化测试创新

1964年10月16日，中国成功地进行了第一次原子弹爆炸试验，在中国核武器发展史上树立了第一个里程碑。

核武器试验，是根据军事需要和科学研究目的，在预定条件下进行的核装置或核武器的爆炸试验，是研制和发展核武器必不可少的手段。中国于1958年开始组建核试验基地，到1989年，先后用多种试验方式进行了34次威力不同的核试验，为核武器的研究与改进、定型与生产、使用与防护提供了重要依据，为增强国防力量做出了重要贡献。

1962年秋，毛泽东主席在二机部上报中央的关于爆炸我国第一颗原子弹的"两年规划"上批示："很好，照办。要大力协同做好这件事。"此后，国防科委多次研究了试验的各项准备工作。本着边组建核武器试验研究所，边开展试验技术准备工作的精神，由程开甲主持经过深入的讨论，提出了第一颗原子弹爆炸试验的研究工作纲要，及急需安排的研究项目，其中有80%的技术问题要通过外单位协作解决。

1963年初，中央专门委员会下达了我国首次核爆炸任务，国防科委要求中国科学院承担光热辐射和多种力学参数测试任务，提出测量方案，并研制、提供所需测量仪器。当时原子弹的研制已经有了相当进展，但原子弹爆炸试验所需的测试工作却毫无准备。时间十分紧迫。

在国防科委主持下，杨嘉墀参加了原子弹爆炸试验测试方案交底会。他曾参加过多项重要的国家机密任务，在接受任务过程中，往往因受保密的限制，造成用户单位交底不够，使研制单位在研制工作中只能就事论事地按用户单位提出的几条指标开展工作。因此,工作中就难免出现顾此失彼、处处被动的局面。对于原子弹爆炸火球温度和冲击波压力测量任务来说,涉及国家第一颗原子弹的重大机密,杨嘉墀认为这个问题可能会更加突出。可是这次不同,改变了过去那种自己束缚自己的做法,选准了合作伙伴后,给予充分的信任。会上程开甲详细介绍了第一颗原子弹的情况,并向杨嘉墀坦诚相见地说:"我们知道的情况已经全部交底了,火球温度测试总体方案怎么定,完全交给自动化所的专家组来确定。"杨嘉墀听到这样充满信任的重托,心里有一股暖流在涌动,尽管很清楚这项任务的艰巨性,但强烈的责任感使他鼓起了勇气,表示一定要按期、按质完成任务,立下了军令状。

当时,杨嘉墀已担任了中国科学院自动化研究所的副所长,在核弹试验用测试仪器研制工作中,自动化所具体承担的三项任务是:火球温度和亮度测量仪、冲击波压力测量仪、地震波振动测量仪。他迅速组建了相应的课题组,亲自负责技术抓总工作。尽管在执行"581"任务时,所研制的"特殊仪表",如燃气温度测量装置已经在大、小试车台上应用,为承接"核爆炸检测技术和设备"任务打下了基础,但当时面临的困难仍是巨大的。杨嘉墀时时想到,准确地测定火球温度,对确定核爆当量及光辐射破坏效应有着决定性意义,这就更增加了责任感。

原子弹爆炸时,有一个很亮的大火球,所研制的仪器就是判断、测量爆炸时原子弹产生的能量,因为爆炸时的亮度范围很宽,光闪得又很快。国内没有这样的测试仪器和设备,他们就在已有的工作基础上,与北京师范大学天文系合作,利用太阳光的能量做试验。杨嘉墀提出了采用反馈式光电倍增管线路的大量程温度计方案和采用变磁阻式压力传感器的方案。由于采用对数响应特性,使温度计的量程达到几个数量级。当时还未见国外文献有类似的报导。强烈的责任感和事业心促使杨嘉墀带领大家夜以继日地工作,大家积极性很高,没有星期天,没有休息日,1964年春节也只休息了一天,初二大家便来所里工作。

1964年4月,三项仪器研制工作已经完成。1964年5月,三项任务经国防科委组织包括程开甲在内的专家验收,仪器各项指标均已达到或超过任务要求,参加了1964年10月我国首次核试验任务,成功地测得火球温度。

1964年10月16日下午,杨嘉墀在人民大会堂出席全国人民代表大会,当听到周恩来总理宣布我国第一颗原子弹爆炸成功的消息时,那种从心底发出的成功的喜悦,令每一位参与这项工作的人终生难忘。此后,他又继续带领大家完成了"火球光电光谱仪"及"地下核试验火球超高温测量仪"的研制工作,并成功地应用于我国首枚氢弹试验和首次地下核试验。

1986年,"原子弹和氢弹的突破与武器化"的科技成果获国家科技进步奖特等奖。中国科学院自动化所承担的"核爆试验检测技术及设备"作为分项目也同时获奖。杨嘉墀感叹地说:"这是国家给予我们的荣誉,这些成果再次说明,中国人民完全可以依靠自己的力量发展尖端技术,我们拥有不容低估的科技开发实力。"

导弹热应力试验攻关

1960年,苏联停止了对中国的技术援助,撤走全部在华专家,使我国正在开展的尖端技术研究项目几乎处于瘫痪状态。聂荣臻元帅激愤地说:"自己干吧,靠人家靠不住,党中央寄希望于中国自己的专家!"

1961年初,国防部五院向中国科学院提出了一系列有关火箭导弹的大型综合性任务,其中包括"151工程",是在地面上模拟超声速飞行器在飞行过程中气动加热、加载环境的试验设备。该设备将用于装备高速飞行器热应力试验室。工程系统设备可以实施单独加热、加载,联合加温、加载,其多点测量系统可以记录飞行器结构以及在给定程序温度、程序载荷条件下的应变、温度、变形过程。

"151工程"经国防科委批准,委托中国科学院自动化所承担。任务下达后,自动化所指定杨嘉墀为总体负责人,负责总体设计,并组成了以中国科学院自动化所为主,五院一分院10余人参加的约60余人的研制队伍。自动化所还成立了专门的研究室。另外,参加研制工作的协作单位还有中国科学院4个研究所,以及一机部上海机床厂等单位。杨嘉墀接受任务后,经过调研分析,深感这是一项硬任务,不允许有半点差错,而且没有任何国外资料可供参考。他提出一种设计思想,要用自己的力量,用国产元件、器材,用理论上的高水平弥补工业基础较差的不足。

经过研究,"151工程"分3个系统研制,即加热系统、加载系统和测量系统,分别由叶正明、黄玉堂、杨树智负责。在充分论证的基础上,杨嘉墀提出了程控前馈加热方案、程控液压加载方案,以半导体晶体管模数转换器为基础的测量数据处理系统。杨嘉墀作为"151工程"任务总体负责人,不仅考虑总体方案工作,而且对各个具体项目都认真思考与把关。每一个重要试验,他都要亲自参与。对于重要的技术问题，他经常提供一些资料，及时提出自己的意见，供大家讨论参考。他还经常深入实际，与大家广泛沟通，并发挥每个人的智慧，为"151工程"任务的完成提供了保证。

"151工程"是在没有任何国外技术资料的情况下，完全靠我们自己的力量，用国产的元件、器材自行研制成功的。在测量系统中，突破了弱信号模拟数字转换器的技术难关；在加载系统中，又拿下了液压伺服机构等关键技术；在控制方面，克服了加热系统的信号变化剧烈的困难，采用复合控制使误差减少，当时在国内技术处于领先地位。"151工程"在当时是填补了热应力试验这一国内空白，而现在仍是对军工试验有用的一项任务。

"151工程"从1961年3月起到1965年9月止，历时四年半。其中，所有参加研制工作的科研人员还共同经历了三年自然灾害的困难时期，杨嘉墀鼓励大家安心军工任务，努力拼搏，把自己的才华贡献给国家。经鉴定，运用这些设备对导弹弹头、尾翼以及高速飞机的结构，进行了地面试验，取得了预期的结果，并经使用部门国防部五院组织验收。

卫星控制结硕果

参与卫星十年规划

1964年6月，中国成功地发射了自行研制的第一枚中近程火箭，10月爆炸了中国第一颗原子弹。此后，加速发展卫星问题开始提到议事日程上来。杨嘉墀曾参与了早期中国空间技术的探索活动，领导和参与了原子弹、导弹测试系统的重大项目攻关，了解到要建立我国核武器完整系统，必须加速洲际导弹的研制。如今他又开始研究发射卫星和发射洲际导弹的关系。

当年积极倡导中国要搞人造卫星的科学家赵九章，信心百倍，抓住机遇，上书中央，积极建议全面规划中国人造卫星事业。

1965年5月，周总理指示要提出设想规划。在张劲夫的带领下，中国科学院有关研究所立即行动起来，力学所、电子所、自动化所和"581组"都派出代表，定期集中开会，交流情况，共同商讨我国卫星型号发展规划。根据所内的统一部署，杨嘉墀将主要精力放在人造卫星方面。在规划讨论会上，杨嘉墀提出从美国和苏联已发射的卫星情况来看，人造卫星是直接用于国防或服务于国防的，要注意预警卫星发展动向，它可以监视和发现弹道导弹发射，还有探测核爆炸的任务。预警卫星对红外部件和各种特殊探测仪器等尖端科学研究都提出了较高的要求，可以推动尖端科学和工业的发展。

杨嘉墀、钱骥等为了制定规划，带人走访军、民有关单位，调研征询对卫星应用的需要，掌握第一手材料。1965年上半年，按国防科工委要求，中国科学院组织了制定卫星发展规划的工作。经过多次研究，提出的规划设想为："以科学实验卫星作为开始和打基础，以测地卫星，特别是返回卫星为重点，全面开展包括通信、气象、核爆炸、导弹预警、导航等卫星研制，配成应用卫星的完整体系，进一步在返回式卫星的基础上发展载人飞船。"他们还对各类卫星的任务，需要解决的关键技术，它们之间的相互关系等问题，进行了较全面、详细的分析，为中国卫星事业的持续发展指出了方向。

在中央专门委员会原则批准规划后，杨嘉墀作为总体组的成员参与了我国第一颗人造卫星"东方红一号"的总体方案论证，他对姿态控制和姿态测量进行专题论证。经过几个月的工作，总体组提出了我国第一颗人造卫星的总体方案设想。1965年10月20日，由中国科学院主持召开了全国性的方案论证会，为了使卫星本体和地面跟踪测量协调，会议成立了地面组，王大珩、杨嘉墀、陈芳允等担任地面组副组长，负责提出《我国人造卫星地面观测系统的设想方案（草案）》。会议结束后，杨嘉墀在中国科学院自动化所支持下，组建了一个姿态测量和控制研究室，一个地面测控用数据处理设备研究室，开展卫星测控设备研制工作。经过几年努力，圆满完成了任务。

"东方红一号"卫星于1970年4月24日发射入轨后，卫星环绕地球运行，星上各系统工作正常，性能稳定，为后来的卫星设计和研制工作提供了依据和经验。我国第一颗人造卫星发射成功后，杨嘉墀热泪盈眶，他亲自参与并长期为之奋斗的目标终于实现了。那段团结、紧张、艰辛、胜利的呕心沥血的战斗生活，是他一生中最难忘的回忆。

开拓返回卫星姿态控制

根据1965年8月中央专委指示，中科院可先按卫星工作规划开展工作。赵九章、钱骥即开始探讨返回式卫星的方案，并组织返回式卫星总体组，在广泛调研的基础上进行总体方案概念研究。除结合"东方红一号"对返回式卫星轨道选择进行研究外，还就有关关键问题进行了论证和预研。1966年1月，中国科学院由裴丽生主持召开了中科院研究所返回式卫星工作会议，布置任务，组织队伍，开展工作。卫星回收方案由力学所吴承康负责研究提出，姿态控制系统方案由自动化所杨嘉墀负责研究提出。

早在1961年至1963年，杨嘉墀曾结合国外载人飞船、低轨道卫星开展了卫星控制理论研究。在卫星规划座谈会上，他阐明了航天器姿态控制定义、目的和要求、原理和方法、发展概况及发展趋势；提出开展被动姿态控制、主动姿态控制及敏感器与执行机构的研究，应列入星际航行发展规划的建议。1965年制定卫星十年发展规划时，他又进一步论述姿态控制系统在卫星总体中的作用与地位，并希望作为预研攻关项目开展工作。

1966年初，杨嘉墀开始组织和参与我国第一颗返回式卫星姿态控制系统的研制工作。他首先从系统总体的角度进行研究，分析返回式卫星的姿态控制系统有三种功能和用途：一是在入轨后消除星箭分离时对卫星产生的初始姿态干扰；二是在轨道运行阶段姿态控制，使地物相机对准地面拍摄的区域；三是返回前，将卫星的纵轴调整到返回姿态，使制动火箭的推力方向满足设计要求。最后提出为了满足对地观测和返回前建立制动点火姿态的要求，卫星必须采用三轴稳定姿态控制。

鉴于国外同类卫星在研制初期多次失败的教训，他提出了元部件要立足于我国已有的成熟技术，但在控制方法上应当采用先进技术的设计方针。为了保证系统的可靠性，必须采用最简单的系统构型。在控制系统的设计中，杨嘉墀提出了许多颇具特色的方案，有些方案是当时国外同类卫星所未采用的。比如，在红外地平仪电路中采用自动增益控制，只经过一次探空火箭试验就验证了这一方案的可行性。

杨嘉墀参加了我国第一颗返回式卫星的总装和测试工作，帮助解决了一系列与姿态控制系统有关的技术问题，包括提出用小型地球模拟器进行系统测试的方法。1975年11月杨嘉墀参加了试验队，在渭南测控中心监视卫星的运行情况。他和试验队的同志们一起昼夜密切注视第一天卫星运行期间姿态控制系统的工作情况。根据遥测数据，正确地判断了卫星能按计划运行三天，为试验队领导的决策提供了依据，使我国第一颗返回式卫星按预定时间返回祖国大地。飞行试验成功后,杨嘉墀强调并指导了遥测数据的处理工作,所得结果为该系统性能的进一步提高提供了依据。我国第一代返回式卫星于1978年获全国科学大会科研成果奖,于1985年获国家科技进步奖特等奖。1979年,在英国召开的国际自动控制联合会空间控制专业会议上,杨嘉墀被特邀作报告,在座的苏美两国卫星控制专家对中国的控制方案表示赞扬。

开发科学技术试验卫星

1978年,我国迎来了科学的春天。杨嘉墀精神焕发,作为特邀代表,到人民大会堂出席全国科学大会。邓小平的报告,一字一句地打动了他的心,科学技术是第一生产力,指引他攀登新高峰。1979年4月,杨嘉墀被任命为中国空间技术研究院副院长,兼任北京控制工程研究所所长。1980年3月,他当选为中国自动化学会第三届副理事长。同年10月当选为中国科学院学部委员(后称院士)。11月,经中央书记处批准,杨嘉墀被任命为七机部总工程师。12月12日,杨嘉墀被批准加入中国共产党,实现了他多年奋斗追求的理想。1981年2月13日,七机部决定任命杨嘉墀为"实践"系列卫星总设计师。

早在1965年制定人造卫星发展规划时,杨嘉墀就参与科学卫星发展研究,他提出科学卫星除进行空间物理探测与天文观测外,还要为通信卫星、导航卫星及军用卫星服务。后来由于发展规划的调整,研制经费不足,发射卫星任务几经变动,科学技术试验卫星由于没有明确的用户,因而发展较慢。

随着我国第一颗人造卫星上天,发射一种专门用于空间物理探测和技术试验的科学实验卫星被提到议事日程上来,以"实践"命名的卫星系列就是肩负空间科学探测,同时兼顾航天新技术试验的卫星。第一颗科学探测和技术试验卫星——实践一号,于1971年3月3日发射成功,进行科学探测,取得了一部分数据。

1978年8月初邓小平指出,中国是发展中国家,在空间技术方面,中国不参加太空竞赛,"要把力量集中到急用、实用的应用卫星上来"。在"调整、改革、整顿、提高"的方针指引下,我国对卫星任务进行了调整;经过反复研究、论证,最后确定实践二号卫星是一颗空间物理探测兼新技术试验卫星。星上携带11种探测仪器,还采用了多项新技术,包括可活动太阳能电池帆板、对日定向控制系统、单组元推进系统、亲动阻尼器、热管、百叶窗等。1981年8月,杨嘉墀进入酒泉卫星发射场,参与领导卫星发射任务。经过严格质量复查,严格岗位责任制,卫星在技术阵地和发射阵地的测试进展很顺利。实践二号卫星于1981年9月20日,进入轨道,各系统工作正常。实践二号卫星发射成功,为应用卫星提供了设计依据,许多新技术至今仍在卫星上使用。

1983年6月,航天部任命杨嘉墀为实践三号卫星总设计师。7月,杨嘉墀主持了实践三号卫星方案可行性复审会,肯定了研制该卫星的必要性和可行性,明确了初步设计要求,协调了工作计划。杨嘉墀狠抓了遥感与数据传输系统的技术攻关,以及姿态控制元部件的研制。实践三号的研制为资源卫星、传输型卫星铺平了道路。杨嘉墀多次研究科学技术试验卫星的发展途径,分析了日本技术试验卫星的道路。他指出,科学技术试验卫星是"研究、发展、技术"的结合;提出卫星任务除为空间环境探测及应用卫星新技术试验外,还应重视空间探索任务。

↑ 2002年,杨嘉墀在太原卫星发射中心

1999年10月14日和2000年9月1日,我国先后在太原卫星发射中心用长征四号乙运载火箭发射了一颗资源1号卫星和资源2号卫星。卫星发射均获成功,揭开了中国用本国卫星获取地球资源信息的序幕。

1985年杨嘉墀参加在北京召开的联合国亚太地区空间科学和技术进步应用讨论会,提出科学技术试验卫星应加强国际合作,共同开发,成果共享,指出这是加速发展的一条途径。进入20世纪90年代,杨嘉墀在科学技术试验卫星方面,倡导开发小卫星技术,积极开展月球与行星探测,为制定卫星规划提出了许多宝贵意见。

组织卫星通信试验

1984年4月,我国用长征三号火箭成功地发射了第一颗实验通信卫星,随即我国又迅速研制了实用型通信卫星,使我国通信、广播电视事业跨越了传统的发展阶段,改变了边远地区收视难、通信难的状况。1991年杨嘉墀在《我国应用卫星成就与效益分析》论文中,分析了通信卫星效益,指出"东方红二号"用3颗通信卫星共12路转发器,已全部投入使用。20世纪初期,租用国际通信卫星一个转发器每年要付150万美元,按5年计算,则为9000万美元,折合人民币4.68亿元。按照国外有些咨询公司的估计,国际通信卫星公司的收入与其为远程电信部门创造的收益之比为1∶16。由于我国处于试用阶段,该收益比可考虑按1∶5估算,由此可知其效益约为23.4亿元人民币。

1992年,杨嘉墀领导并参与卫星通信的产业化软科学研究,他指出:当前,我国的卫星通信手段,难以适应国民经济和社会发展的需要,供需矛盾十分突出。卫星通信还未形成一个真正的产业,所以使卫星通信真正形成一个高技术的产业,实现产业化已迫在眉睫。他强调了国家应统筹安排,把目前利益和长远利益结合起来,从发展我国空间科学技术应用的需求出发,应该发展自己的卫星通信技术,避免出现只能依赖国外技术的情况。

为了实现卫星通信产业化,杨嘉墀等还提出了"政企分离、全面规划、批量生产、竞争机制与扶持政策"等几项建议。研究报告所提建议,在国家制定卫星通信规划中,很多被采纳。人们高兴地看到,中国在较短的时间研制出具有竞争力的通信卫星,我国独立自主的通信卫星事业欣欣向荣,迈步前进。

杨嘉墀

战略前沿　创新航天

倡导发展高技术

1982年党中央提出："经济建设必须依靠科学技术，科学技术必须面向经济建设。"这是当时中国科技体制改革的着重点。处在北京中关村地区的科研院所和高等学校逐步重视了科研成果的推广应用工作。科研人员纷纷下海，创建科技开发公司，顿时形成了科技市场。

当时住在中关村的杨嘉墀和陈芳允经常见面，谈到长期以来受苏联影响逐步形成的科技体制和管理模式，缺乏面向社会主义市场经济的活力，科技人员的智慧和创造才能受到束缚，使得科技工作远不能适应客观形势发展的需要。他们预测中国要有一个"硅谷"出现，感到这是为解决我国科技成果转化为生产力的一条有效途径。同时，他们也对只注意短期效益的现象而感到忧虑，提出在强调科技为当前经济建设服务的同时，也要注意对国家"四化"建设有重要意义的基础性研究和高技术研究，为未来的发展做好理论和技术储备。

1983年第34届国际宇航联合会大会上，杨嘉墀当选为执行局副主席。为促进科技合作交流，他多次出国参加会议，并先后到美国、英国、瑞典、瑞士、奥地利等国家访问，打通了中国在国际上高技术领域内开展科技交流的渠道。回国后，杨嘉墀利用各种机会积极宣传高新技术对加速我国现代化建设的重要意义。

美国的战略防御计划和欧洲的尤里卡计划使他深受触动。杨嘉墀也敏锐地发觉，在高技术发展的大潮中，谁想赢得主动，谁就必须夺取时代的制高点。1986年初，在当时中科院技术科学部主任王大珩倡议下，杨嘉墀、王淦昌、陈芳允一起进行讨论，研究对策。他们从亲自经历体会到，我国在20世纪五六十年代，国家财力有限，工业基础薄弱，但是党和国家领导人高瞻远瞩，对当时尖端技术非常重视。1956年毛泽东在《论十大关系》的报告中强调中国"不但要有更多的飞机和大炮，而且还要有原子弹。在今天的世界上，我们要不受人家欺负，就不能没有这个东西"。1958年毛主席发出了"我们也要搞人造卫星"的号召。杨嘉墀认为我国第一代领导人的号召，激起了广大科技人员的干劲。由于"两弹一星"等尖端任务的相继开展，带动了我国新技术的发展，也培养了一支攻坚的科技队伍。

↑ 首倡"863"计划的四位科学家，从左至右分别为陈芳允、王淦昌、杨嘉墀、王大珩

几次讨论后，他们认为考虑到我国的经济实力，即使到21世纪，我国必须考虑较为长远的科技发展问题。一是为了建设社会主义强国，我们要有一个和平环境，这就需要我国在国防上具有相当的实力；二是我们必须迎接新技术革命的挑战，才能在改革开放政策的条件下，立足于世界，在世界科技竞争中占有一席之地；三是高技术的发展必将引起一场新的工业革命，关系到国家和民族的兴衰。于是，他们起草了一份《关于跟踪世界战略性高技术发展》的建议，经过几次修改定稿，于1986年3月3日直接送交邓小平同志。事过两天，即3月5日，邓小平同志即在报告上批示："此事宜速作出决断，不可拖延。"随后国务院组织了200多位著名科学家进行专题研究，并于1986年10月21日制订出关于我国跟踪世界高技术前沿的具体计划建议——《高技术研究发展计划纲要》报送党中央、国务院。1986年11月18日中共中央、国务院批准了这个纲要，即"863"计划。这一纲要描绘了我国7个高技术领域在20世纪内的发展蓝图。

杨嘉墀一直为这个计划中航天技术、信息技术、自动化技术等领域的执行献计献策。他还努力探索我国高技术产业化的道路，促进科技成果尽快转化为生产力。

杨嘉墀

推动计算机应用

早在20世纪50年代，杨嘉墀担任室主任期间，就向研究室的科技人员介绍、讲授计算机应用这一新技术。1975年，他归国后第一次出访美国，旧地重游，感慨颇多。他身在异地，心里依然挂念着所里工作。当时国外小型计算机发展风起云涌，杨嘉墀利用老同学的关系，以较优惠的价格引进了主要计算机，安装在研究所内，并派出技术人员前往美国进修。他亲自参与用计算机来设计航天器控制系统的工作，并指导科技人员开展计算机在科技管理方面的应用研究任务，取得的成果经鉴定后推广应用。

1982年，杨嘉墀担任航天工业部总工程师。他针对以往航天器测试系统一个型号一套系统的做法，提出了用标准模块组成计算机测控系统的建议。他参与领导航天部内的论证工作，参照欧洲空间局的经验，决定采用CAMAC系统，确定卫星、导弹通用计算机的自动测量和控制系统工程标准化、模块化、通用化、系列化总体方案设计体制，得到当时宋健副部长的支持。他和梁思礼一起协助部机关组织航天部内各单位开展CAMAC系统硬件和软件的研制，并解决研制过程中的疑难问题等，从而研制成功上百种功能模块和近十种系统软件的CAMAC系统，在技术上处于国内领先水平。该系统于1986年初步完成，1987年获得国家科技进步奖二等奖。

为了适应社会主义现代化建设的需要，开创空间技术发展的新局面和为振兴国民经济作贡献，中国空间技术研究院有计划、有步骤地进行技术改造，全面地推行计算机应用工作。在1984年，航天工业部推动计算机应用工作，中国空间技术研究院任命杨嘉墀为计算机推广和应用工程总设计师。他领导总体组进行全面规划，在卫星总体部推行计算机辅助设计，首先对比较成熟的返回式卫星进行试点，建立数据库，效果明显。对卫星改型设计由于设计速度加快，设计人员有可能从许多设计方案中选出最佳设计方案，提高了设计精度，减少了错误。在卫星制造厂推行计算机辅助制造，改善对产品设计和品种多变的适应能力，提高了加工速度和生产自动化，提高了产品质量。此外，还在卫星地面环境试验中推行计算机数据采集系统，在全院建立计算机网，用通信线路将地理上分散的计算机系统、工作站、终端群和外部设备互联，实现了数据通信和资源共享。

1986年国家自然科学基金委员会成立。当时计算机已由小型机进入微型机阶段，软硬件也有了很大改进。在杨嘉墀的推动下，"中国控制系统计算机辅助设计工程化软件系统"于1988年被国家列为重大项目。在他的积极支持下，这个项目更具完整性和工程化，所取得的成果于1991年进行了国家级鉴定，鉴定委员会认为这个软件系统已达到当时的国际先进水平。

促进航天产业化

发展高技术是世界的潮流和趋势。杨嘉墀深感一个国家高技术产业的发展水平更是其在国际科技、经济竞争中综合实力的表现。但要形成实力和竞争能力则必须发展为产业，而且是规模生产的，能满足国内需要和进入国际市场的，并具有不断创新能力的产业。

1990年，杨嘉墀与师昌绪、王大珩、陈芳允等一起，进行发展我国高技术产业的若干战略问题的研究，从建立和发展我国高技术产业着眼，着重讨论有关的科技政策，以及相应的体制与机制问题。他们选择了卫星通信、光纤通信、激光加工和激光医疗仪器、计算机软件、钕铁硼永磁材料等领域，进行较深入的调查和分析。认为产业化需要解决技术、生产要素、生产、使用、市场、服务的优化；通过调整传统产业的产品结构和技术结构是发展高技术的重要途径；需要充分运用市场机制，减少行政干预；需要政府的支持和协调。杨嘉墀还领导完成了卫星通信的产业化研究，建议在研制开发阶段，对卫星通信建设投资实行倾斜政策，给予优惠，扶持其加快发展；在应用起步阶段，实行保护政策，为卫星通信产业的发展创造一个良好的外部环境，以增强自我发展的活力，逐步建立企业化的卫星通信产业，适应国民经济发展的需要。

航天技术是典型的军民两用技术，对国民经济其他部门有很大的带动性，为根据市场需要，充分发挥航天优势，通过多种模式向民用转化，实现军转民、民养军的良性循环，1995年中国航天工业总公司成立了军转民科学技术委员会，杨嘉墀担任主任，领导全体成员为航天产业化献策，促进航天民品发展。他提出航天作为一个高科技部门，学术气氛应该很浓，学术问题要有一个"百花齐放，百家争鸣"的环境。他在1998年航天卫星应用产业技术与经济发展学术研讨会上，作了《卫星应用必须统一领导协调组织》论文报告，提出随着信息化时代的到来，作为跨部门的国家重大基础信息设施，卫星应用必须由国家统一领导、统筹规划，从事这一行业的有关部门也须加强联合，精诚协作，在统一布局下合理分工，使宝贵的资金、技术设备、人力资源得到有效的利用，开发先进应用技术，为国民经济建设做出更大贡献。

提出北斗导航建议

杨嘉墀多年来积极推动我国卫星应用工作的开展。2001 年初，为了推进卫星应用产业的形成和发展，中国宇航学会计划组建卫星应用工作委员会。杨嘉对此项工作非常支持，与工作人员讨论倡议书的具体内容和写法，带头在倡议书上签字。在 2 月初举行的中国宇航学会第四届第二次常务理事会上，此倡议得到一致通过。随后，卫星应用工作委员会进入筹建阶段。在筹建期间，筹备委员会进行了一些卫星应用的推广工作，其中最重要的是举办了三届"中国北斗导航系统应用论坛"。

2000 年 10 月 31 日，长征三号甲运载火箭将第一颗北斗导航试验卫星送入地球同步轨道。仅仅相隔 50 天，12 月 21 日，长征三号甲运载火箭又将第二颗北斗导航试验卫星送入地球同步轨道，标志着我国已拥有了自主研制的第一代卫星导航系统。北斗导航系统是全天候、全天时提供卫星导航信息的区域导航系统。这一系统建成后，主要在公路交通、铁路运输、海上作业等领域提供导航服务。这个系统投入使用后，对于我国的经济建设起到积极的推动作用，使我国在继美俄之后成为世界上第三个拥有自主卫星导航系统的国家。2003 年 5 月 25 日，第三颗北斗导航试验卫星发射升空，作为备份星，与前两颗工作星组成中国完整的第一代卫星导航系统。

↑ 杨嘉墀起草的关于发展卫星导航系统及其应用的建议

2003 年 7 月 20 日，杨嘉墀致信中国航天科技集团公司总经理张庆伟，提出关于北斗卫星导航系统进入国际市场的建议。2003 年 9 月 25 日，在国家有关部门的大力支持下，中国宇航学会卫星应用工作委员会在北京举办了"2003 年中国北斗卫星导航系统应用论坛"。这次会议从筹备到召开都获得了杨嘉墀的指导与帮助。会议期间，杨嘉墀走上讲台，发表了热情洋溢的讲话。他说："双星定位系统，我稍微讲一讲历史根源。1983年美国科学家杰勒德·奥内尔（G. K Oneil）首先提出双星定位问题，并取得了美国专利。我国科学家陈芳允先生几乎在同时也想到了这个主意，但由于中国当时还没有建立起申请专利的这种制度，所以到现在为止，他的这一创新思想还是停留在内部人员认同这一步。"杨嘉墀在讲话中明确指出："北斗双星定位系统现在成为世界上唯一建成的系统。这个系统建成后，能不能走入国际市场？目前，美国的全球定位系统（GPS）、俄罗斯的全球卫星导航系统（GLONASS）已经建成，欧洲的伽利略卫星导航系统（GALILEO）刚刚启动，这是一个时机。利用北斗卫星上的资源可以使用户机存在的问题尽快解决，北斗卫星导航系统进入世界市场还是有可能的。"他大声疾呼："要引起有关方面的关注，就要在一定的会议上进行宣传。20世纪80年代我们的运载火箭进入国际发射市场时，就是先在宇航国际会议上介绍了中国运载火箭的成就。所以，北斗卫星导航系统也要在国际宇航联合会会议或其他国际会议上进行宣传，有了宣传就可以推动市场的开拓。"

2004年11月24日至25日，中国宇航学会卫星应用工作委员会在海南省海口市举办了"2004年中国北斗导航系统应用论坛"。此时杨嘉墀已是85岁高龄，仍然风尘仆仆地赶赴数千里之遥的海口市出席会议，并在会上发表了题为《发展导航卫星及应用要启动一个完整的广益增强系统》的学术报告。杨嘉墀在报告中指出："我国已成功地发射布置于地球同步轨道上三颗北斗导航卫星，现在正在发展二代导航系统中的中高度圆轨道（MEO）卫星星座形成亚太地区区域性导航系统，可以为军、民两用的用户机服务。将来还要考虑能覆盖全球的导航系统的问题。为此，目前先建立一个亚太区域增强系统（APANOS），作为近期至远期的一个仿真和信息融合的系统是非常必要的。该系统主要包括计算机和网络、地面站及有关通信设备，可提供一个纵贯产品开发、系统集成运营和应用整个产业链的交流平台，这在制订我国导航卫星应用系统规划和计划时，将起到主要作用。"报告一结束，就引起与会各界的强烈关注。会议期间，杨嘉墀与王礼恒院士等人考察在海南建设卫星发射基地的事宜，为我国卫星事业提出了宝贵的意见。

↑ 杨嘉墀（右一）参加2004年北斗导航系统应用论坛

论坛结束之后，杨嘉墀根据论坛上反映的情况认为有必要向中央领导同志反映有关北斗卫星导航系统目前的实际情况。经过慎重考虑之后，他先后与屠善澄、童铠、王礼恒、戚发轫、张履谦五位院士交换意见。经集体讨论后，在杨嘉墀之前学术报告基础上，起草了向国务院总理温家宝提交的《关于促进北斗导航系统应用的建议》。报告中就发展我国独立自主的卫星导航系统提出了如下建议：实施典型示范工程；组织北斗用户机的元部件攻关，二代卫星导航体系要从大总体上统筹考虑天、地和用户机一体，以及将地面应用系统扩展到全球关键地区使用；设立中国卫星应用协会，推动中国卫星应用在国民经济各领域更好地应用。报告草稿拟就后，他们又进行了反复的讨论与修改，于2005年2月2日定稿，2月3日发出后，2月4日就得到了温家宝总理的批示和有关部门领导的重视，国家发展和改革委员会有关司、局积极落实温总理的批示。政府不但将北斗卫星导航系统建设列为国家基础设施规划，而且还解决了资金投入的渠道问题，为中国北斗卫星导航系统应用的自主创新创造了十分有利的条件。

杨嘉墀院士，一个普通人很少见到的名家，他不仅是"两弹一星功勋奖章"获得者，他还是"863"计划四位倡导者之一，促进北斗导航系统应用的牵头建议者。他几乎参与了每一次对国家安全、人民幸福具有巨大影响的重大科技成果的研究开发，如导弹、人造卫星、载人飞船、探月工程。几乎在航天事业发展的每一个关键时刻，他都会高瞻远瞩地及时提出重大建议……

2006年6月11日12时45分，这位为祖国的科学事业奋斗了一生的杰出科学家溘然长逝。6月17日上午,北京八宝山第一告别厅,杨嘉院士平时最喜爱的乐曲,雄壮的贝多芬第三交响乐《英雄》回旋往复,为这位英雄的科学家送行。鲜红的党旗覆盖在他身上,鲜花盛开在他的身旁。挽联上写着:德高望重功绩卓著,高瞻远瞩脚踏实地。

历史将永远牢记对中国航天事业做出伟大贡献的开拓者与组织者。"钱学森星""赵九章星""杨嘉墀星""王大珩星""陈芳允星"……永远闪耀在宇宙中,与天地同在,与日月共存!

仰望星空,太空在召唤,承载着光荣与梦想的中国航天人,将殚精竭虑不负这个伟大的时代!

↑ 2001年,杨嘉墀在《以身许国》肖像画前留影

/ 参考文献 /

[1] 科学时报社编. 请历史记住他们——中国科学家与"两弹一星"[M]. 广州:暨南大学出版社,1999.

[2] 上海交通大学档案文博管理中心编. 嘉木成荫 墀耀万春——杨嘉墀画传[M]. 上海:上海书画出版社,2023.

[3] 杨嘉墀. 杨嘉墀院士文集[M]. 北京:中国宇航出版社,2006.

[4] 杨照德,熊延岭. 杨嘉墀[M]. 贵阳:贵州人民出版社,2005.

[5] 杨照德,熊延岭. 杨嘉墀院士传记[M]. 北京:中国宇航出版社,2014.

(本文作者:杨照德 熊延龄 冯立昇)

邓稼先

邓稼先（1924—1986），安徽怀宁县人，中共党员，核物理学家。1980年当选为中国科学院学部委员（院士）。

1941年考入西南联大物理系，1945年毕业；后在昆明文正中学、培文中学、北京大学任教。1948年10月赴美国普渡大学留学，1950年获物理学博士学位，同年回国。历任中国科学院近代物理研究所助理研究员、副研究员，二机部第九研究院理论部主任、副院长、院长，国防科工委科技委副主任，核工业部科技委副主任等职。中国共产党第十二届中央委员会委员。

邓稼先从20世纪50年代开始，为我国核理论研究作了开拓性的工作。在原子弹、氢弹研究中，领导开展了爆轰物理、流体力学、状态方程、中子输运等基础理论研究，对原子弹的物理过程进行大量模拟计算和分析，迈出中国独立研究核武器的第一步。20世纪60年代起，领导完成中国第一颗原子弹的理论方案，并参与指导核试验的爆轰模拟试验。原子弹试验成功后，组织领导和亲自参与中国第一颗氢弹的研制和试验工作，探索氢弹设计原理，选定技术途径。从原子弹、氢弹的原理突破、试验成功及其武器化，到新的核武器重大原理突破和研制成功，邓稼先均做出重要贡献。

1979年一次爆炸失败后，为找到真正原因，邓稼先一个人走进原子弹被摔碎的地方，受到严重辐射伤害。1986年7月29日不幸逝世，享年62岁。

1982年获国家自然科学奖一等奖，1985年获两项国家科技进步奖特等奖，1986年获全国劳动模范称号，1987年和1989年各获一项国家科技进步奖特等奖，1999年被追授"两弹一星功勋奖章"。

铁砚山房的活泼孩童

在安徽省怀宁县白麟坂，二百多年前建有清代书法篆刻大家邓石如的宅第。因友人赠其四方铁砚，遂以此为自己的书斋名，这里从此便叫作"铁砚山房"。1924年6月25日（农历五月十九），邓石如的六世孙，邓稼先便诞生在铁砚山房里。1986年7月3日，安徽省人民政府和怀宁县人民政府将铁砚山房作为全省重点文物保护单位，修整了院墙和平房，嵌上"全省重点文物保护单位"的牌匾。

邓稼先的父亲邓以蛰当时是北京大学教授，母亲王淑蠲女士操持家务。在他在呱呱坠地8个月之后，便随母亲和两个姐姐来到了北京（当时叫北平）。他5岁开始上小学。课余，父亲还要他去读《左传》《论语》《诗经》。因此，邓稼先从小就受到中国文化传统的熏陶。

当时父亲任大学教授的收入比较高，但由于母亲持家节俭，无意中使孩子们贴近了一般市民的生活。邓稼先在童年时代就没有书香世家与劳动人民的心理隔阂。他后来与工农和一般同事相处那样随和、平易近人，可能与他儿时的生活有关。

邓稼先小时候放风筝、抖空竹，在同学中技高一筹。一般的空竹不过瘾了，就找带把的茶壶、茶碗盖来抖，什么奇形怪状的东西都难不倒他。他还非常喜欢弹玻璃球，常常玩到了天完全黑下来，这一帮小球迷才不得不各自回家。他还喜欢用双手吊在门框上，身子来回摆动，享受着打秋千所特有乐趣。他能够由慢到快，再由快到慢地悠出一种节奏来，有时甚至靠着双腿凭空蹬踹和腹肌的收缩来实现变奏。这还不够，每在悠摆中见到有熟识的人来，他总要边打秋千边报来客的姓名。一次恰巧就遇上了许德珩教授和夫人劳君展来访，许夫人对这个活泼的孩子留下了深刻的印象。她自然不会知道，这个顽童日后竟是自己的成大事的女婿。

邓稼先淘气，但绝不耍滑，和同学们在一起有一种傻乎乎的诚恳态度。他是一个心地善良的人，所以他能有许许多多的好朋友。

民族屈辱　立志报国

1935年邓稼先考入志成中学，初二转到崇德中学。崇德注重英文，他童年时得益于父亲的教导，这时可以说是"百尺竿头更进一步"。在数学、物理方面，又有比他高两班的同学杨振宁的帮助，这就引起了他对理科的兴趣，尤其喜欢数学。

就在邓稼先对人生和社会开始有自己的认识的时候，发生了震惊中外的"七七"事变。日寇的入侵打乱了他平静的读书生活，强烈的民族屈辱感刺伤了他少年纯洁的心。这以后，除读书之外，他开始和一些同学聚会，谈论国家的命运和前途。

而这时清华大学和北京大学都搬迁到云南昆明。因在清华大学任教的邓以蛰患重病，全家滞留沦陷后的北平。没有了父亲的薪水，邓稼先一家的生活水平一落千丈。

1937年以后日军统治下的北平，中国百姓受尽了屈辱。日本军部规定，凡是中国老百姓从日本哨兵面前走过，都要向其鞠躬行礼。如果这样做，中国人的民族尊严不就被一扫而光了吗？血气方刚的邓稼先，对此怒火满腔。他宁肯绕道走很多冤枉路，也不去干这种事情。他有自己的人格，而人的尊严绝不能让别人任意玷污。

从此以后，年轻的邓稼先在两条道路上迅跑，一方面仇恨日寇，热爱中华；另一方面认真读书，刻苦用功。他常去旧书摊，寻找被日伪官方禁读的书籍。在那种思想禁锢得使人窒息的环境里，得到这些进步的书籍犹如获得了一扇可以打开的窗户，他能从这里吸到充足的氧气。平时他到旧书摊转得很勤，以致有的小书摊主每当看见这位穿着长袍的瘦高个子青年似乎是漫不经心地向这边走过来时，便赶紧把藏在下面的书准备好。邓稼先会在摊前装模作样地随手翻书，书摊的主人便轻声说："小兄弟，今天有你的书。"他会向摊主挤挤眼，满意地微笑。这位精神饥渴的少年好似又得到了一袋粮食。

邓稼先读的书籍越多，思想就越活跃，常常和一群思想激进的同学一起议论天下大事。邓以蛰教授对此感到欣慰，但也有一种担心。后来，父母担心的事终于发生了。那时候，日军每占领我国一个城市，总要逼着市民和学生开会游行庆祝他们的胜利，人们敢怒而不敢言。有一次又开了这样的会，在会后，邓稼先胸中的一腔仇恨怒火般升腾,他二把两把就把手里的纸旗扯碎,这还不解气,他又把撕碎的旗子扔在地上狠狠地踩了一脚。校长是邓以蛰教授的朋友,后来他知道是邓稼先干的,便来到了邓宅。校长说:"邓先生,稼先的事早晚会被人密报的,这样下去怕是太危险了,想个办法赶快让他走吧!"形势到了这一步,已经没有别的办法,家里只好让大姐邓仲先带着稼先到大后方昆明去。

邓稼先很重感情。当他真的要逃离这个使人窒息的牢笼时,在他的兴奋中,隐存着依依惜别之情。他非常舍不得这块将他哺育成人的故园——古老的北平。他骑自行车驮着10岁的弟弟,环绕东四牌楼、景山、故宫、北海、西四……这是邓稼先在向北平告别。

行期到了,一家六个人,父母亲对姐弟二人有许多叮嘱,到后来那些话都忘记了,只有一句话邓稼先是记得牢牢的。父亲坐在一把老式木椅子上,以从未有过的眼光看着邓稼先,语调很平和、坚决。他说:"稼儿,以后你一定要学科学,不要像我这样,不要学文。学科学对国家有用。"父亲是凭着个人的生活经验,表达了自己的爱国愿望。这几句普通的话,是和邓稼先心中的潜在意识相合拍的,他一下子就印在脑子里了。

到了大后方,邓稼先去四川江津,插班入国立九中高三。毕业后,到重庆去考大学。一天,他走在临江的山路上,正遇到日军飞机轰炸。他眼见无数炸弹落到对岸的屋群里,房屋塌作一堆,大火升腾。头顶上呼啸而过的敌机像是一头头发疯的野兽。地面上没有任何还击或抵抗,任其肆虐。他和路人都面对大江,将自己的身体紧紧地贴靠山石。忽然,一颗炸弹在离他们很近的江面炸开。如果再偏过来一点,他们就都完了。他终于明白,大后方竟是这样的不安全。一个弱国,备受欺凌,是没有平安日子可言的。

在西南联大和北京大学物理系

1941年,邓稼先在昆明考入由北大、清华和南开三校合并的国立西南联合大学,学号是A4795。西南联大是当时我国的最高学府,它不仅名师荟萃,而且对学生的学习要求十分严格,就连写阿拉伯数字的斜度多少都有要求,那真是一丝不苟。

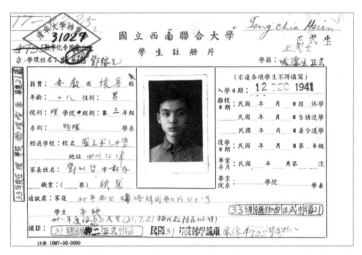

↑ 邓稼先西南联大学籍卡（清华大学档案馆藏）

抗日战争时物质条件极差，同学们吃着带砂子的饭，还不能保证吃饱。土墙茅草顶的学生宿舍透风又进雨，每间大屋住 40 个人，睡双层木板床。从潮湿土地长出的小草，碰到专心做功课同学的脚背。教室的房顶多是铁皮的，每逢急雨骤来，犹如乱鼓重锤，老师讲课的声音就听不见了。那时敌机经常轰炸昆明，为躲空袭只好停课。不过，在这种恶劣环境里，西南联大培养出一批又一批出类拔萃的人才，成为中华民族的脊梁。

邓稼先比高中时期更加用功了。他在此学习四年，终身受益。除了读参考书之外，他还背牛津英文字典，为了学得扎实些，他肯用笨功夫。邓稼先在联大读书时，功课的底子打得扎实，他在许多稍微看看书就可能通过的课程上尽量节省精力和时间。德文课，是他在联大时学得相当好的第二外国语，后来到了普渡大学，他一次也没去听课，考试居然顺利过关，拿到学分。

杨振宁当时也在联大读物理系及研究生，比他高三级，两人相交甚厚。邓稼先常挤时间和杨振宁一起站在校舍东墙根旁背古诗，以此来增加知识面和陶冶情操。

在读书同时，邓稼先非常关心国家大事。邓稼先经好友杨德新同学介绍，加入了"民青"（它是中国共产党的外围组织），积极参加学生运动。西南联大学生自治会在 1944 年发表了宣言，其中有："民主在昂扬，历史在前进，祖国在危难中，同胞在水火里。"这些话给了他极深的印象。20 岁左右的邓稼先，世界观正逐步形成，并完成一种飞跃。他本是一个纯朴的、读书上进的爱国青年。完成这种飞跃的起始动力，仍然是爱国主义精神。

1945年夏，邓稼先大学毕业，正值抗日战争胜利日本投降之时。之后他在昆明培文中学、文正中学任数学教员各半年。

1946年夏，邓稼先受聘任北京大学物理系助教，回到了阔别六年的北平，他用自己一个月的全部工资给父亲买了两坛茅台酒和两条上等香烟。因为没有别的什么东西好买，他带给母亲的只有一颗日夜思念的赤子之心。这没有物质依托的情感，更加清冽纯正。他一到家就紧紧地拥抱母亲，他似乎没有看见身体比以前瘦弱的母亲眼里噙着泪水，老人竭力克制着自己的感情。

到美国研读核物理

1947年邓稼先通过了赴美研究生考试。1948年秋，受父亲的好友杨武之教授之托，他与杨振宁的弟弟杨振平结伴，漂洋过海到美国去。在船上，邓稼先想起临来美国前，一位对他思想帮助很大的好友袁永厚说过的话："新中国的诞生不会是很遥远的事情了，天快亮了！"好友要他留在北平迎接解放。但是邓稼先明确地回答袁永厚说："将来祖国建设需要人才，我学成一定回来。"（事隔40年之后，在1988年的夏天，袁永厚先生在寓所接待了前来访问的许鹿希，回忆起当年的往事，仍然清楚地记得邓稼先说的"祖国建设需要人才"这句话，不胜感叹。）这位在关键时刻往往极有远见的青年，果断地决定走适合自己特点的路来为祖国服务。尽管他关心政治，但他的特长始终是在科学方面。这一点，他心里非常清楚。1948年10月，他进入美国印第安纳州的普渡大学（Purdue University）研究生院，读物理系。普渡大学当时已有72年历史，学术水平很高。

邓稼先到美国后的第一个强烈感觉就是美国的科学技术水平与战后国民党统治时期的中国科技水平之间有着难以想象的差距，这个事实再一次刺伤了他的民族自尊心。他的脾性改变了一些，他下死功夫读书了，过去在西南联大上学时的潇洒气派减少了一些，增添了一份玩命似的勤奋。

邓稼先在普渡大学物理系的导师是荷兰人德尔哈尔（TerHarr），核物理学家。邓稼先也选择了做了核物理方面的研究。他的论文题目《氘核的光致蜕变》，在当时是一个很前沿的题目,细分类属于理论核物理范围。

什么是氘?氘就是重氢。氢由一个电子加上一个质子组成,而氘比氢多一个中子。因为在中子和质子结合时要放出一点东西来,量有些亏损,这亏损就叫结合能。因此氘的重量比氢的重量的二倍略少一点,少了千分之几,也就是少了结合能。所以要把氘核打开分成一个中子和一个质子,就必须从外面加进能量去。打开来当然不容易,需要很大的能量才行。邓稼先的导师德尔哈尔教授给他选定的研究题目"氘核的光致蜕变",在贝林凡特(Belinfante)教授具体指导下完成。这项研究也就是利用加速器放出的伽马射线,亦即电磁波或光波来轰击氘核,使之分裂成一个质子和一个中子,就可以很方便地研究质子和中子间的相互作用及各种关系。地球上全部105种原子的原子核基本成分都是质子和中子,只不过因数量多少而各异。而氘核只有一个质子和一个中子,没有其他复杂因素的干扰,因此它是标准的研究对象。在发现同位素氘十六七年之后,就做它的光致蜕变的研究,当然很吸引人同时也是很难的课题。但是邓稼先在导师的指导下,夜以继日,只用了一年零十一个月的时间,便读满了学分并完成了论文,顺利通过答辩,获得了博士学位。时值1950年8月20日。

在取得学位后,这位只有26岁的物理学博士,立刻准备行装回国,虽然在此以前他曾面临新的选择,德尔哈尔教授有意带他到英国去继续深入研究。邓稼先根据自己了解的一些情况和中华人民共和国成立之后他对国际形势发展的直觉,特别是1950年6月朝鲜战争爆发,他觉得必须尽快行动,怕夜长梦多,所以在拿到博士学位后第九天(1950年8月29日),邓稼先就登上"威尔逊总统号"轮船归国了。

↑ 1949年摄于美国芝加哥大学(左起:杨振宁、邓稼先、杨振平)

邓稼先的直觉并没有错。那一次，钱学森先生的行李刚搬上船就被扣下来；到日本靠码头时，赵忠尧先生也被扣下来了。与邓稼先同船的约一百多位中国留学生，其中有他的同学陶愉生，以及后来是北京协和医院著名的眼科专家劳远琇教授等人。他的好朋友王守武、葛修怀及吴大昌、程光玲两对夫妻，都乘下一班的"克利夫兰总统号"轮船经同样路途回到祖国。后来他们大多成为院士或教授，为祖国做了很多有益的工作。

原子能研究所的八年

邓稼先回北京了，被安排到中国科学院原子能研究所，他在这里工作了八年。这八年，是邓稼先成年以后最平稳轻松幸福的时期。如果说1958年后参加原子弹研制，是他在事业上的腾飞，这一段就是腾飞前在跑道上的滑行。新中国刚刚诞生不久，原子核物理在我国还是一块空白。邓稼先在彭桓武教授的领导下与年轻的伙伴合作，发表了一些论文，为我国原子核理论研究作了开拓性的工作。

↑ 1958年全家合影

1953年，29周岁的邓稼先和许鹿希女士结婚。许鹿希是五四运动中著名学生领袖许德珩教授的长女，比邓稼先小4岁，她毕业于北京医学院，专长神经解剖学。早在新中国成立前邓稼先在北大任助教的时候，就给当时在北京大学医学院读书的许鹿希上过物理课。除了师生关系以外，邓稼先的父亲邓以蛰教授和许鹿希的父亲许德珩教授又是相识几十年的老朋友，两家是世交。一切都很自然地发展下去了。他们的主婚人是中国科学院副院长吴有训教授。

结婚后，邓稼先的家庭生活非常安定幸福。到了 1954 年 10 月，他们有了一个女孩典典。1956 年 1 月，又有了一个男孩平平。两个小宝宝的先后到来，给这一对搞科学的夫妇，增添了另一种欢乐。

1956 年 4 月，经李寿枬和岳起同志介绍，邓稼先光荣地加入了中国共产党。

国家要放个"大炮仗"

邓稼先 34 岁这一年，在他的人生道路上发生了一次重大转折。这给他的事业、家庭生活以致个人寿命带来巨大的影响。引起这个转折的决定因素，是国家形势的需要。换句话说，国家的命运直接决定了邓稼先的命运。

1958 年，新中国诞生快 9 年了。当时中国处在一种钳形包围之中，美国原子弹已经运到了停泊在朝鲜半岛附近的航空母舰上。在核威胁方面，我们面临着严峻的形势。聂荣臻元帅曾指出："当世界上一些大国已经进入了'原子时代'和'喷气时代'时，我们连常规武器的水平也是相当落后的。"几年的经济恢复之后，中国的工业和科研都有了新的发展，党中央审时度势，毅然作出了发展核事业的战略决策。1955 年 1 月 15 日，毛泽东主持召开了中共中央书记处扩大会议，讨论发展原子能问题。这次会议，标志着中国核工业建设的开始。

接着，中国的 1958—1967 年的《十二年科学技术发展远景规划》，把原子能和平利用列为规划的第一项重点任务。1958 年成立了专门领导核工业的第二机械工业部。核工业创建之初，我国积极争取苏联的援助。1956 年，两国政府签订了关于苏联援助中国建设原子能工业的协定，1957 年又签订了国防新技术协定。在纸面上写着，为援助中国研制原子弹，苏联将向中国提供原子弹的教学模型。这样，中国就需要派出科技人员来从事原子弹的研制工作。

选谁来负责理论研究工作，选谁来和苏联专家打交道，以便把他们的技术和经验学过来，拿到手呢？不言而喻，这是一个很大的难题。

中科院和二机部的主要负责人的脑筋紧张地转动着，开始对可能担当重任的科学家进行扫描。选择与苏联专家打交道的高级科研人员的工作很难做，因为对这样人的要求是苛刻的，甚至是矛盾的。他必须专业对口并有相当高的专业水平和科研能力，但名气又不能太大，以便于和苏联专家相处；要求是到外国留过学的，会与洋人交往，最好还懂俄文，这样有利于从苏联专家那里学到东西；要求政治条件好,觉悟高、品德好、组织观念强,但又要处事灵活一点,以便胜任这一高难度而又不允许出大差错的工作。领导人反复比较、掂量、推敲他们所熟悉的科学家,分析他们的长处和短处。终于,候选人经钱三强推荐,得到二机部、中科院主要领导人的同意而确定下来。这个人就是原子能研究所的邓稼先。

当这一点确定下来之后,意味着邓稼先在人生道路上将发生巨大的转折。开始邓稼先对此决定一无所知,1958年8月,北京进入盛夏。一天,二机部副部长兼原子能所所长钱三强教授把邓稼先找去了。

邓稼先曾于1954年起做数理化学部的副学术秘书,而学术秘书处秘书长就是钱三强先生。邓稼先对钱教授很尊敬,彼此之间也十分熟悉。对于决定这么一件大事,有关核心内容的谈话虽然很简单,但钱教授的心里十分在意,谈话时相当谨慎和费神。在邓稼先来到办公室之前,钱教授就盘算着怎样将这个利弊双关的消息告诉他。对搞原子弹研制工作给个人所带来的损失,他相信邓稼先是能够承受的,但对于这副重担他有些担心邓稼先不敢接。因此,他想给邓稼先的思想上留下一段缓冲的余地。于是他装作漫不经心的样子说了一句半是哑谜而略微有些幽默感的话。

钱所长问道:"稼先同志,国家要放一个'大炮仗',调你去做这项工作,怎样?"说完了,钱三强的目光很快地掠过邓稼先的面颊。

"大炮仗?"邓稼先马上明白这是原子弹,心里咯噔一下。一时他来不及细想,接着便半是自言自语地说:"我能行吗?"

钱三强慢慢地把工作的意义和工作任务告诉他,一向机灵的邓稼先很快就懂了。不过,担任这项工作给自己的后半生带来什么变化,他一时想不清楚。但是他服从了组织的调动。

这天,他回家比平时晚一些,因为夏日的白天很长,回家时天还很亮。邓稼先骑着自行车,一路上脑子里乱纷纷的。到家后,邓稼先轻轻地推开房门,4岁的女儿正哄逗着两岁的儿子平平玩耍。孩子们欢笑着向他扑来,他亲了亲他们的小胖脸蛋儿,一切情景和平日一样。妻子许鹿希随口说了一句:"今天怎么晚了?"他只点点头,没有回答。他想休息一下,便独自靠坐在椅子上。

入夜,邓稼先在床上翻来覆去地睡不着,妻子从他下班回来就察觉到与往日有点不同,以为他心里有点什么不大高兴的事情,她想大概一会儿就过去了。但到这个时候,她终于憋不住了,便尽量显得不甚在意地问他:"稼先,是不是有些什么事儿?"

邓稼先并没有明白的答复,他不知从哪里说起。许鹿希的直觉相当细腻而准确。她看得出,稼先不是忧愁和压抑,而是有点心不在焉,又似乎是心事重重好像有话想说,又有点难以启口,说话不很痛快。这个时候,邓稼先在想着从哪里说起,许鹿希在揣度着究竟发生了什么事情,两个人都静静地躺着,月光从窗外照进屋里来了。一个很安静的夜晚,时光在缓缓地流逝。未经许鹿希再问,邓稼先终于开口了,声音很轻,他说:"我要调动工作了。"

"调到哪里呢?"

"这不知道。"

"干什么工作?"

"不知道,也不能说。"

"那么,到了新的工作地方,给我来一封信,告诉我回信的信箱,行吧?"

"大概这些也都不行吧?"

许鹿希茫然了。心想:"真奇怪,难道是调到敌人窝子里去了,怎么什么都不能说?"

接着是一阵难耐的沉默。许鹿希似乎听到了邓稼先克制自己情绪的略微有些急促的呼吸声,邓稼先终于开口:"我今后恐怕照顾不了这个家,这些全靠你了。"

隔了一会儿,他突然用完全不同的语气坚定而自信地说:"我的生命就献给未来的工作了。做好了这件事,我这一生就过得很有意义,就是为它死了也值得。"

听了邓稼先这句话,许鹿希仿佛一下子掉进了冰窖,尽管她什么也没有猜出来。当时许鹿希才三十岁,三十岁的女人要带两个不懂事的孩子,要照顾有肺病的公公和有哮喘病的婆婆,同时还要追求自己在事业上的前程,其困难可想而知。但是她知道,不做出个人的牺牲就不能支持邓稼先去完成他的事业。她懂得:邓稼先要去做的一定是有关国家利益的大事,他一经选定了目标,就会义无反顾地走到底的。因此她认为不能分他的心,更不能用家里的琐事去打扰他。她宁愿自己默默地承担一切。她对他说:"放心吧,我是支持你的。"

邓稼先明白,搞原子弹研制工作,就必须从此隐姓埋名,不能发表学术论文,不能公开作报告,不能出国,不能和某些朋友随便交往。不能说自己在什么地方，更不能说在干什么。上不告父母，下不告妻子儿女，这种秘密工作的禁忌实在太多。对于不能和朋友自由交往，他看得比较重，他毕竟是一个十分重感情而又天真纯朴的人。如果把他的活动范围限到一个小圈子里，在情感上会有一点被束缚的感觉。当他想到这些易于使自己情绪低沉的方面，立即就感觉一股巨大的支撑力，这就是现在他在报效祖国的征程上，走向了一条宽广的大道。新中国需要原子弹以壮国威，他能参加到这个国家需要的工作行列，自己就有了广阔的用武之地，真的为它死了也是值得的。他刚才对妻子说出来的那一句话，是发自他心灵最深处的声音。

邓稼先不慕虚荣，却有很强的荣誉感。他对于祖国和人民的信任感到无比光荣。不仅是他，在20世纪50年代的新中国，大部分人都把政治荣誉看得比什么都重要。入团、入党、当劳模光荣，被党挑选从事秘密的工作就更加光荣，党的信任对于人们在精神上的鼓舞力量是强于一切的，何况现在是选中他去造原子弹。

但是，这副担子毕竟太沉重了。他有从事原子核物理研究的经历，在理论方面不算外行，但理论和武器之间，相差十万八千里。他怕砸了锅，无法向党、向人民交代。

他自然要想到眼下躺在自己身边的"希希"，平时他这样叫她，今后一家的重担会落到她一个人的肩上。孩子们太小了，她的身体并不算好，而且她本身也是事业心很强的医学科学工作者，她对专业的兴趣和钻研精神也和自己一样的，有的时候，几乎迷狂。怎么办？他没有说话，但能感到希希也睡不着。这是一个不眠之夜。这时折磨邓稼先的既是痛苦又是兴奋，而折磨许鹿希的，只是痛苦和担心。

邓稼先终于以高涨的热情和十倍的信心来二机部报到。他愉快地迎接对他来说有极大吸引力的新工作，这是他的品格和终生的追求所决定的。立志报效国家，就是邓稼先的一切。

若干年后，在1990年，杨振宁盛赞中国选择邓稼先去研制原子弹是一个英明的决策，他说："所以我也很佩服钱三强先生推荐的是邓稼先这个人去做原子弹的工作。因为那时候中国的人很多呀，他为什么推荐邓稼先呢？我想，他当初有这个眼光，指派了邓稼先做这件事情，现在看起来，当然是非常正确的，可以说做了一件很大的贡献。因为他必须对邓稼先的个性、能发挥作用的地方有深切的了解，才会推荐他。而这个推荐是非常对的，这与后来整个中国的原子弹、氢弹工作的成功有很密切的关系。邓稼先是一个很聪明的人。不过，我想他的最重要的特点是他的诚恳的态度，跟他的不懈的精神，以及他对中国的赤诚和要贡献他的一切的这个观念。我想，他受命于中国的政府要造原子弹、氢弹这件事情，根据我对邓稼先的认识，我可以想象到，他就是全力以赴。而且他有一个很重要的特点，这个特点我想是很少人能够做到的，就是他能够使他手底下的人，百分之百地相信，邓稼先是为着公而不是为着他自己。"

中国原子弹理论设计的总负责人

邓稼先自 1958 年 8 月调到二机部九院以来，一直担任理论部的主任，他就是中国原子弹理论设计的总负责人。曾经担任二机部副部长和我国第一颗原子弹塔爆试验副总指挥的刘西尧同志在一篇回忆文章中提到理论部好比龙头的三次方。文章说："这个比喻，即核武器的龙头在二机部，二机部的龙头又在核武器研究院（九院），研究院的龙头又在理论设计部（简称理论部），即邓稼先他们所在的单位。"

首先，他们的理论设计先后遇到了许许多多的难题。例如：在常人看来，炸药爆炸一声巨响之后烟消云散，转瞬即逝。但对核武器设计者来说，就得研究爆轰波在炸药中的传播规律，还得研究爆轰气体如何推动飞层运动的力学规律。这些学问对邓稼先来说是陌生的，都得从头学起。

其次是中子点火问题。提前或推迟点火都会减低效率。点火器，也就是一个能发出中子的中子源。这就要求嵌在原子弹最里面的中子源得非常的听话才行。用什么材料来做中子源呢？当年参与美国曼哈顿工程的科学家们为此绞尽了脑汁。各国对于中子源的具体技术，属于军事机密。

再有一个大难题是枪法、内爆法问题。就是说原子弹用什么方式爆炸的问题。枪法是用炸药把两块分散的铀–235 推向一起，合起来的铀–235 总质量超过临界质量，立即引起原子弹爆炸。而内爆法可以想象为：把核材料（铀–235 或钚–239）做成一个圆球样式，在它们的周围放着高效炸药和其他核材料。点燃炸药后，爆炸力把核材料向中心压缩，由于核材料密度增加，达到超临界状态，原子弹立即爆炸。中国的原子弹将选用那条路子呢？

除此之外,还有许许多多的难题,也都摆在邓稼先他们面前。没有任何外援,一切都得靠中国人自己去解决。

美国在20世纪40年代,已能制造汽车、飞机和军舰,而我国在50年代末只能生产大卡车。不过中国有一个巨大的优势,党的威望和号召力,人民的积极性和凝聚力。在整个原子弹研制过程中,除了中国核武器研究院(九院)这个主战场之外,我国先后有26个部(委)、900多家工厂和20多个研究所及大专院校,参与攻克研制中的大量难题。这就弥补了我国工业水平落后的不足。

更重要的差距不是工业而是人才。奥本海默(Oppenheimer)在美国受命研发原子弹时38岁,已经是物理学界著名的科学家,而邓稼先在1958年接受任务时是34岁,虽然他对核物理这一学科已有一定的掌握,但是他的水平和名气都难以和当年的奥本海默相比。起初,在1958年时邓稼先只领导着28个新毕业的大学生,他们的平均年龄不超出23岁。虽然后来也调入了王淦昌、彭桓武、郭永怀等高水平的资深科学家,但是数量上显然少于当年的美国。由于核武器属于军事绝密,也不像别的新式武器在缴获之后可以拆卸。所以,中国原子弹的研制者在工作中几乎无可借鉴。在很多方面邓稼先他们会遇到和首创者同样的困难。

千钧重担压到肩上之后,邓稼先的性格发生了很大变化。他本来是一个活泼开朗的人。到九院工作后,邓稼先回到家里时说话明显减少了。原来在晚间有的那种欢乐的气氛渐渐地淡下去。朋友和亲戚们见面的机会少了,即使见面,也只能一般谈谈,保密与非保密二者之间的事情,只好先行回避为妙。这就将邓稼先与朋友交往时的话题缩到了最小的限度。但是,邓稼先任凭这种工作纪律的严格要求来管住自己的个性,听任自己的性格朝着自己所不喜欢的孤独沉闷的方向变化。他甚至蒙受许多亲友的误解,不加辩护而能心安理得。

从到二机部报到开始,邓稼先就感到沉重的压力。在他与苏联专家打交道后不久,心里有了一种预感,感到靠苏联专家来搞中国的原子弹的想法怕是过于天真了。他开始考虑独立研制原子弹的主攻方向。和打仗一样,选准主攻方向是头等重要的事。他的预感很准确,1959年6月中苏关系彻底破裂,正是这时候刘杰副部长告诉他今后一切都要靠我们自己干。1959年7月,周恩来总理向宋任穷传达中央决策:"自己动手,从头摸起,准备用八年时间搞出原子弹。"当时原子弹在中国的研究的确是从"零"开始。

展开主攻方向讨论时,邓稼先比前一阶段更加沉默了,他常常走神,晚上回到家里也是沉默寡言，妻子觉得他的眼神空落落的，似乎不在这个地球上。夜晚，他躺在床上，看上去是闭眼在睡觉了，但许鹿希知道他并没有睡着。他的身体躺在平软的床上，脑子里却在原子弹理论设计的黑茫茫的境界中摸索。有时晚上在家里谈起有趣的事，他又恢复了以往的爽朗，不禁开怀大笑，但有好几次笑声突然中断，工作中的问题把放松的心情给挤到一边去了。妻子感觉他的脑子似乎分成两半在同时活动，有时候这半占上风，突然另一半又占了上风。真正考虑科研的那一半是永远在工作着的。放松下来的不过是短暂的一瞬间。

一天，邓稼先感到了重大决策前的不安。他从小受父亲的影响，非常喜欢音乐。在工作紧张的时候，常常爱听田园交响曲，从中领略暴风雨过去之后幽静的美。他在欣赏音乐进入高潮时，能全身心融入乐曲所展现的美好境界。可是这一天他一改往日的习惯，晚饭后独自坐在阳台上，没有再听田园交响曲，而是去听贝多芬第五交响曲。他闭眼静静地听着这首以人类与命运抗争为主题的富有人生哲理内涵的曲子。这段日子里，与其说困难在折磨他，不如说是报国之心和高度的责任感在折磨他。他需要给自己增添勇气和力量，扼住命运的咽喉。

经过多方论证，邓稼先终于选定了中子物理、流体力学和高温高压下的物质性质这三个方面作为主攻方向。根据三个方向攻关的需要，理论部年轻的科研人员编为状态方程组与力学组、中子物理组和数学组。研究工作开始了入门补课阶段。起初，邓稼先亲自讲课，他在美国学的核物理理论，只能是备课的基础。许多课，邓稼先以前也没有学习和研究过，如《超音束流和冲击波》。这些内容他只能是先学一步，边学边讲，要下很大工夫。但是，大家听了老邓的讲课，感到通俗、清晰、透彻。有人说："老邓讲课层层递进，听起来像淙淙泉水流淌，心里明亮极了。"后来，邓稼先组织他们读书，主要读的是柯朗写的《超音束流和冲击波》、戴维森写的《中子输运理论》、泽尔陀维奇写的《爆震原理》以及格拉斯顿写的《原子核反应堆理论纲要》。

当时的条件极差，这些书并不是人手一本，他们的办法是手刻蜡纸自己油印。读书的方法是大家读，大家讲，每一章节都有一个人做重点发言，等于是一个小教员。这种方式，非常类似尼尔斯·玻尔的风格。玻尔的工作习惯是边想边讲，进行没完没了的讨论，有的简直就是苏格拉底式的问答法。邓稼先在讲课中，有时突然说："朱建士，你来讲讲稀疏波问题。"或是："胡思得，你来讲讲状态方程。"这群年轻人在讨论中也逐渐形成了一些新的物理思想，尽管他们的水平还不能和玻尔的交谈者如狄拉克、海森堡等相比。但是他们在邓稼先领导下用这种方式探索，竟然也同样是有很大收获。

中子输运组的同志找不到现成可用的材料，他们从各方面想办法。当时北京图书馆里有一些日内瓦和平利用原子能反应堆的普通外文资料。和平利用原子能就是普通的核电站一类的反应堆，这种普通的反应堆中也是中子连锁反应，但是是一种控制在临界状态、持续而不是爆发性的核反应。这种外文资料对研制原子弹是没有直接用处的。不过在见到这种材料的时候，中子组聪明的青年人脑瓜一动，旋转了一百八十度，他们去寻找那些出事故的材料。出事故就是超临界，于是连锁反应便失去控制，中子雪崩似的或是水泻似的大量涌出来产生爆炸。这种爆炸是低效能的爆炸，和原子弹爆炸的威力不可比拟。但是，邓稼先和他领导的青年人想到了不可比拟的只是威力，而不是原理，在不可比拟中包含着可比拟的东西。从这可比拟的材料里能够了解到许多中子输运、核反应、临界性、计算方法等许多有用的信息。这些奇妙的思路，都是在重压之下寻找出来的。

邓稼先全面掌握着三个组，并且要分身参加各组的讨论，给予指导。此外，他还亲自领导高温高压下物质性质组。这一组开始有胡思得、李茂生、李智伟、倪馨福四个人，后来又加上张信威等人。邓稼先总是和他们一起工作到深夜。只要没有告一个小段落，工作往往就还要照样干下去。

当原子弹中的高能炸药爆炸时，各种材料就处在与常温常压很不相同的高温高压状态（压力约为几百万大气压，温度为几千度。在研究中还只能叫作"低压区"）。当核反应起来之后，介质的温度可达几千万度，压力达几十亿大气压，叫作"高压区"。当时，国内没有实验条件求得铀-235、钚-239的状态方程，国外对此列为绝密，邓稼先他们只有自己搞出这个方程来。

邓稼先指导科研人员从已经发表的其他金属材料的状态方程中，推出了低压区铀的状态方程。在学海茫茫的大千世界中，终于有一颗星星从邓稼先的眼边闪过，这就是天体物理中的托马斯——费米理论。此理论用到天体物理上是正确的。拿原子弹和中子星相比，温度大致差不太多，但密度却没有那样高。所以必须修正托马斯——费米理论来推导出原子弹所需的高温高压下的状态方程，并且巧妙地与低压状态方程连接，得出了相当大区域之内完整的状态方程，满足了原子弹理论设计的要求。

从1960年开始，邓稼先领着这些青年人分三个组突击，需要进行大量的计算。除此之外,他自己还要搞一些粗估。粗估是他们在当时条件下搞科研的一项重要方法,这要靠较高的学术水平,要求物理概念特别清楚。它并不拘泥于具体的精确的数字,而是把各种条件综合起来,从理论上估计出一个数量的幅度,而一切工作的进程都必在其间。赛格雷在描写玻尔的特点时曾经说过:"玻尔喜爱模糊的轮廓,不是无缘无故的。我几乎可以说,他喜欢丹麦的雾。"每个科学家不仅有自己的个性特点,而且有自己的思维特点。邓稼先对自己用粗估办法来验证问题颇有信心,甚至也很得意。有一次,许鹿希问他:"这种难题你没有去上过计算机怎么能否定别人的计算结果呢?"他用手中铅笔的橡皮头轻轻敲着妻子的鼻子,顽皮地笑着说:"你懂什么?我在这张纸上粗估了一个范围,他们用机器算的不能超出这个框框。"

1960年春天,工作中需要获得一个制造原子弹的关键参数。苏联专家以前曾经随口告诉了一个数值。现在自己动手研制原子弹,必须准确无误,何况这是一个差之毫厘失之千里的关键数值。那么,苏联专家说的这个数字究竟对不对呢?对于苏联专家给的这个重要数值的计算,因结果总是与该值对不上而困难倍增。

1960年4月,第一颗原子弹进行总体力学计算。开始时,只有三个学力学、三个学数学的大学生和一些科辅人员。他们在四台半自动的电动计算器上,开始了特征线法数值计算,取得了第一次计算结果。但由于缺乏经验,差分网格取大了,没有体现出几何形状的特点,从中却发现了一些新的物理现象。新物理现象的出现,引出了对原子弹原理研究的深化。这是他们事先没有想到的,这样便促使他们对此作进一步的分析。

邓稼先是用完全平等讨论的方式来集中群众的智慧的。他要大家都说话,都来动脑筋。这样的讨论一次一次地把科研推向深入,于是新发现的物理现象启发他们又提出三种解决方法,为此又进行了三次计算,即第二、三、四次计算。这三次计算所得结果十分接近,但这个关键数据仍和苏联专家说的不符合。科研深入了,问题并没有解决,他们再次另辟蹊径。经过专家讨论、反复验证,又提出了三个重要的物理因素,建立了三个数学模型,进行第五、六、七次计算。结果出来,和前三次的结果一样。这促使他们对苏联专家说的那个数据产生疑问,但大家又不能轻易地否定它。不管再难、再枯燥,他们都必须把这个重要数值搞准确。否则,工作就无法进行下去。他们耐心忍受着疲倦和焦虑的煎熬。这时,搞状态方程的同志提供了高、低压两套重要的数据。于是大家选出一个最佳的数学模型,又不厌其烦地进行了第八、九次计算。结果仍然一样。就这样,邓稼先和他们那群年轻人理性地来对待一切。从春天到夏天,又从夏天到秋天,从头到尾经过了九遍计算。最后,周光召从理论上论证了计算数值是正确的,而苏联专家说的肯定错了。二机部宋任穷部长鼓励他们说:"你们干得不错,没有被困难吓倒。"

九次运算,他们每算一遍要有几万个网点,每个网点要解五六个方程式。开始时,他们只有手摇计算器,计算的草稿纸,一扎扎一捆捆地放入麻袋中,从地板堆到大花板,堆满了一房间。九次运算的收获极大,中国的科学家终于摸清了原子弹内爆过程的物理规律和交互影响的诸多作用因素,为理论设计奠定了基础,为核武器设计培养、锻炼了人才。

从1958年到1960年,邓稼先他们为原子弹的理论设计做了技术准备,业务上积累了经验,思想上坚定了信心,同时也培养了干部。这就为上级决策启动原子弹正式理论设计提供了依据。上级要求在两年内掌握关键的技术原理,基本完成原子弹的理论设计,决定大力加强九院的科研人员队伍。1961年,我国三位著名的物理学家同时来报到。他们是:王淦昌、彭桓武和郭永怀。邓稼先说这三位科学家是三尊大菩萨,领导及时调进来几位高水平的科学家和大批专业人员,为的就是在关键时刻加一把劲,尽快把工作推上去。

出色的组织者,沉着的领导人

邓稼先在科学家的气质外又添了一样东西,就是领导者的作风。工作岗位要求他学习这另一领域的本事。其实,在学生时代他参加各种活动中,就已经在这方面得到了锻炼,他组织群众活动的能力并不弱。后来在中科院做副学术秘书,要同方方面面的科学家打交道。科学家中,有老一辈的,也有年轻一些的。科学家中性情耿直的人很多,他们不愿意也不会去克制自己的脾性。邓稼先在中科院做副学术秘书的时候,已经得到了这方面的磨炼。尽管他为人随和,小事上马马虎虎,但骨子里还是有一股很浓的书生气,对许多认识问题上的是非也很较真儿,与别人争执起来不肯轻易让步。可是做副学术秘书的时间一久,他便慢慢学会了用回旋的办法来处理问题。而作为组织领导者所必需的那些素质,有一部分在他的个性中似乎是自然天成的。他从青年时逐渐发展成熟起来的某些性格特点,竟自然成为他作领导干部所必备素质。这也恰恰是组织上选中他到这样特殊岗位的原因之一。

邓稼先为人随和，很容易和群众打成一片。他本是一个好玩耍和喜欢热闹的人，与人相处从来没有身份上的等级感。依靠领导、依靠助手、依靠骨干、依靠群众，这是邓稼先工作中的重要特点。在长期工作中，邓稼先得到院领导人李觉、郭英会、吴际霖、朱光亚等同志的大力支持。

另外，他又充分发挥了理论部副主任周光召、于敏、黄祖洽、秦元勋、周毓麟、何桂莲、江泽培等同志的作用，同时还紧密依靠技术骨干和群众的力量。因而在他那里形成了一个团结协作战斗力很强的集体，出色地完成了组织上交给他们的一次又一次的艰巨任务。他的老同事杜祥琬在怀念他的诗中说"手挽左右成集体，尊上爱下好中坚"，便是对这一点非常生动的写照。

除了团结协调之外，高度的责任感和无私的奉献精神，是他做好组织领导工作更为重要的素质。

他担任九院领导后，工作范围超出了理论设计，一直管到各个要害部门。制造原子弹，有许多事情是非常危险的。如插雷管，这是最危险的一项工作。在核试验前插雷管时，邓稼先经常无言地站在操作者的身后，他要稳住人心。

邓稼先处理问题时十分沉着，责任心强，有学问，有魄力。有一天，开完会已经深夜了，他十分疲倦，很快进入梦乡。刚入睡不久，电话铃急响，是基地来的，出问题了。汇报的人很紧张，但邓稼先却异常沉着，迅速询问对方各种数据。他告诉对方打开什么，看看数字是多少，告诉对方应该是多少；再关上什么，看看数字是多少，应该是多少。他用这种方法了解事情的变化情况，不断提出处理方法。使远在千里外的事故现场的人，止住了哭泣，稳定了情绪，工作忙而不乱。这部专线电话连续开了五六个小时，到了天亮，终于化险为夷。

在邓稼先随和、谨慎、沉着的背后，还有更深一层的东西，那就是他也带有几分大胆冒险的精神。和他熟悉的同志在打桥牌中曾发现这个特点，他常常喜欢冒叫牌，他不是一个什么事情都要仔细掂量到犹豫不决程度的人。邓稼先曾经冒着生命危险去观察发射中出现的特征火花现象，他对于需要知道的事情，常常不考虑代价。有一次讨论一个极为重要的核武器试验，出现了意见分歧，简单说来，一种意见是分三个步骤，另一种意见是分两个步骤来完成这一计划。三个步骤的办法较稳妥，但是费钱多、耗时长、威力小；而两个步骤的方法有一定风险，但是费钱少、耗时短、成功后威力大。经过认真的科学分析，根据领导大跨度技术进步的要求，在确认有相当的把握之后，邓稼先坚决主张后一种方法，他知道自己是这种风险的主要责任者，但他没有犹豫。这种较难较快的两步骤方案终于通过论证，获得批准，并取得了成功。

多年后回忆此事，邓稼先叹了一口气说，那时可是真难下决心呀！许鹿希问他："能节省多少钱？"他说估摸着算来至少省三千万元。许鹿希笑道："好家伙！一个普通大学三年的经费，你们轰的一声响，就没了！"邓稼先凝思着，没有说话。

其后，在1990年，许鹿希曾对杨振宁教授说："中国的原子弹、氢弹等核武器花的钱要比别的国家少得多。"杨先生默默地摇了摇头，轻声说道："若搭上科学家的生命来看，就不能这样计算钱了。"这真是至理名言啊！

邓稼先常常对人说："在我们这里没有小问题，任何一件小事都是大事情。小问题如果解决不好，就会酿成大祸。"一次午夜，邓稼先刚刚休息，突然核材料加工车间来电话，说是一个重要部件的加工出了一点问题，他放下电话只穿着拖鞋就出门上了吉普车。那是一个连续下了好几天瓢泼大雨的黑夜，当时雨依然很大，汽车奔跑在山路上。山顶的雨水带着泥沙和石头冲下来，路段上时有塌方。他乘坐的汽车强行沿着山路盘旋，忽而向上，忽而向下，车到河边时，大水已经漫过了桥面，这里是曾经出过车毁人亡事故的地方，司机很紧张，车速减缓，不敢开了。邓稼先使劲摇着司机的肩膀喊着："冲，往前冲！"司机也有些心急地说："老邓，你可是大科学家啊！"邓稼先说："他们在等着我处理故障，出了事故就不得了啊！"司机明白邓稼先的心情，他加大了油门，冲向桥面。车子行进在漫着河水的桥上，混浊的河水立刻灌到了汽车里。一路颠簸了好几个小时才到了车间。司机累倒了，可邓稼先却立即投入工作，又干了一天一夜，排除了故障。这样抢时间去排除故障解决问题的事情，是经常发生的。

紧张的工作像一块磨石一样，一分一厘地损毁着邓稼先强壮的身体。他年轻时，几个小时的熟睡就可以消除疲劳。五十岁以后，邓稼先开始出现衰老迹象。1982年一次地下核试验临近之前，井下突然有一个信号测不到了，人们十分焦急。面对四面八方来的询问，邓稼先十分明确地说："一个小问题，很快就会解决。"其实他心里也十分着急。他和大家一起来到井口，这里的气温是零下三十多度，茫茫的戈壁滩上风沙呼啸。人们劝他回去，他只说了一句："我不能走。"一直待到事故排除。

这次核试验成功后，大家都很兴奋。顿时搬去了心里的石头，邓稼先突然昏倒，脉搏摸不到，血压是零。李锦秀医生和护士抢救了一整夜，他才苏醒过来。这次昏倒，一方面大概是由于疲劳过度后精神骤然松弛，不过，主要原因不在这里，而是在此前几年，他曾受到放射性物质的严重伤害。那次伤害，对邓稼先是致命的一击。

中国西部上空的蘑菇云

1964年10月16日下午，大地一如往常。我国西北新疆罗布泊静静地矗立着一座102米高的铁塔，它的顶端上托着的那个代号"596"的球体——中国的第一颗原子弹。人们对这颗不寻常的炸弹寄予希望、寄予深情、揪着心。不止是试验场地附近的观察者，远在数千里之外，在首都北京，周恩来总理和聂荣臻元帅一起，手执电话筒也在聚精会神地听着。他们听到的是罗布泊试验基地来的报告，以及开始倒数十、九、八、七数字的声音。

邓稼先是前几天才和王淦昌、彭桓武、郭永怀三位老科学家一起被基地总指挥张爱萍将军派专机从北京接来的。

猛然间，与一声巨大的轰鸣同时，铁塔顶端的烟云腾空而起。在这一刹那，人们的心脏跳动间歇，成千上万的工作人员分布在不同地点，差不多同时听到了轰鸣声，同时看到了上升的蘑菇状烟云。一开始所有在场的人都毫无反应，他们许多人张着嘴，后从愣神中醒过来，多数人是看到形成蘑菇状烟云的时候，才突然欢呼雀跃。

邓稼先热泪盈眶，什么话都说不出来了，他很想痛哭一场。他和同事们六年的辛劳、煎熬，都随着原子弹的烟云一块升上天空，也变成了一朵美丽的大蘑菇。他所付出的一切，都得到了超级回报。他们下过的功夫，常人难以体会。

几千里之外，北京的周恩来总理在话筒里等待着试验结果的报告。基地总指挥张爱萍将军兴奋地大声汇报说："原子弹爆炸试验成功了！"号外是当日夜间发出的，北京街头人群如潮抢阅《人民日报》号外。中央人民广播电台在10月16日22点，连续几次播送了《新闻公报》《中华人民共和国政府声明》和《中共中央和国务院热烈祝贺首次核试验的巨大胜利》的贺电，举国欢腾。

中国有了原子弹，在国外华侨中引起了巨大反响。美籍华人赵浩生教授在报纸上撰文写道:"在海外中国人的眼中,那菌状爆炸是中华民族精神的花朵。那从报纸广播传出的新闻,是用彩笔写在万里云天上的万万金家书。"这说出了很多人的心声。

中国爆炸原子弹之后的一段时间里,它的信号环绕地球无声地在世界各国面前展示了中国人民的智慧和力量,中国是不可欺侮的。信号到日本(10月17日);到阿留申群岛(10月18日);到太平洋北部上空(10月19日);到加拿大和美国西部(10月20日);信号向东一程一程地传过去了。中华人民共和国的国威随着这信号的传递震惊世界。原子弹,是一种看不见的巨大力量。毛泽东主席曾经一语道破天机,他说:"原子弹就是那么大的东西,没有那个东西,人家就说你不算数。"

在第一颗原子弹爆炸成功的当天,外媒称:"1964年10月16日消息,今天最大的新闻是,在华盛顿时间早上三点钟的时候,红色中国在大气层爆炸了一颗原子弹。"美国总统约翰逊在白宫召开了紧急会议。总统询问:"世界各地人们都说些什么?"情报局局长卡尔说道:"斯堪的那维亚半岛的那些国家在说,现在应该接受中国参加联合国。"

美国人在捕捉到云尘并分析之后,信服中国人爆炸的第一颗原子弹使用的是铀235,使用了先进的内爆型设计。他们承认中国的第一颗核弹比美国投在日本广岛的原子弹设计得更加完善,威力也更大一些。印度总理尼赫鲁认为:中国核弹势必将严重降低印度在远东的地位。法国总统蓬皮杜说:中国第一颗原子弹的爆炸,改变了世界的形势和中国的地位。

世界舆论对中国原子弹爆炸成功作了强烈的反响。香港《新晚报》1964年10月18日在"夕夕谈"栏中,以"石破天惊是此声"为标题,高度评价中国核爆成功,并且说"这是几千年来中国人最值得自豪的一天之一""1964年10月16日这几个字应该用金字记载在中国的历史上"。

我国第一颗原子弹爆炸成功也得到了世界各国人民的同声赞扬。爪哇邮报社论中说:中国爆炸原子弹成功,对正在斗争中的亚、非、拉民族有很大影响,全世界人民都殷切地希望中国在核试验方面取得辉煌成就,从而导致新的力量均衡。美国黑人领袖马尔科姆·爱克斯说:"中国核爆,帮助了美国黑人事业。"印尼和平委员会主席拉都阿米拉说得十分透彻:"中国掌握的核弹为进步人类所共有。"

我国第一颗原子弹爆炸成功,其影响之深广超越了国家界限,超越了民族界限，超越了肤色界限，它的意义是难以估量的。

连续作战　攻克氢弹

1963年9月，第一颗原子弹理论设计完成后，聂荣臻元帅下令让邓稼先领导的九院理论部中研制原子弹的一部分人员，转去承担中国第一颗氢弹的理论设计任务。因此我国第一颗氢弹的代号就叫作"639"。以后，在1965年，又从中科院原子能所调进了于敏等一批科研骨干力量，到九院理论部来共同工作。

从最基本的科学原理来看，原子弹是靠原子核一连串的裂变，由此释放出巨大的能量，叫作核裂变。而氢弹则刚刚相反，它是把两个原子核聚合成一个原子核，在聚合的同时放出巨大的能量，叫作核聚变。一个是裂变，另一个是聚变，也就是说一个是打碎，而另一个是合并，所以制造原子弹和制造氢弹是根本不同的。

人们抬头就见到天上的太阳，太阳为什么那样热、那样亮？就是因为核聚变反应的结果。可是要使氘核、氚核聚变成一个核，不是一件容易的事。先要克服它们之间的静电斥力才能相互接近。一个有效的办法是把氘、氚核加温。温度要求加得极高，以致在实验室里无法达到，只有靠原子弹爆炸的一瞬间所产生的高温，才能达到这个条件。打个通俗的比方，点燃炉子要用火柴，点燃氢弹要用原子弹。这就是为什么必须先造出原子弹来才可能有氢弹的缘故。

在1964年5月和1965年1月，毛泽东主席在谈到核武器发展的问题时，明确指出："原子弹要有，氢弹也要快。"根据二机部领导刘杰、钱三强的安排，黄祖洽、于敏领导一批科技工作者，早在1960年底已在中科院原子能所进行氢弹原理探索。

理论部主任邓稼先等组织科技人员总结前一阶段的研究工作，制定了突破氢弹原理的工作大纲：第一步继续进行探索研究，突破氢弹原理；第二步完成热核弹头的理论设计。理论部的人员，兵分几路，分解课题，多方探索；提出设想、辩论；又提出新的设想，又辩论，无数次反复，努力寻找最好的方案。这个氢弹技术途径大讨论，不只是在九院理论部，而且在全院广大科技人员中都在进行。大家七嘴八舌，气氛十分活跃，群众集体智慧撞击的火花，激发了专家的灵感。大讨论中提出的各种设想，经过科学家分析处理，取其合理的内涵，并巧妙联结，在关键的环节上做些补充，逐步形成了氢弹物理过程的雏形。

邓稼先领导理论部的科学家们又是夜以继日地工作着，摸索氢弹理论设计方案。他们群策群力、七嘴八舌，绞尽脑汁，想出来各种点子、奇招和谁也不知道是对还是错的办法。把这比喻成在茫茫黑夜的大海中捞几根绣花针，那是一点不为过的。然后他们从中选择和归纳，由邓稼先主持下决心拿出几个初步方案来。

在彭桓武、朱光亚领导下，邓稼先安排他的三位得力副手黄祖洽、于敏、周光召，兵分三路进行探索。几路人马分头上计算机去实际运算研制氢弹的可能途径。各组分批到嘉定去用那台当时是国内最先进的计算机。

其中有一路队伍由邓稼先的老伙伴、理论部副主任于敏率领，1965年9月去上海，利用那里的高性能计算机进行计算和探索。在于敏的指导下，科技工作者终于见到了一束智慧之光，这束光如此巧妙闪烁，好似仙女不断眨动着的亮亮的眼睛，指点着可能通向研制氢弹的捷径。于敏马上通知了正在全面掌握着各路进程的邓稼先。对于邓稼先来说，这是一个使人心跳加快的消息。他立即带了一帮人飞往上海。一到上海，没顾上休息，邓稼先和于敏带着他们的助手在计算所就开始了紧张的连轴转的工作。晚上，他们多是在机房地板上和衣而卧，有时是通宵不眠，这向来是这些不要命的科学家们的工作习惯。他们要攻克科学上的一道道难关，没有这种精神是不可想象的，尽管人们公认他们是从聪明人里头挑选出来的聪明人。后来在邓稼先领导下，理论部反复讨论，集思广益，终于形成了一个有充分论证比较完善的方案。

理论部把这个方案向二机部领导报告了，刘西尧副部长支持他们立即做冷试验，不久后进行的几次冷试验证明了这个方案的正确。于是结束分兵探索，集中全部力量按照这个方案进行。经过两次热核爆炸试验，证明了氢弹的理论方案是正确的。因此，15人的中央专门委员会决定直接进行多级热核弹的试验。终于在1966年12月底氢弹原理试验成功，1967年6月17日爆炸成功了我国的第一颗氢弹。

而这个时候，距离我国第一颗原子弹爆炸成功仅仅两年零八个月（1964年10月至1967年6月）。中华人民共和国又创造了新的奇迹，从制成原子弹到制成氢弹的时间差距比世界上其他核大国要短得多。

1971年夏天，邓稼先的老朋友杨振宁从美国经巴黎飞抵上海，首次回国探亲访问。下飞机后，他开列了朋友名单，在北京要见的第一个人就是邓稼先。名单上报中央，邓稼先立即被周总理召回北京见客。

邓稼先在北京见到阔别了22年的杨振宁。他告诉杨振宁自己"在外地工作"。杨振宁曾问他，有没有外国专家参加中国原子弹工作，他说他觉得没有，他会再去证实一下，然后告诉杨振宁。

8月16日，在杨振宁离开上海经巴黎回美国的前夕，有人给他送去一封信。信是邓稼先写的，告诉他：已证实了，中国原子武器工程中除了最早于1959年底以前曾得到苏联的极少"援助"以外，没有任何外国人参加。这封短信给了杨振宁极大的感情震荡，一时热泪盈眶。

二代轻舟已过桥

邓稼先在生命的最后几年，醉心于二代核武器的研究。二代核武器比起第一代核武器来，在性能上有质的飞跃。为此，邓稼先耗尽了他全部的精力，也在事业上攀登了新的高峰。

那时，邓稼先高兴地写了一首七律来表达自己的心情：

> 红云冲天照九霄，千钧核力动地摇。
> 二十年来勇攀后，二代轻舟已过桥。

刘西尧副部长写过一首诗，赞扬邓稼先在二代核武器研究中做出的贡献。原文如下：

> 二十年前春雷响，今朝聚会盼新雷。
> 喜闻戈壁传捷报，敬贺老邓立新功。

1984年底，邓稼先参加了突破中子弹原理的核试验，这也是他最后一次出现在核试验场地。

在他于1986年辞世之后，我国政府仍然为第二代核武器试验成功，颁予邓稼先两次国家科学技术进步奖的特等奖，奖项为：1987年7月的"××××弹装置的突破"和1989年7月的"核武器的重大突破"。他的家属把奖金捐赠给了九院的邓稼先青年科技奖励基金。

1999年7月15日我国第一次公开宣布：中国早已掌握了中子弹设计技术。中子弹实际上就是一种特殊性能的小型氢弹，它用特殊方法产生大量的高能中子流，增强核辐射杀伤效应。其贯穿力很强，高能中子流能穿透很厚的钢板，对人员造成伤亡。因此，中子弹最适合对付入侵敌军及坦克。由于我们对氢弹的科学规律和技术关键摸得透，很快便找到了设计中子弹的技术途径，在20世纪80年代就完全掌握了这项技术。

1984年底，邓稼先身体已极度虚弱，按道理说无论如何也应该好好休息一下了。但此时进行了一次原理性新型的核试验，国家对于这次核试验有重大的期待。他必须去现场。

在飞机上，他更多的是闭目养神，以储存精力应付不寻常的新试验。不久，他又一次来到了马兰。马兰是为核试验而建的一个小镇，这里有一种野生的深绿色叶子的马兰草，通常有一尺多高。花是雪青色的，当中一条白道，蓝白相间，组成一幅最简单的图案，其含义似乎可以随人们心情去自由领悟。邓稼先随手摘下一朵，漫步走着。它好像是行将到来的壮举的反衬，又像是他此次特殊内心体验的一份点缀。任务要求很紧，由不得他那样自在。邓稼先很快便像往常一样忙着安排工作，检查工作。他从驻地往试验场地走去，步履艰难，几乎近于爬行。他只好要求走在前面的两个人架自己一下。最后是气喘吁吁的邓稼先趴伏在两位同志的肩上到达目的地。

进行核试验的那一天，他和于敏、陈能宽、高潮等坐在指挥车里，守候在试验场地的前沿。邓稼先和于敏两人相识既久，又相处极好。别人都说他们两人是一个身子上长着的两个脑袋。邓稼先是个胖子，于敏因用脑过度头发过早地脱落了。基地的人们常说，"一个胖子和一个秃子紧忙活一阵，就要响了"。他们在一起向来是有说有笑的。时而探讨高深的物理学问题，时而开起玩笑来互相打趣。但是今天两人坐在指挥车里谁也没说一句话，因为他们心里都在牵挂着一件大事。

核试验的爆炸声响过不久，胡仁宇乘的吉普车开过来了。

"那个尖尖有没有？"邓稼先和于敏他们几个人同时高喊。

"有，有，尖得很高，很清楚。"胡仁宇把照相底片高举在手中，使劲地摇晃着。

他们接过底片一看，高兴得简直要跳起来了："尖尖很高。核试验成功了"！

这是邓稼先一生事业上的又一座里程碑。但是，月圆之后，紧跟着月缺，邓稼先带着第二代核武器伸手可及的喜悦，与罗布泊永别了。

许身国威壮河山

在 20 世纪 70 年代的一次核试验中，倒计数之后，天空没有出现蘑菇云。核弹哪里去了？知道出事故的人都非常揪心，当时还不知道是由于降落伞的问题导致核试验失败。邓稼先决定亲自去察看现场。许多同志都反对他去，国防科工委主任陈彬同志阻挡他，出语是非常感人的。他说："老邓，你不能去，你的命比我的值钱。"邓稼先听后心中激动不已。但他没有听从好心同志的劝阻，想道："这事我不去谁去？"立即上了吉普车，到了发生事故的地区。邓稼先弯着腰一步一步地走，目光四处扫视，边走边找。终于，碎弹被他找到了！高度的责任感使他在一瞬间变成了一个傻子，他竟用双手捧起了碎弹片——这个含有剧毒的放射物。但碎片也告诉他没有发生核爆，他立即放心了，向赵敬璞副部长说："平安无事。"几天之后，邓稼先回北京住进医院做检查，结果是：他的尿里有很强的放射性，几乎所有的化验指标都是不正常的。

1985 年 8 月 10 日，邓稼先因患直肠癌，做大手术。早晨，年已 75 岁的张爱萍将军来到医院，守候在手术室外五个小时，直到手术做完。

术后的病理诊断是："肿瘤的病理性质是恶性程度较大的低分化、浸润性腺癌。癌症属中期偏晚，已有淋巴结及周围组织转移。预后不良。"

1986 年 3 月之后，癌细胞转移明显加快，疼痛剧烈，邓稼先预感到生命给自己留下的日子已经不多了。他不只一次地对许鹿希说："我有两件事必须做完，那一份建议书和那一本书。"他翻着堆在床头桌上的两尺多高的书籍和资料，不断给九院领导打电话，谈工作。在病房中，他和同志们反复商讨，并由邓稼先和于敏二人在 1986 年 4 月 2 日联合署名，写成了一份给中央的关于我国核武器发展的极为重要的建议书。这是为中国领导人作重要决策提供的参考材料。写建议书时他开始做化疗，向血管内点滴药水，一次治疗要好几个小时，他只能躺着或靠坐着，边作治疗边看材料。坐在身旁的许鹿希不断轻轻地给他擦拭满头的虚汗。他在 1986 年 3 月 14 日给同事的一张条子上写道："我今天第一次打化疗，打完后人挺不舒服的。"

病房实际上成了他的办公室，在两次治疗中的空隙，他常常是坐在橡皮圈上伏案修改。靠着毅力忍受病痛的折磨，他终于改完了建议书的稿子。这是一个临近人生终点的科学家对祖国的最后牵挂。

他在疼痛减轻的时候，常常回忆起别人的长处和功劳。尤其常常怀念与之长期共事的牺牲者。他对别人说："郭永怀教授死得太早了！要是他在，我们的试验装置一定会早几年搞出来！"他还说："钱晋死得很惨，他贡献很大，就是当时名气小了一点，不然的话，不至于……"

↑ 1986年，邓稼先在病房中用双手示意核武器的大小

他常常提及某个问题主要是谁来解决的，还有什么问题又主要是靠谁来解决的。他在后期，每每提到共事的同志和朋友，大概是他非常怀念和他们在一起工作的时光。后期，邓稼先很少谈工作了。他的身体越来越差，虚弱得下床走几步就是一身大汗。

1986年7月15日，万里代总理到医院看望邓稼先的时候，告诉他国务院决定将全国劳动模范称号授予他，这是"七五"计划期间的第一个全国劳模。两天后，李鹏副总理来到病房授予他全国劳动模范的奖章和证书。

邓稼先服了加倍的止痛药，吃力地表达了他对党和国家的谢意，诚恳地说出了他一贯的最真实的看法。他说："核武器事业是成千上万人的努力才能取得成功的。我只不过做了一部分应该做的工作，只能做一个代表而已。"李鹏对他说："党和国家非常感谢你这几十年来在核工业、核武器方面做出的贡献。您说的也对，这个事业当然是千百万人的事业。但是，我们也充分地估价您在这个核武器事业中做出的贡献。"

邓稼先只是一个代表，但是，他是一个十分杰出的代表。下面是邓稼先这次讲话稿的全文：

昨天，万里代总理到医院看望我，今天，李鹏副总理亲临医院授予全国劳动模范称号，我感到万分激动。核武器事业是要成千上万人的努力才能成功，我只不过做了一小部分应该的工作，只能作为一个代表而已。但党和国家就给我这样的（荣誉），这足以证明党和国家对尖端事业的重视。回想解放前，我国连较简单的物理仪器都造不出来，哪里敢想造尖端武器。只有在共产党领导下解放了全中国，这样才能使科学蓬勃地开展起来。敬爱的周总理亲自领导并主持中央专门委员会，才能集中全国的精锐来搞尖端事业。陈毅副总理说，搞出原子弹，外交上说话就有力量。邓小平同志说，你们大胆去搞，搞对了是你们的，搞错了是我中央书记处的。聂荣臻元帅、张爱萍等领导同志也亲临现场主持试验，这足以说明核武器事业完全是在党的领导下取得的。我今天虽然患病，但我要顽强地和病痛作斗争，争取早日恢复健康，早日做些力所能及的科研工作，不辜负党对于我的希望。谢谢大家。

1986年7月29日，邓稼先终因全身大出血而与世长辞。

时任国防部长、国务委员、中央军委副秘书长的张爱萍将军是邓稼先的老领导，前后共事达20多年。他得知邓稼先逝世的消息后，悲痛不能自已，在7月29日当天即写词悼念，全文如下：

踏遍戈壁共草原，二十五年前。连克千重关，群力奋战君当先，捷音频年传。蔑视核讹诈，华夏创新篇。君视名利如粪土，许身国威壮河山。哀君早辞世，功勋泽人间。

8月4日，全国各大报刊登了新华社发的追悼会消息和悼词。1986年秋天，中央军委、八一电影制片厂拍摄了《两弹元勋邓稼先》的纪录片，张爱萍将军亲自题写了片名。影片在1987年建军60周年时，全国公开放映。

1994年10月21日，邓稼先铜像在他曾经工作过的地方——四川绵阳落成。国务委员宋健专程去为塑像揭幕。此后，人们常常采撷草花到铜像前纪念他。

1999年9月18日，在人民大会堂，中共中央、国务院、中央军委追授邓稼先"两弹一星功勋奖章"。江泽民总书记在讲话中评价"两弹一星"成就时指出："这是中国人民在攀登现代科技高峰的征途中，创造的非凡的人间奇迹。"

邓稼先

一份建议　十年辉煌

　　1985年8月10日手术后，邓稼先考虑已久的一件事情渐渐变为一种沉甸甸的感觉压在自己的心头。术后第四天，他用颤抖的手写条子要研究院从四川给他送材料和书籍来，他要关于国外核武器进展的资料，还要一大堆英文、法文、德文、俄文的杂志。但是疾病和化疗损伤了他，术后身体太弱了。他感到时间紧迫，置一切于不顾，利用1986年5月第三次手术前的两三个月时间，拼命做完这一件事。这件事就是向中央提出一份建议书。

　　这不是一般的建议书。它是有关在国际核竞赛中我国能否取得强国地位的一件大事，是涉及我国核武器事业战略决策的大事。它直接关系到我国的国际地位，关系到中华人民共和国在国际事务中的发言权，事情至关重大。

　　十年之后，九院三位领导和院士：于敏、胡仁宇、胡思得，联名在1996年7月22日的《光明日报》上发表了一篇文章，题目是《十年，我们时刻怀念》，副标题是"纪念邓稼先院士逝世十周年"。文章极其简明扼要地提到了这份建议书的内容、作用及其深远的意义。文字不多，但分量很重。

　　文章说："十年前，已身患重病的稼先以他高度的政治敏感性和深厚的业务功底，通过对核大国当时发展水平和军控动向的深刻分析，认为核大国设计技术水平已经接近理论极限，不需要进行更多的发展。因此有可能出于政治上的需要，改变它们先前坚持的主张、作出目的在于限制别人发展、维持其优势地位的决策。"文章接着说："核大国这种举动，对他们自己已不会有什么重要影响，而对于正处在发展关键阶段的中国，则会带来非常严重的后果。"

　　自从1945年美国进行了世界上首次核试验后，苏联和英国也分别在1949年和1952年进行了各自的首次核试验，当时，美、苏、英在世界上处于核垄断的地位。核武器的极大破坏性震惊了国际社会，许多国家发出了禁止核试验的呼声。直到美、苏、英在基本掌握大气层核爆炸的效应数据和完善了他们的地下核试验技术后，三国才于1963年签订了部分核禁试条约。

　　到了20世纪80年代，情况发生了根本的变化，这就是文章中所说的："核大国设计技术的水平已经接近理论极限。"若干年来，它们的核武器设计技术发展很快。它们从战略核武器到战术核武器做到了小型化多弹头，实现了多种不同性能、不同型号。这些核大国已经把大的、小的、远的、近的、天上的、地下的、水里的都做出来了。不仅如此，现在他们已经可以达到实验室模拟，以取代实际的爆炸试验。也就是说，再不用到空中、地下去搞核爆炸，只用计算机和实验室里的实验就能得到通过爆炸试验所需要得到的一切。核爆炸试验对于它们三国来说已经可以存放到保险柜中了。核大国到了这个水平，它们就想用禁止别人做核试验的办法，来保持自己的核强国地位。

这一严峻的事实便是邓稼先向中央提建议书的由来。文章说："十年之前，我们的事业正处于十分关键，十分敏感的发展阶段，如果一旦受到干扰和迟滞，就会丧失时机，产生稼先所指出的'多年努力，将功亏一篑'的严重后果，将对国家造成不可弥补的巨大损失。""严峻的形势，使邓稼先万分焦急。他不顾重病缠身，亲自组织研究讨论，起草给中央的报告，申述意见和建议。"

建议书的首要意义自然是它直接关系到我国国防现代化建设的战略决策，但是它还有一个特别难能可贵的地方，就是它提出了我们中国要达到的主要目标和实现目标的具体途径和措施。

文章谈到了这份建议书具有超常价值的地方。它"提出了争取时机，加快步伐的战略建议以及需要集中力量攻克的主要目标，并且非常详细地列出达到这些目标的具体途径和措施。这是一份凝聚着稼先和他的同事们的心血和爱国热情，又十分客观、科学的建议书"。

文章说建议书"十分客观、科学"，并指出："稼先去世后，他的继任者们，始终是围绕着这份建议书的精神在贯彻、执行。""这十年来他生前非常关心并注入巨大心血的几项重大科学难题与技术关键，正按照预定的目标实现了突破和发展，在为我国国防现代化建设服务。"

文章还对这份建议书作了非常明确的结论性的评价。文章说："十年来的形势变化，完全证明了建议书的正确性。"

我们曾经看到，在人类历史上，当一个人已经不在世的时候，他的智慧仍然指导着他所从事的事业继续前进的事实。伟大的思想家、科学家、他们所发现的理论，所创立的学说，通常是长久地指导后继者解决科学难题，推进科学的发展。牛顿定律、爱因斯坦的相对论，都是这种典型的例子。"指导"必然包含着"预见"。科学理论对后世的指导，它的预见性就存在于原理之中。而对科技试验的指导，则需要对各门知识交错的复杂科技专题作具体的预测。这种事情本身就是十分困难的。更不用说像"建议书"这样，面对的是核武器试验那种高科技，要求不止于一次试验两次试验,而是对实际上干了十年这样一个宏伟目标的实现作出科学指导。能有这种预见性,至少对核武器物理及相关学科理论要有深湛的修养,同时还要有渊博的知识、敏锐的观察力和深刻的分析能力,以及核武器理论设计的丰富经验,此外,还必须善于集中群众的智慧。其难度可想而知。

提"建议书"这样的大事难事,竟是邓稼先在重病晚期的病痛折磨下做成的。文章中回忆:"使我们永远不会忘怀的是:在起草这份重要报告时,稼先已经知道癌症恶魔缠身,自己就要走到生命的尽头了。那些日子,他几乎是和生命赛跑,他以高度的责任感和事业心,以超人的顽强意志在病榻上思索、工作。他忍着化疗带来的痛苦,艰难地对报告作一字一句地推敲、修改;抢在大手术之前,还满满地写了二页纸,提出了报告的内容还要作哪些调整。最后如何润笔,报告应送哪里等意见。"

下面是邓稼先1986年3月28日在301医院南楼五病房16室写给胡思得同志的便信的内容:

老胡:

我明天还要动一次小手术,来文我看了两遍,我觉得可以了。但最后一段要同星球大战(如激光,FEL,Excimer,电磁轨道等)"高技术"(现在国内新用的专门名词)联系起来、申述一段,然后由我和老于签名,抬头是核工业部,国防科工委(抄九院)

老邓 3.28

这张条子,是邓稼先坐在橡皮圈上(以减缓压力带来的痛苦),用铅笔写成的。(因为手腕无力,用铅笔写字可以较轻巧地在纸上滑行)。当时天气虽然不热,在写东西的时候邓稼先仍然需要妻子在身边不停地为他擦着虚汗。(条子中的FEL是自由电子激光Free Electron Laser的缩写,而Excimer是准分子激光。)

"建议书"终于完成了。他让许鹿希快点送走,在她抱着这份材料走出病房前,他叫住了妻子,只说了一句话:"这比你的生命还重要。"

文章满怀深情地回忆:"每当我们在既定目标下,越过核大国布下的障碍,夺得一个又一个的胜利时,无不从心底钦佩稼先的卓越远见。"

因此,现在的组织领导者,特意选定邓稼先逝世的日子,于十年后的这一天,即1996年7月29日进行我国在核禁试前的最后一次核爆试验,以此使人们永远铭记邓稼先对我国核武器研制事业所做出的不可磨灭的贡献。

这一次核爆试验成功的当天,我国政府立即发表声明,声明说:"1996 年 7 月 29 日中国成功地进行了一次核试验。"

"中华人民共和国郑重宣布,从 1996 年 7 月 30 日起,中国开始暂停核试验。"

邓稼先以他对祖国的无限忠诚,强烈的民族责任感、无私的奉献精神和深厚的科学造诣,继原子弹、氢弹、第二代核武器之后,建造了他在事业上第四座里程碑。

邓稼先从 1958 年到 1986 年为我国核武器研制奋勇拼搏了二十八年,而在 1986 年他辞世后,又以远见卓识的"建议书"为后十年的核武器试验继续做出了巨大贡献。在中国政府从 1958 年起决定自己动手,从头摸起地研制中华民族自己的"争气弹",到 1996 年我国政府关于暂停核试验声明的 38 年共 45 次核试验的全部过程中,次次都凝聚着邓稼先的心血,虽然后十年他已不在人世,但一份建议书,使中华民族在核武器方面继续辉煌十年。邓稼先,他始终与我国的核事业同在。正是因为邓稼先把自己的生命融入了使中华民族强盛的事业之中,因此,他的挚友杨振宁把他引为:永恒的骄傲。

/ 参考文献 /

[1] 邓稼先. 邓稼先文集 [M]. 合肥:安徽教育出版社,2003.

[2] 葛康同等. 两弹元勋邓稼先 [M]. 北京:新华出版社,1992.

[3] 许鹿希. 邓稼先图片传略 [M]. 合肥:安徽教育出版社,2003.

[4] 许鹿希等. 邓稼先传 [M]. 北京:中国青年出版社,2015.

(本文作者:葛康同 胡思得 冯立昇)

朱光亚

朱光亚（1924—2011），湖北武汉市人，中共党员，核物理学家，1980年当选为中国科学院学部委员（院士），1994年首批当选为中国工程院院士。

1941年考入重庆中央大学物理系，1942年转入西南联合大学物理系，1945年毕业，留校任助教。1946年赴美国密歇根大学留学，从事实验核物理研究，1950年2月获物理学博士学位，1950年春回国。历任北京大学、东北人民大学（现吉林大学）副教授、教授，二机部原子能研究所研究员、研究室副主任、第九研究所副所长、第九研究院副院长，国防科委副主任，国防科工委科技委副主任、主任，中国科协主席，中国工程院首任院长，解放军总装备部科技委主任等职。中共第九届和第十届中央候补委员、第十一届至第十四届中央委员，第八届、第九届全国政协副主席。

早期主要从事核物理、原子能技术方面的科学研究工作。20世纪60年代以来，负责并组织领导中国原子弹、氢弹的研究、设计、制造与试验工作，中国地下核试验的实施，中国第一座核电站——秦山核电站的筹建，核燃料加工技术，核放射性同位素应用，高技术研究发展计划的制定与实施，军备控制问题研究，国防科学技术的研究发展等工作，为中国核科技事业的发展做出了突出贡献。

1985年获国家科技进步奖特等奖，1999年被授予"两弹一星功勋奖章"。2004年由中国国家天文台发现的国际编号为10388号的小行星，被命名为"朱光亚星"。

朱光亚

少 年 励 志

1924年12月25日，朱光亚出生在湖北宜昌一个职员家庭。朱光亚的父亲朱懋功，勤奋朴实，毕业于平汉铁路开设的法语学校，先在长江一家轮船公司找到一份工作，后进入宜昌邮政局工作。母亲万怀民，出身平民家庭，具有中华民族女性的传统美德，善良聪慧。朱光亚排行第三，上有两位长兄，下有两个妹妹和一个弟弟。父母都注重子女的教育，朱光亚兄妹六人，从小均受到良好的教育。

↑ 朱光亚与父母、兄妹合影，前排左一为朱光亚（采自《纪念朱光亚同志诞辰90周年》）

朱光亚3岁时，父亲由宜昌调到汉口邮政局工作，全家迁往汉口。1930年，不满6岁的朱光亚开始在汉口市立第一小学上学。童年的朱光亚，养成了良好的习惯，每天放学回家，先复习功课，完成作业后再出去玩耍。朱光亚学习效率很高，一般在天黑之前就完成作业，令两位长兄羡慕。如学习中遇到不懂之处，他总要刨根问底，从小养成做事都认真的习惯，自此伴随了他一生。由于天资聪颖、敏而好学，他的学习成绩一直名列前茅，1935年，六年级上学期，他跳级考上汉口著名的圣保罗中学。在这所教会学校三年的初中学习，为朱光亚打下了

↑ 1941年7月1日南开中学毕业照（采自《朱光亚院士八十华诞文集》）

良好的英文功底，也培养了他积极向上的品质。

全面抗战开始后，侵华日军逼近武汉，1938年夏，为了躲避战乱，他和两个哥哥被迫告别父母和亲人，来到"大后方"重庆。随后前往合川县（今合川区），就读于从江苏南通内迁的私立崇敬中学高中部，校址位于合川城北"东岳庙"。颠沛流离的逃难经历，以及艰苦的学习和生活条件，使得他切身体会到家国沦丧之痛，激发出爱国之情。在崇敬中学期间，他亲身参与了爱国师生组织的"反汉奸运动"，驱逐了该校汉奸教师。

1939年夏，他转入位于江北县城（今江北区）的新建不久的重庆清华中学。半年后，再次转学位于沙坪坝的重庆南开中学。

南开中学是著名爱国教育家张伯苓（1876—1951）创办的学校，颇有盛名。在重庆南开中学一年半的求学时间里，朱光亚打下了良好的数理化基础。尤其是受到物理老师魏荣爵（后为南京大学教授、中国科学院院士）的教育与影响，他对物理学产生了浓厚的兴趣，并初步崭露头角，开启了与物理学的一生不解之缘。

在南开中学，他还与邹承鲁、郭可信等同学组织了"真善美"小组，互相激励，刻苦学习，立下报国之志。这个小组成员，有4人后来成为中国科学院院士。

在西南联大求学

1941年夏，朱光亚自南开中学毕业。他在高中时期就有意报考西南联合大学，但由于患上疟疾，错过高考。幸而在暑假结束前，因部分高校生源不足，举行了高考补招考试。他报考了中央大学和交通大学，并被同时录取。最终，他选择内迁到重庆的中央大学（今南京大学），就读物理系。大学一年级普通物理学课程，由刚从美国学成归来的赵广增教授（后任北京大学教授、物理系主任）讲授。通过赵广增深入浅出的讲授，使他对物理学的学科前沿新发展有了更进一步的了解。

1942年7月，西南联合大学在昆明、重庆招收二、三年级转学生。朱光亚闻讯后立即报考，并以优异成绩被西南联大物理系录取。

西南联合大学物理系，是当时中国大学中最好的物理系。1937年7月7日，卢沟桥事变爆发，全面抗日战争开始。1937年8月28日，国民政府教育部分别密谕私立南开大学校长张伯苓、国立清华大学校长梅贻琦、国立北京大学校长蒋梦麟，任命三人为长沙临时大学筹备委员会常务委员，由三校联合在长沙组建国立长沙临时大学，9月10日正式宣布建立，11月1日正式开学。然而，由于长沙频繁遭受日机轰炸，1938年2月中旬开始，长沙临时大学分三路西迁昆明。1938年4月2日，国民政府教育部电令，国立长沙临时大学改称国立西南联合大学（以下简称西南联大）。

战时的昆明，物价腾飞，物资紧缺。西南联大校园简陋，物质条件非常艰苦。朱光亚曾在一篇回忆中提及，当时西南联大学生食堂不提供早餐，午晚两餐是糙米饭，菜里大多时候没有油，有时甚至连盐都没有，难得吃上一餐肉，饭菜有限，吃不饱是常事。在另一篇回忆中提及，因为父亲工作调至重庆，母亲和弟弟妹妹也抵达重庆，家庭经济状况下降，自1942年秋季起，就开始做家教补贴个人生活费用。当时不仅学生生活困苦，就连教授也一样。比如朱光亚在接受采访时回忆称，吴大猷由于有着繁重的教学任务，还进行理论物理方面的研究，同时要照顾体弱多病的夫人，而他当时深得吴大猷的赏识，时常去吴家听课，曾背着师母去医院看病，帮着做一些家务，还能蹭饭，犹如一家人。

相对于物质上的贫困，西南联大拥有当时国内首屈一指是师资力量，名师荟萃。物理系亦是如此，师资力量来自三校物理系，同时受西南联大聘任。其中，有来自清华大学物理系的叶企孙、吴有训、周培源、赵忠尧、任之恭、霍秉权、孟昭英等教授，来自北京大学物理系的饶毓泰、吴大猷、朱物华、郑华炽等教授，抗战期间归国受聘的王竹溪、张文裕、马仕俊等教授，他们又分别被清华大学、南开大学、北京大学聘任。当时物理学的教授后来几乎都当选为两院院士。此外还有一些优秀的讲师或助教，如钱伟长、郭永怀、葛庭燧、虞福春、傅承义、慈云桂、林家翘等。

这些教授均是自欧美学成归来，了解物理学学术前沿。比如中国近代物理学奠基者之一的叶企孙，美国哈佛大学博士，是清华大学物理系创办者，主要从事普朗克常数测定、磁学研究等。中国近代物理学研究的奠基者之一的吴有训，美国芝加哥大学博士，主要从事X射线研究。被誉为中国物理学之父的吴大猷，美国密歇根大学博士，主要从事原子和分子理论、相对论、经典力学和统计力学研究。著名流体力学家、理论物理学家周培源，美国加州理工学院博士，主要从事爱因斯坦广义相对论中的引力论和流体力学中的湍流理论研究。中国核物理研究和加速器建造事业开拓者赵忠尧，美国加州理工学院博士，主要从事核物理研究。饶毓泰，美国普林斯顿大学博士，南开大学物理系创办者，北京大学物理系系主任，主要从事气体导电和分子光谱研究。朱物华，美国哈佛大学博士，主要从事电子学科、水声学科研究，是中国相关学科的开拓者。王竹溪，英国剑桥大学博士，主要从事热力学、统计物理学、数学物理等方面的研究。高能物理学家张文裕，英国剑桥大学博士，主要从事核物理和宇宙线等方面的实验研究。理论物理学家马仕俊，英国剑桥大学博士，主要从事介子理论、量子电动力学研究。在西南联大时期，尽管战时物质条件极差，但这些著名教授们仍坚持研究工作，指导青年教师、研究生等开展理论研究，克服种种困难开展实验研究，并取得一批研究成果，在当时是难能可贵的。

由于拥有强大的师资，各有专长，因此物理系的教学质量在当时是全国一流的，课程几乎涉及了近代物理的各个分支。不少课程可由多位教授开设，比如普通物理学，由吴有训、赵忠尧、郑华炽、张文裕、马仕俊、王竹溪、许浈阳开设。而且每位教授又能开多门课程，比如叶企孙曾开设过电磁学、热学、物性学、微子论等。为本科生所开设的专业课程包括微积分、微分方程、高等微积分、普通物理、普通物理实验、力学、电磁学、电磁学实验、热学、光学、光学实验、微子论、无线电学、无线电实验、近代物理、近代物理实验、普通化学、普通化学实验等，选修课曾开设物性论、应用电学、声学、普通天文学、天文物理学、实用无线电、实用无线电实验、大气物理等。高年级学生可以选修研究院课程。研究院开设的课程包括流体力学、电动力学、统计力学、量子力学、理论物理、物理学基础、动力学、X射线及电子、广义相对论、光之电磁论、高等力学、量子力学与原子光谱、量子化学、放射性与原子核物理、原子核、场论等。

由于连续迁移之故，学校实验器材严重缺乏，实验课程的开设难以为继。在学校以及中华教育文化基金董事会的资金支持下，西迁昆明前后，在香港以及国外购得的一批仪器设备，经越南海防和滇越铁路陆续运抵昆明。由此，1939年后，物理系的实验教学才未中断，相继开设了普通物理实验、电磁学实验、光学实验、无线电实验、近代物理实验等，保证了学生在四年学习中，每年都有物理实验课程，十分难得。由于日军经常空袭昆明，因此有些实验室在实验完成后，将一些贵重的实验器材放进200L大汽油桶中，半埋于地下，下次做实验时再取出。

西南联大物理系人才辈出。在本科和研究院毕业或肄业的学生中，有诺贝尔奖获得者杨振宁、李政道，最高科技奖获得者黄昆，4位"两弹一星功勋奖章"获得者郭永怀、陈芳允、朱光亚、邓稼先等，还有近20人当选两院院士。

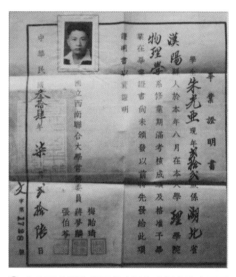
↑ 朱光亚大学毕业证书（采自《纪念朱光亚同志诞辰90周年》）

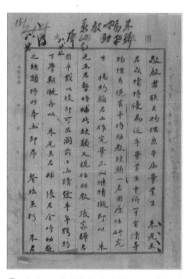
↑ 朱光亚受聘清华大学物理系助教聘书（清华大学档案馆藏）

对于西南联大的生活、学习的深切感受，朱光亚后来在《关于西南联大》一文中回忆道：

北大、清华、南开原来就是久负盛名的大学，合组后师资阵容更是强大，可谓大师云集，群星灿烂。有德高望重、学术造诣很深的中年教授，他们曾是中国新文化运动的倡导者、参加者和我国现代教育、现代科学技术的奠基人。还有一批从国外学成归来的年轻教授，他们活跃在科学前沿，使西南联大的教学科研内容与当时国际科技的最新发展紧密结合。老师们的学问、人品、治学方法、学风、道德风范以及艰苦奋斗的作风，时时刻刻地教育、熏陶着青年学生，使他们迅速成长。

在西南联大学习期间，朱光亚勤奋努力，成绩优异。比如在一次朱物华所教授的无线电学年考中，出题较难，不少同学都担心是否及格，而考试成绩公布，有一份试卷获得了满分。这份试卷学号的主人即朱光亚。此事殊为难得，由此得到老师和同学们交口称赞。

1946年毕业后，朱光亚因为"成绩特优，为近年毕业生中所罕有"，故而得以留在物理系担任半时助教，是年24岁，是当时西南联大最年轻的教师。

赴美深造　矢志报国

1945年7月16日，美国成功爆炸了世界上第一颗原子弹。1945年于8月6日、9日，美国先后在日本广岛和长崎投下了仅有的两颗原子弹，促使日本无条件投降。原子弹的巨大威力，使得各大战胜国竞相研发，苏联、英国、法国分别于1949年、1952年、1960年成功爆炸了各自国家的第一颗原子弹。

抗战胜利后，国民政府也有此计划。蒋介石让时任国民政府军政部次长、兵工署署长、著名弹道学家俞大维责成其事。由于原子弹研究主要涉及物理学、化学、数学三门学科，而中国当时这三门学科的顶尖学者又主要集中于西南联大，因此俞大维在西南联大物色到化学家曾昭抡、物理学家吴大猷、数学家华罗庚，共同商议先从成立机构、培养人才做起。蒋介石批准计划，拨款50万美元作为前期资金，由曾昭抡、吴大猷、华罗庚三人各自选拔两位年轻学者，一起赴美考察、学习原子弹制造的相关技术。其中，曾昭抡挑选了1942年西南联大化学系毕业并任助教的唐敖庆、1945年毕业并任助教的王瑞駪；吴大猷挑选了1945年西南联大物理系毕业并任助教的朱光亚、当时在读的物理系二年级学生李政道；华罗庚挑选了1939年西南联大数学系毕业并任助教的孙本旺，以及当时已在美国的1935年毕业于清华大学数学系的徐贤修。

1946年8月，朱光亚等一行5人，跟随华罗庚，怀揣着原子弹制造之梦想赴美。不料，抵达美国后，却遭遇当头棒喝。原来先期抵达美国的曾昭抡告知，此时美国政府发布新规定，限制外国人进入与原子弹有关的科研机构，包括工厂等。由此学习计划不得不随之更改，各自自寻出路。

攻读核物理专业

1946年9月,朱光亚进入密歇根大学,选择了他感兴趣的实验核物理研究方向,在研究生院攻读核物理专业的博士学位。稍后,前期转道英国参会再赴美的吴大猷,受聘为密歇根大学客座教授,于是朱光亚成为其助手,在求学的同时开展课题研究。

↑ 朱光亚、张文裕、杨振宁、李政道在美国密歇根大学合影(采自《纪念朱光亚同志诞辰90周年》)

在密歇根大学求学期间,朱光亚的学习成绩非常优秀,保持全A,4年均获得奖学金。1949年秋,朱光亚通过博士答辩,25周岁不到。博士论文题为《用 β 射线谱仪和符合测量方法研究金198和铪181的衰变机制》。

一封公开信

在西南联大求学期间,朱光亚就积极靠拢中国共产党。赴美留学之事,还得到中共地下党组织的建议。

在西南联大学习期间,不到20岁的朱光亚参加进步学生组织,接触中共地下党员,开始接受共产主义思想的影响和熏陶。1946年,他听取地下党组织的意见赴美留学,决心掌握尖端技术为国效力。他积极参加留美学生进步团体,并

↑ 朱光亚博士毕业照（采自《纪念朱光亚同志诞辰90周年》）

担任中国留学生学生会主席，经常组织爱国进步活动，引导旅美学生了解中国共产党，迎接新中国诞生。

在美国留学期间，朱光亚在紧张的学习和工作之余，也积极投身于留学生社团工作。比如参加学生合唱团。1947年，他被推举为密歇根大学中国留学生会主席。1947年夏被推选为中国学生基督教联合会中西部地区分会主席，这一组织当时已经受到中国共产党影响，是进步学生组织。1948年，留美中国科学工作者协会中部分会先行成立，他又被推举为会长。留美中国科学工作者协会，也是一个受到中国共产党领导的进步学生团体，宗旨是联络中国科学工作者致力科学建国工作，促进科学技术之合理运用，争取科学工作条件之改善及科学工作者生活之保障。该协会在留美学生中知名度很好，参与者众多。

1949年10月1日，新中国成立，消息传至大洋彼岸，引起留学生热切期盼。由于新中国成立之始，百业待兴，各类专业人才急缺。12月18日，周总理通过北京人民广播电台，向海外留学生发出归国参加新中国建设的号召。

1950年元旦前夕，朱光亚牵头起草《给留美同学的一封公开信》，并送给在美国各地的中国留学生传阅、讨论，共有52人联合署名，发表在《留美学生通讯》上。信中激情澎湃地号召留学生归国，引起留美同学积极反响，有力地促使了留学生归国热潮的形成。

↑ 给留美同学的一封公开信（采自《纪念朱光亚同志诞辰90周年》）

同学们，听吧！祖国在向我们召唤，四万万五千万的父老兄弟在向我们召唤，五千年的光辉在向我们召唤，我们的人民政府在向我们召唤！回去吧！让我们回去把我们的血汗洒在祖国的土地上，灌溉出灿烂的花朵。我们中国要出头的，我们的民族再也不是一个被人侮辱的民族了！我们已经站起来了，回

去吧，赶快回去吧！祖国在迫切地等待我们！

1950年2月28日，朱光亚登上驶往香港的"克利夫兰总统"号轮船，辞别正在攻读博士学位的女朋友，赶在美国对华实行全面封锁之前，踏上了归国之路。此前，美国经济合作署愿意为他提供救济金，可以在美国工作和生活。但他拒绝了。事实上，朱光亚学成归国，并积极号召留学生归国建设新中国，正是其爱国精神的一个真实体现。

报效祖国　开拓核科学事业

北大任教

1950年4月1日，朱光亚抵达香港，此后在广州、武汉与家人短暂相聚之后，12日抵达北京。随后，他担任北京大学副教授，时年26岁，是当时北京大学最年轻的副教授，主讲光学和普通物理。同年9月，发表《原子能和原子武器》一文，对原子能的发现历史、原子能的工业运用、原子弹的研制、原子弹能带来什么、氢弹的秘密、为什么反对原子战争等六个方面做了较系统且通俗的介绍，是我国最早介绍和论述相关知识的著作之一。一年后，他再次修改补充，在商务印书馆出版了《原子能和原子武器》，这是新中国第一部原子能领域的学术性著作。

1950年10月，朱光亚与学成归国的许慧君结婚，有情人终成眷属。

朝鲜停战谈判

1950年6月，朝鲜半岛爆发南北军事冲突，随后美国假借联合国名义，组织"联合国军"参战，战火烧至中国东北边境，严重威胁中国的安全。为抗美援朝、保家卫国，中国政府组建中国人民志愿军，于10月25日赴朝参战。经过五次战役，中朝军队将敌军从鸭绿江边渐渐驱逐至三八线附近。由此，自1951年7月开始，参战双方开始停战谈判。

1952年4月，朱光亚刚从大别山参加土改回到北京大学不久，受调出任中国人民志愿军停战谈判代表团秘书处翻译。在收拾行李时，妻子许慧君询问去处，朱光亚处于保密缘由而含蓄回答："到东北打老虎"。

经过短暂集训,他随同战友一道,奔赴朝鲜战场。跨过鸭绿江进入朝鲜之后,面对美军利用空中优势狂轰滥炸,一行人乘坐军用卡车,昼伏夜出,冒着枪林弹雨,两日一夜方才抵达开城,即中国人民志愿军谈判代表团的所在地。

谈判是另一处没有硝烟的战场。朱光亚长期受的严谨的科学训练,在谈判工作得到了体现,谨慎严密,力求翻译准确无误,同时集思广益,理论联系实际,善于总结,在战地中不断思考、学习和提升。随着战局的发展,看到在常规战场上无法即刻分出胜负,美国人就举起核大棒,不止一次地进行赤裸裸的核威慑,在停战谈判上百般刁难。但是中方代表团并不为此所屈服,坚持原则,寸步不让。由此谈判时断时续,陷入僵持阶段。

在谈判期间,朱光亚学会了抽烟,会吐又大又圆的烟圈。这一习惯长期保持下来。朱明远在《我们的父亲朱光亚》一书中,记载朱光亚回答青年技术员询问此事时的描述:

这还要归功于板门店谈判。当时中、朝代表与美国佬谈判,常常是双方一言不发,你看着我,我看着你,静坐一两个小时后,宣布下一次开会的时间就散会了。为了打发时间,我就学会了抽烟。美国佬从鼻子里喷烟,还从嘴里吐烟圈出来。我们的谈判代表也如此对之,而且吐的烟圈一次比一次多、一次比一次大,停战谈判成了吐烟圈比赛。美国佬谈判谈不过我们,吐烟圈也吐不过我们呀!

在入朝参与停战谈判八个月后,由于谈判处于停止状态,中国代表团决定,撤回包括朱光亚在内的一部分人员。抗美援朝战争结束后,朱光亚荣立三等功。

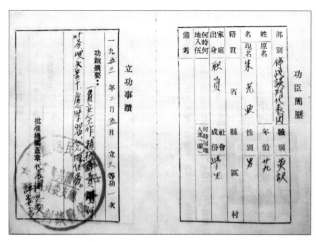

① 朱光亚参加朝鲜战争停战谈判立功证书(采自《纪念朱光亚同志诞辰90周年》)

朱光亚

培养核科学人才

1953年1月，朱光亚从朝鲜战场归国后，直接奔赴长春，参加东北人民大学物理系的创建工作。他担任普通物理教研室主任、代系主任等职，参与制定了物理系的基础建设和发展规划，亲自起草拟定《物理系专业专门化设置意见》，并修订各年级的教学计划，制订《物理系青年教师培养计划》等，为该校物理系的建设和人才培养做出了开创性的贡献。

随着新中国的诞生，面对美国的核威慑，党中央很快就认识到发展自己的原子能事业的必要性。1950年，中国科学院近代物理研究所成立，这是新中国第一个原子能科学技术的专业研究机构。次年，吴有训调任中国科学院副院长，由副所长钱三强接任所长，1953年该所改名为中国科学院物理研究所。钱三强，1936年从清华大学本科毕业，后经著名物理学家严济慈引荐，1937年9月赴法，在巴黎大学镭学研究所居里实验室攻读博士学位，导师为1935年诺贝尔化学奖获得者伊雷娜·约里奥-居里。钱三强在核物理研究上取得多项重要成果，尤其是发现重原子核三分裂、四分裂现象，并对三分裂机制作了科学的解释。

1953年，钱三强向党中央建议发展原子能事业，得到党中央的高度重视。1954年，在地质学家李四光的主持下，中国地质勘探队首次发现铀矿，并成功采集出第一块铀矿石，由此奠定了新中国自力更生发展原子能事业的基础。1955年1月15日，毛泽东主持召开中共中央书记处扩大会议，听取了李四光、刘杰、钱三强等关于铀矿资源和原子能科学研究基本情况的汇报，讨论并做出了发展自己的原子能工业的伟大决策。这一天，是新中国核工业的诞生日。

当时的建设方针是"自力更生为主，争取外援为辅"。1955年4月，与社会主义阵营老大哥苏联签署了苏方援助中国发展原子能的协议。根据协议，苏联援助中国建设了一批原子能工业项目和一批进行核科学技术研究用的实验室，包括原子能研究所的研究性重水反应堆和回旋加速器两座实验设备，并帮助培养一批科技人员。然而至1959年6月，由于赫鲁晓夫撕毁协议，拒绝向我国提供原子弹教学模型和图纸、资料，并于1960年撤回全部在华专家。这吓不倒中国人民。党中央决定完全按照独立自主、自力更生的方针发展我国的核武器，并将中国第一颗原子弹的研制项目定名为"596工程"。

因为中国的原子能事业处于草创时期，急需大量的专门人才。1955年1月，经国务院批准，决定在北京大学设立新中国第一个原子核物理人才培养基地，即物理研究室。该室由国务院第三办公室领导，具体由第二机械工业部（以下简称二机部）负责，依托由钱三强领导的中国科学院近代物理研究所筹办，党组织由北京大学党委领导。这种独特的体制在当时为加速培养原子能科学人才起到了重要的作用。

1955年5月，朱光亚奉命调回北京大学物理研究室，与抽调而来的原浙江大学胡济民教授、北京大学虞福春副教授、复旦学卢鹤绂教授等著名核物理学家，以及来自东北人民大学的陈佳洱等一批中青年骨干教师等，参与筹建工作。1955年8月，高等教育部正式发布通知，在北京大学设立物理研究室，任命胡济民为室主任，虞福春为副主任，从全国6所大学物理系三年级学生中选拔100名学生，转入北京大学物理研究室学习核物理专业。1957年8月，北京大学物理研究室撤室改系，改成原子能系，含原子核物理和放射化学两个专业。

该研究室相继开设了原子核物理、中子物理、放射化学、原子核理论、（核）电子学、原子核物理实验方法、加速器、辐射防护等专业课程。据统计，在这两年多时间里，北京大学设立物理研究室总共培养了650多名原子能科学方面的专业人才，是新中国第一批核物理专门人才，为新中国核工业的创建及原子能事业的发展做出了历史性贡献。

1958年，朱光亚还受聘担任清华大学工程物理系核反应堆专业的顾问。他大力支持清华的核反应堆专业建设，亲自为该专业三个班开设了"核反应堆物理实验"专业课程。

1956年4月初，朱光亚作为中国原子能代表团的十名科学顾问之一，抵达莫斯科参观访问。该代表团是经中央批准，为了进一步争取苏联援助中国建设原子能事业，以刘杰为团长。代表团一行在莫斯科、基辅等地，参观访问了一些研究机构、高校、工厂，与苏联核科学家讨论中国原子能事业的发展方向等。5月，出席了第一届全苏高能粒子物理会议。在苏联交流访问期间，朱光亚的学识得到苏联著名物理学家、稍后获得诺贝尔物理学奖的塔姆院士的认可，给他留下深刻印象。

1956年6月，经中共北京市委批准，朱光亚光荣地加入中国共产党。实际上，在1953年10月，他在东北人民大学物理学任教时，就提交了入党申请书，但多次经过学校党委、长春市委研究，均未获批准，而是让他保持民盟身份，以便开展与民主党派的工作。

朱光亚

肩负使命　铸造核盾

领导建造核反应堆

为落实苏联援助协议，1955年10月，经中央批准，在北京房山坨里地区兴建原子能科学研究新基地，代号为"六〇一厂"。1956年，六〇一厂与中国科学院物理研究所合并，1958年7月改名为中国科学院原子能研究所。1958年6月13日，我国第一座重水反应堆首次临界。9月27日，我国第一座重水反应堆和第一台回旋加速器建成并移交，标志着我国正式跨入原子能时代。1959年坨里基地改称为"四〇一所"。

1958年1月，中央成立第三机械工业部九局，主管核武器研制，2月改为二机部九局（核武器局），选择在青海省金银滩草原建设第一个核武器研制、生产、试验基地，即221基地。由于基地建设不能一蹴而就，同年10月，在北京筹建第九研究所（核武器研究所，对外称九所），位于北京西郊花园路。1964年2月，九所更名为二机部第九研究设计院（对外称九院）。此后，又相继于1968年更名为中国人民解放军第九研究院，1973年恢复二机部第九研究院，1982年更名为核工业部第九研究院，1985年更名中国工程物理研究院。该机构是我国核武器研制的主要机构，对我国核事业的发展具有重大意义。

1956年9月，朱光亚调任中国科学院物理研究所第二研究室副主任，主任为钱三强。第二研究室又称中子物理研究室，主要参与由苏联援建的研究性重水反应堆的建设与启动任务。在此期间，他也开展中子物理和反应堆物理研究，发表了《研究性重水反应堆的物理参数的测定》等研究成果。

在建设重水反应堆的同时，在朱光亚领导下，原子能所还自行设计、建造安装了我国第一座轻水零功率装置，即东风一号，开展了一系列实验工作。这一装置的成功研制，是我国能自主设计建造核反应堆的里程碑事件。

核武器研制技术负责人

由于苏联单方面撕毁协议，撤走专家，使得我国原子弹科研项目不得不暂时停顿下来。1959年7月，中央决策："自己动手，从头摸起，准备用八年时间搞出原子弹。"12月23日，二机部制定出原子能事业八年规划纲要，提出"三年突破，五年掌握，八年适当储备"的奋斗目标。

对于核武器研制而言，千军不易得，一将更难求。由于当时二机部九局、九所、221基地，三套班子一套人马，但缺少原子弹研制技术的总负责人。二机部部长宋任穷请钱三强推荐，钱三强则郑重推荐了朱光亚。1959年7月1日，宋任穷找朱光亚谈话："光亚同志，我们想请你到核武器研究所参加领导原子弹研制工作，你看怎么样？"朱光亚一时愣住，稍后便毫不犹豫地接受了这一光荣任务。钱三强晚年把推荐朱光亚担任核武器研制负责人一事，作为选拔科技帅才的一个成功范例。

他还属于当时科技界的"中"字辈，年仅三十五六岁，论资历不那么深，论名气没有那么大。那么，为什么要选拔他？他有什么长处呢？第一，他具有较高的业务水平和判断事物的能力；第二，有较强的组织观念和科研组织能力；第三，能团结人，既与年长些的室主任合作得很好，又受到青年科技人员的尊重；第四，年富力强、精力旺盛。实践证明，他不仅把担子挑起来了，很好地完成了党和国家交给的任务，做出了重要贡献，而且已经成为我国国防科学技术工作的能干的组织者、领导者之一。

1959年7月起，朱光亚出任二机部第九研究所副所长，成为我国核科学技术领导者，时年35岁。从此，他隐姓埋名，投身于新中国核武器研制事业，为祖国的国防科学技术事业筚路蓝缕，奉献终身。

核武器研制是一项综合性很强的大科学工程，涉及爆炸力学、材料力学、工程力学、核物理、放射化学等多种学科门类的交叉学科，具有复杂性、系统性，需要专业的科学家与工程技术人员通力协作。九所在成立之初，根据苏联专家的建议，设立了理论部、实验部、设计部、生产部四个机构。1960年，王淦昌、彭桓武、程开甲、郭永怀等著名科学家调入九所任副所长。1960年10月，九所机构调整，成立理论物理、爆轰物理、中子物理、放射化学、金属物理、自动控制、弹体弹道等研究室和一个加工车间。此外，经中央批准，从中国科学院、其他高校、有关部门或地区，选调中高级科学家与工程技术人员到九所参加原子弹研制工作，其中1960年调入陈能宽、龙文光等105名，1961年，北京大学教授、理论物理学家周光召到九所兼职，1962年10月调入张兴钤、方正知教授、黄国光工程师等126名。再加上一大批分配来的大学毕业生和归国留学生等青年中坚科技人才，构成了相对完整的核武器研制队伍。由此，随着研究人员的逐步到位，研究休制的逐渐完善，保证了研制工作的顺利进行。

当时，九所领导班子中，所长李觉负总责，副所长中，吴际霖、郭英会负责行政，王淦昌主要负责爆轰物理研究，彭桓武主要负责理论研究，郭永怀主要负责试验与武器化，程开甲主要负责状态方程与爆轰物理研究，朱光亚承担"诸葛亮"式角色，自称"瓶子口"，承上启下。另外，邓稼先1958年调入第二机械工业部第九研究院，担任理论部主任，组织领导原子弹理论研究，完成了中国第一颗原子弹的理论设计方案，并参与指导爆轰模拟试验。

作为研制核武器的主要科学技术负责人，朱光亚负责总体规划、总体协调，他展现了卓越的领导才能，承上启下，参与制订研究计划和规划，组织分解研制总体任务为主要科学问题和关键技术，调度平衡科研人员组建科研团队，确定主要研究方向，设立重点公关课题，选择技术途径，审核试验方案等重要工作，开展了大量细致而艰巨的工作，起到了不可替代的重要作用。

组织原子弹研制

根据朱光亚的叙述，爆轰试验是在官厅水库地区借用工程兵靶场进行；中子物理和放射化学研究工作，以原子能研究所为基地，由钱三强领导、何泽慧指导下顺利开展；理论物理研究中的大量计算工作，先是用几台手摇计算机和电动台式计算机，日夜不停地进行，1961年起得到中国科学院计算技术研究所的大力支持，使用该所的104电子管计算机，由数学家周毓麟、秦元勋、李德元等研究的有效的数学方法和计算程序，计算工作得以加速进行。

1962年9月，基于当时核武器的理论研究取得重大进展，一些关键技术获得突破并被掌握，比如原子弹起爆元件得以突破，内爆法关键技术获得验证，中子源也有了明确研制方向，核材料铀–235的生产技术也已获得突破并被掌握，生产线建设工程已近完成，原子弹的设计陆续开展，试验研究等已取得明显进展，结合西北核武器研制基地和核爆试验场的建设已近完成，二机部研究提出，争取在1964年下半年，最迟在1965年上半年，爆炸我国第一颗原子弹的奋斗目标，即"两年规划"。朱光亚主持起草了报告，由二机部以《1963、1964年原子武器工业建设、生产计划大纲》为题呈报党中央、国务院。10月，中央政治局召开会议，听取国务院关于原子能工业生产、建设与核武器研制情况的回报，会后向党中央呈报关于成立中共中央专门委员会的报告。11月3日，毛泽东主席审阅了这份报告,并批示:"很好,照办。要大力协同做好这件工作。"11月17日,中共中央决定成立中央专门委员会(简称中央专委会),加强对核工业的领导,周恩来总理为主任。

同年12月4日,周总理主持召开中央专委会第三次会议,审议二机部上报的"两年规划",由刘杰、钱三强汇报,朱光亚作补充汇报。在朱光亚汇报完毕后,周总理赞赏道:"很好!很好!核武器研究所的同志们作了艰苦的努力,党和人民是清楚的。"会后周总理作了重要讲话,概括起来是科研工作要遵循的4个要点,共16个字,即"实事求是,循序而进,坚持不懈,戒骄戒躁",后来成为指导"两弹一星"事业的一条重要原则。此次会议之后,至中国第一颗原子弹爆炸试验之前的近两年时间内,周总理主持召开了9次中央专委会,讨论解决了100多个重大问题。

在提出"两年规划"之后,朱光亚进而分析研究其可行性,组织编写了《原子弹装置科研、设计、制造与试验计划纲要及必须解决的关键问题》《原子弹装置国家试验项目与准备工作的初步建议与原子弹装置塔上爆炸试验大纲》这两份纲领性文件。前者是阶段性总结分析报告,后者明确提出核爆炸试验分两步走,即第一步先以塔爆方式进行,第二步再以空投方式进行。后来的实践证明,这是一个切实可行的方案,不但使我国第一颗原子弹爆炸的时间提前了,更重要的是能安排较多的试验项目,用来监测原子弹动作的正常与否,检验设计的正确性。

"两年规划"经中央批准后,在党中央、国务院的坚强领导下,在全国各有关部门、地区的大力协同和支援下,经过科研人员和技术人员艰苦卓绝的工作,原子弹研制的进度得以加快,进入冲刺阶段,并如期实现了规划目标。

1963年初,位于青海金银滩的核武器研制生产基地基本建成。3月,九所的科研人员陆续迁往该基地。1964年3月,中央批准,二机部九局、核武器研究所、青海核武器研制基地合并,组建为中国核武器研究院。李觉出任院长,吴际霖、王淦昌、彭桓武、郭永怀、朱光亚为副院长。

为了加强原子弹研制技术工作的领导,九所成立了产品设计、冷试验、场外试验、中子点火等4个委员会,分别由吴际霖、王淦昌、郭永怀、彭桓武负责。除了全面领导原子弹研制的技术工作外,朱光亚还担任中子点火委员会副主任,负责点火中子源的研制。点火中子源,即原子弹的点火装置,是核武器的关键部件之一。当核裂变材料达到超临界状态时,注入点火中子,引起剧烈的链式反应，从而实现核爆炸。在1956年担任中国科学院物理研究所中子物理研究室副主任时期，朱光亚即开展过中子物理的研究。此次则领导胡仁宇负责的中子物理和放射化学实验室，开展攻关任务。1964年7月，由王方定小组承担的点火中子源研制任务成功完成，为中国第一颗原子弹爆炸奠定了基础。接着，朱光亚亲自主持核材料的临界、次临界实验，先后组织了上千次实验，终于获得了核材料的临界、次临界安全的参数。这项实验也是原子弹爆炸的基础性研究。

1963年4月2日，作为二机部78名科学家代表之一，朱光亚受到毛主席、周总理等中央领导接见。5月，他主持起草了《第一期试验大纲》。12月5日，列席中央专委会第七次会议，汇报原子弹研制进展，报告准备近期开展一次聚合爆轰试验。12月24日，1：2缩尺的聚合爆轰试验成功，意味着点火中子源成功点火。

1964年4月，朱光亚列席中央专委会第八次会议。会议决定要抓紧做好第一次核试验的一切准备工作。会后，朱光亚主持起草《596装置国家试验大纲》。6月6日，全尺寸聚合爆轰试验成功。这两次聚合爆轰试验的成功，意味着第一颗原子的理论、设计、构造、生产、引爆、测试等各个环节完全达标，距离正式试验仅一步之遥。

1963年8月，青海核武器研制基地开始原子弹总装，共2颗，代号分别为正式弹596-1和备用弹596-2。由于第一颗原子弹596-1呈球形，连接火工品的电缆像头发一样长，因此将它的密语定为"邱小姐"。9月，毛泽东批准，在10月至11月之间进行第一颗原子弹爆炸试验。10月4日，"邱小姐"运抵新疆罗布泊核试验场。

1964年10月16日下午3时整，中国自行研制的第一颗原子弹爆炸成功，在西北戈壁滩腾空而起一朵黄褐色的蘑菇云。

当晚，毛泽东、刘少奇、周恩来等党和国家领导人在人民大会堂观看大型音乐舞蹈史诗《东方红》。在接见全体演职人员时，周总理当众宣布我国第一颗原子弹爆炸成功。接着，中央人民广播电台向全世界播报，《人民日报》印发号外，报道这一消息。第二天，周总理在人民大会堂向第三届全国人大一次会议上宣布这一特大喜讯。消息震动了全世界，意味着中国人民打破了帝国主义的核垄断。中国第一颗原子弹爆炸实验为塔爆试验，是在102米高的铁塔上进行的，当量为2.2万吨，标志着中国已经成功研制原子弹，但只是原子弹试验计划的第一步，第二步是研制可以空投的原子弹,即核航弹,是实用性武器化的装备。

核航弹,是利用航空器携载投放的装有核战斗部的炸弹。美国于1945年8月分别投放在日本广岛、长崎的两颗原子弹,是世界上最早用于实战的核航弹。在朱光亚的原子弹试验计划中,在进行第一颗原子弹的研制的同时,已经同步开始实用性武器化的核航弹的探索。在1960年核武器研究所的科研计划中,已经开启了航弹气动外形、弹体结构和引爆控制系统的研究和设计工作。在1962年由他起草的"两年规划"和由他制定的两个纲领性文件中,也对核航弹有所安排。此后,他与郭永怀、龙文光等一起组织领导研究人员,与航空部、电子部、国防部五院(航天部)等部门通力协作,开展核航弹的研制。到第一颗原子弹装置爆炸成功时,航弹气动外形、结构和总体布局以及引爆控制系统设计都已确定。运载航弹的图–16轰炸机也已改装完成。

在我国第一颗原子弹塔爆成功之后,核航弹的研制提上议事日程,以596–2原子弹为核爆炸装置,加装引爆控制系统以及尾翼。很快,1965年5月14日,中国首次机载核航弹爆炸试验成功,完成了原子弹试验计划的第二步。

参与领导两弹结合工作

两弹结合是指将原子弹、氢弹等核弹弹头与弹道导弹相结合的技术,使得导弹成为核弹的运载工具,能够极大地提高核武器的战略价值和打击能力。

实际上,在1963年9月,国务院副总理兼国防科学技术委员会主任聂荣臻元帅在听取二机部刘杰、刘西尧、钱三强等领导同志汇报时指示:我们装备部队的核武器,应以导弹为运载工具作为主要发展方向。1964年2月,聂帅进一步指示:两弹结合,即把原子弹装到导弹头上,成为导弹核武器的核试验,应在不妨碍当前任务的前提下妥善安排。

同样地,在钱学森的领导下,新中国导弹研制已取得了一系列成果。比如1960年2月,他指导设计的中国第一枚液体探空火箭成功发射,11月协助聂荣臻一起成功组织了中国第一枚近程地地导弹发射试验,1964年6月与张爱萍一起组织指挥了中国第一枚中近程地地导弹飞行试验等。

为了落实中央两弹结合的指示,朱光亚参与领导了适合导弹运载的核弹头的研制任务。经过严密的论证,用于两弹结合的核弹头,采用第一颗原子弹的构造,但缩小尺寸以减轻重量。但与核航弹的投放不同,导弹携带的核弹头需要面对导弹飞行过程中的冲击、振动、噪声,以及再入大气层的高过载等恶劣环境。由此,他参与组织了两弹结合的实验工作,涉及核弹头振动、碰撞、坠地、自毁、燃烧等一系列异常状态下的模拟试验,核弹头在导弹飞行过程特殊环境下的承载能力等。由于我国的两弹结合试验,需要在本国领土上进行,这种热核试验必须要保证安全性。1966年9月,朱光亚等相继成功组织实施了装载模拟核弹头的两弹结合试验、装有化学炸药的冷试验、核弹头自毁系统试验。

1966年10月27日,钱学森作为技术总负责人,协助聂荣臻,组织实施了中国首次导弹与原子弹结合的发射试验。东风二号甲中程弹道导弹携带原子弹弹头,飞行894公里,在新疆罗布泊核试验场的靶区上空569米的预定高度爆炸,爆炸威力为1.2万吨TNT当量。

这次试验的成功,实现了我国原子弹研制"三级跳"计划,是中国核武器研制的里程碑事件,标志着中国拥有了真正的核威慑和核打击能力,对国防现代化建设产生了重大影响。

参与领导氢弹研制

氢弹是利用核裂变装置爆炸产生的能量,引发氘、氚等轻核材料的自持聚变反应,瞬时释放巨大能量的核武器,故又称聚变弹或热核弹。美国研制氢弹,是从第二次世界大战末期开始,但多次试验均未获成功。1950年1月,美国总统杜鲁门决定重启氢弹研制,由匈牙利裔科学家泰勒领导,提出泰勒–乌拉姆氢弹设计方案。利用电子计算机对热核反应的条件进行了大量计算,得出钚弹爆炸所产生的高温可以引发氘和氚混合物开始聚变反应。在得到实验验证后,美国加快了氢弹的研制,1952年11月1日在太平洋上进行了第一次氢弹原理试验,约1000万吨TNT当量,相当于广岛型原子弹的500倍,但不具备实战能力。1953年8月,苏联宣布氢弹试验成功,首先完成氢弹实用化,但因构造原因导致当量小,约40万吨TNT当量。1954年3月1日美国在太平洋的比基尼珊瑚礁上成功完成了世界上第一颗真正意义上的实用氢弹试验,高达1500万吨TNT当量。由于氢弹的杀伤威力比原子弹要大得多,原子弹爆炸通常释放为几百至几万吨TNT当量,而氢弹爆炸则可至几千万吨TNT当量,是战略级核威慑力量。1957年5月15日,在美国帮助下,英国进行了第一次氢弹实验。当时法国也积极寻求氢弹研制。从此,大国之间的核武器竞赛开始进入了一个新的阶段。

在两弹结合试验获得成功之后，朱光亚立刻组织领导氢弹的研制工作。实际上，几乎与研制原子弹同时，氢弹研制的理论探索已经有所开始。在1960年12月，二机部刘杰部长就提出，核武器研究所应先集中力量进行原子弹攻关，但是原子能研究所可以对氢弹的理论探索工作先行一步。按照指示，原子能研究所于当月即成立了"中子物理领导小组"，由所长钱三强主持，黄祖洽、于敏等理论物理学家和几位青年科技人员一起，开始进行热核材料性能和热核反应机理的研究。

1964年5月，毛主席在听取国家计委关于第三个五年计划，谈到核武器发展问题，明确指出："原子弹要有，氢弹也要快。"1965年1月，毛主席听取长远规划设想的汇报时，再次提出加快氢弹研制。

1964年10月，中国第一颗原子弹爆炸试验成功后，周总理也提出，氢弹研制能否加快一些，并要求二机部就此做出全面规划。核武器研究院党委决定，由朱光亚主持，与副院长彭桓武、理论部主任邓稼先一起，领导氢弹研制工作。核武器研究院因此抽出部分理论研究人员全面开展氢弹的研究，比如热核反应机理与规律、热核材料的点燃、裂变聚变耦合问题等理论问题，以及中子输运、超高温高压状态方程、辐射流体力学、二维流体力学计算方法等专题研究。

1965年初，原子能研究所与核武器研究所的有关科研人员集中到核武器研究院，协同攻关，集思广益，大胆假设，从原理、结构、材料等多方面广泛开展研究，提出各种新的概念和设计方案。经反复研究后，1965年2月3日，二机部向中央专委会呈报了朱光亚起草的《关于加快发展核武器问题的报告》，提出一方面要抓紧原子弹武器化工作，以便装备部队，另一方面要尽快突破氢弹研制技术，以便获得战略级核武器。周总理主持中央专委会审议并原则同意二机部的规划安排。氢弹的研制，在理论和制造技术上比原子弹更为复杂。虽然原子弹的设计理论和技术对于氢弹的研制有一定的借鉴意义，但是远远不能满足需要。当时，世界上只有美国、苏联、英国成功完成氢弹试验，但氢弹的原理和结构属于绝对机密，中国只知道氢弹的一般原理，因此必须走出自己的路。

1965年2月，朱光亚主持召开了氢弹研究规划会，与彭桓武、邓稼先、周光召、于敏、黄祖洽等诸多专家一起，经过充分地研讨之后，初步制订了一个两步走的计划。其中第一步是突破氢弹原理，第二步则完成重一吨左右、威力为百万吨级TNT当量的热核弹头理论设计，力争在1968年前实现首次氢弹空爆试验。1965年8月,朱光亚主持起草《关于突破氢弹技术关键问题上的工作安排》。

原子弹和氢弹的研制,涉及大量的计算。1963年,中国科学院计算技术研究所研制了两台最新、计算速度最快的电子管计算机119机、J–501机,两种机型的运算速度都为每秒5万次,其中119机安装在北京中国科学院计算技术研究所,J–501机安装在上海嘉定的中国科学院华东计算技术研究所。因此,氢弹研制团队根据遴选出来的新的设计方案,分为两路,一路留在北京使用119机验算,另一路去上海使用J–501机。

1965年9月底,于敏等带领研究团队前往上海,利用J–501机进行了大量计算,对小同模型进行数值模拟,经过三个多月的艰苦计算与分析,率先打破僵局,发现了热核材料燃烧过程中几个特征量与释放能量的关系,终于找到了造成自持热核反应的关键条件。进而通过反复验证,年底时氢弹理论得以重大突破,提出了氢弹的理论方案。

由于"文化大革命"爆发,国防科技战线受到较大冲击。朱光亚虽然也受到冲击,但尚能勉力主持工作。1966年底,局势已经影响到氢弹研制协作任务的进展。鉴于此,根据叶剑英的提议,中央军委发布了"特别公函",明确指出研制氢弹是中共中央和毛泽东主席批准的重要任务,要群策群力,按时完成,促使各承担协作任务的单位很快研制出急需的仪器设备。1967年3月,国防科技工业部门仍有许多单位处于瘫痪或半瘫痪状态。聂荣臻提议对国防工业部门实行军管,经周总理、毛主席批准,中共中央、国务院、中央军委发布对各国防工业部门实行军管的决定。由

↑ 1966年12月28日,朱光亚(左二)陪同聂荣臻(左三)在氢弹原理塔爆试验现场(采自《纪念朱光亚同志诞辰90周年》)

于采取了一系列有力措施,受到冲击的从事氢弹研制的部分领导及科研人员得以摆脱干扰,从而保证了氢弹研制任务的继续开展。

1966年11月,朱光亚主持召开氢弹科研生产汇报会,并于会后起草《关于

氢弹头"初级"试验准备工作情况的报告》，以二机部名义呈报中央专委会。12月11日，列席中央专委会会议，向党中央、国务院汇报氢弹的关键技术问题。1966年12月28日，在西北核试验基地，中国成功进行了氢弹原理塔爆试验。聂荣臻受周总理的委托，亲自到场主持试验。塔爆试验的成功，证明了新的氢弹理论方案，既先进又简便切实可行。1967年6月17日，在西北核试验基地，中国首次氢弹空爆试验圆满成功，威力达到百万吨级TNT当量。聂荣臻受周总理的委托，再次亲临现场主持了试验。

第一颗原子弹爆炸成功到第一颗氢弹爆炸成功，美国用了7年4个月，英国用了4年7个月，法国用了8年6个月，苏联用了不到6年3个月，而中国只用了2年8个月。

冲破禁试

1963年7月25日，美国、英国、苏联三国代表在莫斯科签订了《关于禁止在大气层、外层空间和水下进行核试验的条约》(简称《部分禁试条约》)。这个条约表面上看是为了控制军备竞赛，维护世界和平，实则是三国为了阻止其他国家尤其是中国获得核武器的能力。因为它们已经在大气层、外层空间和水下进行了大量核试验，获得大量的数据，完成了核武器的定型，并且也已经有能力开展地下核试验，而这并不在禁止之列。当时中国的核武器研制进度正处于攻坚阶段，并且对中国而言在大气层进行核试验是必须的，因而在三国看来就是不允许的。美国甚至毫不掩饰地宣称，三国之所以能够达成协议，是因为"我们能够合作来阻止中国获得核能力"。这就是《部分禁试条约》的实质。

7月31日，中国政府发表《关于主张全面、彻底、干净、坚决地禁止和销毁核武器，倡议召开世界各国政府首脑会议的声明》。

根据周总理的指示，朱光亚起草了《停止核武器是一个大骗局》的报告，揭露了三国签约的目的，重点分析了美国核武器发展的三个阶段，并结合中国的实际情况提出对策，指出中国不但不能禁止，还必须抓紧时机，尽快成功研制我国的核武器，进而掌握地下核试验技术，打破西方大国核垄断。

地下核试验，是指将核爆炸装置放进地下一定深度进行的核爆炸试验，包括平洞和竖井两种主要方式。平洞式地下核试验是开掘特殊设计的一条长坑道和几条支坑道，在坑道内放置核爆炸装置和各种检测仪器设备，再按特殊的设计方案回填之后，实施核爆炸，并收集数据，开展理论设计验证。竖井式地下核试验是挖掘大口径竖井，将核装置和各种仪器设备吊置于底部，按要求封闭回填后，实施核爆炸。地下核试验是核武器研制的客观需要，相较于其他核试验方式有三点优势。其一是造成的环境污染更小，并能避免放射性物质扩散及沉降造成大范围空气污染与地表污染。其二是能更方便精确放置核装置及各种检测设备，受气象条件影响小，能更精确测量核试验的过程及性能，在核装置爆炸后可通过钻取核反应产物进行细致分析，检验设计方案。其三是保密性更强。其他核试验形成的放射性粉尘会通过空间向外扩散，国外敌对势力仍可能收集到样品进行分析，从而对核武器的装料、性能作出相对准确的判断，而地下核试验仅能提供地震信号，国外只能根据震级粗略判断爆炸当量。

1963年9月，根据朱光亚的报告，中央专委会决定，在抓紧第一颗原子弹研制的同时，把地下核试验作为设计项目。由此，在准备第一颗原子弹爆炸试验、继续完成空投核航弹试验准备工作的同时，地下核试验也开始了准备工作。1965年4月，核试验基地开始挖掘山洞，10月完成开掘任务，12月底前又完成了一次化爆试验，检验了坑道的安全性。原计划于1966年5月进行第一次平洞式地下核试验，但中央专委会决定调整核试验计划，首先实施两弹结合试验，并集中力量进行氢弹技术攻关，地下核试验的准备工作暂停一段时间。

1967年10月底，在氢弹成功爆炸之后不久，朱光亚参加了首次地下核试验技术工作会议，讨论了地下核试验的目的、测试项目、工程要求等。中国地下核试验再次提上日程。王淦昌负责技术工作，组织研究用于地下核试验的原子弹装置。经过近两年的艰苦奋斗，第一次地下核试验的各项准备工作就绪。1969年8月10日，朱光亚、张英向周总理汇报了第一次地下核试验的核装置研制加工以及试验场地的准备情况。1969年9月15日，由朱光亚主持，顺利完成在主坑道内核装置的安装以及各项安全检测任务，符合爆炸条件。

1969年9月23日，进行了中国第一次平洞式地下核试验，顺利完成，威力约2万吨TNT当量。核试验后挖开坑道，发现了玻璃体，但也发现了一条子坑道出现了扩孔。朱光亚、程开甲、周清波等人闻讯后，亲自钻入狭窄的坑道，冒着40℃高温与塌方危险，深入几百米的爆心附件，观察爆炸产物、岩体分布、泄露等情况。经过几年的技术攻关，1975年10月27日，为解决地下核试验的自封、快速照相、近区物理测量、抗干扰技术等问题，中国进行了第二次平洞式地下核试验。爆炸后取样时，洞口处山体倒塌，淹没取样间，现场放射性剂量比较高，导致取样工作暂时停止。朱光亚、王淦昌等第二天到达现场，分析判断，可以尝试从预备洞口获得样本。经过重重困难，取样人员终于获得两瓶气体样本。经过数据分析，核试验爆炸成功。紧接着又进行了第三次平洞式地下核试验，验证了测试总体技术方案。通过这三次地下核试验，我国就基本掌握了地下核试验的试验工程、快速取样、近区物理测量、抗干扰技术等各项技术，使得我国的核武器研制迈入的新台阶。

1975年11月9日，在基本掌握平洞式地下核试验后，朱光亚亲自修改批准了《关于抓紧做好竖井方式地下试验准备工作的通知》。1976年7月15日，参加第一次竖井式地下核试验方案讨论会，之后又组织在北京召开几十天会议，专题讨论竖井试验问题。1978年10月14日，中国首次竖井式核试验成功。

经过多年的技术改进，以及多次实施地下核试验，中国的地下核试验技术日趋成熟。1980年10月16日，中国进行了最后一次大气核爆炸。1986年3月21日，在维护世界和平大会上，中国政府庄严宣布："我国已多年未进行大气层核试验，今后也将不再在大气层进行核试验。"

战略科学家的作用

高技术研究发展计划

1970年6月，经党中央批准，朱光亚调任国防科委副主任。此后1982年7月出任国防科工委科学技术委员会副主任，1985年3月出任国防科工委科学技术委员会主任、国防科工委党委常委。他在我国高技术发展战略、国防科技发展战略领域做出重要贡献。

1986年3月3日，王大珩、王淦昌、杨嘉墀、陈芳允4位科学家，联名上书党中央一份题为《关于跟踪研究外国战略性高技术发展的建议》，建议党中央要及时全面追踪世界先进水平，制订中国高技术的发展计划。3月5日，邓小平批示："此事宜速决断，不可拖延。"11月18日，党中央和国务院批准了《高技术研究发展计划纲要》，简称"863"计划。1987年3月，这一我国高技术研究发展的宏大计划启动实施，首批列入生物技术、航天技术、信息技术、激光技术、自动化技术、能源技术和新材料七个高科技领域。朱光亚是国务院高技术协调领导小组成员，参与组织领导了该计划的制订和实施。同时他也是"863"计划中国防科工委领导的航天技术领域、激光技术领域的总负责人。

1986—1988年，朱光亚主持了《2000年的中国国防科学技术》发展战略研究，是我国国防科技领域第一次开展大规模中长期发展战略研究，提出了"以整体效益为中心，需求牵引和技术推动相结合，选择跟踪，重点突破"的发展战略，为其后的国防科技发展指明了发展方向，迄今仍具有重大指导意义。1986年3月，朱光亚主持召开了"战略性国防高技术发展问题座谈会"，初步拟定了国防科技领域高技术的发展项目。

同样地，在朱光亚和首席科学家屠善澄的领导下，对航天技术领域高技术做了前瞻性的规划，尤其是用五年时间完成了我国载人航天工程的前期论证工作，进而深化研究，为我国载人航天事业做出了历史性贡献。1992年1月8日，国务院总理李鹏主持召开中央专委会会议，专题讨论中国载人航天工程的立项问题。朱光亚代表国防科工委，汇报了载人航天工程可行性论证报告。

十 年 辉 煌

在国防科技领域，朱光亚依然是中国核武器研制与发展的领导者，同时潜心国防科技发展、武器装备发展战略研究，制定了全面禁试前的战略部署，组织拟制了国防关键技术报告，参与组织领导了地下核试验、潜射核导弹、中子弹的研制，以及小型化、武器化研制，为中国国防尖端技术的建设和发展做出了重要贡献。1982年10月12日，"巨浪一号"导弹水下发射试验圆满成功，是我国在自己海域首次成功以潜艇从水下向海上目标发射导弹，标志着中国成为世界上第五个掌握水下发射弹道导弹技术的国家。

1984年12月19日，朱光亚组织指挥了中国首次中子弹原理实验，获得圆满成功。1988年9月29日，中子弹试验成功，威力约2500吨TNT当量。中子弹，即增强辐射弹，是以高能中子辐射为主要杀伤力、威力为千吨级的小型氢弹。中子弹爆炸时核辐射效应大，穿透力强，是"撒手锏"式特种战术核武器。中子弹的成功研制，是继原子弹、氢弹之后，我国核武器研制史上的又一个里程碑，为我国的国防安全保障起到了重要作用。

1996年7月29日，朱光亚组织指挥了我国暂停核试验前的最后一次地下核试验。当天晚上，中国政府正式宣布暂停核试验。稍后，中国政府签署《全面禁止核试验条约》。在我国核武器研制发展历程中，一共进行了 45 次核试验，与其他核国家相比，试验次数最少，使用经费最少，设计水平接近美国，试验成功率和效益却是最高。

事实上，全面禁止核试验问题，长期以来一直饱受国际社会关注。1992 年，美国在完成 6 次核试验后，向联合国提议，开展全面禁止核试验的谈判。1996 年 9 月 10 日联合国大会通过了《全面禁止核试验条约》。该条约是一项旨在禁止所有缔约国在任何地方进行任何核爆炸，以求有效促进全面防止核武器扩散、促进核裁军进程、增进国际和平与安全的国际条约。9 月 24 日，该条约开放签署。同年 10 月底，美国、中国、法国、俄罗斯、英国等 128 个国家在条约上签字。当然具有讽刺意味的是，作为条约发起国的美国，其国会迄今尚未批准该条约。

正是由于朱光亚等前瞻性地制订了一系列全局性、长远性的战略部署，使得我国在 1986 年宣布不再进行大气层核试验后，至签署《全面禁止核试验条约》之前，在核武器研制领域取得了一系列成就，共铸十年辉煌。

开拓核电事业

在继续负责组织核武器技术研究与发展工作的同时，他还参与组织领导国防科学技术领域的重要工作。其中之一就是领导中国第一座核电站秦山核电站的建设。

1970 年 2 月初，周总理在听取上海市关于解决战备电源问题汇报后指示："从长远看，要解决上海和华东用电问题，要靠核电。"又称"二机部不能光是爆炸部，要搞原子能发电。"2 月 8 日，上海市传达周总理的指示精神，开始核电站建设的预研工作。因此，中国第一座自行设计建造核电站工程被命名为"七二八"工程。1971 年 1 月，朱光亚受命参与组织领导第一座核电站的筹建工作，主持起草了《关于上海试验性核电站方案的研究情况的报告》。1974 年 2 月，上海市与二机部联合呈报党中央，提出建设 30 万千瓦压水堆核电站的方案。3 月 31 日，周总理主持中央专委会会议，朱光亚等参加，审查并批准了该核电站方案。

在秦山核电站的建设过程中，朱光亚组织力量进行关键技术攻关，对核燃料组件的设计、试验、试制等提供了有力指导，组织领导核燃料加工技术、核放射性同位素应用等项目的研究，多次亲临现场指导工作，召集会议研究、协商、解决工程建设中的问题，对秦山核电站的成功建设起到重要作用。

1982年4月，"七二八"工程选址浙江海盐县东南的秦山北麓。1985年3月20日开工建设，经过安装和全面调试，1991年12月15日并网发电，实现了我国核电技术的重大突破，结束了中国大陆无核电的历史，为和平开发利用核能，推动我国经济社会发展做出了重要贡献。

探索军备控制研究

作为将一生主要精力致力于中国核武器研制的科学家而言，朱光亚也积极探索核军备控制研究，并在其间发挥了重要作用。

军备控制，是指国际上对核类武器的部署、储存、生产、试验、使用，制定一些控制军备竞赛和防止战争的安全保障措施。核武器具有巨大的杀伤力，并能造成大范围的持久性的危害，因此核军备控制是国际军备控制的首要目标。实际上，自从美国在日本投放两颗原子弹之后，国际社会就开始核军备控制的提议，相继有国际组织提出或政府间双边或多边签署了一系列核军备协议，比如1961年11月联合国大会通过《禁止使用核及热核武器宣言》，1963年美国、苏联、英国签署《部分禁止核试验条约》，1968年联合国大会通过《不扩散核武器条约》，1979年通过《美苏限制进攻性战略武器条约》，1987年通过《美苏中导条约》，1991年通过《美苏削减战略武器条约》等。

事实上，中国出于防御目的而研制核武器，但随着国际社会不断加强对核军备控制的谈判，中国政府也意识到必然要融入这一趋势。朱光亚约在1985年就开始了军备控制的研究。1990年，他组织领导成立了军备控制研究小组，提出军备控制物理学，对军备控制中涉及各种物理学的问题开展深入研究，比如武器效能和战争效应，军备控制的系统分析，核查技术，武器销毁技术等。这一研究领域正逐步发展成为物理学应用研究的一个新的分支学科。在1996年我国政府签署全面禁试条约前后，他敏锐地指出，我国核武器技术发展到一个新的历史时期，需要规划签约后的发展方向。

老骥伏枥　担当重任

出任中国科协主席

1991年5月，在中国科学技术协会第四次全国代表大会上，朱光亚被选举为中国科协主席。在此期间，他依照科协章程，贯彻党中央对科协工作的指示精神，充分团结、调动全国科技工作者的积极性，努力发挥科协作为党和国家联系科技工作者的桥梁和纽带作用，有力地推动了中国科协的改革，为科协事业的发展做出了重要贡献。

他非常重视青年科技人才的培养，比如1992年在他的倡导下中国科协创立了青年学术年会，1994年推动"中国科协青年科技奖"提升为国家级科技奖"中国青年科技奖"，1995年倡导成立了中国科协青年科学家论坛。

中国工程院首任院长

1994年5月31日，中国工程院成立，朱光亚当选第一任院长、党组书记，至1998年5月卸任。其间，他领导建立了一整套较为完善规范且行之有效的工作方法和程序，领导制定了几项基础性工作规范或准则，为中国工程院的初创和发展做了大量奠基性和开拓性的工作，对我国工程科学技术事业的健康发展产生深远影响。

在艰苦的条件下，朱光亚带领同事一起，开始了中国工程院的发展之路。在其任上，是工程院增选院士次数最频繁、发展最快的四年。这四年，在他的主持下，中国工程院从无到有地建立起了一套较为完善规范的院士增选制度、原则以及实施办法，保证了增选工作的顺利开展。比如朱光亚尤其注重院士队伍的自身建设，尤其是学风道德建设，推动成立了科学道德建设委员会，先后制定了《中国工程院院士增选工作中院士行为规范》《中国工程院院士科学道德行为准则》等。

出任总装备部科技委主任

1999年1月，中央军委任命朱光亚为解放军总装备部科学技术委员会主任。此时他已经75岁高龄。

新世纪新阶段,他作为《国家中长期科学和技术发展规划纲要(2006—2020)》总体战略专家顾问组三位召集人之一,对国家中长期科学和技术发展规划纲要研究制定提出了大量真知灼见的建议。

担任总装备部科技委领导期间,他凝聚近千名科技专家组成了基本覆盖武器装备技术各个领域的专业组,形成了以科技委常任成员、顾问、兼职委员和专业组成员等组成的科技专家咨询体系,使总装科技委充分发挥了作为"全军科技委"的智囊和决策咨询作用。

无私奉献的一生

朱光亚视祖国的利益高于一切,并且以实际行动诠释了拳拳爱国之心,生命不息,报效不止。少年时代,他即参加爱国运动;青年时期,他胸怀壮志,远赴重洋,以图科学救国;大学及留学期间,积极参加学生进步团体,组织爱国进步活动;待学有所成,义无反顾回归祖国,并以实际言行号召海外学子回国参加祖国建设;回国后,服从党和国家的需要,奔赴各个岗位,无怨无悔,为国家的富强倾尽毕生智慧和心血。

朱光亚在工作上,舍小家顾大家,无私奉献。自从投身于核武器研制工作以后,他不辞辛劳、埋头苦干、忘我工作,亲临试验现场,不顾风险,不惧风霜寒暑,身体力行,排险解难,为党和国家的国防事业殚精竭虑、建言献策。他不

↑ 2005年12月12日,朱光亚在家中留影(采自《纪念朱光亚同志诞辰90周年》)

恋权位,在1994年、2003年分别向组织提出辞职,未获批准,直至2005年12月,经中央军委决定,才退出现职。他在生活中也体现出老一辈科学家的无私奉献的高贵品格。1996年10月,朱光亚获得"何梁何利基金科学与技术成就奖",奖金100万港币。这在当时可谓巨款,但他立即委托工程院首任秘书长葛能全领取奖金支票,并全部捐赠给正在筹建的中国工程科技奖励基金会,并嘱托不要宣传出去。

又如，在 1998 年卸任中国工程院院长时，他办公室内所有公费购买的书籍、资料，一册都不让带走，交代工作人员整理好并做好移交工作。

朱光亚是我国核武器研制以及国防科学技术的主要负责人，组织领导了我国从原子弹、两弹结合、氢弹、地下核试验以及小型化、武器化等核武器发展的整个历程，为我国国防安全做出了重大贡献，立下了不可磨灭的功勋。

在核武器研制过程中，朱光亚一直强调大力协同，视之为科技攻关的重要手段。从原子弹研制到氢弹研制，从第一代核武器到小型化、武器化，从塔爆、空爆试验到地下核试验，我国核武器研制的每一项重要突破，每一次成功试验，每一个重大跨越，都凝聚着众多参与人员的智慧和汗水。朱光亚被国家授予"两弹一星功勋奖章"时，他诚恳地表示："我只是这一伟大集体中的一员。"在"朱光亚星"命名仪式上，他真诚表示"成绩归功于党和政府，归功于集体"。

/ 参考文献 /

[1] 本书编委会编.朱光亚院士八十华诞文集[C].北京：原子能出版社，2004.

[2]《风范长存天地间》编辑组编.风范长存天地间：朱光亚同志逝世一周年纪念文集[C].北京：人民出版社，2012.

[3] 顾小英，朱明远.我们的父亲朱光亚[M].北京：人民出版社，2009.

[4] 宋健主编."两弹一星"元勋传[M].北京：清华大学出版社，2001.

[5] 奚启新著，伍献军编.朱光亚传[C].北京：中国青年出版社，2017.

[6] 奚启新著，中国人民解放军总装备部政治部组织编.朱光亚传[C].北京：人民出版社，2015.

[7] 徐鲁主编.心中那朵蘑菇云：核物理学家朱光亚[M].北京：中国和平出版社，2021.

[8] 朱光亚.中国爆炸第一颗原子弹前后——怀念周总理[J].中国科技奖励，2005（4）.

[9]《朱光亚》编委会编.纪念朱光亚同志诞辰 90 周年：朱光亚（1924—2014）[C].北京：人民出版社，2014.

[10] 朱明远.细推物理须行乐：核物理学家朱光亚的故事[M].北京：科学普及出版社，2017.

（本文作者：邓　亮）

周光召

周光召（1929—2024），湖南长沙市人，中国共产党员，理论物理学家，中国科学院院士。

1946年考入清华大学先修班，1年后转入物理系，1951年毕业后考取该系研究生。1952年随院系调整进入北京大学，1954年研究生毕业。1957年至1961年在联合核子研究所工作。历任二机部第九研究所副所长、所长，二机部总工程师，中国科学院理论物理研究所所长，中国科学院副院长、院长、党组书记，第五届、第六届中国科学技术协会主席，第九届全国人民代表大会常务委员会副委员长。先后被10余个国家和地区的科学院选为外籍院士。

主要从事粒子物理和核武器理论等方面研究。提出了相对论性螺旋散射振幅概念，奠定了赝矢量流部分守恒定律的理论基础，发展了非平衡态量子场论的闭路格林函数理论形式，揭示了量子场论的大范围拓扑性质。在中国的第一颗原子弹、第一颗氢弹和战略核武器的研究设计方面做出了突出贡献。

1982年获国家自然科学奖一等奖，1985年获两项国家科技进步特等奖，1987年获中国科学院科学技术进步奖一等奖。1999年被授予"两弹一星功勋奖章"。1996年由中国科学院紫金山天文台于1981年10月25日发现的国际编号为3462号的小行星，被命名为"周光召星"。

周光召

早 年 经 历

1929年5月，周光召出生于湖南省长沙市。父亲周凤九（1891—1960）是一位土木工程专家。他于1915年毕业于湖南高等工业专门学校（湖南大学前身）土木科。1920年，周凤九赴法留学并于1923年毕业于法国土木建筑学校。随后，周凤九赴德国柏林大学和比利时岗城大学学习、进修土木建筑专业。1925年回国后，周凤九筹划、主持修建了我国中南、西南地区的多条干线公路，主持设计、施工多种结构形式的永久式公路桥。1937年，周凤九在修建川湘公路期间主持设计了一座跨径80米、高20米的悬链式吊桥，为当时国内首创。此外，周凤九还热心教育工作，曾兼任湖南楚怡工业学校土木科主任、湖南大学土木系教授，讲授公路工程和桥梁工程等课程。他先后担任湖南省公路局总工程师、局长、川滇西路公路局局长。中华人民共和国成立后，周凤九任中央人民政府交通部技术委员会副主任、交通部公路总局副局长等职，并当选第一届全国政协委员。

受父亲的工作性质和当时社会的动荡环境影响，周光召辗转于湖南、贵州、四川等地才得以完成小学学业。虽然与父亲在一起生活的时间不多，但父亲在土木工程方面的造诣以及他对待工作认真严肃的态度深深影响着幼年周光召。母亲陶振昭则是一位善良、温和的家庭主妇，终日辛勤操劳照顾6个子女。

1941年，周光召进入由爱国教育家张伯苓创办于1936年的重庆南开中学住读。在南开中学读书期间，青年数学教师唐秀颖对周光召的影响非常大。唐秀颖1912年出生于上海，1938年毕业于国立中央大学理学院数学系。她的启发式教学不仅使周光召对数学产生浓厚兴趣，还锻炼他的独立思考能力、逻辑思维和自学能力。在中学读书时，周光召和大多数同学一样，打算将来学诸如工程之类对社会有直接影响的学科。然而，1945年至1946年间，国内各大报纸均报道了关于原子弹成功研制的消息。这改变了周光召的后续专业选择。他的中学同学陈远（陈布雷之子，后改名陈砾，曾担任《中国日报》总编辑）敏锐地意识到物理学的重要性，建议周光召将来选择物理专业。不过，事实上，当时正在读高中二年级的周光召在此之前还从未学习过物理。

清华园——良师教导

1946年夏,周光召以同等学力考上清华大学先修班。这年5月,西南联合大学完成了历史使命,清华大学于10月在北平开学。周光召非常珍视这一学习机会,为了多学知识,他异常努力,除了向身边优秀的同学请教外,他还主动在晚上负责管理图书馆,这样便可以有更多的学习时间。一年以后,周光召顺利转入清华大学物理系。

清华大学物理系成立于1926年秋,是学校成立最早的十个系之一。在前两位主任叶企孙和吴有训的领导下,清华大学物理系很快发展成为当时中国物理学科研和教学最好的院系之一。在西南联大时期,物理系便培养了众多优秀学生。1946年回到北平后,有50余位联大物理系学生选择到清华大学物理系继续学习。当时的师资力量也非常雄厚,包括叶企孙、吴有训、周培源、赵忠尧、王竹溪、霍秉权、任之恭、孟昭英、余瑞璜和范绪筠等。在叶企孙带领下,物理系很快重建并恢复到战前水平,成为当时爱好物理学的青年学子所向往的学术殿堂。

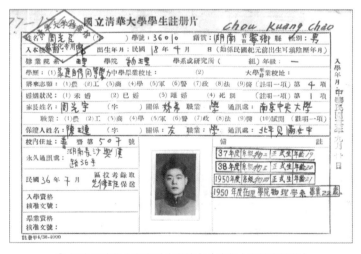

↑ 周光召清华大学本科生学籍卡(清华大学档案馆藏)

在清华园,周光召深受王竹溪和叶企孙等良师教导。王竹溪早年曾在剑桥大学留学,在福勒(R. H. Fowler)指导下学习统计物理。1938年夏,王竹溪在获得剑桥大学博士学位后便回国到西南联大任教。周光召认为王竹溪的作风非常严谨,对学生要求也很严格。他听王竹溪讲授的热力学课,要聚精会神才能学好。

因此，他从王竹溪那里不仅学到物理学知识，还学到了一种非常认真、严谨的做科学研究的态度。而且叶企孙先生特别爱护年轻人，讲课也有个人特色，强调联系实际，他对物性深入周到的分析，也给周光召留下了深刻印象。

尽管周光召在考大学前并没有学过物理，但他凭借个人努力、天分和兴趣，加之优秀教师的教导，打下了扎实的物理学基础，也逐步建立起高度的自信。那时的清华大学物理系贯彻叶企孙的"只教授学生最基本知识、理论与实验并重、重质不重量"的物理教育思想。因此，物理系本科阶段的必修课比较少，比如现在物理系的本科学生要上的四大力学课（理论力学、量子力学、热力学与统计力学和电动力学）在当时并不是必修课。1948 年 12 月，清华园业已解放，此后两年半的时间里政治活动比较多，而大学一年级期间又无物理选修课，因此周光召在大学四年学习的基本是物理必修课程，主要课程包括普通物理演讲、电磁学演讲、普通化学演讲、分析化学演讲、光学演讲、力学、热学、物性论、电子学、无线电学、原子物理学，以及微积分、微分方程、高等微积分、复变函数和中国通史、社会学概论等课程。此外每学期都要做实验，最多一年（四年级）上了四门实验课（光学实验、电子学实验、无线电实验和近代物理实验）。

在清华大学读书期间，周光召还深受进步学长陈篪的影响。陈篪 1948 年毕业于清华大学物理系并留校任教。中华人民共和国成立以后，陈篪意识到国家建设亟需重工业人才，他迫切希望将自己所学的物理知识直接应用到祖国的重工业建设，为此自愿投身于祖国东北重工业基地鞍钢的建设之中。陈篪后来被誉为我国科学战线上的"铁人"，对我国断裂力学、金属物理以及钢铁冶金事业有许多贡献。陈篪的选择和经历为青年时期的周光召做出了榜样。他后来也像陈篪一样服从祖国需要，几次放弃个人热爱的专业和研究领域。

1951 年本科毕业后，周光召在清华大学物理系师从彭桓武继续攻读研究生。彭桓武是中国著名理论物理学家，核武器理论设计的领导者之一，也是"两弹一星"元勋。他于 1931 年考入清华大学物理系，毕业后随即进入清华大学研究院，在周培源指导下研究广义相对论，后因"七七事变"中断了其研究生学业。在云南大学短暂教书后，彭桓武于 1938 年考取了第六届"庚款"留英公费生。同年，他遵照导师周培源的建议前往英国爱丁堡大学留学，师从著名理论物理学家、量子力学的开创者之一玻恩（M. Born）。在玻恩的指导下，彭桓武在爱丁堡大学先后荣获哲学博士（1940 年）和科学博士（1945 年）学位。此外，彭桓武还在由量子力学的另一位创始人薛定谔（E. Schrödinger）担任所长的爱尔兰都柏林高等研究院先后从事了 4 年研究工作。彭桓武在欧洲学习、工作的 9 年时间内共发表 18 篇学术论文，其中 3 篇发表于英国《自然》（*Nature*）杂志，研究领域涉及固体物理、量子场论和粒子物理。

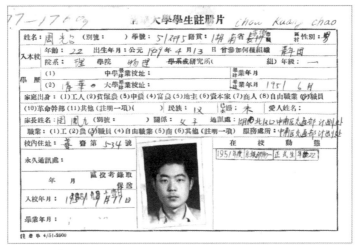

↑ 周光召清华大学研究生学籍卡（清华大学档案馆藏）

彭桓武具有强烈的爱国情怀。当他认为自己已经掌握做科学研究的方法和技巧后便决心回国报效祖国。事实上，他在庚款资助 3 年期限结束后便尝试回国，但因办签证时不能忍受屈辱和太平洋战争爆发引起旅行不安全而不得已放弃。1947 年 11 月初，彭桓武终于踏上返回祖国的行程。在云南大学任教一年多后，彭桓武于 1949 年 5 月底北上清华大学。他随后受钱三强邀请兼任中国科学院近代物理研究所（1953 年、1958 年先后更名为物理研究所和原子能研究所）研究员，负责筹建近代物理研究所并为中国后续发展原子能事业做前期准备。事实上，在中国科学院近代物理研究所成立前，彭桓武即在 1950 年 1 月 17 日召开的中国科学院临时聘任委员会首次会议上已经受聘兼任原子学研究所研究员。近代物理研究所正式成立约三个月后，彭桓武改为该所专任研究员。不过，在这一时期内，彭桓武仍旧为清华大学授课并培养学生。

尽管此时彭桓武投入大部分精力筹建近代物理所，但他并未因此减少对周光召的培养。在他的建议下，周光召开始研究核物理理论。这一领域严格说来与彭桓武留欧期间的研究领域并无直接关系。很可能是彭桓武有意为中国后续发展原子能事业在提前精心培养人才。彭桓武对许多物理问题有很深的洞察力，能够透过错综复杂的表面现象把握其本质，而且在解决问题时非常机智灵活。此外，他对待学生循循善诱、关怀备至，把学生看待成朋友，经常和学生一起逛公园并请学生吃饭，讨论国内国际的大事。彭桓武强烈的爱国心，在事业上锲而不舍的奋斗精神、学术上的严谨态度和民主精神以及淡泊名利的处世态度都深深地影响了周光召，并成为他此后半个多世纪人生历程的楷模。

1952年，全国开始实行高等院校的院系调整，即参照苏联高等教育模式，对全国高校进行合并、拆分、新建和裁撤。由于当时清华大学的定位是一所多科性工科大学，因此物理系绝大部分教师和全部学生与原北京大学、燕京大学物理系以及清华地质地理气象系的气象部分合并成北京大学物理系。正是在这一背景下，周光召转入北京大学研究生院继续学业。周光召的研究生毕业论文与原子核能级问题相关，涉及双力程核子力问题。他首先利用双力程位能计算 ^2H，^3H，^3He 和 ^4He 原子核的结合能，以及中子对低能质子的散射。计算结果显示结合能值有随核子数 A 上升过快的趋势。为解决该问题，周光召继续研究介子场的三体力位能，通过计算赝标介子赝向矢量耦合中的三体力讨论其能否解释 ^3H，^3He，^4He 原子核的结合能问题。

1954年研究生毕业后，周光召留北京大学任教，讲授电动力学等课程。尽管教学任务繁重，他还是抽时间继续个人的研究工作。当时国内优秀学生或青年教师都被纷纷选派到苏联学习或进修，不过周光召后来回忆自己那时并没有一定要出国学习深造的强烈想法，因为他在北京大学还可以继续得到王竹溪和彭桓武的指导，而两位老师的学术水平也非常高。因此，虽然在北京大学工作期间，周光召曾三次失去留学苏联的机会，但他心态比较坦然，并未因此而影响个人情绪。

蜚声杜布纳

1957年1月，经北京大学教授胡宁推荐，周光召获得一次重要的赴苏联工作的机会。自此，他在位于俄罗斯杜布纳的联合核子研究所（Joint Institute for Nuclear Research，以下简称联合所）进行了4年多（注册时间为1957年1月至1961年2月）的粒子物理（或高能物理）理论研究，做出多项有国际影响力的工作，部分成果处于同时期国际粒子物理学界的前沿。利用联合所优越的条件，周光召也迅速成长为那里杰出的青年物理学家。

联合所是在苏联政府倡议下，由苏联、中国、阿尔巴尼亚、保加利亚、匈牙利、德意志民主共和国、朝鲜、蒙古、波兰、罗马尼亚和捷克斯洛伐克等社会主义国家阵营共同出资，于1956年3月成立的粒子物理和核物理研究机构（越南于1956年9月加入）。其目的是与1954年成立的欧洲核子研究中心（European Organization for Nuclear Research）相抗衡，以保持社会主义国家在粒子物理和核物理领域研究的独立性。

20世纪50年代中后期，粒子物理迎来大发展，也正经历一场深刻变革的前沿发展。此时，发达国家争相筹划建造更高能量的粒子加速器。借助于新建成的高能加速器，物理学家一方面欣喜于发现的众多新粒子，同时也困扰于如何对这些新粒子进行分类。他们通常提出新概念或新模型对新粒子进行分类并寻求粒子之间的关系。

↑ 周光召（右2）与赵忠尧（左1）胡宁（左3）和王淦昌（右1）一同参加联合所会议（联合所提供图片）

联合所最终选址在莫斯科郊外的杜布纳，主要基于苏联科学院原子核问题研究所的同步回旋加速器（可将质子加速到0.68GeV）和苏联科学院电子物理实验室的同步稳相加速器（可将质子加速到10GeV）建立而成。成立之初，联合所下设高能物理研究室、原子核问题研究室、理论物理研究室和中子物理研究室。四个研究室的主任分别为维克斯勒（V. I. Veksler）、杰列波夫（V. Dzhelepov）、博戈柳博夫（N. N. Bogolyubov）和弗兰克（I. M. Frank）。联合所成立的目的旨在保证联合研究所所属成员国科学家开展并交流核物理理论和实验研究成果，促进核物理学发展，同时与苏联以外核物理研究机构保持联系并寻找新的核能利用可能性。

中国政府自1956年至1965年先后共派遣140余位科学家在联合所工作，共缴纳会费约3308万卢布，折合人民币约1.116亿元。在联合所成立早期，中国政府选派了高水平的研究人员到杜布纳工作。先于或与周光召同期到杜布纳工作的中国科学家有王树芬、胡宁、王淦昌、黄念宁、王佩、唐孝威、段一士等。随后,朱洪元、何祚庥、冼鼎昌、吕敏、方守贤等也来到联合所工作。

周光召被分在联合所理论物理研究室工作。联合所为每位到访的中国青年学者都配有一位合作导师。周光召的合作导师是曾在量子力学、核物理和粒子物理领域做出重要工作的马尔可夫(M. A. Markov)教授。马尔可夫在中微子领域的研究工作也很著名,曾于1960年提出建造水下中微子望远镜的想法。联合所当时强调理论研究结合实验。理论物理学研究室内的苏方成员都与一个实验组密切联系,中方科学家效仿苏方成员,主动与王淦昌带领的实验组联系。因此,几乎每天晚上中国科学家都会召开学术讨论会,报告最新学习、研究进展。在实验和理论的这种相互讨论氛围下和思想碰撞中,真正体会理论如何联系实际。

刚到杜布纳工作不久的周光召便意识到在这里"更接近世界最新科学的前线"。1957年4月中旬,在时任苏联最高苏维埃主席团主席伏罗希洛夫(K. Y. Voroshilov)率代表团访问北京之际,《人民日报》记者采访了在杜布纳工作的周光召。周光召讲到在杜布纳工作不仅得到了苏联同志的热情帮助,而且联合所优越的学术环境也对其科研起到重要作用:首先,这里有创造性科学研究的气氛;其次,联合所的科研人员经常展开自由争论,年

↑ 周光召(2排右2)与联合所所长布洛欣采夫(前排左1)(D. I. Blokhintsev)、高能物理研究室主任维克斯勒(前排左2)及导师马尔可夫(前排左3)参加学术会议(联合所提供图片)

长学者和年轻科学研究人员之间也时常争论,问题愈辩愈明,研究得比较深入;最后,联合所能够了解和迅速吸收世界有关粒子物理和核物理的最新研究成果。

因此,周光召充分利用杜布纳优越的学术环境,敏锐地抓住国际粒子物理的前沿问题,解决了学科发展的多项重要问题,部分成果至今仍在粒子物理理论中有重要应用。他在联合所工作期间共发表33篇学术论文,其中29篇发表在苏联《实验与理论物理》(*Journal of Experimental and Theoretical Physics*),4篇发表在欧洲的《核物理》(*Nuclear Physics*)。这些学术论文大多由他个人独立或者以他为主完成。

为适应分析高能散射振幅和雷吉理论需要，周光召与希罗科夫（M. I. Shirokov）于 1958 年引入相对论性自旋算符，给出有质量粒子任意自旋态的相对论性描述。1959 年，他基于群理论方法独立将上述理论推广到无质量粒子（如光子、中微子）情形。几乎同时，雅各布（M. Jacob）和威克（G. C. Wick）也关注类似问题，提出螺旋度概念，建立系统的螺旋性理论。随后，这套理论广泛应用于基本粒子的理论研究和高能物理实验的分析。

在杨振宁和李政道提出弱相互作用宇称不守恒理论后，物理学家开始怀疑 C、CP 和 T 是否守恒。1958 年，大久保（S. Okubo）利用弱相互作用低阶近似理论得出可利用实验测量 Σ^+ 和 $\bar{\Sigma}^+$ 衰变分支比，分支比不同则表明电荷共轭不变性或时间反演不变性破坏。周光召随后证明大久保的方法具有普适性。他还指出测量 Σ 粒子及其反粒子（最简单的情况是测量 Σ^- 和 $\bar{\Sigma}^-$ 衰变）的角关联也可以得到电荷共轭和时间反演变换不变性的信息。这项工作可以简单总结为利用超子衰变过程研究粒子–反粒子不对称性，完善了一个涉及时间反演和电荷共轭破缺的重要定理，即 CPT 保持不变，当 T 反演不守恒，粒子、反粒子衰变到不同态的分支比不同，尽管它们总的衰变宽度保持不变。1964 年，柯罗宁（J. Cronin）和菲奇（V. Fitch）发现 K 介子弱衰变中的 CP 破坏，获得 1980 年诺贝尔物理学奖。

周光召在联合所期间最著名的工作是利用更简洁和清晰的方法证明赝矢量流部分守恒定律，这是粒子物理领域的一项重要工作。弱相互作用下宇称不守恒定律被提出后，粒子物理学家逐渐深入研究弱作用本质。1958 年，费曼（R. Feynman）和盖尔曼（M. Gell-Mann）与苏达珊（E. C. G. Sudarshan）和马夏克（R. E. Marshak）两组理论物理学家几乎同时给出弱作用普适形式，即费米作用具有 V–A 形式（V 和 A 分别表示矢量和轴矢量）且由中间矢量玻色子传递，为弱电统一理论发展开辟道路。另外，他们的工作中还包含矢量流守恒思想。

1960 年，盖尔曼、费曼与利威（M. Lévy）在美国合作研究当时与实验符合较好的戈德伯格–特里曼（Goldberger-Treiman）关系。为解释戈德伯格–特里曼关系，盖尔曼等人提出轴矢流部分守恒（Partial Conservation of Axial Current：PCAC）思想，即轴矢量流散度不为零，正比于 π 场。几乎同时，周光召在杜布纳也意识到解释戈德伯格–特里曼关系的重要性。他于 1960 年利用特定矩阵元的解析性质表明关于 $\pi \to \mu + \nu$ 衰变的戈德伯格–特里曼关系，同样适用于更广一类的强相互作用。而此前，费曼、盖尔曼和利威证明此关系仅适用于具有赝标量耦合的普通赝标量理论。周光召在该工作中利用同一方法处理超子和 K 的轻子衰变。由戈德伯格-特里曼关系得出的 PCAC 假设与矢量流守恒（Conserved vector Current：CVC）相对应。PCAC、CVC 以及盖尔曼在夸克模型基础上提出的流代数，使粒子物理学家重新关注量子场论，对构建电、弱相互作用的规范理论有重要意义，促使格拉肖、萨拉姆和温伯格提出电弱统一理论。

凭借在联合所的出色表现，周光召的工作引起了国际同行的高度肯定。在合作导师马尔可夫看来："周光召同志在联合原子核研究所理论物理研究室工作期间完成了一系列研究工作。……他是一位特别有能力且有前景的科学研究员，毫无疑问，他完全胜任该职位。"当周光召在联合所工作即将满两年时（按规定，中国选派在联合所工作的人员工作时间为两年），联合所所长布洛欣采夫给钱三强写信建议延长周光召工作时间。他在信中强调"博戈柳博夫院士特别挑选出了年轻学者周光召"，建议"将周光召至少再留下工作一年，能够极大地丰富他的个人科研工作，对于联合所也很有裨益"。此时在美国的杨振宁和李政道也注意到周光召的工作。杨振宁后来写道："周光召在杜布纳工作的时期是多产的，他在苏联《实验与理论物理》杂志上发表了很多文章。当时我在美国研究了他的这些论文，尤其是他关于赝矢量流部分守恒的工作。他在美国被认为是杜布纳联合原子核研究所最杰出的年轻科学家。"李政道的评价类似："周光召是世界著名理论物理学家。20 世纪 70 年代在和他见面之前，我就已经知道他在 20 世纪 50 年代末的许多重要工作。他的工作得到国际科学界的高度评价。另外他的文章通常都写得深入和简洁。"

此外，借助于联合所成员国的身份，中国科学家可以参加苏联举办的高能物理和核物理领域的国际会议。例如，他们于 1959 年 7 月 15 日至 25 日参加了在基辅举行的第九届国际高能物理会议。在这次会议上共有约 300 位学者参加会议，其中欧美学者有 150 余位。他们还于 1960 年 7 月在莫斯科参加了全苏第二次低能和中能核反应会议。利用联合所这一对外交流的重要窗口，中国科学家有了更多的学术交流机会，而这种机会对于他们把握前沿物理学发展至关重要。

主动请缨回国——参与核武器理论设计

在中苏关系密切时，时任中国科学院原子能研究所所长的钱三强经常到联合所参加会议，他有时也利用到莫斯科访问的机会而顺便去杜布纳看望在这里工作的中国科学家。其间，他都要见不断发表新的理论研究成果，令他心中喜悦的周光召。

↑ 周光召（左1）陪同钱三强（右2）、王淦昌（右4）、力一（左3）等中国科学家参观联合所原子核问题实验室（联合所提供图片）

1960年11月，钱三强作为中国政府全权代表出席在联合所召开的成员国会议。此时，中苏关系已经全面破裂。当年7月16日，苏联政府照会中国政府，单方面决定自7月28日至9月1日，撤走全部在华专家1000余人，并终止派遣专家，同时单方面撕毁了600个合同。这使得在杜布纳工作的中国科学家感到震惊。就在钱三强在杜布纳开会期间，周光召、何祚庥和吕敏三位年轻学者主动找到钱三强，请缨回国参加"有关实际工作"（即参与制造原子弹），以填补苏联专家撤走后的科技人员空缺。吕敏当时是原子能所的助理研究员，父亲是我国著名语言学家吕叔湘教授。原子能研究所此时属于二机部和中国科学院双重领导，因此从吕敏的家庭出身、社会关系和工作调动等方面考虑，他参与原子弹研制工作不存在困难。何祚庥的工作单位也是原子能所，因此工作调整也属于内部调动，不存在困难。而周光召参加原子弹研制工作则面临两个严峻的问题：首先他的人事关系在北京大学，不属于钱三强有较大话语权的科学院和二机部；此外比较困难的是他当时的社会关系复杂且有海外关系,这在当时参加原子弹工作是违反禁忌的。但爱才的钱三强考虑到国内原子弹的理论设计迫切需要像周光召这样的杰出人才,不能因为某种担心把能起重要作用的人才挡在国家急需之外。于是,他找到何祚庥进行个别交谈,还到中国驻苏联大使馆通过组织了解周光召近几年的政治表现及评价。调研和谈话的结果都反映很好,认为周光召在政治上值得信任。

心中有底之后,钱三强迫不及待地于1960年11月25日从莫斯科给二机部部长、党组书记刘杰发电报,郑重推荐周光召。电报全文为"刘杰部长:来信收悉。九局理论组我认为周光召较适宜,但需在国内解决调干问题。此复。"电报中的"九局",即指成立于1958年的第二机械工业部第九研究所,1963年改称二机部第九研究设计院(1982年更名为核工业部第九研究院,1985年对外称中国工程物理研究院)。钱三强回国后,又亲自前往北京大学作沟通,得到北京大学校长周培源和物理系主任王竹溪协力配合,最终解决了周光召的工作调动问题。此外,当年杜布纳请缨的何祚庥、吕敏也都由钱三强点将,如愿以偿加入我国的原子能发展事业。

20世纪50年代末60年代初,既是粒子物理学科发展迅速,也是周光召从事科学研究的最具创造力时期。他的大多数工作都紧随国际粒子物理学前沿发展,与盖尔曼、南部阳一郎(Y. Nambu)、费曼等活跃在前沿的一批杰出物理学家的关注点相同(盖尔曼和南部凭借在此时期完成的成果,分别获得1969年和2008年诺贝尔物理学奖)。我们从周光召在苏联《实验与理论物理》杂志上发表的文章可知,在1961年2月27日连续投出两篇论文后,他便停止手中所有研究工作,放弃自己热爱的理论物理和有望取得突破的高能粒子物理前沿研究,回到北京参与到原子弹的研制工作。以至于1961年5月18日投送到《实验与理论物理》杂志上发表的另外两篇论文,是由他的合作者拉皮德斯(L. I. Lapidus)整理后投稿的,甚至连他自己都不知道。

从1961年到1979年的近20年时光,周光召很少在学术期刊发表学术论文。他将自己的智慧与才华奉献给了中国的核武器事业,为我国原子弹、氢弹、中子弹的研制成功和核武器的设计、定型立下了不朽功勋。

周光召回国之初担任九所理论部第一副主任,主要协助主任邓稼先组织开展核武器理论研究和物理设计。核武器研制是一项复杂的大科学工程,原理研究和设计是核武器研制的第一步,需要研究清楚核武器的材料、结构和作用原理,这涉及物理学、高温辐射流体力学和计算数学等多学科交叉融合,接下来是工程设计、材料(部件)生产和加工、实验室冷实验、最后组装和热试验。在核武器研制的理论设计阶段,周光召以其数学物理方面的深厚功底和擅于思考的特点,提出了大量创新思想,又以卓越的领导才能领导年轻研究人员攻克多个科学难题。

在周光召回国时,中国的第一颗原子弹总体设计正紧张进行,并一度陷入困境。理论计算表明,炸药爆炸后在内爆过程中产生的压力总是小于在原子弹设计初期苏联专家透露的数据。中国科学家经历半年多,在九次烦琐计算后还是得不到与苏联专家一致的数据。周光召回国后,彭桓武请他复查之前的计算数据。周光召仔细地检查九次计算结果后认为计算没有问题,并怀疑苏联专家数据可靠性。他从炸药能量利用率着手,求出炸药所做出的最大功,从理论上证明用特征线法所做计算结果的正确性,从而证明苏联专家数据是不正确的,结束了近一年的争论,继续向前推进总体计算。这是周光召为原子弹研制立下的首功,也对推动核武器研制中的自主创新发挥了重要作用,进一步启迪科研人员不能简单地把原子弹视作工程技术问题,而要当成科学问题来展开研究,要知其然更要知其所以然。

随后,中国科学家逐步获得原子弹爆炸过程的清晰物理规律,原子弹设计工作得以全面展开,于1963年底交出包括结构、尺寸和材料的理论设计模型,然后经过工程设计、部件加工、实验室中各种冷试验、装置组装、核装置运往试验场进行热试验。1964年10月16日15时,罗布泊上空发出了一声巨响,中国第一颗原子弹爆炸成功!

实际上,在第一颗原子弹爆炸前两天(1964年10月14日晚),由于担心可能存在过早点火概率问题而导致试爆失败,周恩来总理紧急要求二机部部长刘杰请专家复算相关数据,以确保万无一失。刘杰将周总理的命令转达给了理论物理学家周光召。周光召找到黄祖洽和数学家秦元勋连夜组织运算。三位科学家经过十几个小时缜密和精确的计算,最后确认原子弹爆炸失败的概率小于千分之一。这才得以使得第一颗原子弹按原计划正常起爆。

之前鲜有人知道,周光召在原子弹理论设计中发挥的关键作用。正如当年在周光召带领下参与核武器研制工作的孙清和研究员(第二炮兵第一研究所研究员,2001年3月授衔文职将军)在他2009年撰写的一篇回忆文章中写道:"现在看来，如果没有 1961 年周光召回国参加我国核武器的理论研究，我们的第一颗原子弹的进程，可能要推迟至少 1～2 年，甚至 2～3 年。"孙清和还特别强调："从历史的角度及我个人的亲历看，我国核武器研制历史充分证明了周光召在我国第一颗原子弹理论突破，研制与实验过程中的作用是无人替代的。他为了我国国防事业而牺牲他原本热爱的物理专业，以至于可能丢掉世界诺贝尔奖也是值得的。"

当第一颗原子弹理论设计方案完成后，周光召等人马上开展对氢弹原理的先行探索。不同于原子弹得到过苏联的一点援助，我国的氢弹研制完全是白手起家。当时，负责核武器理论设计的彭桓武设计了三套氢弹研制方案，分别由周光召、黄祖洽和于敏负责。彭桓武曾回忆说，原则上三套氢弹研制方案在原理上都是合理可行的，黄祖洽负责的方案实际上是一个保底的方案。周光召则组建了由苏肇冰、水鸿寿、王子修、张信威组成的 4 人研究小组。小组建立了带热核反应的总体计算方程组，周光召从统计物理的假定出发，推导了辐射流体力学方程组，对每一步近似的合理性都重新作了推敲；他们还开展了某武器结构研究，发展了单流管和多流管程序。

氢弹的设计关键是如何实现热核点火和自持燃烧。周光召曾提出了两种设想解决自持燃烧问题，但经计算后被否定。在研究某结构的设计途径时，他发现了与传统激波不同的等温激波现象，详细算出了间断面两侧的跳跃条件，还专门写了有关等温激波的讲义给大家讲课。但因当时他们的注意力在如何产生自持热核爆轰波上，惜与氢弹原理的关键突破擦肩而过。在大型科学研究项目起步阶段，多路探索是必要的安排，不是所有的道路都能通往成功，宣告此路不通也自有其重要贡献。最后，于敏带领的研究小组率先实现了其中的一个氢弹设计原理。在明确氢弹设计原理之后，理论部科研人员很快地融合一起，完善氢弹理论模型并进行细致的物理设计。突破氢弹原理是中国核武器研制中取得的又一个里程碑式成果。1967 年 6 月 17 日，中国第一颗氢弹空投试验成功。

在突破氢弹原理过程中，周光召、于敏和黄祖洽等人提倡学术民主，经常就如何突破氢弹开"鸣放会"，让大家广开思路，建言献策。1966 年底进行氢弹原理实验，在实验前，周光召、于敏和他们年轻人一起住帐篷，坐在地铺上用计算尺、手摇机反复推敲理论估计的数据。

原子弹和氢弹研制期间，周光召在多个学科和研究领域采用边学边研究边应用的方式，发挥多学科交叉融合优势，相关的学科和研究领域包括：高温高密度物理、爆炸力学、流体力学、中子物理学、等离子物理和计算力学等。周光召渊博的知识和超凡的才能为我国原子能事业的发展起到了重要作用。他还在全面推进我国第一代核武器的武器化理论工作和核武器小型化的理论研究以及第二代核武器小型化工作的开展做出了杰出的贡献。

凭借对原子弹、氢弹理论设计的杰出贡献，1982年，周光召与彭桓武、邓稼先、于敏、周毓麟、黄祖洽、秦元勋、江泽培、何桂莲等获得国家自然科学一等奖（原子弹氢弹设计原理中的物理力学数学理论问题）。1999年9月18日，中共中央、国务院、中央军委在人民大会堂隆重举行表彰为研制"两弹一星"做出突出贡献的科技专家大会。周光召是23位"两弹一星功勋奖章"获得者之一。

↑ 周光召（前排左8）与中国计算物理学会部分同志合影，
前排左5~9分别为彭桓武、王淦昌、朱光亚、周光召、于敏

尽管周光召对我国原子弹和氢弹的理论研制中做出突出贡献，但他本人非常谦虚。他曾经在采访中对新华社知名记者顾迈男（曾用名顾迈南）说过：

科学的事业是集体的事业。制造原子弹好比写一篇惊心动魄的文章。这文章是工人、解放军战士、工程和科学技术人员不下10万人谱写出来的，我只不过是十万分之一，竟然受到了党和国家这么大的重视。我成长在新中国成立前后那个英雄辈出的年代，有幸和全国最优秀的一批青年一起工作，我的进步和成绩是和这个集体分不开的。

周光召

重返理论物理学界

20世纪70年代初，随着中华人民共和国恢复在联合国的合法席位以及中美关系的缓和，杨振宁、任之恭、林家翘、李政道等一批知名华裔科学家先后访问中国大陆。他们在访问期间会见了多年未见的师友，也精心准备报告介绍国际物理学发展前沿态势。尤其在杨振宁1971年访问中国大陆期间，他不仅提出要见自己阔别22年的挚友邓稼先，还提出要见在杜布纳工作时就发表很多重要工作的理论物理学家周光召。当时外交部的接待计划是"如本人在京，可予安排"。不过，可惜当时周光召并不在北京，因此杨振宁在第一次回国时周恩来总理的宴请时未见到周光召。于是他向周总理专门提到周光召。当他第二次访问中国时，终于在1972年7月1日周总理主持的宴会上结识了周光召。李政道也在当年回到大陆访问，同样在周恩来总理主持的座谈会上首次见到了周光召。此后，在杨振宁和李政道的多次回国访问过程中，周光召大多陪同参加了国家领导人的会见。

① 1972年，周光召（右1）、邓稼先（右2）、杨振宁（右3）、张文裕（右4）、王承书（右5）合影

此时的周光召也逐渐将工作重点转回到他热爱的理论物理研究。我们从他的保留的计算手稿发现，周光召开始研读与强相互作用渐近自由性质、超对称理论、规范理论、拓扑、微扰论和重整化相关的最新文献。由于长时间无法直接在科学研究的前沿工作，为了尽快赶上科学前沿发展，周光召把自己当作"小学生"，从查阅最新发表的研究成果和描述新近进展的综述文章学起，再不断追踪

研究的源头，由此很快了解和熟悉理论物理的最新发展，并在短时间内便又走在学术前沿。

1976年粉碎"四人帮"以后，中共中央着力拨乱反正，恢复各项事业发展。钱三强考虑到粒子物理研究在此前有一定理论与人员基础，曾在1965—1966年提出层子模型，且不需要花费很多经费盖楼买设备，因此提出希望将其作为中国科学界先起步的基础研究方向并起带头作用。于是，在钱三强、周培源和彭桓武的组织下，召开多次粒子物理专题会议。例如，1977年春在北京召开高能物理计划会议期间举行了粒子物理理论讨论会。同年夏，在安徽黄山召开基本粒子座谈会。座谈会报告和讨论内容围绕国际粒子物理学界的最新发展，包括新粒子、相互作用和层子模型发展3个专题，还涉及规范场与磁单极、量子场论新发展和高能强作用过程等。杨振宁参加会议并作3次报告，介绍了高能物理实验进展，包括关于弱作用、新粒子和携带分数电荷粒子的新实验结果，讨论了将纤维丛引入基本粒子理论及其如何应用于含有磁单极的规范场研究。杨振宁的报告还涉及瞬子研究新成果及磁单极与荷电粒子系统的波函数能谱。

1978年3月18日至31日，全国科学大会在北京隆重召开。这次会议的召开不仅是中国现代科技史上的一个重要里程碑，还是一次具有特殊政治意义的会议，对国家的科技、教育、政治、经济、社会和文化等领域的改革发展都产生了深远的影响，中国科技界终于迎来了"春天"。两个月后，鉴于中国理论物理学家在理论物理的基础研究（如层子模型理论）和应用研究（如原子弹、氢弹的理论设计）方面的成绩并培养一批年轻人才，经时任国务院副总理邓小平批示，中国科学院在物理研究所十三室的基础上创办理论物理研究所。这是一个全国性的理论物理研究机构，由彭桓武担任首任所长。1980年3月，理论物理研究所聘请周光召为该所研究员（行政关系仍在二机部），这样他便可以以理论物理研究所科研人员的身份参加会议了。而前面提到的几次会议，周光召虽是钱三强指名参会的人，他也都出席并发言，但由于身处保密部门，在会议名册上他的工作单位不得不采取"变通"的方法，而他在和同事交谈时各自都十分小心谨慎，生怕无意间泄密。

↑ 在中关村平房小院时期办公的理论物理所工作人员合影，其中三排左 3 为周光召
（中国科学院理论物理研究所提供图片）

为推动中国的粒子物理理论发展，在钱三强的精心推动和组织下，于 1980 年 1 月 5—12 日在广东省从化县召开了广州粒子物理理论讨论会。这是"文革"结束后首次在中国召开的华人国际粒子物理会议，不仅能加强中国大陆理论物理学家同港、澳、台及外籍华裔学者联系，也为以后组织更大型的国际会议积累经验，因此被视为"粒子物理理论研究在中国恢复工作的一个大检阅"。钱三强担任会议筹备委员会主任。杨振宁和李政道欣然出席会议，还积极推荐和联系吴大俊、郑洪、颜东茂、姚若鹏、陈匡武、徐一鸿、华家照、李灵峰、郑大培、潘国驹等知名华裔物理学家参加会议。

周光召作为国内代表于 1980 年 1 月 6 日在会上做了有关闭路格林函数的报告。海外学者惊讶周光召的"再现"，原来他并非像外界传言的早就出事了，而且他离开理论物理学界近二十年后甚至还可以做最前沿的工作。1 月 15 日，邓小平在北京人民大会堂接见并宴请出席广州粒子物理会议的海外学者。会见前，钱三强和周培源向邓小平汇报情况，讲到杨振宁和李政道对国内学者的研究水平给了很高的评价。他们认为通过这次讨论会，发现中国粒子物理理论方面有工作能力的人比原来估计的要多，其中有些人能力很强，有一批年龄在四十岁左右的粒子物理理论学家水平很不错。钱三强还特别讲到周光召，说他当年服从需要放弃粒

↑ 1980年广州粒子物理讨论会部分代表合影
前排左起：戴元本、王迪、何祚庥、朱洪元；后排左起：李华钟、周光召、杨振宁、李政道、冼鼎昌
（中国科学院理论物理研究所提供图片）

子理论研究，主动要求从苏联回来参加原子弹理论设计，做出了重要贡献，而现在他的粒子物理研究又处在前沿，工作很出色。

在席间，邓小平特意向杨振宁和李政道询问中国中青年科学家的学术水平。杨振宁和李政道都评价说中国粒子物理理论方面有一批40多岁的科学家，其中有几位相当优秀，研究水平是一流的。邓小平问钱三强："中青年科学家今天来了多少？""来了有半数。"钱三强回答后，立即从另桌找来周光召等几位，并一一向邓小平做简单介绍。在介绍周光召时，钱三强说："他50年代在苏联和国内做出了很好的工作，起了关键作用，可算是国内新一代理论物理方面的佼佼者。"李政道随即补充："他不仅在国内同行是佼佼者，包括我们在内在所从事的粒子物理理论领域，他也是佼佼者。"

邓小平听后欣喜，他起身和周光召等握手并举杯对大家说："你们辛苦了，你们为国家为人民做出了贡献，我敬你们一杯酒。预祝你们继续努力，把失去的时间抢回来，为国家的现代化建设做出新贡献，使我们国家和民族真正有希望。"

第二天，邓小平在中央召集的党政军干部会议上发表了长篇讲话。在谈到培养专门人才时，他联系广州粒子物理会议讲道：

我们需要越来越多的专门人才，但是，是不是说，我们现在就没有人才呢？不是，是我们的各级党委，特别是一些老同志，在这方面注意不够，没有去有意识地发现、选拔、培养、帮助一批专业的人才。前几天，在广州开了个粒子物理理论讨论会，有个消息很值得高兴，我们的粒子物理理论水平，大体上接近国际先进水平。就是说，我们已经有相当先进的水平，而且有一批由我国自己培养出来的取得了成就的年轻人，只是人数比一些先进国家少得多。这就说明，我们并不是没有人。好多人才没有被发现，他们的工作条件太差，待遇太低，他们的工作不能充分地发挥出来。……我看还是要开明一点。要从大局着眼，要从我们事业的前途着眼。有能干的人，要积极地去发现，发现了就要认真帮。我们要逐渐做到，包括各级党委在内，各级业务机构，都要由有专业知识的人来担任领导。

周光召在20世纪70年代中后期重返理论物理学界，与中国科技界的主要领导人推动理论物理再先行的背景相契合，他凭借杰出的学术能力在理论物理学界再次脱颖而出，并受到邓小平、钱三强等的格外赏识。而邓小平关于培养专门人才的这一讲话，发现人才、帮助人才，由有专业知识的人来担任领导等论述，都为周光召后来委以重任，顺利成为中国科学的领航者做好了铺垫。

出访美国和欧洲又被急召回国

广州粒子物理会议后，周光召又重新引起国际物理学界的关注。多家国际知名高校或科研机构纷纷邀请他去访问。1980年9月，周光召应邀访问美国弗吉尼亚大学（The University of Virginia）和加州大学（University of California），担任客座教授。他访美期间受到热烈欢迎，被国际同行视为中国理论物理学界的代表人物。著名高能物理学家、美国物理学会前主席马夏克（R. Marshak）特别推崇周光召的理论物理研究工作，特别是他的PCAC工作。为欢迎周光召访问，马夏克专门在弗吉尼亚理工学院（Virginia Polytechnic Institute and State University，Virginia Tech）举行了一次以讨论弱相互作用理论为中心议题的工作讨论会，美国多位诺贝尔物理学奖获得者，如盖尔曼、温伯格、格拉肖，以及李政道、杨振宁、丁肇中等都参加了会议。吴健雄、韦尔特曼等教授也参加了这次会议。

这是一次中美粒子物理学界的盛大聚会，有半数以上的美籍中国血统的学者和中国当时在美国访问的学者参加。李政道认为这是美国对中国友好的一次"极不寻常的举动"。周光召应邀在会上介绍了中国的科学发展情况。诺贝尔物理学奖获得者温伯格在讲话中盛赞周光召在"赝矢量流部分守恒定律"研究方面的重大贡献，并高度评价了这一工作在流代数理论发展中的重要作用。会前和会后，欧洲核子研究中心、美国国家理论物理研究所、哈佛大学、麻省理工学院、纽约州立大学、芝加哥大学、加利福尼亚大学、蒙特利尔大学、耶鲁大学和普林斯顿高等研究所等多家科研机构和研究所都积极邀请周光召前去访问。

1981年3月17日，《人民日报》在头版显著位置介绍周光召在美国访问并受到热烈欢迎的情况。在北京的钱三强得到消息后非常高兴，他以中国物理学会理事长和中国科学院的名义致信马夏克表示谢意，还在当年夏专门邀请马夏克访华并在合肥举行的全国第一届粒子物理讲习班上做学术报告。

然而，正当周光召全身心地投入新的学术生涯时，一次重大的人生转折再次出现在他面前。1982年9月，即将召开党的十二大。会议筹备阶段的一项重点工作是人事安排，其中涉及选拔科技界政治和业务好的中青年代表人物担任中共中央委员和中纪委委员。钱三强得知胡耀邦委托中国科学院党组书记李昌参与人事安排工作，便向他表达个人想法，认为物理是中国科学院几大学科之一，需要有优秀人才代表进到领导层。于是他向李昌极力推荐了政治和业务都很突出的周光召。李昌也熟悉周光召，在邓小平宴请广州粒子物理会议代表席间同李政道、杨振宁的谈话时他就在现场。在向钱三强表达个人意向后，李昌建议此事还需经过组织考察和遴选。钱三强随后将推荐周光召担任党的十二大代表一事向理论物理所所长彭桓武和党的负责人王迪做了沟通，请理论物理所在不泄露内部消息的情况下给周光召写信，请他不要在国外访问时间太长，可以先回国再出去交流。

据钱三强秘书葛能全回忆，理论物理所的相关人员自1982年2月起便陆续给周光召写信，希望他回国，但都没有确切消息。此时，党的十二大召开日期已经迫近，钱三强作为党的十二大代表知道了可靠消息却仍旧没有见到周光召。这使得钱三强非常着急。他于是在8月初亲自起草一封以他个人署名的电报，请葛能全交中国科学院外事局发驻美使馆，请他们联络周光召并把电报转交他。电文不长但语气坚决，意思是必须尽快回国不可拖延。很快，中国驻美使馆回电说周光召已离开美国去了日内瓦欧洲核子中心讲学。钱三强让葛能全参照前封电报的意思再拟一封电报发驻日内瓦办事处，请他们派专人当面交给周光召。钱三强看了葛能全拟的电文感觉语气不够强硬,又在后面补了两句话"8月间我们务必在北京见面"和"北京市党代会已经开过了"。

9月初,周光召终于回来了。他很早便到中国科学院院部见钱三强,好奇何事这么着急催他回来。他此时显然从内心上还没有做好担任更重要领导岗位,需要再次放弃理论物理专业研究的准备。1982年9月,党的第十二次全国代表大会上,周光召被选为中央候补委员。

周光召回国后,他的个人工作单位基本确定正式调入中国科学院理论物理研究所,此前很可能是以理论物理所兼职科研人员身份参加国内的物理学会议。就在这时,理论物理所所长彭桓武于1982年8月27日给中国科学院院长卢嘉锡和党组副书记胡克实写了一份报告,恳请个人辞去理论物理研究所所长职务,并积极推荐周光召接任所长一职。他在报告中对周光召给以高度评价:

周光召同志是我的研究生(1951—1954),后又长期和我一道进行核武器的理论研究。他具有优秀的学习成绩,经过国际竞争性的基础科研锻炼,也经过迫切任务性的国防科研锻炼,能体会和处理理论与实验、科研与实用的结合的问题。除工作富有创造性和学风严谨外,他还具有较强的组织能力、一定的行政领导和对外斗争、联系的经验。所以,为进一步发展我所的工作,我现在正式建议由周光召同志担任我所所长,并免去我的兼所长职务。我仍留在理论物理所研究员的岗位上再挣扎几年,作力所能及的工作。

此后,周光召顺利接任彭桓武担任理论物理研究所第二任所长,任期为1983年7月至1990年10月。

推动中国物理学的国际交流

1982年12月20日至25日,中国物理学会第三届全国会员代表大会在北京召开。会上选举钱三强担任理事长,周光召与谢希德和洪朝生一起当选副理事长。这次会议还决定中国物理学会今后的一项重要任务是"加强国际学术交流"。其中,一项重要的待解决问题就是中国物理学会在国际物理学权威组织——国际纯粹与应用物理联合会(International Union of Pure and Applied Physics,以下简称IUPAP)的合法会员问题。此前,中国物理学会自1932年成立后便积极参与国际交流,两年后就正式加入了IUPAP。但在中华人民共和国成立之后,中国物理学会因在代表中国的会员资格问题上与 IUPAP 长期存在分歧，直至 1984 年 10 月，得益于 IUPAP 主席希格班（Kai Siegbahn）、秘书柯尔文（L. Kerwin）、钱三强、周光召、李政道和吴大猷等人的调停才得以最终解决。

20 世纪 80 年代初，周光召在美国和欧洲访问期间凭借出色的理论物理研究工作，建立起丰富的人际关系。特别是在马夏克组织的会议期间，多位物理学家表示愿意促进中美科学合作。周光召借机促成中国学者赴美学术交流并且在随后积极推动中国物理学会恢复在 IUPAP 的会员地位。当得知 IUPAP 在其第 19 届大会上为了扫清阻碍中国物理学会加入 IUPAP 会员的问题而修改章程后，周光召在国内积极联系周培源和钱三强做协调工作，还在 1984 年 3—4 月邀请 IUPAP 时任秘书尼尔森（Jan S. Nilsson）访华，尝试解决中国加入 IUPAP 的剩余障碍。尼尔森认为此次中国之行"相当有用，澄清许多要点，达成相互理解"。其间，他与已经担任中国科学院副院长的周光召非正式地讨论了中国加入 IUPAP 的名称问题。根据周光召 1984 年 4 月 14 日给尼尔森信的内容，中国物理学会在加入 IUPAP 前需确认 IUPAP 大会不会出现"两个中国"或"一中一台"的政治问题，IUPAP 公报、摘要、论文集或任何其他出版物中也不会出现"中华民国"或"台湾"。尼尔森强调中国大陆若能与台湾达成协议，将会迅速加入 IUPAP。此外考虑到李政道即将访问北京，且他在中国大陆和台湾地区均有很高的声望和影响力，尼尔森建议请李政道作为双方的调停人，以便最终解决中国的会员问题。

1984 年 4 月下旬至 5 月下旬，李政道应中国科学院邀请，到北京、上海、合肥和西安讲学。在访问北京期间，李政道欣然答应周光召的请求，即与台湾"中央研究院"院长吴大猷商讨中国标题下北京的中国物理学会和台北的物理学会的名称。李政道于 5 月底返美后，立即联系尼尔森。他在信中称由于要到当年 12 月才能见到吴大猷，只好通过书信调解此事。他希望从尼尔森处获得中国标题下两个组织的首选措辞。尼尔森在回信中表示中国接受 IUPAP 严格政治中立立场，希望删除台北列表中的"Chinese"前缀。他认为双方立场很接近，能达成解决方案，但若无李政道调解仍有可能失败。尼尔森迫切希望在的里雅斯特大会前解决这一问题，以便于中华人民共和国作为正式代表团参会，也有助于将中国代表纳入 IUPAP 各委员会。1984 年 7 月 18 日，希格班正式邀请中国物理学会派代表团参加的里雅斯特大会，建议周光召担任团长。

根据《李政道年谱》介绍，李政道于 1984 年 10 月在哥伦比亚大学办公室，与时任台湾地区物理学会会长沈君山（注：沈君山实际为理事）、"中央研究院"院长吴大猷和中国科学院副院长周光召三地同时通话，协调解决双方在 IUPAP 的命名问题。1984 年 10 月 8—13 日，中国代表团作为正式代表参加了在的里雅斯特举办的 IUPAP 第 18 届大会。布罗姆利和尼尔森分别当选新一届主席和秘书。会议首日，周光召代表中国物理学会与 IUPAP 主席希格班签署备忘录，最终两个组织在 "China" 下，以 "The Chinese Physical Society" 和 "The Society of Physics located at Taipei, China" 加入 IUPAP。至此，在几代 IUPAP 领导和中国科学界几十年的不懈努力下终于解决了中国加入 IUPAP 问题。

周光召积极推动中国科学界国际交流的另一个例子是他与李政道合作推动中国高等科学技术中心的成立。1986 年夏，李政道与周光召同在欧洲核子研究中心访问。周光召此次访问欧洲的主要任务之一是代表中国科学院作为世界实验室（World Laboratory）的创始成员参加当年 7 月 12 日该实验室的正式成立仪式并在《世界实验室章程》上签字。实验室是由意大利政府出资支持的国际非政府性机构，旨在促进国际合作和科学家的自由流动，帮助发展中国家提高科技水平和解决实际问题能力。1982 年 8 月，英国理论物理学家狄拉克（P. A. M. Dirac）、俄罗斯实验物理学家卡皮查（P. Kapitza）和意大利理论物理学家齐吉基（A. Zichichi）联合起草（*Eric Statement*），呼吁全球政府与科学家努力促成裁减核武，追求世界和平。这份宣言在 1982 年至 1985 年得到近万名科学家签名支持，直接促使世界实验室成立，还引起邓小平、戈尔巴乔夫、里根及佩尔蒂尼等国家领导人关注。

在日内瓦访问期间，李政道和周光召忧心于中国的基础研究发展，认为尽管当时中国的基础科学研究正在逐渐复苏，但仍严重落后于世界先进水平，信息不畅、人才缺乏、知识分子的工作条件和生活待遇低（或激励机制不力）是阻碍其发展的重要因素。他们认为使中国基础科学研究尽快赶上世界先进水平需要解决很多问题，最重要的是要让中国的学者能及时得到国际上基础科学研究的最新发展信息，得到从事前沿基础科学研究应有的鼓励。为此，周光召设想借助"世界实验室"促进中国基础科学、特别是物理学的发展。他和李政道设想同世界实验室合作，在其帮助下在中国组建一个学术机构促进国际交流，加快获得国际学术界最新信息，建立相应的激励机制。经过慎重讨论，李政道建议中国科学院和世界实验室联合建立一个学术机构,促进国内外研究机构之间和科学家之间的联系,创造良好的研究环境,鼓励中国科学家在国内做出世界水平的研究成果。

↑ 李政道、齐吉基与周光召(从左至右)出席中国高等科学技术研究中心挂牌仪式
(中国科学院理论物理研究所提供图片)

这项建议立即得到了世界实验室的赞同,也得到了中国国家计委、中国科学院等部门的大力支持,并经邓小平及有关部门迅速批准。1986年10月17日,中国高等科学技术中心(China Center of Advanced Science and Technology,CCAST)作为世界实验室的分部在北京正式成立,李政道担任中心主任,周光召担任副主任。该中心自成立以后学术活动十分活跃,举办了数十次高水平国际学术研讨会,积极推动多学科前沿交叉,对20世纪八九十年代中国科技发展产生重要影响。

出任中国科学院院长

1987年1月,周光召开始担任中国科学院院长、党组书记,成为继郭沫若、方毅、卢嘉锡之后的第四任中国科学院院长。此时的中国科学院,也正处于一个关键的历史时期。1985年春,中共中央公布了关于科技体制改革的决定。中国科学院在这场改革中的作为受到中外关注。如何正确理解和准确把握当时提出的"科技必须面向经济,经济必须依靠科技"方针,根据中国科学院实际情况探索改革途径、规划改革进程，突破旧体制局限并承担起支撑中国经济体制改革的重任，对科学院未来发展至关重要。

↑ 周光召担任中国科学院院长期间在办公室

周光召认为改革的难点在于转变观念，只有将科学院科研人员的思想统一，才能调动大家的积极性。同时他认为改革不应是被动的，而应主动寻求科技发展新模式的内在动力，要利用改革的机会使得发展更进一步。为此，周光召结合科学发展规律和中国科学院的实际，进行大量的调研工作，创造性地提出把主要科技力量动员和组织到为国民经济服务的主战场，同时保留一支精干的队伍进行基础研究和高技术跟踪的办院方针。

事实上，中国科学院自1984年便开始初步进行改革。一方面，周光召提出中国科学院的基础研究方面要开放。科学院不是编制在科学院之内的人的科学院，科学院必须成为中国的科学院，成为中国科学家的科学院。它必须对学校对其他方面开放，很多实验室要吸引大家来参与，于是在这个基础上制定了第一批开放实验室计划。此外，他认为科学院特别是做应用研究的研究所必须要为国民经济服务，能够做出有影响的重大成绩。于是，中国科学院在1984年就开始组织、动员有条件的研究所的一部分科学家出来办高技术企业。因为当时缺乏经验，经历许多曲折，最终成长起来的公司也是少数。周光召自己后来说："但终归走出了一步，科技人员出来能够办公司。"

在担任院长期间，周光召表现出了非凡的管理才干，他把治院方针概括为"奉行开拓精神，在中国科学院形成民主、团结、融洽、活泼的学术气氛，为科学家们创造一个身心舒畅的工作环境"。他认为，"学术民主和自由争鸣是繁荣科学的唯一途径"，在中国科学院"决不允许用行政手段干涉学术自由""科学研究中不存在先验的'框框'；真理的获得只有通过百家争鸣、百花齐放才能达到"。这些思想的贯彻，为中国科学院形成浓厚的学术气氛，促进出成果，出人才奠定了良好的基础。此外，为推进科技体制改革，针对中国科学院当时的实际情况和模式，周光召推行"一院两制"。同时，他还将精力集中在人才方面，着力解决中国科学院队伍的"代际转移"问题。

理论物理研究成果

尽管周光召在1983年以后便开始担负繁重的领导工作（1983—1990年担任中国科学院理论理研究所所长、1984年担任中国科学院副院长，1987—1997年担任中国科学院院长），但他仍旧带领我国年轻一代的理论物理学家，取得多项研究成果。这正如他一再强调的，理论物理只有世界第一，没有第二。

在统计物理方面，他先期与苏肇冰开始闭路格林函数研究，后又邀请于渌和郝柏林参与这项工作。"四人研究小组"将闭路格林函数用于研究动态临界现象和无序系统，特别是自旋玻璃理论，发表一系列研究论文。周光召基本构建了整个理论框架，包括生成泛函、费曼规则、非微扰计算和输运方程等。他意识到闭路可以统一描述平衡与非平衡态的理论，发挥个人自如运用量子场论理论工具专长，很快构建新理论框架，给出一个定义在闭合时间回路上的路径积分和相应的生成泛函表示，使有效拉氏量包含系统的非平衡态（或平衡态）统计信息。周光召不满足于理论形式本身，更注重解决具体问题。除激光、等离子体这些典型的非平衡系统外，他特别注意到当时刚发展起来的动态临界现象理论，尤其是临界现象中长波涨落很重要。"四人研究小组"很快发现闭路是描述这类现象的一个自然的理论框架，序参量和守恒量可以统一描述，并通过沃德–高桥（Ward-Takahashi）恒等式直接联系起来。当时得到广泛应用的包含非对易性的Martin-Siggia-Rose（MSR）经典场论，被证明是闭路格林函数的所谓超玻色极限（场量子非常多而成为静电场）。此外，他们在研究过程中首次发现正则运动和耗散分别可通过广义郎之万方程实系数矩阵的反对称和对称部分来表述。

1978—1989年间，周光召、苏肇冰、郝柏林和于渌完成"关于非平衡量子统计的闭路格林函数"研究，发表一系列有重要影响的学术论文。此项研究1999年获中国科学院自然科学奖一等奖和2000年国家自然科学奖二等奖（获奖项目名称：统一描述平衡与非平衡系统的格林函数理论研究）。同时，2000年美国科学信息研究所（Institute for Scientific Information，ISI）研究所还为周光召、苏肇冰、郝柏林和于渌于1985年发表在国际综述杂志上的长篇文章"平衡态与非平衡态形式的统一"颁发了1981—1998年度经典论文奖。这篇论文已成为物理学界的经典引用文献。

在量子场论和粒子物理方面，周光召除了与戴元本、阿马蒂（D. Amati）等国内外知名科学家开展合作交流外，在1983—1987年间组织一批中青年科研人员开展量子场论大范围性质的研究。较深入研究了量子场论的整体拓扑性质，对规范场理论及其有效作用理论，特别是有关量子反常的大范围拓扑性质研究方面，在国际上首先得到规范不变有效作用"量子反常"项的正确形式和存在条件；2n维空间的非阿贝尔反常、2n+1维陈–Simons示性类与2n+2维量子反常之间的联系，2n维非阿贝尔反常的整体形式；推广了陈–Simons示性类，得到了广义陈–Simons示性类和超度公式的一般形式及其简单推导和物理应用，并进行规范群的上同调分析。此项研究获得了1987年中科院重大科技成果奖和1989年国家自然科学奖二等奖（项目名称：量子场论大范围性质的研究）。

周光召一直关注弱相互作用的唯象学研究，尤其是与基本对称性破缺相关的物理现象。他一直强调对称性在物理学中的重要性，认为"对称性和对称破缺是世界统一性和多样性的根源"。1984年，周光召研究顶夸克质量和K介子衰变过程中直接CP破坏的关联。在当时高能物理学界普遍认为顶夸克质量应小于传递弱相互作用的W玻色子质量，包括日本专门建造的寻找顶夸克的加速器其能量也是低于W玻色子质量，而周光召指导研究生预言顶夸克质量应可重于W玻色子质量，否则需要第四代夸克的存在。1995年，在北京召开第17届国际轻子–光子国际会议。这是中国首次举办高能物理领域大型的重要学术会议。周光召作为大会主席主持开幕式并发表重要讲话。会后，他思考当时高能物理发展的热点问题，包括CP破坏、质量起源、中微子物理，超对称理论、大统一理论的低能唯象等，并考虑在领导岗位上退下来后继续进行前沿研究。而他自己并没有想到，从领导岗位上退下来后，刚重新回到理论物理前沿开展研究，又一次需要他服从党和国家的安排，走上新的领导岗位（担任中国科协主席、中国科学院学部主席团执行主席和第九届全国人大常委会副委员长等职），再一次放弃他热爱的理论物理和高能粒子物理前沿研究。

身先士卒的将帅

在科学研究，特别是在理论研究中，杰出学术带头人的作用非常重要。周光召在合作者们的共同研究中身先士卒，以"言"更以"行"，有时甚至一马当先，带领合作者共同前进。

在从杜布纳回国初期，周光召仍旧和北京大学的青年教师高崇寿和苏肇冰合作或者指导二人研究量子场论和粒子物理理论。此时高能物理实验发现了大量不稳定粒子，粒子的运动、相互作用和转化都显示出新的现象和特征，而该领域的国际前沿理论研究主要集中在强相互作用色散关系理论和 Regge 极点理论等方面。周光召建议高崇寿和苏肇冰进行高能物理理论的探索研究时要注意了解和关注这方面的国际进展，但更应从事粒子物理对称性理论的探索研究。研究对称性理论所用的数学工具不同于研究强相互作用色散理论及 Regge 极点理论所用的数学工具，也更困难。如果直接研究粒子物理对称性理论，则更容易达到国际前沿。大约到了 1963 年国际场论和粒子物理理论的前沿研究工作重点已经转向粒子的对称性分析和对称性理论。在周光召指导下，高崇寿和苏肇冰直接开始了粒子物理对称性的理论研究。之后，高崇寿继续在新粒子的对称性分析和新粒子的分类方面进行唯象的探索理论研究，这些工作为以后探索建立强相互作用粒子的相对论性结构模型——层子模型奠定了早期基础。

在 20 世纪 70 年代末至 80 年代初，周光召与于渌、苏肇冰和郝柏林合作进行统计物理方面的研究，涉及将闭路格林函数用于研究动态临界现象以及利用闭路格林函数研究无序系统，特别是自旋玻璃理论。于渌对同周光召的这段合作过程，印象非常深刻。他曾在 2009 年撰文回忆：

光召第一次找郝柏林和我，就是从推闭路的基本公式开始的。完了我们问他，有没有参考文献可以阅读，他想了想说：有几张手写的算稿，在苏肇冰处，可以看看。我们在中关村找到苏肇冰，借来了算稿，这就是我们在闭路方面的

"启蒙读物"……与光召合作的过程中有压力,因为他走得快,自己经常跟不上。有时商量了下一步做什么,还没来得及做完计算,光召已经有了结果,心里当然不安。但他从不计较个人贡献多少,始终充满合作的热情,毫无保留地和我们充分讨论,分享他最新的研究心得。他是带头人和平等待人的合作伙伴,也是合作的受益者,从我们"愚蠢的问题"和"敲边鼓的评论"中得到启发或找到新的灵感。往往懂得更多的人更善于学习。

在指导学生时,周光召不仅指导学生的学业,塑造他们的思想,也非常关心学生的生活。1982年,南京大学毕业生吴岳良考取了周光召的研究生。在研一寒假期间,吴岳良在华中工学院(现华中科技大学)参加研讨班时第一次单独见到老师周光召。周光召告诉他,理论物理研究是一项艰苦的工作,从事理论物理研究至少要做好三方面的充分准备:一是要对理论物理有强烈的兴趣,这样才能激发一个人的好奇心去探索自然界的基本规律,并发现别人没有注意到的问题;二是要对自己有足够的信心,这样才能敢于突破前人的工作,不迷信权威,做出创造性的研究成果;三是要对科学有献身的精神,这样才能勇于攀登科学高峰,不怕吃苦,真正为理论物理事业的发展做出自己的贡献。

周光召常对学生说不要在研究生阶段就把所有的冲劲都用完,在刻苦钻研的同时,要劳逸结合,锻炼好身体,真正需要全力拼搏的时候是在博士毕业后。他还继承了自己老师彭桓武先生的传统,常常在星期天讨论结束后带学生去改善伙食。吴岳良至今还记得有一次周老师不知从哪里买了一只鸡,叫上他和几位同

↑ 周光召在指导学生

学，让门口小饭馆炖了给他们打牙祭。

对于学生的教育和指导，周光召注重科学方法的培养。在每周末的例行讨论会上，周光召从文献查阅、开展具体课题的研究到探究学术具体方法都给予了学生耐心细致的指导。他认为做实验是从清洗仪器开始，而做理论则是推公式。所以他在指导学生的过程中经常从最基本的原理开始推演，不看任何参考书和文献。他还建议学生在掌握了一定基础后，做研究以"先深后宽"的途径会更有效。在耳濡目染中，周光召培养的学生都具有极强的理论推演能力和严谨踏实的科研态度。

↑ 彭桓武（左）、周光召（中）、吴岳良（右）师生三代合影（2004年6月）

周光召的一生是与祖国和党的事业紧密结合在一起的，他希望这种为国奉献的传统能在他的学生中继承、发扬下去。1986年底，在吴岳良和周光召讨论如何准备撰写博士论文后，他语重心长地对吴岳良说："博士毕业后，你就要开始独立工作，在以后的人生中，可能会面临多种选择，但一旦国家需要你做出某种选择，你是否能服从国家的需要？"听到吴岳良的满意回答后，周光召又接着说："当然，要放弃自己感兴趣和爱好的事业是一件很痛苦的事，但一个人对自己祖国所做出的牺牲和贡献，国家和人民是不会忘记的。"当时，吴岳良并不知道，老师周光召即将出任中国科学院院长，他自己也面临当国家再次需要的时候，又要放弃自己所喜欢的研究领域。

出任清华大学理学院院长

在清华园度过的难忘的6年学习时光，为周光召后来的物理研究奠定了基础。1982年春夏之交，清华大学决定重新恢复中断30年的物理系。周光召受邀先后担任清华大学物理系主任（1984年4月至1988年2月）和理学院院长（1985—2008）。

虽然此时的周光召行政事务繁重，但他始终关心清华物理学科和理学院的发展。他还十分关心清华大学年轻学子的成长，多次向同学们分享个人的经历和治学之道。他曾经建议清华学子要以一个平和的心态面对挫折，讲道：

我一直希望自己成为一个对社会有用的人，对成败得失并不是非常在意。尤其是，我不闹情绪，不管遇到什么困难都始终努力，即使做不到也算了，并不为此而烦恼，因为我已经做了该做的。现在很多人非常爱计较，对待挫折和面临选择时，缺少一颗平常心，不能淡然处之。

他还殷切期望清华大学的学生中能多出些可以毫无愧色地写在中国的历史上的人。

1991年起，周光召先后兼任中国科学技术协会副主席、主席，2006年任名誉主席。他领导中国科协在促进科学发展与普及、科技人才成长、科技与经济相结合、推动我国科技社团发展和对外学术交流等方面做了大量卓有成效的工作。1998年3月，周光召当选为第九届全国人民代表大会常务委员会副委员长。

无论身居哪个岗位，周光召都始终惦记着国家基础科学的发展和繁荣，思考国家发展的战略和目标、发展的道路和政策环境。而他，也正如杨振宁先生所评价的那样，是一个完美的儒家思想践行者。作为一位享誉国际的理论物理学家、中国科学的领航者，周光召以他高尚的爱国情操、唯真求实的科学精神、厚德载物的人格魅力和深厚的家国情怀激励着一代代青年学子和广大科学家克服时弊，为民族和国家的长远发展而努力！

参考文献

[1] 葛能全. 入门与出道——在科学院、工程院亲历札记及我的早年 [M]. 北京：科学出版社，2019.

[2] 顾迈男. 科学报国 [M]. 广州：广东高等教育出版社，2021.

[3] 宋健主编. "两弹一星"元勋传 [M]. 北京：清华大学出版社，2001.

[4] 徐冠华等主编. 我们认识的光召同志 周光召科学思想科学精神论集 [C]. 北京：科学出版社，2010.

[5] 晓亮编著. 从清华走出的科学家 [M]. 北京：中国三峡出版社，2011.

[6] 陈佳洱. 我国科学繁荣发展的一位杰出领路人 [J]. 物理，2009，38（5）.

[7] 杜祥琬. 我国科技界的杰出领导者 [J]. 中国核工业，2012（10）.

[8] 朱邦芬. 拔尖创新人才的成长之道——恭祝周光召先生80寿辰和从事物理工作55年 [J]. 物理，2009，38（5）.

[9] 王建国. 加强基础研究，深化物理认识——周光召先生与中国核武器事业 [J]. 物理，2024，53（6）.

[10] 吴岳良，刘金岩. 周光召对理论物理和原子能事业的贡献 [J]. 物理，2019，48（5）.

[11] 吴岳良. 我的老师周光召 [N]. 光明日报，2019-7-11（16）.

[12] 于渌. 我所了解的光召治学点滴 [J]. 物理，2009，38（5）.

（本文作者：刘金岩）

后 记

2024年，正值中华人民共和国成立75周年，又是中国第一颗原子弹爆炸成功60周年、"两弹一星"精神提出25周年，还是清华老校友、两弹元勋邓稼先、朱光亚诞辰100周年。清华大学一贯重视对"两弹一星"及相关历史人物的研究和宣传，用"两弹一星"元勋的事迹和"两弹一星"精神教育和激励全校师生员工，促进学校建设中国特色世界一流大学的各项工作。

为了让新一代的清华师生更好地认识"两弹一星"的历史成就，了解"两弹一星"元勋们的生平事迹与重大贡献，从2024年初开始，清华大学出版社就与清华大学图书馆科学技术史暨古文献研究所、清华大学校史馆、清华大学档案馆等协商，计划修订2001年出版的图书《"两弹一星"元勋传》。但由于时光已经过去20余载，《"两弹一星"元勋传》记载的内容随着时间推移也有了新的变化。比如，2001年该书出版时，很多老科学家都还健在，此后的时间里他们又为国家科学技术事业发展作出了许多新的贡献，而如今他们中的多数人都已故去。因此在进一步的选题论证中，大家决定以"两弹一星功勋奖章"获得者中14位清华校友为重点，重新编写一本科学家传记：《以身许国——"两弹一星"元勋中的清华人》。这一新的思路得到学校领导的充分肯定，在清华大学校史编辑委员会支持下，本书作为清华大学校史研究和档案编研的丛书之一，配合学校组织开展的"我愿以身许国 投身复兴伟业"主题教育活动，在2024年10月出版。

本书的书名"以身许国"，取自王淦昌的名言和毕建勋的画作，全书的主体内容为"两弹一星功勋奖章"获得者中14位清华校友的生平传略以及每位科学家的珍贵档案史料和历史照片。全书力求用鲜活的人物事例和生动的史料图片，真实再现几十年前中国科学家们在极其艰苦的条件下研制"两弹一星"的难忘岁月，深刻体现"两弹一星"精神的内涵和实质，希望对广大读者尤其是青年学生，发挥教育意义。同时，本书还通过重点记述14位科学家在清华学习、工作的经历，探索了清华校风、学风对他们的影响，因而本书对于传承和弘扬清华大学教书育人的优良传统，也有格外的涵义。

本书集资料性、学术性和普及性于一体。14篇传记的作者，有的是长期从事科技史研究的专家学者，有的是老科学家身边的工作人员，有航天、核物理等学科领域的院士和专家，也有作家、记者等。多数传记由科技史专家撰写，反映了最新的相关研究成果。20多年前《"两弹一星"元勋传》作者们撰写的6篇文章，至今依然精彩且适合于本书的主题，在征得该书主编同意后，由本书创作团队成员根据实际需要进行了必要补充、改编，收入书中。在此对原作者常甲辰，马京生、沈辛荪、周德山、贺青、李大耀、杨照德、熊延龄、葛康同、胡思得，表示衷心的感谢!

全书由葛能全、冯立昇、范宝龙任主编。清华大学冯立昇和邓亮、中国工程院葛能全、中国科学院自然科学史研究所刘金岩和司宏伟、上海交通大学姜玉平、北京航空航天大学李成智、中国科学院大学胡晓菁等组成创作团队，承担编写工作。清华大学科学技术史暨古文献研究所王雪迎、游战洪，档案馆朱俊鹏、代红、李运峰、吴霜、石慧中，校史研究室卢小兵、李珍，分别参与了文章编选和档案史料梳理等具体工作。清华大学出版社周菁作为本书责任编辑，承担了策划协调、书稿修改等大量工作，徐学军、严曼一参与了选题策划和出版流程等工作。清华大学党委常务副书记、校史编辑委员会副主任向波涛主持专题会议，讨论决定图书出版的重要事项。清华大学出版社党委书记邱显清、社长赵鑫、原党委书记宗俊峰和李勇、原总编辑蔡鸿程、副总编辑胡苏薇对本书出版给予了大力支持。

在"两弹一星"精神的引领下和清华精神的感召下，为保证本书按期出版，在2024年炎热的夏天里，各方面人员齐心协力、加班加点，完成了本书的资料收集、传记创作、编辑校对等各项工作，目的就是为广大读者、为清华师生奉献一本既有深刻思想性，又有很强可读性的图文并茂的好书。因为时间有限，文中也难免有所疏漏，期待读者指出。

岁月流逝，人生易老，"两弹一星"元勋科学家，许多已化作天上的小行星。他们的功勋将永远被人们铭记，他们的故事会被一代代地传颂；历史不会忘记，清华更不会忘记；他们将陪伴和激励着我们，在中华民族伟大复兴的道路上昂首奋进!